中华人民共和国游艇操作人员适任培训教材

U0650768

内河游艇操作与管理

M 中国海事服务中心 组织编审

黄勇亮　杨兵◎主编

叶强　汤滚荣　杨建明　徐小国　周勇青◎副主编

欧阳江萍　王建军◎主审

大连海事大学出版社

DALIAN MARITIME UNIVERSITY PRESS

ⓒ 黄勇亮 杨 兵 2022

图书在版编目(CIP)数据

内河游艇操作与管理 / 黄勇亮,杨兵主编. — 大连：
大连海事大学出版社,2022.10
中华人民共和国游艇操作人员适任培训教材
ISBN 978-7-5632-4307-5

Ⅰ. ①内… Ⅱ. ①黄… ②杨… Ⅲ. ①游艇—驾驶术
—技术培训—教材 Ⅳ. ①U674.91

中国版本图书馆 CIP 数据核字(2022)第 187358 号

大连海事大学出版社出版

地址:大连市黄浦路523号 邮编:116026 电话:0411-84729665(营销部) 84729480(总编室)
http://press.dlmu.edu.cn E-mail:dmupress@dlmu.edu.cn

大连天骄彩色印刷有限公司印装　　　　　　大连海事大学出版社发行

2022 年 10 月第 1 版　　　　　　　　　　2022 年 10 月第 1 次印刷
幅面尺寸:184 mm×260 mm　　　　　　　　印张:28.75
字数:712 千　　　　　　　　　　　　　　印数:1~2000 册

出版人:刘明凯

责任编辑:史云霞　　　　　　　　　　　　责任校对:陈青丽
封面设计:张爱妮　　　　　　　　　　　　版式设计:张爱妮

ISBN 978-7-5632-4307-5　　定价:138.00 元

前　言

随着经济的发展、社会的进步,游艇活动已成为人们游览观光、休闲娱乐、商务接待的一种新方式。根据《中华人民共和国船员培训管理规则》《游艇安全管理规定》《中华人民共和国游艇操作人员培训、考试和发证办法》等有关规定,游艇从业人员需接受相应专业培训,特别是游艇驾驶员需接受适任培训,并通过海事管理机构的适任考试,持有海事管理机构签发的有效《中华人民共和国游艇操作人员适任证书》或等效的电子证件(以下简称《游艇驾驶证》),才能从事游艇驾驶操作。

为了规范内河游艇驾驶员培训管理,保证培训质量,提高内河游艇驾驶员的技术,保障内河游艇及人员的安全,中国海事服务中心组织相关航海院校、培训单位中有较高理论水平、丰富教学经验和实际操作能力的教授、专家,编写了《内河游艇操作与管理》培训教材。

《内河游艇操作与管理》编写人员依据交通运输部海事局《内河船舶船员适任培训和考试大纲(2019版)》(一、二等游艇驾驶员)等文件,经过深入调查研究,收集相关资料,并进行筛选、提练,完成了本教材的编写工作。

《内河游艇操作与管理》注重理论与实践相结合,内容编排具有针对性和实用性,紧扣大纲;内容丰富,知识全面。

《内河游艇操作与管理》由广东交通职业技术学院黄勇亮、江苏省无锡交通高等职业技术学校杨兵任主编;广东交通职业技术学院叶强、汤滚荣,江苏省无锡交通高等职业技术学校杨建明、徐小国,海神游艇(苏州)有限公司周勇青任副主编;广东海事局欧阳江萍、中国海事服务中心王建军任主审。全书由黄勇亮、杨兵负责统稿。

《内河游艇操作与管理》共十章:黄勇亮对全书的内容进行修改、整理、定稿,并编写了第七章,第八章第二节、第五节、第七节、第八节;杨兵编写了第一章第一节、第二节、第三节、第四节,第六章,第八章第一节;杨建明编写了第八章第三节、第四节、第六节;徐小国编写了第一章第五节、第六节,第四章,第五章;周勇青编写了第二章,第十章;汤滚荣编写了第三章,第九章第三节;叶强编写了第九章第一节、第二节。

本教材在编写过程中得到了中国海事服务中心、海事机构、各游艇培训机构的大力支持,在此表示衷心感谢!

限于编者的水平,错误和不妥之处在所难免,恳请各位读者批评指正。

编　者
2022 年 3 月

内容简介

本书依据中华人民共和国海事局颁布的《中华人民共和国游艇操作人员培训、考试和发证办法》(2021 年修订)、《内河船舶船员适任培训和考试大纲(2019 版)》(一、二等游艇驾驶员)等文件编写。本书共十章,内容包括游艇基本知识,游艇仪表,游艇助航仪器,动力装置的日常检查与保养,动力装置常见的故障及其辨别与排除,航行规则及相关安全管理法规,内河避碰与信号,游艇操纵,应急管理,驶帆技术等。

本书适用于内河游艇驾驶员(一、二等)证书船员适任考试培训,也可供游艇俱乐部内部培训使用,还可以作为从事游艇教学、研究及监督管理等工作的相关技术人员的参考用书。

目　录

第一章　游艇基本知识

第一节　游艇的术语及分类

一、游艇的基本术语

1. 游艇:《游艇安全管理规定》所称"游艇",是指仅限于游艇所有人自身用于游览观光、休闲娱乐等活动的具备机械推进动力装置的船舶。中国船级社《游艇入级与建造规范》(2020)将游艇定义为:游艇所有人、游艇俱乐部及其会员用于从事非营业性的游览观光、休闲娱乐等活动的船舶,以及以整船租赁形式从事前述活动的船舶。

2. 帆艇:以风力推动帆为主要推进动力的游艇。

3. 最大航速:游艇在满载排水量时以核定的最大持续推进功率在静水中航行能达到的航速。

4. 艇长 L_H(米):从游艇的最前端至最尾端结构的水平距离。该长度包括艇的所有结构和组成部件,如首柱或尾柱、舷墙与船体/甲板的连接件。

5. 水线长 L_{WL}(米):艇在满载排水量状态下,静浮于水面时,其刚性水密艇体位于水线处的艇体长度,但不包括水线处及以下的附体。

6. 水线宽 B_{WL}(米):艇在满载排水量状态下,静浮于水面时,沿满载水线量得的最大型宽。对于多体艇,系指满载水线处各片体最大型宽之和。

7. 满载排水量 Δ(吨):艇上所有按规定配备的设备、货物、备品、附件及索具等都装备齐全,并装满燃油、滑油、淡水、食品和供应品,额定乘员全部上艇,游艇处于满载使用状态时所排开水的重量。

8. 设计吃水 d(米):艇在满载排水量下静浮于水面时,在水线长 L_{WL} 中点处由平板龙骨上缘(对纤维增强塑料船为平板龙骨下表面)量到满载水线的垂直距离。

9. 艇宽 B(米):艇的最宽处,由一舷的肋骨外缘量至另一舷的肋骨外缘的水平距离(对纤

1

维增强塑料艇为艇体两侧外表面之间的最大宽度),不包括护舷材等突出物。对多体艇,应为量至外侧艇体所得的最大宽度。

10. 型深 D(米):在水线长 L_{WL} 中点处,从龙骨(不包括压载龙骨)最低点量至甲板舷弧线的垂向距离。

11. 甲板艇:从首至尾具有连续的露天甲板的游艇。

12. 敞开艇:除甲板艇以外的游艇。

13. 干舷甲板:通常系指最上层的露天全通甲板。其上露天部分的所有开口均设有固定式风雨密关闭装置,其下在船侧的所有开口均设有固定式水密关闭装置。

14. 高速游艇:满载排水量时最大航速同时满足下式的游艇。

$$V \geqslant 7.19 \nabla^{0.1667} 节$$
$$V \geqslant 25 节$$

式中: ∇——满载排水量 Δ 对应的排水体积,立方米。

二、游艇的分类

(一)按构造特征分类

1. 敞首艇:小型快艇,甲板以下无住舱,船速高,采用尾机或舷外挂机驱动。

2. 甲板艇:无船楼之游艇。甲板艇是敞开式的,主甲板以上为露天的驾驶区及开放空间。

3. 双体艇:此类游艇有较大的起居室,上层甲板空间宽阔,但也由于双船体的先天限制,在下层船体部位要配置较大空间的住舱不大可能。仅能布置数间狭窄舱房,这个是它的最大缺点。

4. 高速滑行艇:甲板以上受风面积较低,这种结构在艇高速滑行时能降低风的阻力,使艇的运行更加平稳,从而达到更高的速度。

5. 巡航艇:此类游艇的尺度比较大、速度较快,内部布置豪华、设备完善,适合长距离航行。其主要提供客舱和过夜的功能,为多数 100 英尺以上的大型豪华游艇所采用。

6. 拖网型艇:此类游艇的尺度一般比较大,采用钢质艇体居多。其主要特性在于船首线型较圆滑,船速较慢,节省功率,经济性好。

7. 无后舱式游艇:具备上、下驾驶台及大型的沙龙间,艇尾无住舱,为一开放空间,线条更圆弧化。

8. 太阳甲板:艇型最主要的特点,在于艇尾多了一个住舱以及后甲板的开放空间加盖遮阳板。

9. 海钓艇:有完整的钓鱼设备。此艇型的特征在于驾驶室位于上甲板,后甲板的高度非常接近水面,这样的造型主要是为了配合海钓者使用上的需要。

10. 多用途游艇:与海钓艇类似,但驾驶台上方之遮阳棚及钓鱼架可拆除,从而成为一般的游艇。

(二)按功能分类

1. 运动型游艇:此类游艇多为小型游艇,一般长度为 17~38 英尺。此类游艇有强劲动力,速度高,价格较低,配备简单,只有一层甲板,多数属于"开放式游艇",座舱大部分采取敞篷形式。

2. 休闲型游艇：此类游艇的尺度比运动型游艇要大，一般长度为30~45英尺。此类游艇以2~3个房厅布局居多，装潢以烘托家庭氛围为特色，不追求速度，装机功率较小，节约了机舱所占的容积，相关稳定性较好。市场上游艇的种类也大多以此类为主。

3. 商务型游艇：此类游艇一般都是大尺度的游艇，一般长度为75~90英尺。此类游艇装潢豪华，大多被用于商务会议、小型聚会和公关推广等商务活动。

（三）按尺度分类

依国际标准，游艇的规格按英尺计算，大小分为以下三种：

1. 36英尺以下为小型游艇；

2. 36~60英尺为中型游艇；

3. 60英尺以上为大型豪华游艇。

大型豪华游艇在尺度上分35~40米、41~44米、45~49米、50~54米和55~60米五个等级。

（四）按产地分类

1. 意大利、克罗地亚：设计体现浪漫风格，豪华，典雅，代表着现代游艇的潮流。

2. 美国：体现个人品位，注意自我个性化设计。

3. 英国：英国的游艇具有浓郁的古典贵族气息。

4. 中国台湾地区：台湾的游艇比较随意，较适合大多数华人使用，目前香港70%的游艇都是台湾生产的，台湾的品牌在美国销售状况良好。

5. 其他：其他国家及地区的游艇知名度不是很高，国内游艇厂家大多是一些外资企业的生产基地，而且目前都没有形成一定规模，也还没有形成品牌。从长久的角度看，国内游艇生产厂家必然会形成自有品牌。

（五）按动力类型分类

游艇按动力类型分类有无动力艇、帆艇、机动艇。帆艇又分为无辅助动力帆艇和辅助动力帆艇。机动艇又分为舷外挂机艇、艇内装机艇。艇内装机艇还可分为小汽艇和豪华艇两个档次。

（六）按材质分类

游艇按材质分类有木质艇、玻璃钢艇、凯芙拉纤维增强的复合材料艇、铝质艇和钢质艇。目前，玻璃钢艇占绝大比例，赛艇、帆艇、豪华艇使用凯芙拉纤维增强复合材料的较多；铝质艇在舷外挂机艇和大型豪华艇中占一定比例；钢质艇在35米以上远洋大型豪华艇中占比例较多。

第二节 车、舵、侧推器的作用

一、车在游艇操纵中的作用

游艇赖以航行的动力设备和推进工具在航海上总称为"车"。动力设备就是我们所说的主机,而推进工具在游艇上通常是指螺旋桨。游艇主机提供了游艇航行所需要的动力;而螺旋桨将主机的动力转化成给游艇的推进力,以克服游艇在水中的阻力,从而使得游艇前进或后退。当对游艇操舵时,通过螺旋桨的转动所产生的排出水流作用在舵叶上产生舵力为游艇的转向提供了转船力矩,使游艇可以达到转向的目的。

(一)游艇阻力

游艇在水面航行时受到的阻力,包括基本阻力和附加阻力两部分。

1. 基本阻力包括摩擦阻力和剩余阻力两部分。

1)摩擦阻力

摩擦阻力是游艇航行时,艇体浸水部分与水发生摩擦而产生的阻力。摩擦阻力与艇的长度、浸水面积和表面粗糙度有关。

2)剩余阻力

游艇运动时艇体所受到的水阻力中,除摩擦阻力以外的部分称为剩余阻力,其中包括:

(1)兴波阻力

兴波阻力是由游艇航行中产生的艇行波所构成的阻力。

(2)涡流阻力

涡流阻力是由于水的黏性使游艇航行中水线下艇体表面产生漩涡,造成首尾压力差而产生的阻力。这种阻力与艇体水线下形状有关,所以又称为形状阻力。由于这种阻力很小,通常将它并入兴波阻力作为剩余阻力。

基本阻力的大小取决于游艇的吃水、艇速大小。艇速一定时,基本阻力随吃水的增加而增加,呈非线性变化;吃水一定时,基本阻力随艇速的提高而增加,也呈非线性变化。

2. 附加阻力包括空气阻力、艇体污底阻力、艇体附体阻力、汹涛阻力。

(1)空气阻力

空气阻力是游艇航行中艇体水线以上部分所受到的阻力。在无风状态下,空气阻力与水阻力相比,所占比重很小。

(2)艇体污底阻力

艇体污底阻力是游艇在航行中由于水线下艇体表面锈蚀、海生物附着,导致摩擦阻力和涡流阻力增加,由此而构成的阻力。

(3)艇体附体阻力

艇体附体阻力是游艇航行时由于水线下艇体突出物如龙骨、推进器轴及支架、舵等的存在而导致局部摩擦阻力和涡流阻力的增加所形成的阻力。

（4）汹涛阻力

汹涛阻力是游艇在波浪中航行时受到波浪作用产生的冲击力以及艇体摇荡而产生的阻力。在受限水域中航行时，流体作用发生变化，也将使游艇阻力明显增加。

附加阻力在游艇阻力中的比重大小，取决于风浪大小、艇体污底轻重以及航道浅窄情况。

（二）游艇速度

游艇速度是指在一定转速下游艇所能达到的对应静水速度。

对主机而言，通过改变其转速可以使游艇达到一定的速度，速度单位为节（海里/小时）或千米/小时（内河船舶）。通常这种速度可以分为固定和可调（又称无级变速）两种。对大型游艇而言，一般采用固定的速度。前进速度（又称进速）分为微速前进、前进一、前进二、前进三和前进四；后退速度（或称退速）分为微速后退、后退一、后退二、后退三和后退四。而对小型游艇而言，由于采用了无级变速形式，其速度是可以自由调节的。

（三）单车（右旋式）、单舵游艇的偏转

由于伴流、螺旋桨的沉深、螺旋桨的排出流以及船尾结构的影响，游艇在不同的状态下会产生一定的偏转。

1. 游艇静止中进车

（1）正舵时

开始动车时，艇速仍较低，几乎不出现偏转。随着艇速的提高，艇首向左偏现象较明显，但有的游艇会产生艇首向右偏的现象。

游艇在静止中进车，不论出现艇首左偏或右偏，均可用 2～3 度舵角加以克服，保证游艇直航。

（2）右舵时

游艇在右舵的情况下，艇首向右偏转。

（3）左舵时

游艇在左舵的情况下，艇首向左偏转。

2. 游艇前进中进车

（1）正舵时

游艇前进中进车时，艇首偏转方向不定。

（2）右舵时

游艇在右舵的情况下，艇首向右偏转。

（3）左舵时

游艇在左舵的情况下，艇首向左偏转。

3. 游艇静止中倒车

无论是正舵、右舵还是左舵，艇首总是显著向右偏转。

4. 游艇前进中倒车

开始倒车时，在正舵的情况下，艇速仍较高时总体而言游艇的偏转方向不定，此时用舵就能够克服偏转。

随着艇速降低,艇首将出现明显的向右偏转。此时,游艇虽仍在前进中,但舵效极差。因此即使操舵也无效果。一般游艇为控制艇首右转,只有在倒车开出之前先操左舵,使艇先具备左转趋势,上述右偏现象才有所缓解。

（四）双车艇动车时的偏转

双螺旋桨游艇俗称双车艇。双车艇可分为外旋式和内旋式螺旋桨,一般情况下外旋式采用固定螺距螺旋桨,内旋式采用可变螺距螺旋桨安装。

双车艇充分发挥了螺旋桨横向力在操纵中的效应,有助于游艇的旋回。当双车以同样转速同时前进或后退时,所产生的横向力互相抵消,游艇基本上不发生偏转。

当双车艇双车转速或旋转方向不同时,两车推力方向、大小不同自然产生转头力矩使艇偏转。如果双车配合得当,再加上舵的转船作用,几乎可以使游艇在原地掉头。

当采用一车进一车退掉头时,舵效变坏,影响掉头效果,尤其是在驶入浅水区域时,此类现象将明显加剧。为此往往先利用一舷的车给出转头力矩后,再开动另一舷的车,协助掉头,这样实际效果会比较好。双车艇优于单车艇,主要体现在操纵性能好、应急能力强、推进效率高。

二、舵在游艇操纵中的作用

游艇操纵时,依靠舵力的作用可使游艇保持在预定的航向上航行、改变航向或做旋转运动。游艇正舵航行时,舵叶两侧的流速对称相等,不产生舵压力。当操某舵角后,在舵叶两侧产生压力差,形成一个垂直于流速方向的舵升力和一个平行于流速方向的舵阻力,这两个力的合力即为舵力。

舵力是由水流作用在舵面上产生的,游艇在静水中对水没有相对运动时是不产生舵力的。游艇在前进时,如舵在正中位置,则舵叶两面所受水的动压力是相等的,因而艇首不产生偏转;若将舵偏转一个角度,则水流在舵的周围产生环流,舵的迎流面流速减小、流压力增大,舵的背流面流速增大、流压力减小。这样,舵的两侧所受水压力的合力,称为舵压力。游艇在舵压力的作用下,产生转船力矩,使艇首向转舵的一侧偏转。舵压力及转船力矩如图1-2-1所示。

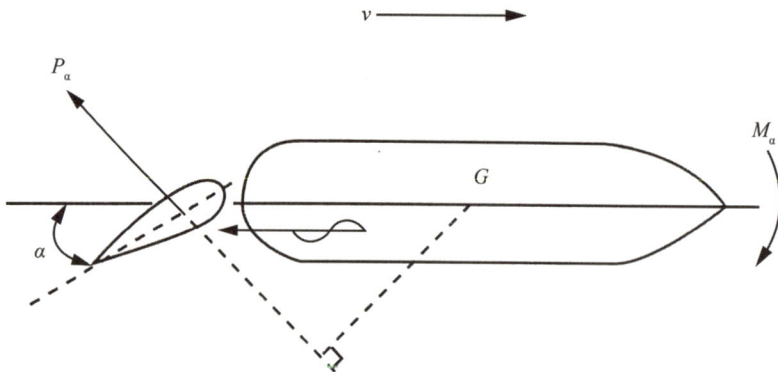

图 1-2-1　舵压力及转船力矩示意图

通常所说的舵效是指运动中的游艇操一舵角后,游艇在一定时间、一定水域内艇首所转角度的大小。艇首如能在较短的时间、较小的水域内转过较大的角度,则称之为舵效好,反之则舵效差。

舵角愈大，舵力愈大，游艇的旋转也就愈快，但舵角增加超过一定范围时，舵力反而变小，这一角度称为极限舵角或临界角。试验表明，一般舵在敞水中的临界角为 20~30 度。由于艇体和其他种种原因，为了取得正常的操舵性能，我国钢船建造规范规定，平板舵的极限舵角取 35 度，流线型舵取 32 度。

提高舵速（流经舵叶表面水流的速度）往往采用在艇速较低时通过提高螺旋桨的转速，增加其作用在舵叶表面排出流流速的方法来实现。舵速增大，从而能效得以提高，该方法由于船速低，改向时所需水域范围小，狭水道航行时常被用以提高舵效，船员称之为"以车助舵"。

三、侧推器在游艇操纵中的作用

侧推器如图 1-2-2 所示，装设于艇首、尾部较低处。其轴向与艇首、尾面相垂直的隧道推进器，均为电力推动。其功率为主机额定功率的 1/10 左右，视实际需要而定。工作时，将水从一舷吸入，经另一舷排出，从而产生横向推力，力臂大，转船力矩也大，能促使游艇有效地横移和回转。装于艇首底部者为首侧推器，装于艇尾底部者为尾侧推器。安装侧推器的目的是提高游艇的自力操纵的机动性和控制性能。一般可在驾驶室操纵或在驾驶台两侧控制转动方向和转速，转速分为 2~3 级，可根据需要选择。

侧推器的作用是靠离码头时协助控制游艇横移、低速航行时调整航向和倒车时抑制艇首偏转。侧推器与游艇速度有关，艇速越小，其作用越大，随着艇速的增加，侧推器的效率降低。经验表明，有效发挥侧推器作用的游艇速度范围在 4 节以下。

侧推器在用于靠离码头作业时，有非常好的效果，使游艇在靠离码头时能够更加安全。但是侧推器只能做短时、间隙运转，电机长时间运转会产生过热现象，一般连续运转时间不宜超过 30 分钟。

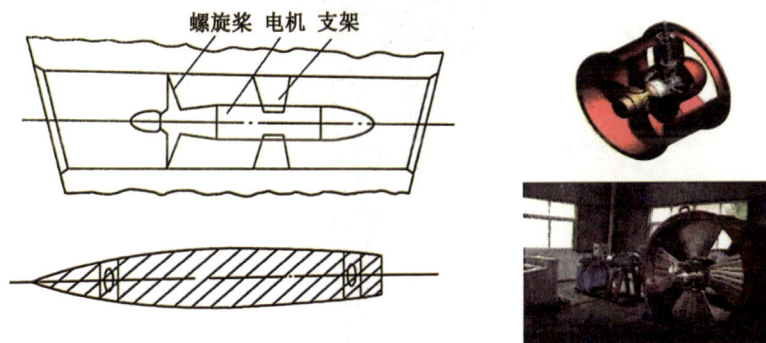

螺旋桨　电机　支架

图 1-2-2　侧推器示意图和实景图

四、无舵叶游艇的操纵特性及注意事项

有些游艇由于选用了不同结构的推进器，从而不需要配置舵，我们将这类游艇称为无舵叶游艇。比如，游艇采用喷水推进装置、螺旋桨外的可转动整流罩、舷外机（挂机）等。

这类游艇的推进器在操纵过程中，通过在一定的角度范围内改变推力的方向，从而同样产生了转船力矩，使游艇发生偏转。这类游艇的转向性能由于是通过改变推力的方向而达到的，所以往往要比有舵叶游艇的好，从而增加了游艇操纵的灵活性。

在操纵这类游艇时,要注意都有一个操纵极限位置,在接近极限位置时要注意操作不要过猛,以防备发生卡阻。另外,在开航前要注意对这些可转动部分进行检查,以保证正常的运转。

第三节　推进装置的类型、结构

一、螺旋桨推进

螺旋桨可把发动机传过来的扭矩转化为推进船舶前进的动力,是游艇上用得最多的一种推进装置。螺旋桨在游艇上有几种不同的布置情况,根据螺旋桨与发动机的布置情况的不同可分为舷外机、舷内外机、舷内机。

(1)舷外机在中小型游艇中应用最为广泛。它们小巧但马力强劲,而且噪声很小。舷外机集发动机、传动系统、轴和螺旋桨等推进系统于一身,如图 1-3-1 所示。一般都是直接安装在

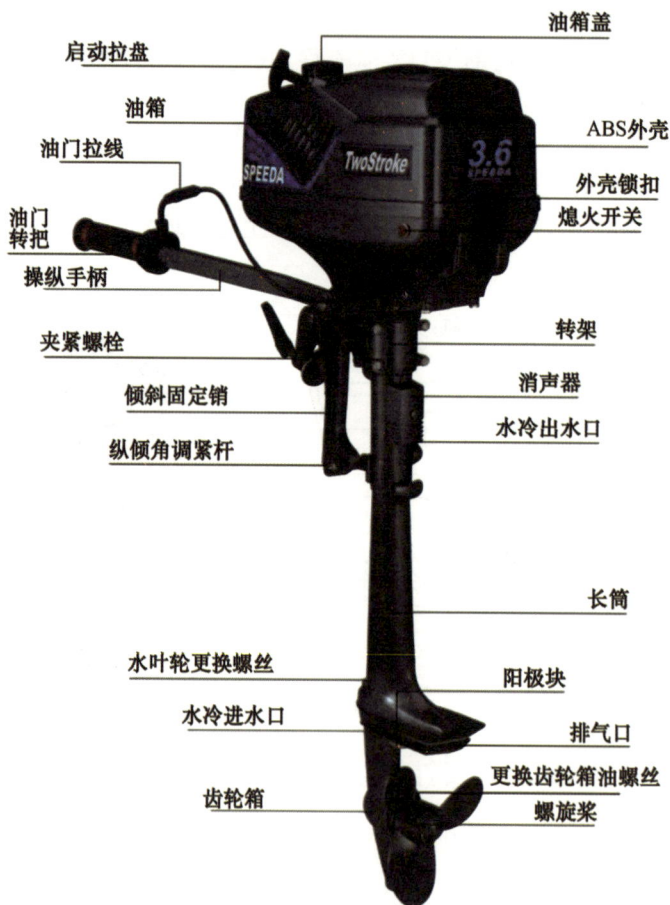

图 1-3-1　舷外机

尾板上,设计师通常在尾部留好位置装舷外机,和发动机为一体的转环非常轻松就可以转动螺旋桨,从而达到转弯的目的。舷外机的尺寸和马力范围都非常大,可以使用不同燃料,包括电力、汽油、柴油和天然气等。舷外机的缺点是耗油率高,经济性差,安全性较低;发动机转速高,故障率高,寿命短,不适合恶劣工况;输出功率受到限制,只适用于功率要求较低的游艇。

(2)舷内外机一般比舷外机重,包括安装于船体内部的发动机和安装于尾板的个体。它裸露在外面的个体部分有点类似舷外机的下半部分,如图1-3-2所示。它能左右旋转起到转弯的目的,还可以调整游艇的纵倾。舷内外机只能用柴油或汽油产生动力,由于其发动机和小汽车发动机很相似,所以能提供比舷外机更大的动力,在较大游艇上比舷外机更受欢迎。

图 1-3-2　舷内外机

(3)舷内机在艇长超过26英尺的游艇上最受欢迎。该型发动机和舷内外机有点相似,安装在艇体内部靠近中部的地方,起到分配重力的作用。发动机连接一个传动轴穿过艇体,该轴带动螺旋桨,推动游艇前进。在轴穿过艇体处有密封装置防止轴旋转过程中水流入艇体。由于螺旋桨轴是固定的,不能转弯,所以必须在后面装一个舵来控制艇体方向,如图1-3-3所示。

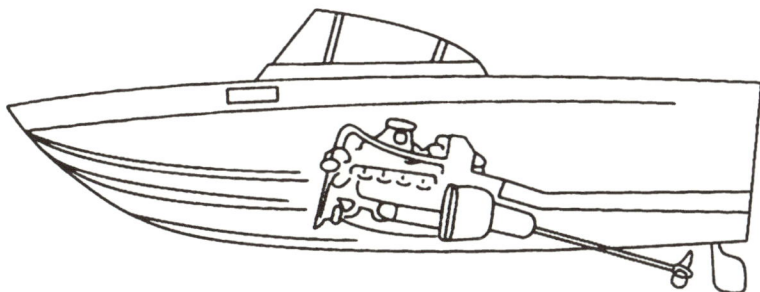

图 1-3-3　舷内机示意图

根据螺旋桨不同的特性可将其分为定距螺旋桨、可调距螺旋桨、对转螺旋桨、导管螺旋桨、超空泡螺旋桨等不同类型。

（1）定距螺旋桨

定距螺旋桨简称为定距桨，由于其构造简单，是中小型游艇上用得最普遍的推进器。

（2）可调距螺旋桨

由于定距螺旋桨螺距不能变化，所以很难做到船舶的航速、发动机功率正确地匹配。同时随着游艇速度的变化，要求主机和螺旋桨可以在工作的最佳状态，在节约能源的同时，还可以提高机器的寿命，从而使得可调距螺旋桨的优势得以体现。可调距螺旋桨的优点为：可根据航速的变化调节螺距，使船、机、桨得到合理的匹配，提高推进效率，节约能源；倒车时无须主机或齿轮减速器反转，工作平稳，倒车反应灵敏。其缺点为：结构复杂，拥挤在空间狭小的桨毂内，如图1-3-4所示，制造复杂，造价高，维修不便，阻力增加。因此，可调距螺旋桨一般用在大型、高档游艇上。

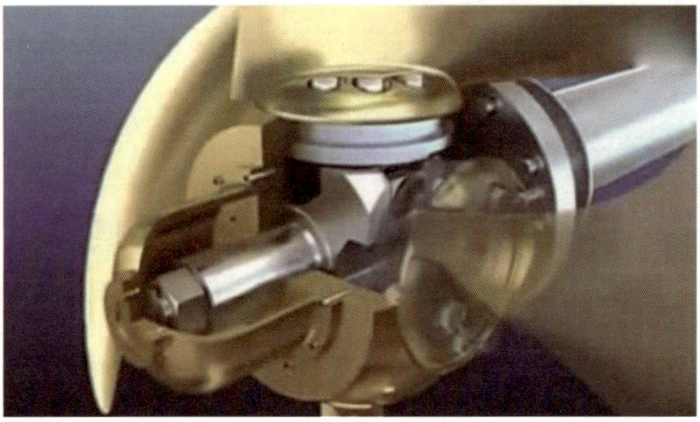

图 1-3-4 可调距螺旋桨

（3）对转螺旋桨

在同一个转轴上安装有前后两个转向相反的螺旋桨，称之为对转螺旋桨，如图1-3-5所示。其工作时，桨叶搅动水流，在产生推力的同时，使桨后的水流加速并产生旋转。桨后水流旋转带走了一部分能量，使推进效率下降。如果采用对转螺旋桨，正好可以克服这个缺点。采用对转螺旋桨时，前面螺旋桨产生的旋转水流正好被后面的桨所利用，吸收了一部分旋转能，提高了推进效率。同时，后面螺旋桨产生的旋转水流正好抵消前桨的旋转水流，起到了整流的作用，可以带给游艇更好的操控性能，还可以消除螺旋桨旋转产生的侧滚力。其缺点就是增加了轴系传动系统的复杂性。

（4）导管螺旋桨

导管螺旋桨就是将螺旋桨安装在导管中，如图1-3-6所示。导管的存在引起流场的变化，使得螺旋桨前方的来流收缩，在导管中加速，提高了水流的速度，从而提高了推进效率。同时，导管还能减少螺旋桨的叶梢涡流的损耗，从而进一步提高螺旋桨的效率。在艇尾安装导流管，还可以使得艇体伴流更加均匀，对减振降噪有利。

导管固定在艇体上的，称为固定导管螺旋桨；导管悬挂在艇尾或艇体下面，可以转动的，称为转动导管螺旋桨。转动导管螺旋桨具有舵桨合一的组合功能，大大提高了游艇的操纵性能。

导管螺旋桨适用于中低速游艇。转动导管螺旋桨适用于机动性要求高的船舶，但不适用于高速游艇，因为对高速游艇来说，导管大大增加了附体阻力。

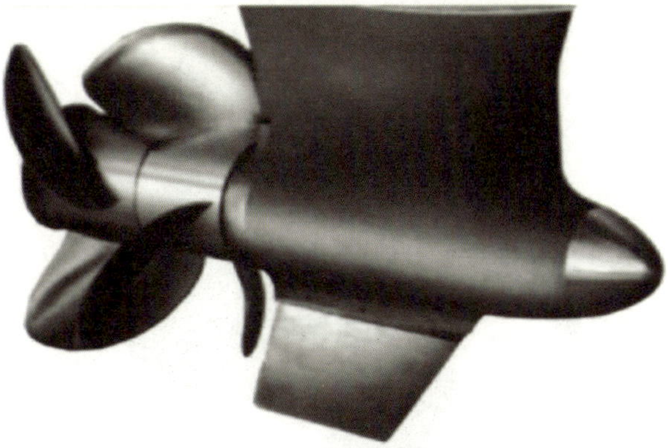

图 1-3-5　对转螺旋桨

图 1-3-6　导管螺旋桨

（5）超空泡螺旋桨

游艇高速航行时必然会产生空泡现象。所谓空泡，就是在桨叶背面，液体的压力低于饱和水蒸气压力时水流发生汽化，同时水中的气体往该处聚集而形成的气泡。空泡的产生，会对螺旋桨带来一些不利的影响，或者使航速降低，或者使桨叶遭到损坏，还会增加艇体的振动和噪声。

所以，一般情况下，应该避免空泡。但是，人们发现，当螺旋桨的转速增加到一定大小时，桨叶背面全部笼罩在空泡中，甚至出现与大气连通的通风现象，此时螺旋桨的推力不再下降，反而随着来流的速度的增加而增加，这种现象称为超空泡现象。超空泡螺旋桨只适用于高速船，低速航行时效率很低，如图 1-3-7 所示。

二、喷水推进

除了螺旋桨以外，游艇也采用喷水推进装置。喷水推进装置是一种新型的特种动力装置，与常见的螺旋桨推进方式不同，喷水推进装置的推力是通过推进水泵喷出的水流的反作用力

图 1-3-7　超空泡螺旋桨

来获得的,并通过操纵舵及倒航设备分配和改变喷流的方向来实现船舶的操纵。喷水推进装置的好处是没有螺旋桨,所以不会危及水下人员和海洋生物的安全。它们通过发动机提供动力,用水泵通过叶轮把水吸进隧道,然后通过高压把水高速往外喷出,推动游艇前进,通过喷嘴的旋转起到转弯的作用,如图 1-3-8 所示。大部分摩托艇采用的就是喷水推进装置。

典型的喷水推进装置主要由原动机及传动装置、推进水泵、管道系统、舵及倒航组合操纵设备等组成。

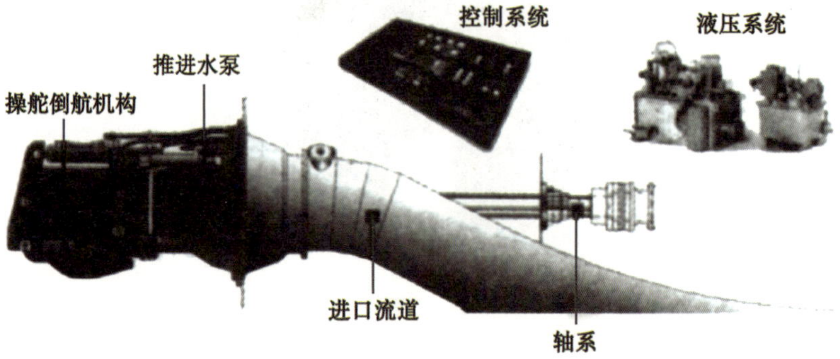

图 1-3-8　喷水推进装置

喷水推进装置的优点:(1)喷水推进装置在加速和制动性能方面具有和变距螺旋桨相同的性能,喷水推进游艇具有卓越的高速机动性,在回转时喷水推进装置产生的侧向力可使回转半径减小;(2)装有喷水推进装置的船舶舱内噪声和振动较小,比具有螺旋桨的船舶低;(3)吃水浅、浅水效应小、传动机构简单、附件阻力小、保护性能好;(4)日常保养及维护较容易。

喷水推进装置的缺点:(1)游艇航速低于 20 节时,喷水推进的效率比螺旋桨要低一些;(2)由于增加了管路中水的质量(通常占全船排水量的 5%左右),使得游艇损失排水量;(3)在水草或杂物较多的水域,进口容易出现堵塞现象而影响游艇的航速;(4)更换推进水泵的叶轮较为复杂。

第四节　游艇操纵系统

一、驾驶台

图 1-4-1 示出了一艘 16 米动力游艇的驾驶台布置。驾驶台内配置主机操纵手柄、监视仪表、操舵装置、主机遥控及显示仪表、航行信号管理、磁罗经、甚高频(VHF)无线电话等。从安全和方便驾驶员操纵方面考虑,大部分电气设备控制都集中在驾驶区域。

图 1-4-1　游艇的驾驶台布置

该艇装有两台柴油发动机、一台柴油发电机、空调、电动起锚机、电动船首侧推器、液压舵机等机械。导航设备有雷达、GPS 系统、测深仪/鱼探仪、甚高频电话、多功能显示器、自动驾驶仪等,驾艇人员的操作可全部在驾驶台上完成。

中小型游艇的驾驶台占据的空间都很小,这样可以留下更多的生活空间,但要求有宽阔的视野,以便在驾驶座上进行各种驾艇操作。

对于有飞桥甲板的游艇,一般都有复式驾驶台,即在飞桥甲板上设置一套与座舱中主驾驶台一模一样的副驾驶台,主、副驾驶台是联动的,可完成相同的功能,唯一的区别是副驾驶台上配备的显示器尺寸可能会小一些。

二、游艇操纵装置

1.液压操舵系统

一个液压操舵系统的基本配置包括舵轮带动的液压油泵、转舵液压油缸、连接油泵和油缸的液压油管路。

如图1-4-2所示,舵轮1向右转动,带动油泵从左液压油管路2吸入液压油,并推向右液压油管路4中,此时右液压油管路油压升高,推动油缸活塞自右向左运动,带动舵叶转向右侧,导致船首向右转向(与舵轮旋转方向一致)。这种由驾驶盘(舵轮)带动的液压油泵功率小,只适合用于小型游艇。在一些大中型游艇上,驾驶盘只提供转向信号,由专用的电动液压油泵提供驱动液压舵机的动力油。

图1-4-2　液压操舵原理简介
1—舵轮;2,4—液压油管路;3—转舵液压油缸;5—旁通阀

图1-4-3所示为一套小型手动液压操舵系统。油泵1为柱塞泵,内置小活塞,由舵轮直接驱动。转舵液压油缸3为双作用型,单底座固定,允许活塞杆在推动舵转动时做弧形漂移。这种装置非常简单可靠。

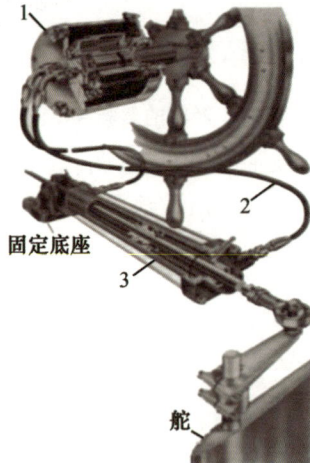

图1-4-3　手动液压操舵系统
1—柱塞泵;2—液压油管路;3—转舵液压油缸

　　手动液压操舵系统增加一些元件后可以很方便地转换为电动液压操舵系统。图1-4-4为电动液压操舵系统原理和配置图。它由电气控制回路和液压动作回路两部分组成。电气控制回路的核心是控制箱,液压动作回路的核心是电动液压油泵。当电动液压油泵不工作时,手动油泵也能担负起驾驶操舵功能。手动液压操舵系统转换为电动液压操舵系统之后可接入自动驾驶仪、随动驾驶器和电动遥控驾驶器。随动驾驶器和电动遥控驾驶器可以在驾驶台以外的任意地点操纵舵机。

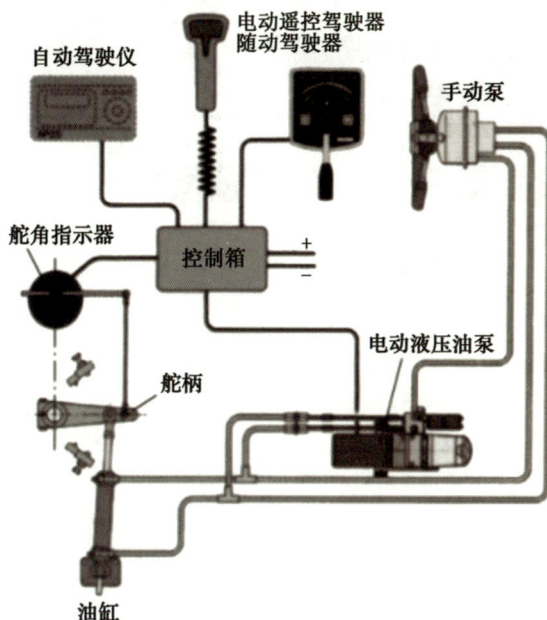

图1-4-4　电动液压操舵系统原理和配置图

2. 电气操舵装置

　　德国 ZF 海事集团的 Arco 公司与意大利法拉蒂集团合作成功开发了一套电气操舵装置,使驾驶小艇像驾驶汽车一样容易。这套装置被命名为 Steer Command。

　　Steer Command 是一套具备智能驾驶反馈的操舵装置。该装置确保最佳的艇操控,大大简化了驾驶,给舵手一个非凡的精确控制新感觉。结合双机装置,电气操舵装置使用电动舵机来驱动舵。每个舵叶各自转动,其舵角改变的大小取决于艇回转的紧凑程度。Steer Command 操舵装置的动作有点像汽车的差速器,增加了执行能力和舒适性。

　　该装置的特别之处是给舵手不同凡响的感觉。典型的液压操舵装置和电动液压操舵装置不提供反馈给舵手,故舵手很难感知船对操舵命令正在起到什么样的作用。Steer Command 操舵装置把舵侧面的压力(舵力)用传感器测量出来并把它传送到舵轮。这种舵力随艇速、舵角、波高等变化而变化,舵手通过转动舵轮来感知这种力,因此会有与艇形成一体的独特感觉。若要使艇的回转快一些,则舵手会施加给舵轮较大的力。驾艇人员感知艇的反应,从而获得满意、安全的驾驶感觉。

3. 单手柄操纵器

　　现在,单手柄操纵器已经非常流行。图1-4-5所示为一种单手柄操纵器。这种手柄对游艇的操纵非常直观,可以把手柄扳到想要的航向,手柄发出的命令经控制箱内的中央控制器处理后会变成操舵命令和操纵推进器或侧推器的命令,游艇按照驾艇者的意图行进。

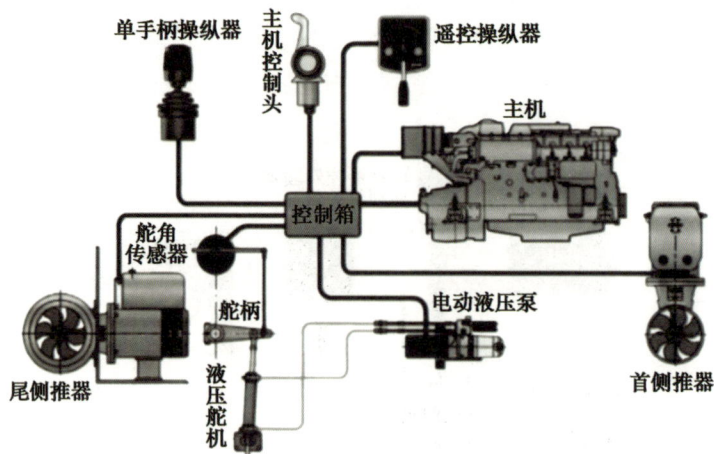

图 1-4-5　单手柄操纵器

无论是单手柄操纵器发出的航向命令,还是主机控制手柄(车钟)或遥控操纵器发出的指令都在控制箱内经计算机处理后,转变成为控制主机油门、变速箱挡位、首尾侧推器和舵机的指令,由各种执行器执行。舵的转动角度由舵角传感器反馈给控制箱,再进行修正。

一些高档游艇上,单手柄操纵器和智能驾驶仪结合起来,使复杂的驾驶操作转变成为简单而直观的程序,连缺乏经验的驾驶员都能操作。

有了这样的智能驾驶系统,驾驶一艘游艇变得简易和可靠,更令人愉快。

三、主机操纵器

主机的控制主要是调节油门大小和变速齿轮箱的变挡。除了一些简易小艇上依然采用钢丝绳牵引控制外,极大部分中高档游艇上都采用了电气控制系统。图 1-4-6 所示为游艇上一

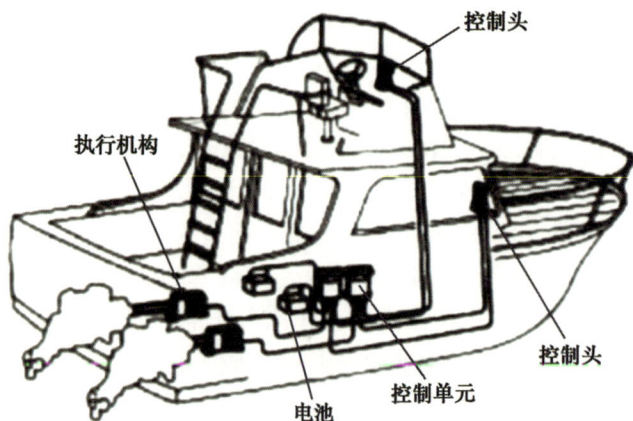

图 1-4-6　双控制头控制双主机系统

种常见的双控制头控制双主机系统的配置形式。其控制原理图如图 1-4-7 所示。驾驶员操纵控制头手柄的信号经中央控制单元处理后送至执行机构执行。系统输入电压 12 伏 DC 或 24 伏 DC。目前油门的控制方式有机械式和电子式两种，可适配适当的执行机构。

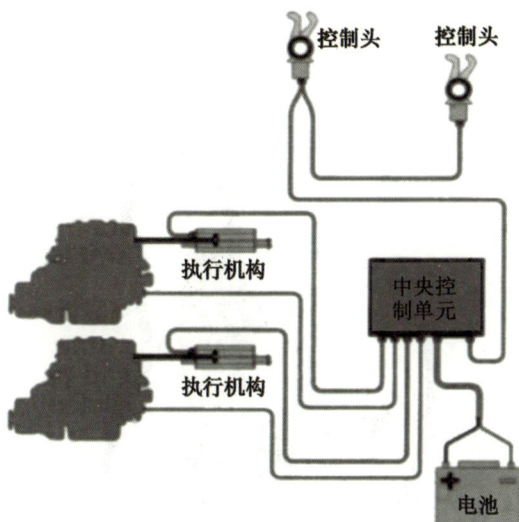

图 1-4-7　控制原理图

控制头是用来控制主机油门和排挡的指令发送器，形式很多，大同小异。图 1-4-8 所示为 ZF 海事公司 Smart Command 操纵系统的控制头。它是一种单手操作的手动掌控开关。所有的控制模式都能够方便地用按钮选择，具备的控制模式有轻松靠泊、自动回转、热机、单手柄操纵。当手柄扳转一个角度后，指示灯会显示控制头的命令和变速箱的响应程度。

主机操纵器的品牌很多，现代游艇上使用的主机操纵器大都融入了以微处理器为核心的智能驾驶系统，成为冗余控制模式中的一种模式，并且可以被其他操纵模式（如单手柄操纵模式、遥控操纵模式）所取代。

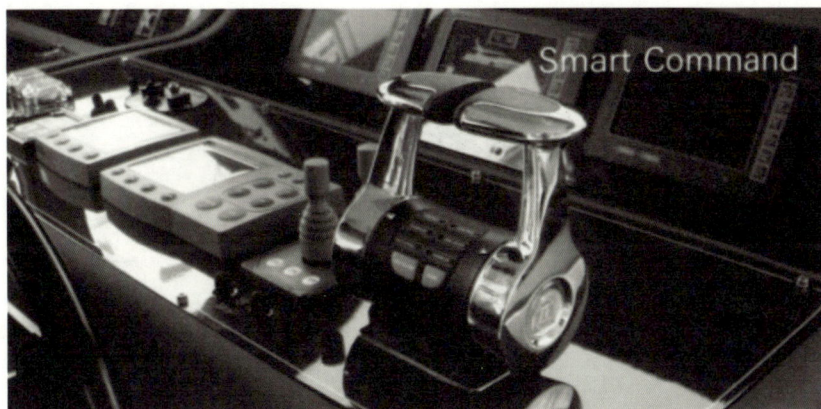

图 1-4-8　Smart Command 操纵系统的控制头

四、帆船操舵装置

帆船属于非动力艇,它的操舵装置以人力为主。为了省力,操舵轮的直径通常在 1 米左右,大的可达到 1.8 米。图 1-4-9 所示为一台海洋帆船的简易操舵装置。它的底座用螺栓固定在甲板上,底座的顶部安装一台磁罗经,正面除了舵轮外,还可安装指示仪表。侧面是操纵辅助发动机(如果有的话)的手柄,上部还有一个保护磁罗经兼作扶手的环。

图 1-4-9　帆船操舵装置

小型帆船上只设一台操舵装置,通过钢丝绳牵动舵旋转,如图 1-4-10 所示。在一些大一点的帆船上,左右舷各设置一台操舵装置。两台操舵装置是联动的,人在左舷或右舷都可以驾驶船。除了钢丝绳牵引使舵转动的方式外,也有采用齿轮、齿条、连杆机构传动方式的,但这类机构比较复杂,造价较高。

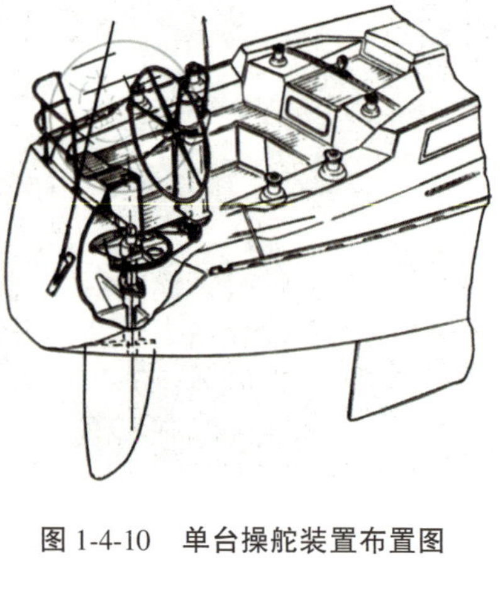

图 1-4-10　单台操舵装置布置图

第五节　船舶动力装置的构成

船舶动力装置是保证船舶正常航行、作业、停泊及船员、旅客正常工作和生活所必需的机械设备的综合体。船舶动力装置的主要任务是发出一定的功率，产生各种能量，实现能量的转化和分配，以保证船舶正常航行和作业。所以，它有船舶"心脏"之称。

船舶动力装置是为船舶获取机械能、热能、电能而配置的机械设备的组合。它主要由推进装置、辅助装置、船舶管路系统、船舶甲板机械、机舱的机械设备遥控及自动化等五部分组成。

一、推进装置

推进装置是指发出一定功率、经传动设备和轴系带动螺旋桨，推动船舶并保证其以一定航速前进的设备。它是船舶动力装置中最重要的组成部分，包括：

（一）主机：主机是指推动船舶航行的动力机，如柴油机、汽油机、燃气轮机等。

（二）传动设备：传动设备的功用是隔开或接通主机传递给传动轴和推进器的功率；同时还可使后者达到减速、离合、换向和减震的目的，如离合器、减速齿轮箱和联轴器等。

（三）船舶轴系：船舶轴系用来将主机的功率传递给推进器，如推力轴、中间轴、轴承等。

（四）推进器：推进器是能量转换设备，它是将主机发出的能量转换成船舶推力的设备，如螺旋桨、明轮和喷水推进器等。

二、辅助装置

除供给推进船舶的能量之外，用以产生船上需要的其他各种能量的设备称为辅助装置。它包括：

（一）船舶电站：船舶电站的作用是供给辅助机械及全船所需要的电能，由发电机组、配电板及其他电气设备组成。

（二）辅助锅炉装置：民用船舶一般用它产生低压蒸汽，以满足加热、取暖及其他生活需要。它由辅助锅炉及为其服务的燃油、给水、鼓风、送气设备及管路、阀件等组成。

三、船舶管路系统

船舶管路系统是用来连接各种机械设备的，它包括：

（一）动力管路：主要用来为主机和辅机服务的管路，有燃油、滑油、冷却水、压缩空气、排气及废气利用等管路。

（二）船舶系统：保证船舶的抗沉性及船员的正常生活所需的系统，有舱底、压载、消防、生活供水、施救、冷藏、空调、污水处理、通风及取暖等系统。

四、船舶甲板机械

船舶甲板机械是保证船舶航向、停泊及装卸货物所需的机械设备，包括：

（一）锚泊机械设备，如锚机、绞盘等。

(二)操舵机械设备,如舵机及操纵机械、执行机构等。

(三)起重机械设备,如起货机、吊艇机及吊杆等。

五、机舱的机械设备遥控及自动化

机舱的机械设备遥控及自动化,包括对主、辅机和有关机械设备等的远距离控制、调节、检测和报警系统等。在上述船舶动力装置的五个组成部分中,推进装置是最重要的部分。它影响到整个船舶动力装置的性能。其工作的好坏,又直接影响到船舶能否正常安全航行,故在进行设计选型和建造过程中要特别注意。然而推进装置在船上能发挥重要的作用,又必须依赖于动力装置其他组成部分的相互配合,因此对其他部分也不能忽视,这样才能保证整个船舶动力装置正常工作。

第六节 动力装置的种类及优缺点

船舶动力装置中的主机和辅机可以具有不同的形式。但主机的功率比辅机的功率通常要大得多,因此船舶动力装置的类型一般是以主机的结构形式来命名的。船舶主机的作用在于把燃料所产生的热能转化为机械能,以推动船舶前进。随着船舶向大型化、快速化、专用化及高速自动化的方向发展,要求动力装置能耗低、单机功率大、寿命长和可靠性好,同时具有较高的推进效率的特点。因此,出现了各种各样的动力装置形式以满足各类船舶的发展需要。目前,常见的有柴油机动力装置、汽轮机动力装置、燃气轮机动力装置等。

一、船舶动力装置的种类

(一)柴油机动力装置

柴油机动力装置具有比较优良的性能,在现代船舶中,不论在货船、渔船、工程船还是游艇上都得到了极为广泛的应用。目前以柴油机作为主机的船舶占98%以上。柴油机船总功率占造船总功率的90%以上。可见柴油机动力装置占绝对的统治地位。

1.柴油机动力装置具有以下优点

(1)有较高的经济性,耗油率比蒸汽、燃气动力装置低得多,这一优点使船舶的续航力大大提高。

(2)尺寸小、重量轻,有利于船舶机舱的布置。

(3)机动性好,启动迅速,加速性能好。

(4)可靠性高,寿命长。

2.柴油机动力装置存在以下缺点

(1)存在机身振动、轴系扭转振动和噪声。

(2)某些部件的工作条件恶劣,承受高温、高压并具有冲击性负荷。

（二）汽轮机动力装置

汽轮机动力装置由锅炉、汽轮机、冷凝器、轴线、管系及其他有关机械设备组成。在这种装置中,燃料的燃烧是在发动机的外部,即在锅炉中进行的。

1. 汽轮机动力装置具有以下优点

（1）由于汽轮机工作过程的连续性有利于采用高速工质和高转速工作轮,所以单机功率比活塞式发动机大,主机本身的单位质量、尺寸指标优越。

（2）汽轮机叶轮转速稳定,无周期性扰动力,因此机组振动小、噪声小。

（3）磨损部件少,工作可靠性大,使用期限长。

（4）可使用劣质燃料油,滑油消耗率也很低。

2. 汽轮机动力装置存在以下缺点

（1）因为配置了主锅炉,所以装置的总质量、总尺寸比较大。

（2）燃油消耗大,装置效率很低,额定经济性仅为柴油机装置的1/2。

（3）机动性差,启动前准备时间为 30~35 分钟。

（三）燃气轮机动力装置

燃气轮机是近几十年发展起来的一种新型发动机。它的基本工作原理与汽轮机大致相似,只是在做功的工质方面有所不同。汽轮机使用的燃料是在锅炉内燃烧,使锅炉中的水加热产生蒸汽,推动叶轮做功;而燃气轮机则利用燃料在燃烧室内燃烧所产生的燃气推动叶轮做功。

燃气轮机动力装置一般由三部分组成:压气机、燃烧室、燃气轮机。燃气轮机动力装置能够较好地满足近代舰艇对动力装置提出的高速、高机动性和极低的单位质量的战略、技术要求,故在军用舰艇中较常使用。

1. 燃气轮机动力装置有以下优点

（1）单位功率的质量、尺寸极小。

（2）良好的机动性,从冷态启动至全负荷的时间,一般为 12 分钟。

（3）燃料消耗率不及柴油机低,低负荷时经济性的恶化比汽轮机影响小。

2. 燃气轮机动力装置有以下缺点

（1）主机没有反转性,必须设置专门的倒车设备。

（2）必须借助于启动电机或其他启动机械启动。

（3）由于燃气的高温,叶轮材料用的合金钢昂贵,工作可靠性较差、寿命短。

（4）由于燃气轮机工作时空气流量很大,所以进、排气管道尺寸较大,舱内布置困难,甲板上有较大的管道通过切口,影响船体强度。

无论是汽油机还是柴油机,按工作原理都有四冲程和二冲程之分。

二、四冲程柴油机的工作原理

柴油机是一种压燃式的内燃机,它的作用过程必须满足以下要求:在气缸里要有足够的空气并被压缩到一定程度,以达到柴油燃烧所需的自燃温度,同时也能将做过功的废气迅速排出气缸外。

柴油机每做功一次,都必须经过进气、压缩、燃烧、膨胀和排气5个过程,这5个过程称为一个循环,此循环不断地进行,柴油机就能连续地运转起来。活塞上下运动四个冲程(即曲轴回转两周)完成一个工作循环的柴油机,叫作四冲程柴油机。

图1-6-1的上方为四冲程柴油机的工作原理图,下方为柴油机的压容图,即 p-V 图。它用来表示柴油机工作时气缸内的压力随着活塞移动(即气缸容积变化)而变化的情况。其纵坐标表示气缸内气体压力 p,横坐标表示活塞移动的气缸容积 V。

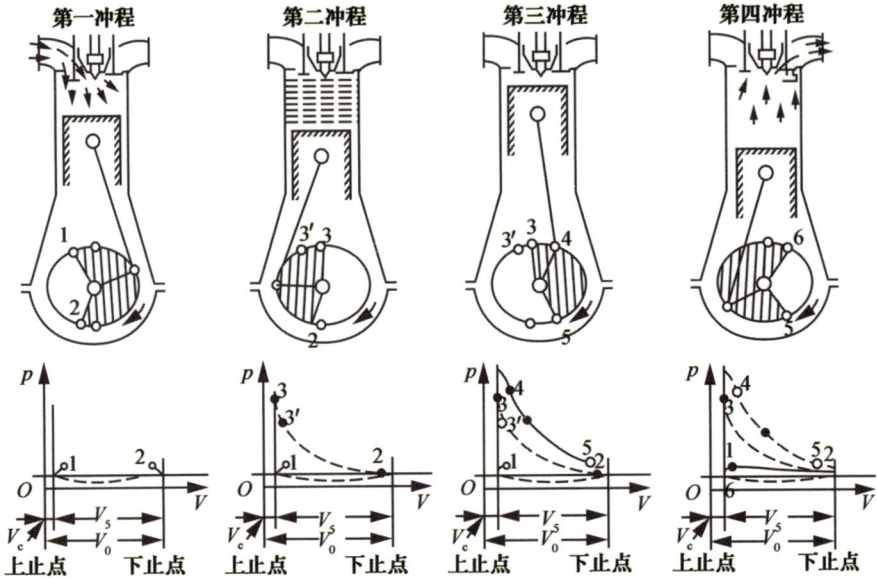

图 1-6-1 四冲程柴油机的工作原理及压容图

第一冲程:进气冲程。这一冲程的目的是使气缸内充满新鲜空气。进气冲程开始时,进气阀开启,而排气阀和喷油器关闭着。活塞由上止点往下止点移动,气缸内容积增大,压力下降并产生真空度,外界新鲜空气在压力差的作用下经进气阀进入气缸。由于新鲜空气在进入气缸的过程中,通过空气滤清器、进气管和进气阀等部件而存在流阻损失,所以进入气缸中的气体压力始终低于大气压力,其值为0.08~0.095兆帕。为了使柴油机能发出较大的功率,必须在每个进气过程中能更多地吸入新鲜空气。为此,整个进气过程是超过曲柄转角180度的,即超过冲程时间。图中进气阀是在上止点前1点就开启,其进气提前角度大小与柴油机类型有关,进气提前角的值一般为15~18度。进气阀的关闭时间是在下止点后2点,其进气阀关闭延迟角的值大小也同样与柴油机的类型有关。进气阀关闭延迟角的值一般为20~40度。全部进气冲程所占的总角度为215~268度的曲柄转角。

第二冲程:压缩冲程。这一冲程的目的是提高热效率,并使气缸内的空气达到一定的温度和压力,以利柴油自行着火燃烧。

当活塞从下止点上行时,进、排气阀是关闭的,气缸内的容积随之逐渐变小,气体即被压缩,其压力和温度相应升高。在活塞到达上止点(3点)时,缸内气体温度为600~700摄氏度,压力达到3~4.5兆帕。整个压缩冲程所占的角度为140~160度的曲柄转角。

第三冲程:工作冲程。这个冲程是柴油机燃烧膨胀做功的过程。活塞在上止点稍前为5~

30度,即3′点(称为喷油提前角),柴油经喷油器以雾状喷入气缸中,并与高温高压空气混合后爆炸燃烧,使气缸内气体温度迅速上升到1 400~1 800摄氏度,压力增至5~8兆帕,有的甚至高达13兆帕以上。在燃烧膨胀过程中,高温高压气体直接推动活塞下行做功。喷油燃烧的终止在上止点后40~60度的4点处。燃烧终止后,活塞下行到排气阀开启为止(5点),即做功完毕。在此冲程结束时,气缸内压力降到0.25~0.45兆帕,而温度降到600~700摄氏度。整个冲程的全部过程所占的角度为120~140度的曲柄转角。

第四冲程:排气冲程。这个冲程的目的是将做过功的废气迅速排出气缸之外。

为了使气缸中做过功的废气能全部迅速排出机外,以有利于下一循环的新鲜空气进入气缸,故排气在做功冲程结束前的5点就已开始,排气阀提前开启角为下止点前20~45度的曲柄转角。这时可以利用废气与大气的压力差进行排气,以降低活塞越过下止点时上行的背压力。

活塞越过下止点往上行的过程中,气缸容积变小,废气在压力差作用和活塞推动下排出气缸外。为了使废气排出彻底干净,排气阀在上止点后10~15度(6点)才关闭,这样可以利用气流的惯性将废气排除干净。排气冲程的全过程所占的角度为210~240度。排气冲程终了时气缸内压力为0.1~0.115兆帕,温度下降到300~400摄氏度。

柴油机要经过进气、压缩、燃烧、膨胀和排气5个过程,才完成一个工作循环。随着活塞的继续运转,另一个新的循环又按同样顺序重复进行,这样周而复始,连续不断,使柴油机连续运转工作。

三、二冲程发动机的工作原理

二冲程汽油发动机的工作循环包括进气、压缩、做功、排气四个过程,只不过这些过程的完成仅仅需要活塞两个冲程或者说曲轴旋转一周(360度)。二冲程汽油机的工作循环中进、排气均由活塞来控制。

第一冲程在曲轴的带动下,活塞由下止点向上止点运动,当活塞将换气孔、排气孔、进气孔都关闭时,活塞开始压缩进入气缸的混合气,同时在活塞下方的曲轴箱内形成一定的真空度,因此当进气孔开启时,化油器供应的混合气被吸入曲轴箱内,直至活塞到达上止点,完成压缩和进气冲程。

第二冲程当活塞接近上止点时,火花塞产生电火花,点燃混合气,燃烧后形成的高温、高压气体,推动活塞向下止点运动做功。当活塞下行到关闭进气孔后,活塞下方曲轴箱内的可燃混合气被预压。当活塞下行到排气孔开启时,废气靠自身压力经排气孔排出,紧接着换气孔开启,曲轴箱内预压的混合气经换气孔进入气缸,并扫除气缸内废气,这一过程为做功和排气冲程。

二冲程柴油机的工作循环与二冲程汽油机的工作循环也有很多相似之处,所不同的主要是进入气缸的不是可燃混合气,而是空气。新鲜空气由扫气泵提高压力(为120~140千帕)后经气缸外部空气室和缸壁进气孔进入气缸内,而废气由缸盖上的排气阀排出。

第一冲程活塞自下止点向上止点移动。冲程开始前,进气孔和排气阀均开启,提高压力后的空气进入气缸进行换气。当活塞继续上移,进气孔被关闭,继而排气阀也关闭,空气被压缩。

第二冲程当活塞接近上止点时,喷油器向缸内喷入雾状柴油并自行燃烧,燃烧的高温、高压气体推动活塞下行做功。活塞下行约2/3冲程时,排气阀开启,废气靠自身压力排出气缸。

此后进气孔开启,进行换气。

从以上叙述中可以看出,二冲程发动机具有以下特点:完成一个工作循环,二冲程发动机曲轴只转一周,而四冲程发动机要转两周。因此,当发动机工作容积、压缩比和转速相等时,从理论上讲,二冲程发动机的功率应是四冲程发动机的两倍,但实际上只有 1.5~1.6 倍。这是由二冲程发动机难以将废气排净,以及可燃混合气随废气排出等问题所致。因此,二冲程汽油机排量不大。

由于燃烧机油产生的积炭和开在气缸壁上的进气孔和排气孔,二冲程发动机的磨损比四冲程发动机快得多(见图 1-6-2)。

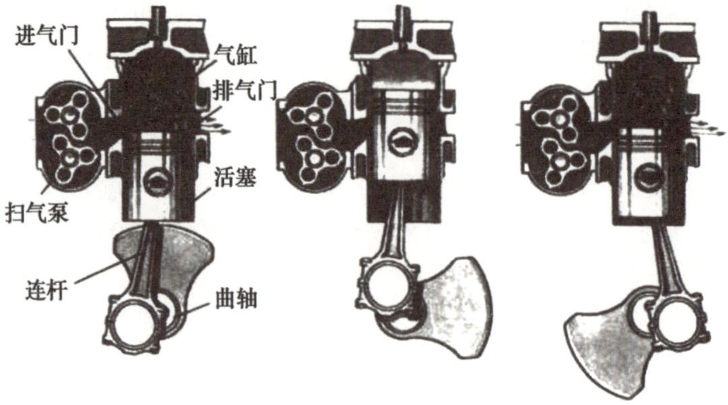

图 1-6-2　二冲程发动机工作原理

四、艇内机和艇外机的基本概念和特性

(一)艇内机:发动机安装在船体内侧,大型艇使用。

(二)艇内外机:发动机安装在船体内侧,推进器安装在船体外侧,中小型艇使用。

(三)艇外机:未永久固定装置于船上,可以随时拆卸移置岸上(见图 1-6-3)。其由于体积小、功率大、转速高而广泛应用于高速艇及工作船。

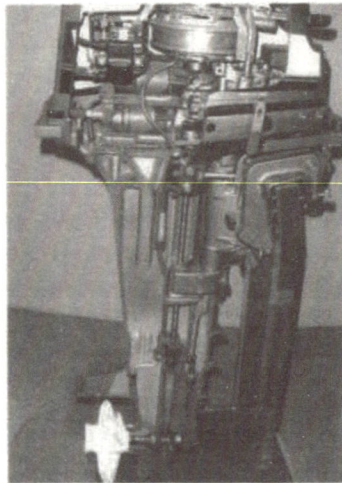

图 1-6-3　艇外机

五、喷射推进

喷射推进装置是一种水力反作用式推进器(见图1-6-4)。其利用装于船内的水泵自船底吸水,经喷管向后喷射受到水的反作用力而产生推力。其机械部分装于船内,得到良好保护。其喷管方向可变,便于船舶操纵,但喷管因直径受限制,管路及水泵效率不高,所以整个系统效率较低,又因水泵及喷管中有水增加了船舶重量,所以很少使用。其优点为:可以在吃水较浅的地方航行,又因没有螺旋桨,当乘员落水时,没有危险,所以是摩托艇动力的首选。摩托艇的初学者需要教练陪同,以免跌落水中。如果不慎跌入,也不要着急,在跨上摩托艇之前,连接的保险(电子点火开关钥匙由强塑软线挂在驾驶者的手腕上)在落水时,电子软线开关会瞬间脱离摩托艇,机器自动熄火并停止前行,以确保人身安全。

图 1-6-4　喷射推进装置

第二章 游艇仪表

第一节 游艇常见仪表及其作用

一、传统驾驶台常见仪表及其作用（见图2-1-1）

（一）启动钥匙。若游艇只有一台发动机，驾驶台则安装一把钥匙；若有多台发动机，则安装相应数量的钥匙。

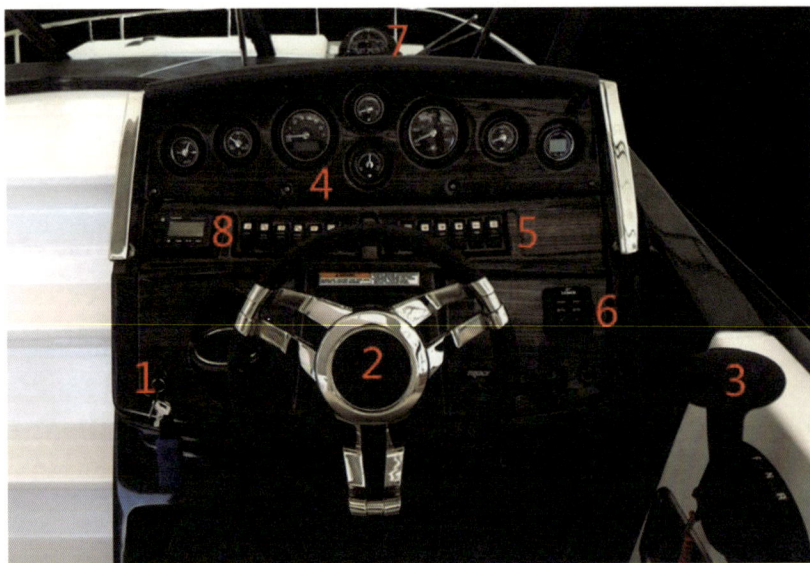

图2-1-1 传统驾驶台操控区

1—启动钥匙；2—方向盘；3—发动机控制杆；4—发动机仪表；5—按键开关；6—压水板；7—磁罗经；8—音响控制器

（二）方向盘。它主要控制游艇前进的方向。传统方式是由机械式拉线控制，现在则普遍采用液压或电子助力，操控更加省力。

（三）发动机控制杆。它控制发动机的前进、倒退挡及转速，单台发动机安装一个挡杆，两台及多台发动机则安装双杆。

（四）发动机仪表。其包含转速表、水温表、电压表、机油压力表、舵角指示器、燃油液位表等。

（五）按键开关。驾驶台根据游艇大小安装所需要的开关，主要有灯类开关，包括航行灯、锚灯、甲板灯、顶灯、水下灯等；底舱泵开关，每个隔舱配一个泵；雨刮器、号笛、锚机升降开关等。

（六）压水板。当游艇直线航行时，游艇因配重而出现左右倾斜，可以通过调节压水板来让游艇保持平稳航行，以此增加驾驶操控性及乘坐舒适性。

（七）磁罗经。它在船舶行驶中随时指示航行的方向。

（八）音响控制器。驾驶员可以用它轻松地控制游艇上音乐的播放。

二、电子驾驶台系统常见仪表及其作用（见图 2-1-2）

（一）电子按钮启动钥匙。若游艇只有一台发动机，驾驶台则安装一把钥匙；若有多台发动机，则安装相应数量的钥匙。

图 2-1-2 电子驾驶台操控区

1—电子按钮启动钥匙；2—方向盘；3—发动机控制杆；4—自动驾驶杆；5—海图机和发动机数据显示屏（包含发动机各项数据）及船舶配电系统开关；6—磁罗经

（二）方向盘。它采用液压或电子助力，或者采用 IPS 系统（一种驱动方式），操控更加省力。

（三）发动机控制杆。它控制发动机的前进、倒退挡及转速，单台发动机安装一个挡杆，两台及多台发动机则安装双杆。

（四）自动驾驶杆。激活操纵杆驾驶时，自动驾驶仪会同时打开，驾驶员通过移动操纵杆来操控船；松开操纵杆时，自动驾驶仪将自动保持前进路线。轻轻转动操纵杆即可轻松地在自动驾驶仪上更改设定的线路。

（五）海图机和发动机数据显示屏（包含发动机各项数据）及船舶配电系统开关。它通过与自动驾驶杆的结合使用可实现辅助泊船系统,该系统通过自动执行船长指令,对一些动态变量（如风和水流）进行补偿,帮助船只保持在预定的航线上,从而使船长在停泊时能够更好地控制船舶。

（六）磁罗经。它在船舶行驶中随时指示航行的方向。

三、相比于传统的仪表,电子屏幕仪表有以下优缺点

（一）优点

1. 驾驶台简洁明了,操控方便。
2. 可根据驾驶需要,设置发动机仪表。
3. 发动机数据显示更加精准。

（二）缺点

维护维修成本高。

第二节　游艇常见仪表的报警及处置

游艇在日常使用或者检查中会出现各种报警及故障。出现故障时,最常见的就是通过仪表来确定问题所在,或者根据蜂鸣器发出的有规律的报警声音来判断（每种声音代表不同的故障,具体由发动机特约维修商来确认故障）。

一、仪表显示红色感叹号标记,蜂鸣器长鸣

仪表显示红色感叹号标记,蜂鸣器长鸣,驾驶员应该立刻降低发动机转速或停机,查看故障代码,和当地发动机维修商确认故障问题（红色指示灯是比较严重的发动机报警灯,驾驶员应该给予足够重视,减少不必要的损失）。

二、仪表显示黄色感叹号标记,蜂鸣器有规律报警

仪表显示黄色感叹号标记,蜂鸣器有规律报警,驾驶员应该降低发动机转速,观察发动机运行状态,查看故障代码,和当地发动机维修商确认故障问题（黄色指示灯是故障程度较低的报警灯,但可能会丧失部分的功能）。

三、发动机转速表故障（见表 2-2-1）

表 2-2-1　发动机转速表故障表

报警(发动机转速表)	可能原因	处置方法
达不到额定转速	1. 油管供油不畅。 2. 高低压油泵,滤芯。 3. 火花塞,点火线	1. 检查发动机进油管是否老化,接头是否接好,检查油箱与油管接口处过滤网。 2. 检查油泵插头是否接好,滤芯是否有污物堵塞。 3. 检查点火线是否松动,导致缺缸工作
转速突然降低又恢复	1. 油泵。 2. 喷油嘴	1. 检查油泵插头是否接好,滤芯是否有污物堵塞,或者油泵是否将要损坏。 2. 检查喷油嘴是否损坏,导致供油不畅
表指针不动	1. 表损坏。 2. 电路问题	1. 表损坏,导致不工作,更换新表。 2. 线头松动,不通电,检查线路及插头

四、电压表故障（见表 2-2-2）

表 2-2-2　电压表故障表

报警(电压表)	可能原因	处置方法
启动后电压低于 12 伏	1. 线路松动。 2. 电机不发电	1. 检查线路。 2. 直接用电表测电机处的电压

五、机油压力表故障（见表 2-2-3）

表 2-2-3　机油压力表故障表

报警(机油压力表)	可能原因	处置方法
机油压力低	1. 线路松动。 2. 压力传感器损坏	1. 检查线路及接头。 2. 更换机油压力传感器

六、水温表故障（见表 2-2-4）

表 2-2-4　水温表故障表

报警(水温表)	可能原因	处置方法
水温高	1. 水泵叶轮。 2. 进水管道	1. 检查水泵叶轮,如损坏,更换新的。 2. 检查进水口、过滤杯是否吸到异物,堵塞

第三节　游艇常见仪表实训

　　游艇发动机仪表板的作用是为游艇驾驶人员提供所需的游艇发动机运行参数信息。不同游艇的发动机仪表不尽相同，但是一般游艇的常规发动机仪表有发动机转速表、电压表、机油压力表、水温表、舵角指示器和燃油表等(如图 2-3-1 所示)。

　　游艇驾驶人员在驾驶游艇时，必须更多、更及时地了解游艇和发动机的各种参数是否正常，以便及时采取措施，防止发生事故。

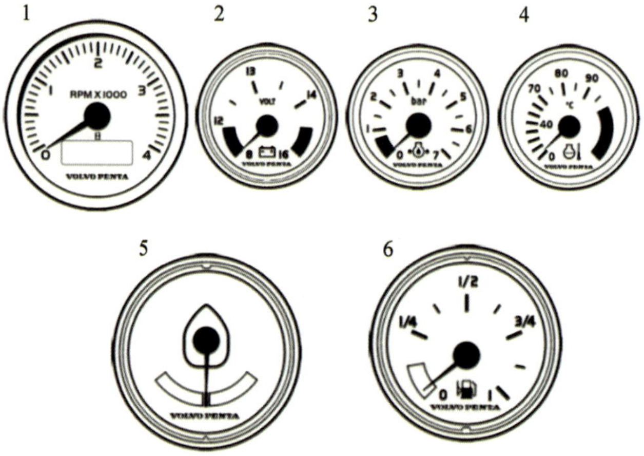

图 2-3-1　发动机仪表板

1—发动机转速表；2—电压表；3—机油压力表；4—水温表；5—舵角指示器；6—燃油表

第三章　游艇助航仪器

第一节　磁罗经的使用和维护保养

一、磁罗经的使用

磁罗经是指引航向、测定方位的一种助航仪器。船用磁罗经一般由罗经盘(罗盘)及罗经柜组成(见图 3-1-1)。

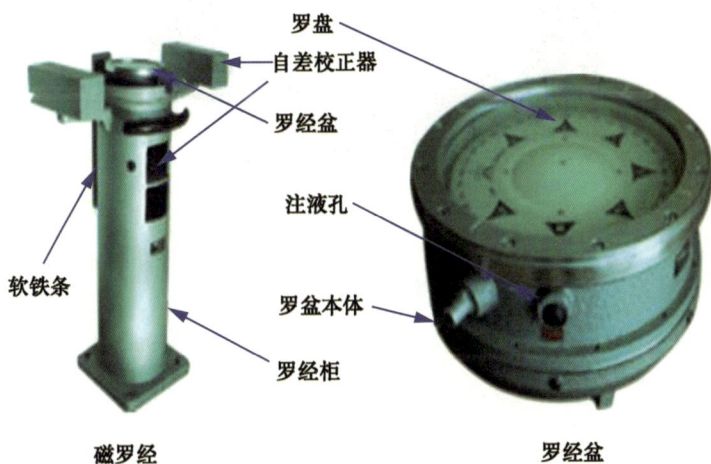

图 3-1-1　磁罗经结构图

（一）读取航向

在磁罗经罗盘上,可以直接读取船舶航行时的罗航向。实际中正是根据罗航向来确定船舶航行方向是否正确。

（二）观测目标方位

观测目标方位一般用到方位仪。方位仪是一种配合罗经来观测目标方位的仪器。通常有方位圈、方位镜、方位针等几种。方位圈有两套互相垂直观测方位的装置，其中一套装置由目视照准架和目标照准架组成，如图 3-1-2 所示。目视照准架为中间有细缝隙的竖架。在目标照准架的中间有一竖直线，其下部有天体反射镜和棱镜。天体反射镜用来反射天体（如太阳）的影像，棱镜用来折射罗盘的刻度。观测时，将方位圈套在罗盘上，转动方位圈，当测者从细缝中看到目标照准线和目标重合时，目标照准架下三棱镜中的罗盘刻度就是该目标的罗方位。

另一套装置由可旋转的凹面镜和允许细缝光线通过的棱镜组成，它专门用来观测太阳的方位。若将凹面镜朝向太阳，使太阳光聚成一束反射光，经细缝和棱镜的折射投影至罗盘上，则光线所照亮的罗盘刻度即为太阳的方位。

在方位仪上均有水准仪，在观测方位时，应使气泡位于中央位置，以提高观测方位的精度。

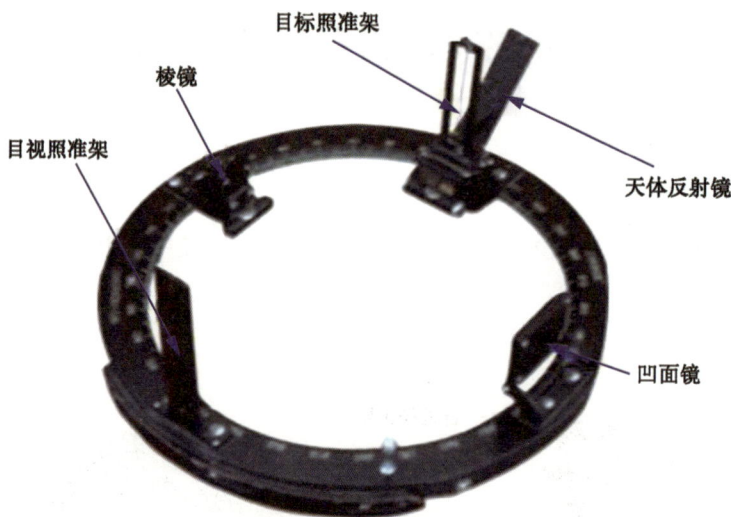

图 3-1-2　方位仪

（三）利用磁罗经观测方位来进行两方位定位

选取合适的两个固定目标，分别测定其罗方位 CB_1、CB_2，并计算出目标的真方位 TB_1、TB_2，然后在海图上利用平行尺和罗经花画出方位位置线 TB_1 和 TB_2，两方位位置线的交点就是观测时刻的观测船位，如图 3-1-3 所示。

二、磁罗经的维护保养

（一）平时应盖上罗经帽和套上罗经套。

（二）应注意检查罗经摆动半周期和灵敏度。

（三）定期对罗经盆（罗盆）轴和常平环轴等加润滑油。

（四）保持液体无色透明，消除罗盆内的气泡。

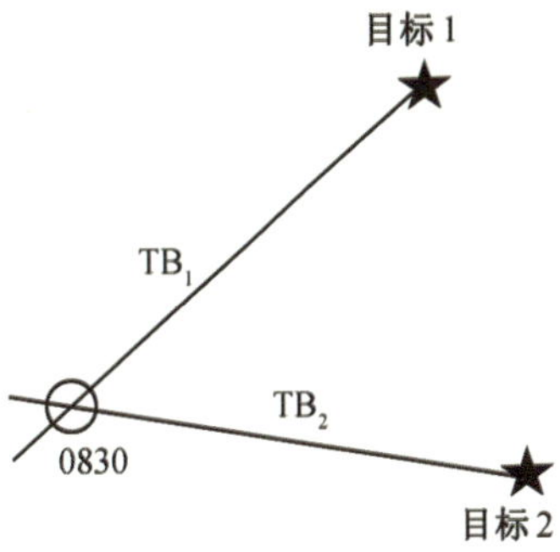

图 3-1-3 两方位定位

（五）罗经附近不得放置或安装磁性物体。

（六）方位仪保持完好状态。

（七）保持投影或反射型罗经的光学透镜面的清洁。

（八）各种校正器不得生锈；软铁校正器不用时，不得靠近永久磁铁；保存校正磁棒时，应异名极相靠，并避免高温、振动和恒定磁场的影响。

第二节 VHF 设备的使用

甚高频无线电话（见图 3-2-1）的主要功能包括日常通信、紧急和遇险通信。内河甚高频电话的型号很多，操作面板上的开关、控制旋钮的布局和数量也各不相同，但其功能大体相近。

图 3-2-1 甚高频无线电话

一、单工和双工工作状态

（一）单工：对通信的每一时刻，通信只沿一个方向进行，即使用 VHF 中，接收时不能发射，发射时不能接收，只能在对方发话完毕后，才能向对方发话。

（二）双工：能同时发射和接收彼此的信号，即使用 VHF 中，在接收对方的信号的同时可以将自己的信号发射给对方,在发射信号的同时也能接收到对方的信号。进行双工通信必须具备两个频率,即收、发信号采用异频。

二、静噪控制

调整静噪控制旋钮,可以控制静噪电平,以便消除噪声。调整时以刚好消除噪声为宜,因为在降低噪声的同时也会降低接收信号的灵敏度。

三、双重守候功能

按 16 频道优先的原则,可以监听 16 频道和另外任意选定的一个频道的信息。

四、大小功率发射控制

可以通过发信功率键选择是大功率发射还是小功率发射。一般在近距离或港内通信时,采用小功率发射;距离较远或信号较弱时,采用大功率发射。

五、船用 VHF-DSC FT-805 基本操作

1. 打开旋转电源/音量键,调节音量。

2. 调节静噪键进行静噪控制,调整到噪声刚好消除,调整过低将影响信号接收。

3. 按频道调整键,调整或直接输入所需要的频道进行守听或通话。

4. 长时间按下菜单键显示主菜单,进行相关信息的输入和设置。

5. 短时间按下菜单键显示 DSC 呼叫菜单,进行相关信息的输入和设置,并可以转发应答、查询收到的遇险信息和其他信息。在测试呼叫模式下测试呼叫功能。

6. 船舶遇险时只要按下遇险键并保持 5~10 秒即可发射遇险信号,DIST 灯闪烁,同时喇叭发出报警声,信息将被发出。

注意:发射误报警会对附近船舶和搜救部门造成困扰或损失,因此不可以随意按下遇险键。如果按键 5 秒内放开,则可以中断误操作,但一旦开始发射就无法停止。由于发射速度快,误操作后信息已发出,这时要特别注意,发生误报警时必须采取相应的措施消除误报警。

六、操作注意事项

(一)在游艇进入特定的港口水域前,必须认真学习、了解该港口水域的 VHF 通信规则,使用船用甚高频无线电话,必须根据有关无线电管理文件的规定办理。

(二)说话应简洁,尽量缩短每次的发射时间。如用双工通信,应一直按下发射控制键,否则影响通话质量;讲话时不必大声,否则会引起话音失真,只需要嘴部距对讲机的麦克风 2.5~5 厘米处以正常音量讲话即可;注意调整好音量和静噪,以获取最佳守听效果。

(三)便携式手持对讲机天线不能拧下,否则在发射时容易把功率管烧坏。

(四)在贴有“关闭对讲机”标识的场合或易燃易爆场所,应关闭对讲机或使用防爆对讲机。应注意不能在易燃易爆场所等危险环境中更换电池,以及拆卸或插拔对讲机的附件(如耳机话筒),以免拆卸或插拔时产生的摩擦接触火花引起爆炸或火灾。

(五)对讲机通信在临界距离时常出现断断续续的现象,此时可以调整静噪等级来改善守听效果。

（六）16 频道是无线电话国际遇险、安全和呼叫频道，还可以用于呼叫和回答。

（七）船舶进入港区或近距离通话时应放在小功率位置。

（八）船舶靠码头后不需使用时，可以关机（如需使用，也可以随时开机通话）。

（九）使用甚高频还应严格遵守我国有关规则相关条款的要求。

七、维护保养

（一）开机前，应接好天线、话筒及直接电源。

（二）每周测试一次（两套对呼，或与附近船、岸台测试），呼叫、应答、后续工作频道自动转换应符合性能标准。

（三）使用中应注意防水、防潮、防震及防尘，保持清洁。

（四）一般镍氢电池正常使用的充放电次数为 500 次，锂电池为 1 000 次。在对新电池进行前 3 次充电时，应持续充电 14～16 小时，以获得最大的电池容量和更好的电池性能。以后每次最好使用完后再充满电，如果电池长期在"半饱"状态下工作，会缩短电池的使用寿命。在对讲机充电时，应关闭对讲机以保证电池完全充满；不充电时，不要将对讲机和电池留在充电器上，连续不断地充电将缩减电池寿命。

（五）甚高频不可随意接入平台照明或其他公共电源。

第三节　电子导航设备的功能及使用

一、雷达

船用雷达是通过发射无线电波和接收电波，对物标进行探测和测定其位置的设备。其用于发现江面、河面上的物标，并测定物标的距离及方位，帮助船员瞭望，防止船舶发生碰撞；可根据测定固定物标的方位或距离，确定船舶的位置，引导船舶航行。船用雷达系统主要由天线、发射机、接收机、收发开关、显示器、定时电路和电源等组成。

（一）雷达面板各开关、控制旋钮的作用

1. 控制电源的开关

（1）船电闸刀：设在雷达电源处，在不用雷达或在雷达机内进行维修保养时，应断开船电闸刀。

（2）雷达电源开关：开关设在显示器面板上，用于控制雷达电源的通断。电源开关有三个位置：

①断开：整个电源切断。

②等待：低压电源供电，此时除发射机特高电源外，全机已供电。

③发射：整个电源供电，此时发射机加上特高压，雷达开始发射电磁波。

2. 调节图像的控制旋钮或开关

（1）光度按钮：控制扫描线亮暗，可用来调整扫描线的亮度。开关机前或转换量程前，应

先关至极小,开机后应调到扫描线将亮未亮状态。

(2)聚集旋钮:控制扫描线主距离标度的粗细,可用来调整屏上光点的粗细。应调整到光点最细小、图像最清晰为止。

(3)增益旋钮:用来调节接收机的信号灵敏度,以控制回波和杂波的强弱。应调到屏上杂波斑点刚见未见的程度,但在观测远距离弱回波时可适当增大。

(4)调谐旋钮:控制回波的出现和亮暗。雷达开机工作稳定后或在工作过程中必要时调节该旋钮,以保持图像清晰。当"手动/自动"开关置于"自动"时,可自动完成调节。

(5)脉冲宽度选择开关:控制雷达发射脉冲的宽度,以适应远近量程不同的使用要求。有些型号不设此开关,而是根据所选量程开关自动转换发射脉冲的宽度。

3.调节抑制杂波干扰图像的控制旋钮

(1)雨雪抑制旋钮:减少雨雪干扰波的影响。使用该旋钮时,应达到既去除雨雪干扰,又不丢失雨雪中物标回波的效果。

(2)波浪抑制旋钮:减少波浪干扰波的影响。使用该旋钮时,应达到既抑制波浪干扰,又不丢失波浪中小物标回波的效果。

4.辅助调整控制旋钮或开关

(1)中心调节旋钮:控制扫描线起始点的位置,可用来调整扫描线中心在屏上的位置。

(2)船首线标志开关:控制船首标志线的显示。

(3)照明旋钮:控制照明灯的亮暗。

(4)中心扩大开关:控制并扩大扫描中心的范围。

5.测距控制旋钮或开关

(1)量程选择开关:选择雷达观测的距离范围。通常在狭水道、进出港时用小量程挡;在开阔水域用大量程挡。

(2)固定距标辉度旋钮:控制固定距标的亮度,可用来控制固定距标圈的亮度。

(3)活动距标辉度旋钮:控制活动距标的亮度,可用来控制活动距标圈的亮度。

(4)活动距标测距器控钮:控制活动距标圈的距离,可用来调节活动距标圈的距离,距离读数随活动距标圈位置的改变而改变。

6.测方位的旋钮或开关

(1)方位标尺旋钮:测量方位或舷角的度数。

(2)电子方位线开关:控制电子方位线的有无。

(3)电子方位线旋钮:测量物标方位或舷角。

(二)雷达的功能及使用

船舶在进出港、狭水道及沿岸航行中,尤其在夜间或能见度不良的恶劣天气中,使用雷达导航十分方便而有效。通常情况下雷达有如下的功能。

1.雷达船位设定

(1)利用雷达摆船位和选航线时,一要看中心亮点与岸形(或浮标)图像之间的横距是否恰当,二要看船首尾与岸形图像轮廓线(或两浮标图像的连线)的夹角是否适当。

（2）根据雷达屏幕反映出来的航道情况确定船位是否合适,并及时调整。

2. 雷达定位

（1）雷达距离测定要领

①选择合适目标及包含目标的最小量程。

②使用活动距标圈与回波前沿相切。

（2）雷达方位测定要领

①选择合适目标及包含目标的最小量程。

②测量点目标方位时,应使方位标尺线通过回波中点;测量突出岸嘴、凸堤时,使方位标尺线与岸嘴、凸堤边缘相切,然后修正半个波束宽度。

在雷达荧光屏上定船位,就是确定雷达荧光屏扫描中心(即本船)在航道中的位置。

在开阔的水域,可采用雷达方位、距离定位;在狭窄水域,可采用把水道回波分为十等份,使荧光屏中心与岸保持一定的距离,以占据水道中一定比例,从而避开危险物的方法,如正中分心、四六分心等。

3. 雷达转向

（1）正横距离法

正横距离法是指选用显著、孤立目标回波的正横作为转向点,当船舶达到该转向点时,应用雷达测定是否在规定的距离界限内,再转入下一航向,同时用实际航速推算出下一目标或转向点的目标回波方位、距离和时间,航行中不断进行检查,把船位保持在安全界限内;到达第二个正横转向点时,应用雷达测定是否在规定的距离界限内,再转入下一航向的引航方法。这是依据目标回波正横转向的一种引航方法。

（2）船首方位、距离法

船首方位、距离法是指选用下一航线船首方向显著、孤立目标的回波作为转向点,当船舶雷达显示该目标回波的方位、距离时即转入下一航向。

4. 雷达避险

（1）距离避险线法

为了使船舶在航行中与岸(或选定目标点)保持一定距离,确保航行安全,可采用距离避险线避险。

（2）方位避险线法

当避险目标与危险物的连线与计划航线平行或接近平行时,为了避开航线一侧的危险物,可采用方位避险线避险。

（3）平行线避险法

利用航行附近目标可进行平行线导航,它们也同样可用于平行线避险。

（三）雷达的一般操作步骤

1. 开机前的准备工作

（1）检查以下主要开关按钮是否处于正常位置:雷达电源开关及发射开关应放在"关"位置;亮度按钮应放在逆时针到底(最小)位置。

（2）检查天线上是否有人或妨碍天线工作的障碍物(如旗绳、发报天线等)。尤其应注意冬天雨雪后,检查天线是否被冻住。

(3)如气温太低或空气太潮湿,则应先合上船电闸刀,让机内各加热电阻通电加热后再开机。

2.开关机步骤

船用雷达具体的开关机操作步骤应按说明书进行。下面介绍的是一般雷达的基本操作步骤。

(1)开机

①接通船电开关,启动中频电源,接通雷达电源开关进行预热,一般预热3分钟,视具体雷达要求而定。

②调节显示屏照明亮度,选择合适量程,选择显示方式(一般宜选船首向向上)。

③待发射指示灯亮后,开关置于发射位置。

④顺时针方向缓慢调节屏幕亮度旋钮,使扫描线刚见未见;调节增益旋钮,使屏上噪声斑点刚见未见;调节调谐旋钮,使回波最佳(或调谐信号格数最多)。

(2)关机

①将雷达电源开关从发射位置置于预备位置。

②将亮度、海浪抑制和雨雪抑制按钮逆时针旋到底。

③将雷达电源开关置于关位置,关闭中频电源,断开船电。

(四)雷达使用注意事项

1. 使用雷达引航时的注意事项

(1)认真研究和熟悉水道特征、目标回波影像,在利用雷达引航过程中,应仔细分析雷达图像与实际情况的差异,并与航行图对照比较,积累资料,总结经验。

(2)在狭窄航道中,路标方位变化快,应对照回波影像,并结合航行参考图,准确快速辨认和测定目标。

(3)认真识别各种回波,尤其应注意辨认小船和漂浮物的回波,切勿混淆。

(4)应注意雷达的局限性,不能盲目依赖雷达。雷达图像存在失真和变形,各种假回波和干扰回波对目标回波也会造成很大影响。

2. 使用雷达避让时的注意事项

(1)来船舷角有明显的变化,有时也可能存在碰撞危险,如他船在不断改向、两船距离过近等情况,实际中应注意综合判断。

(2)近距离避让时,切换至小量程挡,并注意盲区的影响。

(3)避让时,应配合使用甚高频电话、望远镜、声号和灯号,必要时还要开扩音器喊话。

(4)注意辨别假象和图像失真的影响,不可盲目依赖雷达而忽视瞭望。

(5)为了消除海浪、雨雪等干扰,一些小目标可能会被抑制掉,应注意识别。

二、船舶自动识别系统

船舶自动识别系统(AIS)是一种自动获取航行信息、发送船舶数据的船用助航设备。它一般由GPS接收机、AIS信息处理器、VHF收发机、船用外围设备、电源等五个部分组成。

（一）AIS 的功能及设备使用注意事项

1. AIS 的功能

AIS 的正确使用有助于加强海上生命安全、提高航行的安全性和效率，以及对海洋环境的保护。AIS 的功能有：

（1）识别船只功能：AIS 能够连续自主地接收与发射 AIS 数据信息，可显示本船周围装有 AIS 设备的船舶的 AIS 数据信息，使船舶能够及时发现来船船名、船舶类型及其动态，并能及早建立通信联系，这些信息包括如下内容。

静态数据包括：MMSI、船名、呼号、IMO 号、船舶类型、船舶大小、GPS 天线位置、船籍等。

动态数据包括：经纬度、船速、航向、转向率、船首、方位、距离等。

航行数据包括：航行状态、吃水深度、危险货物种类、目的地和预计到达时间等。

（2）报警功能：可以参考与目标船间的 DCPA/TCPA 数据来判断碰撞危险，对于设定范围内的 AIS 目标船，可进行灯光及语音提示报警且报警声响随距离的接近而不断改变；紧急信息发送与接收。

（3）与岸基设施交换数据，协助追踪目标，实时掌握船舶位置。

（4）简化信息交流，提供其他辅助信息以避免碰撞发生。

AIS 加强了船舶间避免碰撞的措施，增强了 ARPA 雷达、船舶交通管理系统、船舶报告的功能，在电子海图上显示所有船舶可视化的航向、航线、船名等信息，改进了海事通信的功能，提供了一种与通过 AIS 识别的船舶进行语音和文本通信的方法，增强了船舶的全局意识，使航海界进入了数字时代。

2. AIS 设备使用注意事项

（1）要求长开机。如船长基于安全的原因关机，应将关机的原因和时间记录在相关的记录簿中。

（2）船长或船长授权人员（一般为驾驶员）要常用 VHF 对讲机或 AIS 设备的短信息功能与附近的船舶沟通，询问本船的 AIS 信息对方能否收到；同样如遇他船询问也应给予回答，并记录在相关的记录簿中。

（3）AIS 的信息输入问题导致其广播的信息容易被错误解读，静止信息中的船名及航次信息输入尤甚，表现为：

①由于不同文化的差异和语言障碍的原因，真实的船名和通过 AIS 读出的船名往往有区别。

②由于 AIS 设备中船名输入有字符限制，若船名太长，会导致真实的船名和通过 AIS 获取的船名可能不一致。

③船舶的航次信息仅仅反映本船航次信息，如果没有及时更新包括吃水及目的港等航次信息，可能播发的是错误的航次信息。

（4）与雷达相比，AIS 不显示岛屿、岸线等，由于信息更新没有雷达提供的信息及时，无法提供完整的交通信息和态势，所以 AIS 仍然不能取代雷达。

（5）AIS 与船舶其他设备的连接问题可能导致航向、航速、船位等动态信息存在误差。

三、全球定位导航系统

（一）全球定位系统（GPS）的主要功能及使用注意事项

1. GPS 的主要功能

（1）显示定位的经纬度。

（2）显示导航数据：航向、航速、航迹速、航迹向，至航路点恒向线或大圆的操舵航向和距离，航行所需时间、偏航、任何两航路点之间的距离和方位。

（3）能存储设计的航线和航路点及其经纬度。

（4）报警：当出现偏航、走锚到达所设定的报警范围、接收机故障等情况时都会报警。

（5）变换使用大地坐标系。

（6）提供卫星号、方位、仰角、卫星工作状态、被跟踪卫星信噪比。

2. GPS 使用注意事项

（1）GPS 接收机根据卫星电文及时更新历书。如提供的历书的时间间隔很久，或定位误差明显偏大，则应根据操作步骤弄清楚历书及内存。

（2）不同的 HDOP（二维水平平面几何精度因子）值，有不同的定位精度，通常 HDOP 值设定在 10 左右。

（3）时间输入误差不应超过 1 小时。

（4）当有多颗卫星定位或 HDOP、PDOP 值超限时，可人工或自动选择卫星。

（5）选择合适的运动状态。

（6）利用卫星状态显示可强制启动或停止某颗卫星。

（二）中国北斗卫星导航系统（BDS）的功能

1. 系统概述

中国北斗卫星导航系统是中国自行研制的全球卫星导航系统，是继美国全球定位系统（GPS）、俄罗斯格洛纳斯卫星导航系统（GLONASS）之后第三个成熟的卫星导航系统。中国 BDS 和美国 GPS、俄罗斯 GLONASS、欧盟 GALILEO，是联合国卫星导航委员会已认定的供应商。中国北斗卫星导航系统由空间段、地面段和用户段三部分组成，可在全球范围内全天候、全天时为各类用户提供高精度、高可靠定位、导航、授时服务，并具有短报文通信能力，已经初步具备区域导航、定位和授时能力，定位精度 10 米，测速精度 0.2 米/秒，授时精度 10 纳秒。

2. 系统四大功能

（1）短报文通信：中国北斗卫星导航系统用户终端具有双向报文通信功能，用户可以一次传送 40~60 个汉字的短报文信息。它可以达到一次传送 120 个汉字的信息，在远洋航行中有重要的应用价值。

（2）精密授时：中国北斗卫星导航系统具有精密授时功能，可向用户提供 20~100 纳秒的时间同步精度。

（3）定位精度：水平精度 100 米，设立标校站之后为 20 米。工作频率：2 491.75 兆赫。

（4）系统容纳量大：最大用户数 540 000 户/小时。

第四节　回声测深仪、计程仪设备的使用

一、回声测深仪

（一）回声测深仪的工作原理（见图3-4-1）

回声测深仪是测量超声波信号自水中发射经水底反射至接收到超声波回声的时间间隔，用以确定水深的一种水声仪器。

图3-4-1　回声测深仪工作原理示意图

（二）回声测深仪的组成（见图3-4-2）

回声测深仪主要由显示器、发射系统、换能器、接收系统和电源设备等部分组成。

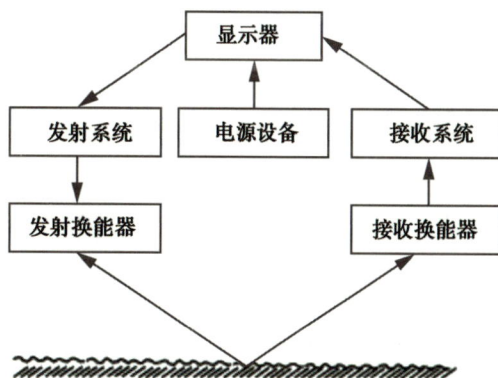

图3-4-2　回声测深仪组成示意图

内河船舶使用的回声测深仪，其测量深度一般在100米范围内，属于小型浅水类测深仪。当船舶剩余水深不足0.5米时，测深精度将大为降低，甚至不能测深。

（三）回声测深仪的功能按键（见图3-4-3）

1. DISPLAY：显示方式选择键，按此键调出显示方式清单，用户可选择标准（STD）或标准/

导航(STD/NAV)两种不同的显示方式。

2. EVENT:时态键,按此键可在存储的历史深度数据中插入实时的船位和时间数据。

3. POWER:电源键,按此键一次可开启主机电源,按住并保持3秒则关机。开机工作后,若有音频报警,按电源键一次可以消去报警声音。

4. RANGE:量程键,按此键一次可调出量程选择菜单,按住并保持3秒则选择"自动量程"工作方式。

5. GAIN:增益键,按此键一次可调出增益选择菜单,按住并保持3秒则选择"自动增益"工作方式。

6. DIM:亮度键,按此键一次可调出显示器亮度调节菜单,按住并保持3秒则选择中间亮度显示值。

7. CONTR:对比度键,按此键一次可调出显示器对比度调节菜单,按住并保持3秒则选择中间对比度值。

8. ↓↑:上下键,用上下键可以在菜单选择时增加或减少设定值。

9. MENU:菜单键,用于调出主菜单,或者在菜单选择时退出当前显示菜单。

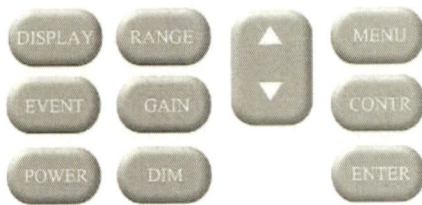

图 3-4-3　回声测深仪显示面板

(四)回声测深仪的主要操作

1.正常操作

按下显示面板上的电源按键,系统通电,所有的重要参数(如增益、量程、跟踪门限)都进入"自动"工作方式。关机时需按住电源按键并保持3秒。

2.浅水区操作

当船舶在浅水区航行时,为了消除较强的杂波干扰,获得较高的测量精度,需对系统的某些参数进行必要的手动调整。

(1)量程选择

可选择0~5个单位的最小量程,最小量程可获得最佳的显示精度。

(2)门限深度设置

手动设置测量深度门限值可以抑制浅水时较强的海面影响,获得正确的数字深度信号。门限值可根据回波图像的显示情况进行设定,门限值的设定必须小于图像显示的真实深度值。

(3)增益设置

测深仪在浅水区工作时,应用手动增益调整,使各种干扰最小。

（五）回声测深仪数据的读取

回声测深仪的显示界面(见图 3-4-4),主要显示的信息有:

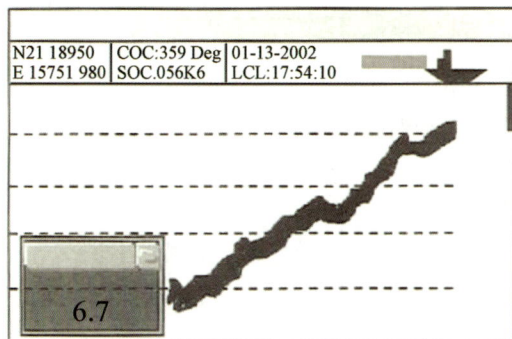

图 3-4-4　回声测深仪显示界面

1.回波图形

它是换能器收到回波信号的回波动态反映,通过回波图像的前沿可读取当前水深的大概数值。

2.深度显示窗口

深度显示窗口在屏幕的左下方,用于显示当前精确的水深数字值,每秒钟更新一次。

3.导航信息

导航信息是从其他仪器接入的信号,包括船位、对地航向、对地航速、系统时钟提供的日期和时间。

4.系统状态

系统状态包括自动状态显示、浅水调整和龙骨深度预置值显示、浅水和深水报警值显示、显示方式、工作频率及水深单位等。

5.信息条

信息条在显示屏的最上方,表示当前系统的显示状态和报警指示。

二、计程仪

（一）计程仪的工作原理

计程仪是计量船舶航速和船舶累计航程的航海仪器。现代船舶广泛使用电磁计程仪,利用电磁感应原理,测得船舶的航速和航程。不同类型的计程仪的工作原理如下所述。

1.拖曳计程仪:利用相对于船舶航行的水流,使船尾拖带的转子做旋转运动,通过计程仪绳、连接锤、平衡轮,在指示器上显示船舶累计航程。

2.转轮计程仪:利用相对于船舶航行的水流,推动转轮旋转,产生电脉冲或机械断续信号,经电子线路处理后,由指示器给出航速和航程。

3.水压计程仪:利用相对于船舶航行水流的动压力,作用于压力传导室的隔膜上,转换为机械力,借助于补偿测量装置,将机械力转换为速度量,再通过速度解算装置给出航程。

4.电磁计程仪:通过水流(导体)切割装在船底的电磁传感器的磁场,将船舶航行相对于水的运动速度转换为感应电势,再转换为航速和航程。

5.多普勒计程仪:利用发射的声波和接收的水底反射波之间的多普勒频移测量船舶相对于水底的航速和累计航程。

6.声相关计程仪:应用声相关原理测量来自水底同一散射源的回声信息到达两接收器的时移,以解算相对于水底的航速和航程。

(二)计程仪设备的组成

近代计程仪主要由测速部分和指示部分组成(见图3-4-5)。测速部分用以检测和放大船舶航速信号或航程信号;指示部分用机械或电气形式显示船舶航速或航程,再通过积分或微分方法显示航程或航速。

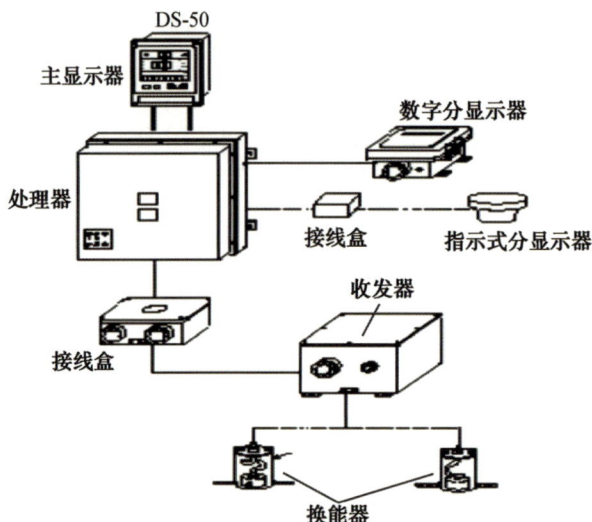

图 3-4-5　计程仪设备组成图

(三)计程仪的功能按键(见图3-4-6)

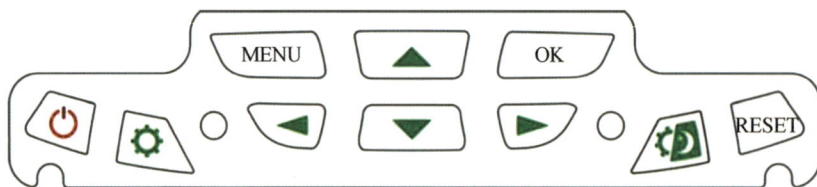

图 3-4-6　计程仪功能按键图

:按电源键可打开/关闭整个系统,长按3秒松开后关闭。

:按亮度调节键可调节液晶屏背光亮度,以适应环境变化。
白天显示模式时9级可调,夜间显示模式时9级可调。

MENU：按菜单键可进入菜单操作界面。

OK：按确认键可保存菜单项设置并退出菜单。

▣ ：按昼夜模式键可切换白天显示模式与夜间显示模式。

RESET：按清零键可将本次航程清零。

▲ ◀ ▼ ▶ ：按上下方向键，可选择菜单项；按左右方向键，可设置参数值（见表3-4-1）。

表 3-4-1　菜单选项表

菜单项	参数设置	注释（灰色区为出厂设置值）
模式选择	［自动 多普勒 GPS］	
语言选择	［中文 English］	设置屏幕显示的语言
平均时间	［15 s　30 s　60 s］	计算平均速度的间隔时间
速度单位	［kn　km/h］	kn：节，km/h：千米/时
航程单位	［NM　km］	NM：海里，km：千米
速度修正	［+0.0%］	设置范围：-29.9%～+29.9%
角度修正	［+0°］	设置范围：-45°～+45°
调试模式	［开 关］	用于检测信号输出是否正常
调试速度	［+10.0 kn］	设置范围：+0～+40 kn
跟踪深度	［2.0 m］	设置范围：1.0～3.0 m
出厂设置	［开 关］	"开"为恢复出厂设置

（四）菜单操作显示界面（见图 3-4-7）

图 3-4-7　计程仪显示界面示意图

第五节　实操训练

一、VHF 的使用

（一）开启 VHF。

（二）将频道转换至当地海事主管部门规定的值守频道。

（三）模拟通话：

1. 与会遇船舶联系协调避让；

2. 向交管中心或向附近船舶报告船舶动态。

（四）模拟紧急或遇险呼叫。

二、雷达的使用

（一）开启雷达，并调节好各旋钮至最佳状态。

（二）按要求进行大小量程转换，北向上或艏向上等模式切换。

（三）用移动距标圈、电子方位线或者光标测定评估员指定目标的方位和距离。

（四）通过观察，识别指定目标的动态，判断与本船是否构成碰撞危险。

三、GPS 的使用

（一）开机后，向评估员报告本船当前的经纬度、航向、航速。

（二）按照评估员的要求设定目的地的经纬度。

（三）设定计划航线，读取到达目的地的航向和航程。

四、AIS 的使用

（一）开机。

（二）设置本船的航行状态、实际吃水、实际乘员数等。

（三）对随机指定的目标船，查阅其船名、航向、航速、吃水、经纬度等相关信息。

五、罗经的使用

（一）读取罗经航向。

（二）利用罗经操舵。

第四章 动力装置的日常检查与保养

第一节 机舱设施设备的名称及功用

一、船用柴油机的主要结构

（一）柴油机主要固定部件

1. 机座

机座位于柴油机最底部,是发动机的基础。机座必须具有足够的强度和刚性,以防止因机座变形而影响发动机的运转。

2. 机体

机体又称气缸体,是发动机的骨架,位于机座上部,在它上面装着气缸盖、进气管等部件。机体中安装气缸套,在机体与气缸套之间铸有冷却水流通空间。机体与机座用贯穿螺栓连接在一起。有些发动机的机座和机体是连在一起的。

3. 气缸套

柴油机气缸套呈圆形,它的顶部被气缸盖压紧和封闭,里面装有活塞,这样气缸套内密封的空间就形成燃料燃烧的工作室。

4. 气缸盖

气缸盖的功用有以下几点:①封闭气缸套构成燃烧室和气缸工作空间;②压紧气缸套,以保证活塞正常运动;③安置各种附件,如喷油器、进排气阀、启动阀、试验阀等,同时还提供进排气和冷却通道。

5. 主轴承

它用来支承曲轴,保持曲轴正确的工作轴线,使曲轴能平稳运转。主轴承包括起定位作用的推力轴承,推力轴承要承受曲轴的径向力,还承受曲轴的轴向力并限制曲轴的轴向移动。

（二）柴油机运动部件

1.活塞组件

它是发动机实现热能转变为机械能的主要运动部件之一,其顶部直接承受燃气膨胀压力使活塞往复运动,并通过连杆变为曲轴的回转运动而对外做功。

活塞组件包括活塞、活塞环(气环、油环)、活塞销及一些定位用的小零件。

2.连杆组件

它包括连杆本体及连杆螺栓两部分,连接活塞与曲轴,把作用在活塞上的力传给曲轴,将活塞的往复运动变为曲轴的回转运动。

3.曲轴组件

曲轴组件包括曲轴与飞轮两个主要部件。曲轴是发动机中最重要的部件,它的好坏直接影响整台发动机的工作。它是船舶动力的输出源。

发动机在运转时,每一个工作循环内产生的转矩是随曲柄转角而变化的,为了缓和由于转矩变化而引起的转速不均匀,每台发动机在曲轴上都装有飞轮,利用它的转动惯性,使发动机运转平稳。

（三）柴油机的主要系统

1.配气系统

配气系统由配气定时齿轮、凸轮轴、随动臂、推杆、摇臂、摇臂轴、进气门、排气门、气门弹簧、气门导套、气门锁销、空气滤清器、涡轮增压器、消音器、中冷器等零部件组成。

2.燃油系统

燃油系统由日用油柜、低压管路、输油泵、燃油滤油器、喷油泵、高压油管、喷油器等零部件组成。

3.润滑系统

润滑系统由油底壳、机油泵、油冷器、机油滤油器、调压阀、旁通阀等零部件组成。

4.冷却系统

冷却系统由水泵、调节水箱、节温器、调压阀等零部件组成。

5.启动系统

启动系统常见的启动方式有三种:(1)人力启动;(2)电力启动;(3)压缩空气启动。

游艇一般都采用电力启动,电力启动系统由蓄电池、启动马达、启动开关等零部件组成。

（四）现代柴油机的燃油系统

传统的柴油机依靠机械压力控制喷油的直列泵;而现在则依靠高压共轨电控直接喷射系统(简称电喷)。尤其是进口发动机,绝大部分采用这种系统。两者的区别如表4-1-1所示。

表 4-1-1　两种燃油系统

系统	直列泵	共轨系统
系统组成	正时器+喷油泵+调速器+喷油器	喷油泵+共轨管+ECU+喷油器+喷油控制电磁阀
喷油量控制	调速器	电子控制单元+喷油控制电磁阀
喷油时间控制	正时器	电子控制单元+喷油控制电磁阀
增压过程控制	喷油泵	喷油泵
高压油分配	喷油泵	共轨管
喷油压力控制	根据发动机转速及喷油量	喷油泵及油压控制阀

这里主要介绍高压共轨电控直喷的柴油机燃油喷射系统部件构造(见图 4-1-1)。

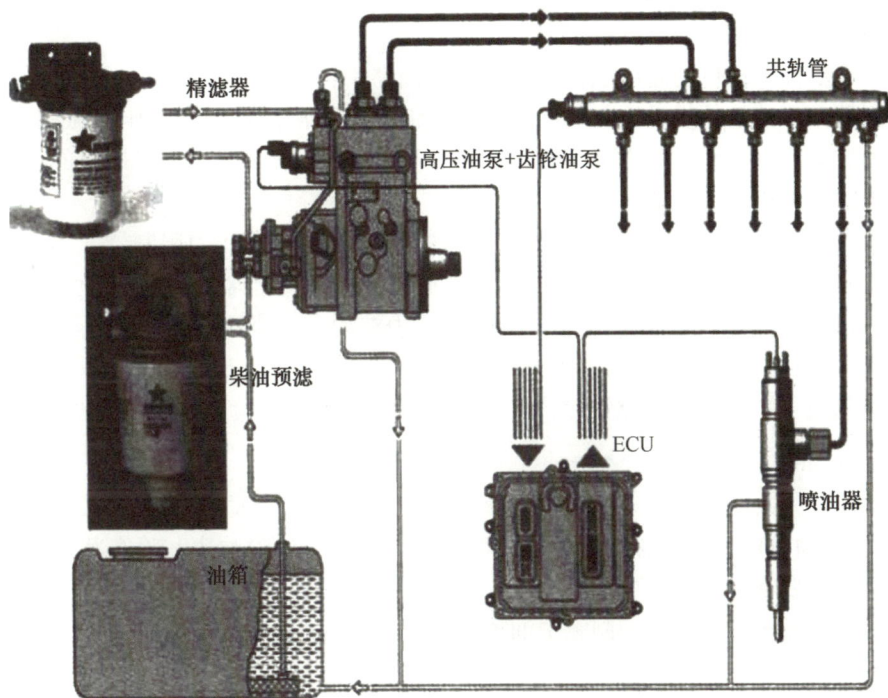

图 4-1-1　燃油喷射系统部件构造

高压共轨电控直喷的柴油机燃油喷射系统主要由电控单元、高压油泵、共轨管、电控喷油器以及各种传感器等组成。低压燃油泵将燃油输入高压油泵,高压油泵将燃油加压送入高压油轨,高压油轨中的压力由电控单元根据油轨压力传感器测量的油轨压力以及需要进行调节;高压油轨内的燃油经过高压油管,根据机器的运行状态,由电控单元将燃油用电子喷油器喷入气缸。

1. 高压油泵

高压油泵的供油量的设计准则是必须保证在任何情况下的柴油机的喷油量与控制油量之

和的需求以及启动和加速时的油量变化的需求。由于共轨系统中喷油压力的产生与燃油喷射过程无关,且喷油正时也不由高压油泵的凸轮来保证,所以高压油泵的压油凸轮可以按照峰值扭矩最低、接触应力最小和最耐磨的设计原则来设计凸轮。

工作过程:

(1)柱塞下行,控制阀开启,低压燃油经控制阀流入柱塞腔。

(2)柱塞上行,但控制阀中尚未通电,处于开启状态,低压燃油经控制阀流回低压腔。

(3)在达到供油量时,控制阀通电,使之关闭,回流油路被切断,柱塞腔中的燃油被压缩,燃油经出油阀进入高压油轨。利用控制阀关闭时间的不同,控制进入高压油轨的油量的多少,从而达到控制高压油轨压力的目的。

(4)凸轮经过最大升程后,柱塞进入下降冲程,柱塞腔内的压力降低,出油阀关闭,停止供油,这时控制阀停止供电,处于开启状态,低压燃油进入柱塞腔而进入下一个循环。

该方法使高压油泵不产生额外的功率消耗,但需要确定控制脉冲的宽度和控制脉冲与高压油泵凸轮的相位关系,控制系统比较复杂。

2. 共轨管

共轨管将供油泵提供的高压燃油分配到各喷油器中,起蓄压器的作用。ECU系统共轨管的容积应削减高压油泵的供油压力波动和每个喷油器由喷油过程引起的压力振荡,使高压油轨中的压力波动控制在5兆帕之下。但其容积又不能太大,以保证共轨有足够的压力响应速度以快速跟踪柴油机工况的变化。

高压共轨管上还安装了压力传感器、液流缓冲器(限流器)和压力限制器。压力传感器向ECU提供高压油轨的压力信号;液流缓冲器(限流器)保证在喷油器出现燃油泄漏故障时切断向喷油器的供油,并可减小共轨和高压油管中的压力波动;压力限制器保证高压油轨在出现压力异常时,迅速将高压油轨中的压力进行放泄。

由上述分析可知,精确设计高压共轨管的容积和形状以适合确定的柴油机并不容易。

3. 电控喷油器

电控喷油器是共轨式燃油系统中最关键和最复杂的部件。喷油器根据ECU传送的电子控制信号,将共轨管内的高压燃油以最佳的喷油定时、喷油量、喷油率和喷雾状态喷入发动机燃烧室中。其主要零件是喷油嘴、控制喷油率的量孔、油压活塞和三通电磁阀。系统的喷油过程控制是通过三通阀对喷油器控制腔中油压的控制来实现的。

4. 高压油管

高压油管是连接共轨管和电控喷油器的通道,它应有足够的燃油流量,减小燃油流动时的压降,并使高压管路系统中的压力波动较小,能承受高压燃油的冲击作用,且启动时共轨管中的压力能很快建立。各缸高压油管的长度应尽量相等,使柴油机每一个喷油器有相同的喷油压力,从而减少发动机各缸之间喷油量的偏差。各高压油管应尽可能短,使从共轨管到喷油嘴的压力损失最小。

5. 传感器

在共轨喷射系统中,除了测定发动机实际运行状态的传感器(如空气流量传感器、增压压力传感器、水温传感器、燃油温度传感器、油门开度传感器等)外,还须安装压力传感器来准确测量共轨管内的压力。一般要求共轨压力传感器的测量范围为20~180兆帕,测量精度要求达到±2%～3%,而且还应在各种运行工况下都能有很高的可靠性。

二、应急操舵装置

(一)应急操舵装置的要求

每艘船舶应配备主操舵装置和辅助操舵装置,并且两者之一发生故障,不能导致另一装置无法工作。但如果主舵机有两台并可分别工作,可不设辅助操舵装置。

辅助操舵装置应能于紧急时迅速投入工作,并能在船舶最深航行吃水和以最大营运前进航速的一半或不小于7节前进时,在不超过60秒内将舵自一舷15度转至另一舷15度。

对于辅助操舵装置,其操作在舵机室进行,如系动力操纵也应能在驾驶室进行,并应独立于主操舵装置的控制系统。

(二)应急操舵装置的使用管理

定期进行检查和进行效用试验,并做好记录。

三、船用空压机的功用和分类

(一)空压机的功用

凡是用来压缩空气并使其具有较高压力的机械,都称为空气压缩机(简称空压机)。

根据所产生的空气压力的不同,空压机可分为通风机、鼓风机和压缩机三种。常用的空压机有离心式和活塞式两种。空气的压缩靠离心力的作用实现的称为离心式空压机;空气的压缩靠缸内做往复运动的活塞改变气缸工作容积来实现的称为活塞式空压机。在船舶上广泛使用活塞式空压机。

被空压机压缩后具有一定压力的空气称为压缩空气。压缩空气在以柴油机为动力的船舶上主要用途有以下几个方面:

1.压力在2.5～3兆帕的压缩空气用来启动主机和用于其他用途的柴油机。

2.压力在1兆帕左右的压缩空气用作大、中型船舶柴油机换向机构和操纵机构的动力。

3.压力在1兆帕以下的压缩空气用来操纵离合器、填充压力水柜、鸣放气笛、蓄能器充气、吹洗机件、吹洗管道和海底阀等。

空压机是消耗机械能的机械,必须依靠原动机(如电动机、内燃机)拖动才能工作。活塞式空压机的构造与柴油机相似,但它没有燃油系统,也不设置配气机构、换向机构和操纵机构。

船舶上空压机运行的特点是间歇性的,运行时间一般不超过1小时,故原动机多采用电动机,以便于实现自动控制。

在游艇上,由于机舱空间较小,为了满足主机启动和换向的需要,一般配备2～3台电动空压机。

在使用中型或小型柴油机的船舶上,由于机舱空间较小,为了减少机舱的动力设备,在柴油机的自由端直接配备空压机,由柴油机通过曲轴上直接驱动的皮带盘来带动。柴油机运转时,空压机就投入工作,向储气瓶充气。当气压达到额定值后,可通过手动装置使空压机空载运行。

（二）船用活塞式空压机的分类

1. 按气缸的中心线位置分,有立式、卧式、V型和W型。

2. 按气缸的数目和布置形式分,有单缸、双缸、多缸和串缸。

3. 按级数分,有单级、两级和多级。

4. 按作用次数分,有单作用、双作用和差动式。

5. 按排气压力分,有低压、中压、高压和超高压。

6. 按排气量分,有小排量、中排量和大排量。

7. 按冷却方式分,有风冷和水冷。

8. 按润滑方式分,有飞溅润滑和压力润滑。

四、油水分离器的功用和分类

（一）油水分离器的功用

油水分离器用来处理船舶机舱舱底的污水,从含油污水中分离油和水。分离的方法主要有物理法、化学法和生化法,而目前船用油水分离器广泛采用物理法。

（二）油水分离器的分类

1. 机械分离

机械分离即让含油污水通过有多层斜板、波纹板、细管等的机械装置。利用这种特殊结构,使含油污水在螺旋和曲折的流道中多次汇流碰撞,促成微小的油粒聚合成较大的油粒而上浮,达到油水分离的目的。

2. 过滤分离

它是指让含油污水通过多孔性的过滤装置(一般为沙、微孔塑料、合成纤维、海绵及烧结状树脂等)将油挡住,使小油粒聚合成大油粒而上浮(称为粗粒化),达到油水分离的目的。

3. 吸附分离

与过滤分离方法不同,它利用多孔性的吸附材料直接吸附含油污水中的油粒,以达到油水分离的目的。常用的吸附材料有沙、活性炭、分子筛等。

第二节　日常电路及蓄电池的检查保养

一、日常电路的检查保养

(一)经常检查、维护船舶电气设备的绝缘和壳体的安全接地,以消除触电隐患。

(二)禁止带电检修设备,特殊情况下须使用绝缘合格的工具和护具进行带电操作。

（三）必须按照操作规程及正确的操作方法对电气设备进行操作。

（四）非安全电压便携式电气设备及其电缆、插头等的绝缘容易损坏,安全接地芯线容易折断而不易觉察,使用前必须仔细检查。

（五）当电气设备发生火灾时,不能直接用消防水龙灭火,以避免触电。对电气设备最好用惰性气体(如二氧化碳)灭火器灭火,既避免触电或产生有毒气体,又对电气设备无有害的腐蚀作用。

二、蓄电池的日常检查保养

（一）经常注意蓄电池盖的清洁,以防止污垢落入电液使极板间短路,造成蓄电池逐渐放电。

（二）擦净蓄电池的电桩与线夹的表面。

（三）检查蓄电池在电池架上是否紧固,如果发现有松动,应用内胎橡皮垫紧。

（四）每天工作完毕后,应把线夹拆开,以防漏电。

（五）工作中应经常注意电流表或指示灯。如对外没有负载而指示有放电,要立刻检查并排除之。

（六）在冬天使用蓄电池时,应该设法保温,因为温度下降会大大降低蓄电池的容量,并缩短寿命。

（七）冬季启动柴油机时,接合的时间不得大于 5 秒钟,如果一次启动不起来,应休息 10~15 秒后再启动。

（八）不同容量的蓄电池不能互接使用,否则会因容量不足或充电过大,而引起蓄电池损坏。

（九）不可把工具或金属放在蓄电池盖上,防止造成短路。

（十）通气孔不能堵塞,蓄电池不要在太阳光下暴晒。

第三节　经常性检查保养项目

一、启动前的准备事项

（一）检查日用油箱的燃油量。

（二）检查主机的机油量。

（三）检查齿轮箱的油量。

（四）检查膨胀水箱中的水位。

（五）打开海底门(海水进口阀)。

（六）检查蓄电池及打开电源总闸。

（七）检查皮带的松紧。

（八）检查船尾轴筒(头形水封)的漏水程度。

（九）检查操纵手柄是否在空挡位置。

（十）打开机舱通风（5~10分钟）。

（十一）检查各航行仪器能否正常使用，航行灯具是否能正常显示。

（十二）启动钥匙，按下启动按钮启动主机。

二、启动后的注意事项

（一）检查冷却水的运行中是否有水从船旁的出水口流出。

（二）检查冷却水温度表。

（三）检查机油压力表。

（四）检查机油温度表。

（五）检查充电系统。

（六）检查各机件是否有异响。

（七）检查各供油及供水系统是否有泄漏。

三、开航时的注意事项

（一）开航后，先慢速直至到达正常工作温度，然后才可以慢慢加速。

（二）尽量避免加速超过极速的80%。

（三）发动机不得超负荷。

（四）发动机运转后，不可将电池总闸关闭。

（五）切记不可突然减速停车，以免海水进入排气系统（水中排气）。

（六）避免过长时间怠速。

（七）到达目的地前，尽量减慢车速，令发动机组件有足够冷却。

（八）经常查看仪表的读数是否正常，仪器是否正常工作。

四、停航的操作及注意事项

游艇抵达码头应停稳系牢、放好靠垫，且：

（一）怠速数分钟后停机。

（二）关闭油箱阀门。

（三）关闭海底阀阀门（长期停泊时尤为重要）。

（四）关闭各航行仪器及电源总开关。

（五）冬天要放尽发动机内的存水。

（六）关闭门窗。

第四节　实操训练

一、蓄电池每月检查项目的基本操作

（一）蓄电池应安装稳固，并尽量接近引擎，所以应用短而粗的电线连接。

（二）应装上电池总开关，以防意外放电。

（三）蓄电池充电时会产生氢气（易爆气体），所以电池附近应有足够的通风设备。

（四）机舱充电时，不可有明火。

（五）电池液应高于极板 15 厘米。

（六）如缺少电解液，只应添加蒸馏水，不允许用自来水和雨水。

（七）避免过度充电，以免造成电极片损毁。

（八）当充电时，最好将电池盖打开，使氢气容易排出。

（九）避免电池接头有沉积物积聚，清洁接头后应用石蜡油涂抹，以防止沉积物积聚。

（十）应经常清理蓄电池接头，避免桩头腐蚀。

二、舷内（外）机的保养操作

（一）舷内柴油机的保养

1. 保持引擎清洁，经常用清洁剂擦去引擎上的油污。

2. 经常检查燃油系统及各接口处的漏油情况。

3. 定期更换润滑油及齿轮箱油。

4. 定期清理或更换机油滤芯。

5. 定期更换燃油滤芯。

6. 定期更换空气滤芯。

7. 经常检查入水口的滤芯。

8. 经常检查水箱中的冷却水。

9. 定期更换冷却系统中的锌粒。

10. 经常调校三角皮带之松紧。

11. 定期检查海水泵的间隙。

12. 定期调校进、出气阀的间隙。

13. 定期检查发动机。

14. 定期检查发电机与充电系统。

15. 定期测试水温及油压警报器是否正常工作。

16. 定期检查引擎避震器是否损毁或变形。

17. 定期检查电池状况及电池液的损耗。

（二）舷内汽油机的保养

除（一）中各项外，另加上：

1. 分电器内保持干燥，以防止短路。
2. 定时调整断电器的间隙并清洁。
3. 定时调整火花塞的间隙并清洁。
4. 定时清洗化油器中的积垢。

（三）舷外机的保养

1. 注意舷外机专用机油与汽油的混合比例（1∶50）。
2. 回航后应将舷外机用淡水做外部及内部清洁，以免咸水腐蚀。将舷外机放入淡水中继续运转，直至机内所有冷却水通道被冲洗为止。
3. 停机前，先将燃油供应关闭，直至舷外机将剩余的燃油烧尽。舷外机会自动停止运转，以保安全。
4. 检查冷却水通道。
5. 应预备一整套火花塞，以供发生故障时做更换之用。

三、机舱的保养操作

1. 保持机舱的清洁通风，否则如排气系统有泄漏废气，会使人一氧化碳中毒，故十分危险。另外，舷内汽油机会大量积蓄可燃气体，导致爆炸。
2. 机舱内需要装上钢板，当发生火灾时，可降低损失。
3. 禁止吸烟及明火。
4. 保持机房有足够照明。
5. 定期检查灭火器具及其是否放在适当位置。
6. 定期检查电动及手动消防泵。
7. 经常泵出舱底水，如发现舱底水有油浮面，应用干布抹干，然后放在一密封箱内。
8. 经常将油缸内的水分排出。
9. 经常检查尾轴筒内的漏水情况。
10. 定期检查机房的排气系统。
11. 舱内不得集中放置含油的回丝、纱、布，防止自燃。

第五章　动力装置常见的故障及其辨别与排除

第一节　游艇主机排温过高

柴油机在正常工作的情况下,各系统应保持一定的温度。当柴油机运转中冷却系统、润滑系统、排气系统和机体的温度偏高,超过了正常温度时,就叫柴油机过热。柴油机过热,容易使零件变形,机油黏度降低以致烧结,产生大量积炭,失去润滑作用,加快机件的磨损。同时还会因机件过热而膨胀,可能出现活塞在气缸内卡住以及烧瓦等事故。柴油机过热还容易烧毁气门、喷油嘴、气缸垫和使气缸盖开裂,并且会使进气量减少,发生过早过急的燃烧,使柴油机功率降低。

柴油机排气温度过高的原因分析:

柴油机排气温度与气缸内燃油着火点的位置和燃烧过程的长短有关。一般情况下,当燃油着火点后移、燃烧过程延长时,排温就会升高。

一、在正常情况下,柴油机燃烧的油量多,燃烧过程时间长,排温便会升高,即柴油机的排温与负荷成正比。通过改变柴油机的供油量,便可调整排温的高低。也就是说,控制油门过大,便可避免柴油机超负荷。

二、由柴油机工作原理可知,喷入柴油机的燃油与空气组成的可燃混合气依靠缸内空气压缩形成的高温而被引燃、自行发火并迅速燃烧产生热量。因此,在非正常情况下,如压缩压力降低、喷油时刻延后(喷油提前角过小)、可燃混合气质量不好,均会导致排温升高。此时,应根据具体情况,加以解决。

第二节　游艇主机冷却水水温过高

游艇主机冷却水水温过高的主要原因有以下两个方面：

一、冷却系统本身的原因

（一）舷外水泵损坏，节温器失效或拆取后运转主机使冷却液大循环受阻。

（二）主机缸套水垢沉积过多或分水管堵塞导致分水不畅。

（三）气缸垫烧蚀或缸体、缸盖出现裂纹，使高温高压气体进入冷却系统。

（四）整个冷却系统匹配不当。

二、其他原因

（一）严重超载或长时间超负荷工作。

（二）主机供油时间过迟。

（三）燃烧室积炭过多。

（四）润滑油量不足或滑油冷却器工作不良都会造成冷却水水温过高。

第三节　游艇主机排烟不正常

柴油机排烟情况，一般能反映出气缸内的燃烧情况。排气冒烟是指排出的气体具有颜色，其原因是排气中含有液体或固体微粒。液体微粒是由未燃烧完的柴油或机油所形成的；固体微粒是由柴油或机油燃烧过程中分解与聚合产生的碳质所形成的。如果柴油机的技术状态正常，排出的废气应当是无色透明的气体，或者是带点淡蓝色或淡灰色的气体。各种型号的柴油机稍有不同，操作者应熟悉本机的正常排气颜色。当发现排气颜色变化时，就可把这种现象当作入门的向导，而分析柴油机工作不正常的情况，有的放矢地进行检查和处理。

排气冒烟时柴油机的功率就要下降，活塞、活塞环和气门上会形成积炭，严重时会把活塞环卡住，并且柴油、机油消耗也多，零件磨损加快，因此应及时排除。下面分析各种烟色产生的原因。

一、排气冒黑烟

冒黑烟是由柴油燃烧不完全所造成的。燃油在燃烧室中高温缺氧的情况下分解、聚合形成碳烟。碳烟不是纯粹的碳，而是一种聚合体，直径在 0.05 微米左右。这种固体的碳烟比气化的燃油反应速度慢得多，不能完全燃烧，故排出黑烟。

二、排气冒蓝烟

冒蓝烟主要是由机油进入燃烧室燃烧形成的,这些液粒直径大约在0.4微米以下,呈蓝色雾状,故称蓝烟。冒蓝烟时往往会带有刺激性的臭味,这主要是未燃烧的机油部分氧化形成的中间产物甲醛。

三、排气冒白烟

冒白烟主要是由于燃烧室温度过低,使柴油不能很好地燃烧,有部分柴油未燃烧,已燃烧那部分也燃烧得不充分而形成呈白色油雾的碳氢过氧化物排出,这种白色油雾,其液滴的直径大约在1微米以下。进入气缸内的水形成水蒸气随同废气一起排出,就成为白烟。

第四节　实操训练

一、游艇主机排温过高的原因及排除方法（见表5-4-1）

表 5-4-1　游艇主机排温过高的原因及排除方法一览表

现象	原因	排除方法
整机排温过高	1. 空气滤清器脏污,进气阻力增大,进气量减少; 2. 排气烟道、消音器脏污,废气排不干净,导致进气量减少; 3. 气阀定时齿轮安装错误,换气质量下降	1. 清洗或更换空气滤清器; 2. 清理烟道; 3. 校正气阀定时
	1. 喷嘴环变形、排气管膨胀接头漏气; 2. 增压器轴承损坏、轴封结炭或漏气、气封漏气等	停车后修复
	1. 燃油质量差; 2. 喷油定时齿轮安装错误,喷油提前角过小; 3. 喷油量过大	1. 检查燃油品质,分离燃油水分; 2. 校正定时; 3. 减少油门、降速
个别缸排温过高	个别缸气阀密封不良,气阀间隙不符合要求	停车后修复
	个别缸燃烧室漏气(活塞环与缸套、气阀与阀座的密封性下降,缸盖未上紧)	通过检查各缸压缩压力判断并处理
	1. 个别缸高压油泵密封性差; 2. 个别缸喷油器雾化质量差; 3. 各缸油门开度不同	检查油泵、喷油器

二、游艇主机冷却水温过高的原因及排除方法（见表 5-4-2）

表 5-4-2 游艇主机冷却水温过高的原因及排除方法一览表

现象	原因	排除方法
冷却水压力低,且压力表波动	水泵进口管接头漏气	检查各接头处有无松脱现象(在停车时滴水,运转时就吸入空气)并修复之
冷却水压力低	1. 水柜水量不足; 2. 水泵效率降低	1. 加足水量; 2. 可能是水泵叶轮阻水圈间隙过大,如超过极限值,则换新备件
冷却水温和水泵出口压力同时升高	冷却器发生阻塞	清洗冷却器
冷却水温升高	1. 冷却器水垢太多; 2. 温度调节器失灵	1. 清洗冷却器; 2. 检修或更换温度调节器
冷却水中冒出大量气体。膨胀水箱冷却水不断外溢	气缸套、气缸盖或气缸间垫片损坏	检查后换新

三、游艇主机排烟异常的原因及排除方法（见表 5-4-3）

表 5-4-3 游艇主机排烟异常的原因及排除方法一览表

现象	原因	排除方法
排气冒黑烟	1. 喷孔直径过大; 2. 喷油器针阀卡死或滴漏; 3. 喷油时间过迟; 4. 气阀卡死或不气密; 5. 压缩压力不足; 6. 进气系统工作不正常; 7. 喷油量过高; 8. 气阀间隙太小; 9. 负荷过重; 10. 柴油质量太差; 11. 喷油压力过低	1. 更换喷油嘴; 2. 更换喷油嘴; 3. 调整喷油定时; 4. 检修气阀; 5. 换活塞环,或镗缸换活塞; 6. 检查空气滤清器、进气管和增压器,清洗滤清器和排除堵塞物; 7. 适当调整; 8. 调整气阀间隙; 9. 减轻负荷; 10. 改用好的柴油; 11. 调整喷油压力
排气冒蓝烟	1. 刮油环弹力不足或过度磨损而失效; 2. 刮油环装反; 3. 活塞或刮油环的回油孔被油垢堵死; 4. 曲轴箱中润滑油太多; 5. 扫气泵或增压器轴封损坏	1. 更换刮油环; 2. 重新装正; 3. 疏通回油孔; 4. 抽出多余滑油,使曲轴箱内滑油保持适当油位; 5. 更换轴封

现象	原因	排除方法
排气冒白烟	1. 部分气缸不发火； 2. 柴油中混有水分； 3. 冷却水漏入气缸中	1. 找出原因，进行修复； 2. 排除柴油系统中的水分； 3. 检查气缸盖、气缸垫片和气缸套，找出原因并消除
排烟带火星，在黑夜里可观察到有大量烟从排气管喷出	1. 喷油器雾化不良； 2. 喷油时间过迟，后燃期延长，部分柴油在排气总管中燃烧； 3. 排气阀关闭不严； 4. 排气管道中积炭太多	1. 检修喷油器； 2. 调整喷油定时； 3. 研磨排气阀或修整阀座； 4. 清洁排气管道

第六章　航行规则及相关安全管理法规

第一节　内河水域航行规则概述

一、内河水域航行规则的概念

内河水域航行规则是指所有涉及内河船舶常规运动的交通规则,是为了使内河船舶、船队或艇筏在内河水域水面上安全航行而制定的法规。一切内河船舶都应严格遵守和执行航行规则。

二、内河水域航行规则的分类

内河水域航行规则一般分为全国内河安全航行的规则和地方航行的规则两类。前者属于全国性的规则;后者属于我国相关地方主管机关所制定的航行规则,是船舶在中国相关内河水域内航行必须遵守的规章。

三、内河水域航行相关规则

我国内河水域面广、分散,通航条件和水文等方面的差异极大。为规范船舶航行行为,创造安全、畅通的通航环境,相关主管机关结合各地实际情况,出台了一系列航行规则,按区域可分为区域性通航环境条件类文件(航道、航路的航行规则文件)、港口类航行安全管理规定、通航保障类文件规定等。

（一）全国性的航行规则

1.《中华人民共和国内河交通安全管理条例》;

2.《中华人民共和国水上水下作业和活动通航安全管理规定》;

3.《中华人民共和国内河避碰规则》;

4.《中华人民共和国桥区水域水上交通安全管理办法》;等等。

（二）长江水域航行规则

1.《长江上海段船舶定线制规定》；

2.《长江江苏段船舶定线制规定》；

3.《长江安徽段船舶定线制规定》；

4.《长江三峡库区船舶定线制规定》；等等。

（三）珠江水域航行规则

1.《广东省桥梁水域通航安全管理规定》；

2.《广东海事局辖区船舶安全航行规定》；

3.《北江干流航行规定》；

4.《东江干流航行规定》；

5.《肇庆市水上交通安全管理规定》；

6.《江门通航水域航行规定》；

7.《东平水道航行规定》；

8.《东莞水道航行规定》；

9.《顺德水道航行规定》；等等。

由于水域广泛，相关航行规则、规定众多，这里无法一一列举，各培训单位或学员在培训教学及学习本内容时，应根据当地的具体情况有针对性地补充学习。

第二节　游艇交通管理系统有关规定

为加强船舶交通管理，保障船舶交通安全，提高船舶交通效率，保护水域环境，交通运输部根据《中华人民共和国海上交通安全法》《中华人民共和国内河交通安全管理条例》等有关法律、法规，制定了《中华人民共和国船舶交通管理系统安全监督管理规则》，自1998年8月1日起施行。

一、适用范围与主管机关

（一）适用范围

在我国沿海及内河设有船舶交通管理系统（以下称 VTS 系统）的区域内航行、停泊、作业的船舶和设施（以下统称船舶）及其所有人、经营人和代理人。

（二）主管机关

国家海事局是全国 VTS 系统主管机关。主管机关设置的 VTS 中心是负责具体实施船舶交通管理的运行中心。

二、船舶报告

1. 船舶在 VTS 区域内航行、停泊和作业时,必须按主管机关颁发的"VTS 用户指南"所明确的报告程序和内容,通过 VHF 或其他有效手段向 VTS 中心进行船舶动态报告。

2. 船舶在 VTS 区域内发生交通事故、污染事故或其他紧急情况时,应通过甚高频无线电话或其他一切有效手段立即向 VTS 中心报告。

3. 船舶发现助航标志(简称航标)异常、有碍航行安全的障碍物或漂流物以及其他妨碍航行安全的异常情况时,应迅速向 VTS 中心报告。

4. 船舶与 VTS 中心在 VHF 无线电话中所使用的语言应为汉语普通话或英语。

三、船舶交通管理

1. 在 VTS 区域内航行的船舶除应遵守《1972 年国际海上避碰规则》《中华人民共和国内河避碰规则》外,还应遵守交通运输部和主管机关颁布的有关航行、避让的特别规定。

2. 船舶在 VTS 区域内航行时,应用安全航速行驶,并应遵守交通运输部和主管机关的限速规定。

3. 船舶在 VTS 区域内应按规定锚泊,并应遵守锚泊秩序。

4. 任何船舶不得在航道、港池和其他禁锚区锚泊,紧急情况下锚泊必须立即报告 VTS 中心。

5. 船舶在锚地并靠或过驳必须符合交通运输部和主管机关的有关规定,并应及时通报 VTS 中心。

6. 船舶在 VTS 区域内航行、停泊和作业时,应在规定的 VHF 频道上正常守听,并应接受 VTS 中心的询问。

四、船舶交通服务

1. 应船舶请求,VTS 中心可向其提供他船动态、助航标志、水文气象、航行警(通)告和其他有关信息服务。

2. 应船舶请求,VTS 中心可为船舶在航行困难或气象恶劣环境下,或船舶一旦出现了故障或损坏时,提供助航服务。船舶不再需要助航时,应及时报告 VTS 中心。

3. 为避免紧迫局面的发生,VTS 中心可向船舶提出建议、劝告或发出警告。

4. VTS 中心认为必要的时候或应船舶或其所有人、经营人、代理人的请求,可为其传递打捞或清除污染等信息和协调救助行动。

5. 为避免危及人命财产或环境安全的紧急情况发生,船长和引航员在背离有关条款时,应立即报告 VTS 中心。

五、船舶向 VTS 中心报告的程序和内容

VTS 对区域内船舶进行交通管理时,主要关心的是船舶的动态信息,要求船舶按照"VTS用户指南"所明确的报告程序和内容,通过无线电话或其他有效手段向 VTS 中心进行报告。

（一）VTS 报告的程序

内河船舶与 VTS 中心在 VHF 无线电话中所使用的语言应为汉语普通话。报告应简洁明了并仅包含实质性的信息，以避免给双方造成过度的负担。当必须交换详细、广泛的信息，而这些信息与其他船舶无关时，VTS 操作员可以决定另换频道继续通信。VTS 报告程序框图如图 6-2-1 所示。

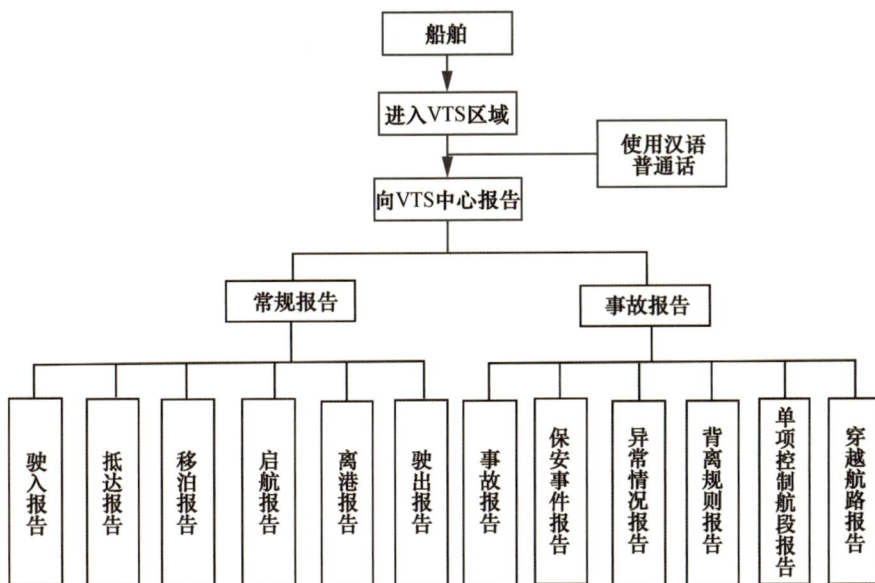

图 6-2-1　VTS 报告程序框图

（二）VTS 船舶报告内容

船舶在进入一个 VTS 水域前，应首先查阅该 VTS 用户指南，了解 VTS 通信及通信规则的具体要求和注意事项。鉴于各地通航环境的特殊性、航行规则的地方性等特点，各地 VTS 的报告制度也有所区别。一般来说，各地内河的 VTS 报告制度大致可分为常规报告（动态报告）和特殊报告两种情况。

1. 常规报告（动态报告）

（1）报告内容

常规报告是船舶进入 VTS 区域时和进入后的动态报告，具体内容如表 6-2-1 所列。

表 6-2-1　VTS 常规报告内容表

报告类别	报告时间	报告内容（各地 VTS 有所区别）
驶入报告	船舶经 VTS 报告线进入 VTS 区域时	船名（呼号）、国籍、船籍港、船长、总吨、吃水、载货情况、始发港或上一港、下一港，以及 VTS 需要了解的其他信息。配备船舶自动识别系统（AIS）的船舶，在保证该设备正常运行和输入数据及时、准确的情况下，可仅报告船名（呼号）、国籍

续表

报告类别	报告时间	报告内容(各地 VTS 有所区别)
抵达报告	船舶抵达目的地(码头、系泊浮筒、锚地等)时	船名或呼号;抵达的泊位或锚位;靠泊或锚泊时间
移泊报告	移泊前	船名;预抵泊位或锚地
启航报告	离泊或起锚或离浮筒前	船名或呼号;现在位置;预离时间;离泊吃水;动态
离港报告	船舶将要离泊或起锚前	船名或呼号;现在位置;开航申请
驶出报告	经 VTS 报告线离开 VTS 区域时	船名或呼号;现在位置;出口离港申请;下一港

(2)报告手段

船舶采用 VHF 无线电话报告。

2.特殊报告

(1)报告内容

特殊报告是指船舶发生或发现交通事故、污染事故、保安事件、异常事件等非常规事件时向 VTS 所做的报告,具体内容如表 6-2-2 所列。

表 6-2-2 VTS 特殊报告一览表

报告类别	报告时间	报告内容
事故报告	船舶发生或发现水上交通事故、污染事故、机损事故或人员意外等紧急情况时,应立即向 VTS 中心报告	船名或呼号;船旗国;事故发生的时间、地点;受损情况;救助要求;事故原因以及 VTS 中心要求的其他信息
保安事件报告	船舶发生或发现保安事件时,应立即向 VTS 中心报告	船名或呼号;船旗国;现在位置;船舶种类;船上人员和货物情况;受到的保安威胁
异常情况报告	发现助航标志或导航设施异常,有碍航行安全的碍航物、漂浮物,以及其他妨碍航行安全的异常情况时,应立即向 VTS 中心报告	船名或呼号;位置;异常情况以及 VTS 中心要求的其他信息
背离规则报告	船舶驾驶人员为避免危及人命财产或环境安全的紧急情况发生而背离有关航行规则时,要进行报告	船名或呼号;位置;原因
单向控制航段报告	船舶进出单向控制航段前后要进行报告	船名或呼号;位置及 VTS 中心要求的其他信息
穿越航路报告	穿越深水航路、推荐航路的船舶应向 VTS 中心报告	船名、位置、目的港及 VTS 中心要求的其他信息

（2）报告手段

在特殊报告一览表所列报告中除事故报告、保安事件报告应用一切有效手段进行报告外，其他报告均采用 VHF 无线电话报告。

第三节　游艇安全管理规定

为了规范游艇安全管理，保障水上人命和财产安全，防治游艇污染水域环境，促进游艇业的健康发展，中华人民共和国交通运输部根据水上交通安全管理和防治船舶污染水域环境的法律、行政法规制定并发布了《游艇安全管理规定》，自 2009 年 1 月 1 日起施行。

一、适用范围

在中华人民共和国管辖水域内，游艇航行、停泊等活动的安全和防治污染管理适用本规定。

本规定所称游艇，是指仅限于游艇所有人自身用于游览观光、休闲娱乐等活动的具备机械推进动力装置的船舶。

本规定所称游艇俱乐部，是指为加入游艇俱乐部的会员提供游艇保管及使用服务的依法成立的组织。

二、管理机关

中华人民共和国海事局统一实施全国游艇水上交通安全和防治污染水域环境的监督管理。

各级海事管理机构依照职责，具体负责辖区内游艇水上交通安全和防治污染水域环境的监督管理。

三、检验、登记

1. 游艇应当经船舶检验机构按照交通运输部批准或者认可的游艇检验规定和规范进行检验，并取得相应的船舶检验证书后方可使用。

2. 游艇有下列情形之一的，应当向船舶检验机构申请附加检验：

（1）发生事故，影响游艇适航性能的；

（2）改变游艇检验证书所限定类别的；

（3）船舶检验机构签发的证书失效的；

（4）游艇所有人变更、船名变更或者船籍港变更的；

（5）游艇结构或者重要的安全、防污染设施、设备发生改变的。

3. 在中华人民共和国管辖水域航行、停泊的游艇，应当取得船舶国籍证书。未持有船舶国籍证书的游艇，不得在中华人民共和国管辖水域航行、停泊。

申请办理船舶国籍登记，游艇所有人应当持有船舶检验证书和所有权证书，由海事管理机构审核后颁发《中华人民共和国船舶国籍证书》。

长度小于 5 米的游艇的国籍登记,参照前款的规定办理。

四、游艇操作人员培训、考试和发证

1. 游艇操作人员应当经过专门的培训、考试,具备与驾驶的游艇、航行的水域相适应的专业知识和技能,掌握水上消防、救生和应急反应的基本要求,取得海事管理机构颁发的游艇操作人员适任证书。

未取得游艇操作人员适任证书的人员不得驾驶游艇。

2. 申请游艇操作人员适任证书,应当符合下列条件:

(1)年满 18 周岁未满 60 周岁;

(2)视力、色觉、听力、口头表达、肢体健康等符合航行安全的要求;

(3)通过规定的游艇操作人员培训,并经考试合格。

3. 申请游艇操作人员适任证书的,应当通过中华人民共和国海事局授权的海事管理机构组织的考试。

申请游艇操作人员适任证书的,应到培训或者考试所在地的海事管理机构办理,并提交申请书以及证明其符合发证条件的有关材料。

经过海事管理机构审核符合发证条件的,发给有效期为 5 年的相应类别的游艇操作人员适任证书。

4. 游艇操作人员适任证书的类别分为海上游艇操作人员适任证书和内河游艇操作人员适任证书。

5. 持有海船、内河船舶的船长、驾驶员适任证书或者引航员适任证书的人员,按照游艇操作人员考试大纲的规定,通过相应的实际操作培训,可以分别取得海上游艇操作人员适任证书和内河游艇操作人员适任证书。

6. 游艇操作人员适任证书的有效期不足 6 个月时,持证人应当向原发证海事管理机构申请办理换证手续。符合换证条件中有关要求的,海事管理机构应当给予换发同类别的游艇操作人员适任证书。

游艇操作人员适任证书丢失或者损坏的,可以按照规定程序向海事管理机构申请补发。

7. 依法设立的从事游艇操作人员培训的机构,应当具备相应的条件,并按照国家有关船员培训管理规定的要求,经过中华人民共和国海事局批准。

五、航行、停泊

1. 在游艇开航之前,游艇操作人员应当做好安全检查,确保游艇适航。

2. 游艇应当随船携带有关船舶证书、文书及必备的航行资料,并做好航行等相关记录。

游艇应当随船携带可与当地海事管理机构、游艇俱乐部进行通信的无线电通信工具,并确保与岸基有效沟通。

游艇操作人员驾驶游艇时应当携带游艇操作人员适任证书。

3. 游艇应当按照《中华人民共和国船舶签证管理规则》的规定,办理为期 12 个月的定期签证。

4. 游艇应当在其检验证书所确定的适航范围内航行。

游艇所有人或者游艇俱乐部在第一次出航前,应当将游艇的航行水域向当地海事管理机构备案。游艇每一次航行时,如果航行水域超出备案范围,游艇所有人或者游艇俱乐部应当在游艇出航前向海事管理机构报告船名、航行计划、游艇操作人员或者乘员的名单、应急联系方式。

5.游艇航行时,除应当遵守避碰规则和当地海事管理机构发布的特别航行规定外,还应当遵守下列规定:

(1)游艇应当避免在恶劣天气以及其他危及航行安全的情况下航行。

(2)游艇应当避免在船舶定线制水域、主航道、锚地、养殖区、渡口附近水域以及交通密集区及其他交通管制水域航行,确需进入上述水域航行的,应当听从海事管理机构的指挥,并遵守限速规定;游艇不得在禁航区、安全作业区航行。

(3)不具备号灯及其他夜航条件的游艇不得夜航。

(4)游艇不得超过核定乘员航行。

6.游艇操作人员不得酒后驾驶、疲劳驾驶。

7.游艇应当在海事管理机构公布的专用停泊水域或者停泊点停泊。

游艇的专用停泊水域或者停泊点,应当符合游艇安全靠泊、避风以及便利人员安全登离的要求。

游艇停泊的专用水域属于港口水域的,应当符合有关港口规划。

8.游艇在航行中的临时性停泊,应当选择不妨碍其他船舶航行、停泊、作业的水域。不得在主航道、锚地、禁航区、安全作业区、渡口附近以及海事管理机构公布的禁止停泊的水域内停泊。

9.在港口水域内建设游艇停泊码头、防波堤、系泊设施的,应当按照《中华人民共和国港口法》的规定申请办理相应许可手续。

10.航行于国际航线的游艇进出中华人民共和国口岸,应当按照国家有关船舶进出口岸的规定办理进出口岸手续。

11.游艇不得违反有关防治船舶污染的法律、法规和规章的规定向水域排放油类物质、生活污水、垃圾和其他有毒有害物质。

游艇应当配备必要的污油水回收装置、垃圾储集容器,并正确使用。

游艇产生的废弃蓄电池等废弃物、油类物质、生活垃圾应当送交岸上接收处理,并做好记录。

六、安全保障

1.游艇的安全和防污染由游艇所有人负责。游艇所有人应当负责游艇的日常安全管理和维护保养,确保游艇处于良好的安全、技术状态,保证游艇航行、停泊以及游艇上人员的安全。

委托游艇俱乐部保管的游艇,游艇所有人应当与游艇俱乐部签订协议,明确双方在游艇航行、停泊安全以及游艇的日常维护、保养及安全与防污染管理方面的责任。

游艇俱乐部应当按照海事管理机构的规定及其与游艇所有人的约定,承担游艇的安全和防污染责任。

2.游艇俱乐部应当具备法人资格,并具备下列安全和防污染能力:

(1)建立游艇安全和防污染管理制度,配备相应的专职管理人员。

(2)具有相应的游艇安全停泊水域,配备保障游艇安全和防治污染的设施,配备水上安全通信设施、设备。

(3)具有为游艇进行日常检修、维护、保养的设施和能力。

(4)具有回收游艇废弃物、残油和垃圾的能力。

(5)具有安全和防污染的措施和应急预案,并具备相应的应急救助能力。

3.游艇俱乐部依法注册后,应当报所在地直属海事局或者省级地方海事局备案。

交通运输部直属海事局或者省级地方海事局对备案的游艇俱乐部的安全和防污染能力应当进行核查。具备第二十六条规定能力的,予以备案公布。

4.游艇俱乐部应当对其会员和管理的游艇承担下列安全义务:

(1)对游艇操作人员和乘员开展游艇安全、防治污染环境知识和应急反应的宣传、培训和教育。

(2)督促游艇操作人员和乘员遵守水上交通安全和防治污染管理规定,落实相应的措施。

(3)保障停泊水域或者停泊点的游艇的安全。

(4)核查游艇、游艇操作人员的持证情况,保证出航游艇、游艇操作人员持有相应有效证书。

(5)向游艇提供航行所需的气象、水文情况和海事管理机构发布的航行通(警)告等信息服务;遇有恶劣气候条件等不适合出航的情况或者海事管理机构禁止出航的警示时,应当制止游艇出航并通知已经出航的游艇返航。

(6)掌握游艇的每次出航、返航以及乘员情况,并做好记录备查。

(7)保持与游艇、海事管理机构之间的通信畅通。

(8)按照向海事管理机构备案的应急预案,定期组织内部管理的应急演练和游艇成员参加的应急演习。

5.游艇必须在明显位置标明水上搜救专用电话号码、当地海事管理机构公布的水上安全频道和使用须知等内容。

6.游艇遇险或者发生水上交通事故、污染事故,游艇操作人员及其他乘员、游艇俱乐部以及发现遇险或者事故的船舶、人员应当立即向海事管理机构报告。游艇俱乐部应当立即启动应急预案。在救援到达之前,游艇上的人员应当尽力自救。

游艇操作人员及其他乘员对在航行、停泊时发现的水上交通事故、污染事故、求救信息或者违法行为应当及时向海事管理机构报告。需要施救的,在不严重危及游艇自身安全的情况下,游艇应当尽力救助水上遇险的人员。

七、监督检查

1.海事管理机构应当依法对游艇、游艇俱乐部和游艇操作人员培训机构实施监督检查。游艇俱乐部和游艇所有人应当配合,对发现的安全缺陷和隐患,应当及时进行整改、消除。

2.海事管理机构发现游艇违反水上交通安全管理和防治船舶污染环境管理秩序的行为,应当责令游艇立即纠正;未按照要求纠正或者情节严重的,海事管理机构可以责令游艇临时停航、改航、驶向指定地点、强制拖离、禁止进出港。

3.海事管理机构发现游艇俱乐部不再具备安全和防治污染能力的,应当责令其限期整改;对未按照要求整改或者情节严重的,可以将其从备案公布的游艇俱乐部名录中删除。

4.海事管理机构的工作人员依法实施监督检查,应当出示执法证件,表明身份。

八、法律责任

1.违反本规定,未取得游艇操作人员培训许可擅自从事游艇操作人员培训的,由海事管理机构责令改正,处 5 万元以上 25 万元以下罚款,有违法所得的,还应当没收违法所得。

2.游艇操作人员培训机构有下列行为之一的,由海事管理机构责令改正,可以处 2 万元以上 10 万元以下罚款;情节严重的,给予暂扣培训许可证 6 个月以上 2 年以下直至吊销的处罚:

(1)不按照本规定要求和游艇操作人员培训纲要进行培训,或者擅自降低培训标准;

(2)培训质量低下,达不到规定要求。

3.违反本规定,在海上航行的游艇未持有合格的检验证书、登记证书和必备的航行资料的,海事管理机构责令改正,并可处以 1 000 元以下罚款,情节严重的,海事管理机构有权责令其停止航行;对游艇操作人员,可处以 1 000 元以下罚款,并扣留游艇操作人员适任证书 3 个月至 12 个月。

违反本规定,在内河航行的游艇未持有合格的检验证书、登记证书的,由海事管理机构责令其停止航行,拒不停止的,暂扣游艇;情节严重的,予以没收。

4.违反本规定,游艇操作人员操作游艇时未携带合格的适任证书的,由海事管理机构责令改正,并可处以 2 000 元以下罚款。

5.游艇操作人员持有的适任证书是以欺骗、贿赂等不正当手段取得的,海事管理机构应当吊销该适任证书,并处 2 000 元以上 2 万元以下的罚款。

6.违反本规定,游艇有下列行为之一的,由海事管理机构责令改正,并可处以 1 000 元以下罚款:

(1)未在海事管理机构公布的专用停泊水域或者停泊点停泊,或者临时停泊的水域不符合本规定的要求;

(2)游艇的航行水域超出备案范围,而游艇所有人或者游艇俱乐部未在游艇出航前将船名、航行计划、游艇操作人员或者乘员的名单、应急联系方式等向海事管理机构备案。

7.其他违反本规定的行为,按照有关法律、行政法规、规章进行处罚。

8.海事管理机构工作人员玩忽职守、徇私舞弊、滥用职权的,应当依法给予行政处分。

九、其他

1.游艇从事营业性运输,应当按照国家有关营运船舶的管理规定,办理船舶检验、登记和船舶营运许可等手续。

2.游艇应当按照国家的规定,交纳相应的船舶税费和规费。

3.乘员定额 12 人以上的游艇,按照客船进行安全监督管理。

4.本规定自 2009 年 1 月 1 日起施行。

第四节　中华人民共和国
内河交通安全管理条例

随着我国市场经济体制的建立,水上交通安全管理体制的改革必须适应内河航运发展的需要。2002 年 8 月 1 日开始实施的《中华人民共和国内河交通安全管理条例》(以下简称《内安条例》),历经 2011 年、2017 年和 2019 年多次修订,从内容和结构上充分体现了内河水运行业市场经济条件下宏观安全管理的客观要求。《内安条例》强调坚持安全第一、预防为主、综合治理的方针,遵循保护船舶航行权、保障安全畅通、促进水运发展的原则。

《内安条例》的主要内容包括总则,船舶、浮动设施和船员,航行、停泊和作业,危险货物监管,渡口管理,通航保障,救助,事故调查处理,监督检查,法律责任,附则,共十一章九十五条。

一、船舶和船员

(一)船舶的概念

船舶是指各类排水或者非排水的船、艇、筏、水上飞行器、潜水器、移动式平台以及其他水上移动装置。

(二)船舶航行必须具备的条件

1. 经海事管理机构认可的船舶检验机构依法检验并持有合格的船舶检验证书;

2. 经海事管理机构依法登记并持有船舶登记证书;

3. 配备符合国务院交通主管部门规定的船员;

4. 配备必要的航行资料。

船舶、浮动设施灭失或者报废的,船舶、浮动设施所有人应当向海事管理机构办理注销登记手续。不申请注销的,海事管理机构确定船舶、浮动设施已灭失或者报废的,可以直接注销其国籍登记。

持有合格的船舶检验证书是船舶航行必须具备的首要条件,未持有合格的检验证书,属违法行为,包括下列情形:

1. 未持有检验证书;

2. 检验证书过期失效;

3. 检验证书损毁、遗失但不按规定补办;

4. 检验证书所载内容与船舶实际状况不相符。

持有合格船舶登记证书是船舶航行必须具备的条件之一,未持有合格的登记证书,属违法行为,包括下列情形:

1. 未持有登记证书;

2. 登记证书过期失效;

3. 登记证书损毁、遗失但不按规定补办。

安全配员是船舶航行必须具备的重要条件,船舶未按照国务院交通主管部门的规定配备船员擅自航行,属违法行为,包括下列情形:

1. 未按照船舶最低安全配员证书的规定配备合格的船员;

2. 未按照船舶最低安全配员证书的规定配备足数的船员;

3. 未持有船舶最低安全配员证书;

4. 未持有有效的船舶最低安全配员证书;

5. 所配备的船员未携带有效船员职务证书;

6. 未按照船员值班规定安排船员值班或者实施值班;

7. 所配备的船员在船值班期间,饮酒影响安全值班;

8. 所配备的船员在船值班期间,服食违禁药物影响安全操作;

9. 船舶未按照国务院交通主管部门的规定配备船员擅自航行的其他情形。

配备必要的航行资料是船舶航行必须具备的条件,未配备必要的航行资料,属违法行为,包括下列情形:

1. 未取得有效船舶所有人、经营人安全营运与防污染管理体系审核的符合证明和船舶安全管理证书;

2. 船舶所有人、经营人隐瞒事实或者提供虚假证据性资料,或者以其他不正当手段骗取船舶安全管理证书;

3. 伪造、变造船舶所有人、经营人安全营运与防污染管理体系审核的符合证明或者船舶安全管理证书;

4. 转让、买卖、租借、冒用船舶所有人、经营人安全营运与防污染管理体系审核的符合证明或者船舶安全管理证书;

5. 使用伪造、变造的船舶所有人、经营人安全营运与防污染管理体系审核的符合证明或者船舶安全管理证书;

6. 未按照规定申请审核安全营运与防污染管理体系符合证明或者船舶安全管理证书。

（三）船舶的义务

船舶除应具备上述条件外,按《内安条例》的规定还应当:

1. 保持适于安全航行、停泊或者从事有关活动的状态;

2. 船舶、浮动设施的配载和系固符合国家安全技术规范。

（四）船员的任职条件和义务

船员须经水上交通安全专业培训,严禁未取得适任证书或者其他适任证件的船员上岗。船员应当遵守职业道德,提高业务素质,严格依法履行职责。

（五）船舶证书、船员证书或者其他适任证件的管理

禁止伪造、变造、买卖、租借、冒用船舶检验证书、船舶登记证书、船员适任证书或者其他适任证件。

二、航行、停泊和作业

（一）船舶航行应遵守的规定

船舶在内河航行、停泊和作业,应当按照规定悬挂国旗,标明船名、船籍港、吃水标尺、载重线,并保持清晰、完整,不得涂改、遮挡。船舶应当按照规定安装、使用有效的导助航设备,并保证其正常运行。按照国家规定应当报废的船舶、浮动设施,不得航行或者作业。

1. 船舶在内河航行,应当保持瞭望,注意观察,并采用安全航速航行。船舶安全航速应当根据能见度、通航密度、船舶操纵性能和风、浪、水流、航路状况以及周围环境等主要因素决定。使用雷达的船舶,还应当考虑雷达设备的特性、效率和局限性。

船舶在限制航速的区域和汛期高水位期间,应当按照海事管理机构规定的航速航行。

2. 船舶在内河航行时,上行船舶应当沿缓流或者航路一侧航行,下行船舶应当沿主流或者航路中间航行;在潮流河段、湖泊、水库、平流区域,应当尽可能沿本船右舷一侧航路航行。在实行船舶定线制规定或分道航行规则的水域,船舶应当按照规定航行。

3. 船舶在内河航行时,应当谨慎驾驶,遵守船舶航行、避让和信号显示的规定,保障安全。

4. 船舶航行、避让和信号显示的具体规则,由国务院交通主管部门制定。

5. 船舶进出内河港口,应当向海事管理机构报告船舶的航次计划、适航状态、船员配备和载货载客等情况。

6. 船舶通过海事管理机构设定的报告线、报告点,应当向当地海事管理机构报告。

7. 下列船舶在内河航行,应当向引航机构申请引航:

(1)外国籍船舶;

(2)1 000 总吨以上的海上机动船舶,但船长和驾驶员持有相应有效的内河航行资格证书且驾驶同一型的海上机动船舶在同一内河通航水域航行与上一航次间隔 2 个月以内的除外;

(3)通航条件受限制的船舶;

(4)国务院交通主管部门规定应当申请引航的客船、载运危险货物的船舶。

8. 引航员引领船舶时,不解除船长指挥和管理船舶的责任。

9. 船舶进出港口和通过交通管制区、通航密集区或者航行条件受限制的区域,应当遵守海事管理机构发布的有关通航规定。任何船舶不得擅自进入或者穿越海事管理机构公布的禁航区。从事货物或者旅客运输的船舶,应当符合船舶强度、稳性、吃水、消防和救生等安全技术要求和国务院交通运输主管部门规定的载货或者载客条件。船舶不得超载运输。

10. 船舶应当按照负责航道管理的部门公布的维护水深控制吃水,遵守海事管理机构公布的富余水深要求。

11. 船舶在内河通航水域载运或者拖带超重、超长、超高、超宽、半潜的物体,应当在装船或者拖带前 24 小时报海事管理机构核定拟航行的航路、时间,并采取必要的安全措施,保障船舶载运或者拖带安全。

12. 客船应当实时收集气象信息,按照船舶检验证书载明的抗风等级要求航行,并根据风力变化情况采取相应的避风、抗风措施,必要时就近选择安全水域停泊。其他船舶应当根据自身抗风能力采取相应的避风、抗风措施,保障船舶航行安全。

13. 遇有下列情形之一时,海事管理机构可以根据国务院交通运输主管部门的有关规定,

采取限时通航、单向通航、封航等交通管制措施,并予公告:

（1）恶劣天气、异常水情、地质灾害;

（2）影响通航安全的水上、水下活动;

（3）影响航行的水上交通事故;

（4）水上大型群众性活动或者体育比赛;

（5）对航行安全影响较大的其他情形。

14.海事管理机构应当加强与气象、水利、应急管理等部门的联系沟通,及时了解和掌握天气、水情、地质灾害情况,必要时,发布水上交通安全预警信息,按规定实施交通管制措施。

（二）船舶停泊应遵守的规定

1.船舶应当在码头、泊位或者依法公布的锚地、停泊区、作业区停泊。

2.遇有紧急情况,需要在其他水域停泊的,应当向海事管理机构报告。

3.船舶停泊,应当按照规定显示信号,不得妨碍或者危及其他船舶航行、停泊或者作业的安全。

4.船舶停泊,应当留有足以保证船舶安全的船员值班。

三、通航保障

（一）航道及助航标志管理

任何单位和个人发现下列情况,应当迅速向海事管理机构报告:

1.航道变迁,航道水深、宽度发生变化;

2.妨碍通航安全的物体;

3.助航标志发生移位、损坏、灭失;

4.妨碍通航安全的其他情况。

海事管理机构接到报告后,应当根据情况发布航行通告或者航行警告,并通知航道、助航标志主管部门。

（二）航行通告（航行警告）

航行通告是指海事管理机构以书面形式（文书或登报）或无线电通信方式向船舶驾驶人员提供有关航行安全的紧急或临时性重要信息的一种公告形式。通常情况下,以无线电形式发布的称为航行警告,以书面形式发布的称为航行通告。

海事管理机构在发布的航行通告（航行警告）中,一般要告知有关施工作业或活动的时间、内容等,还会对船舶提出具体要求。如对水上、水下施工作业区,则要求过往船舶与施工船舶保持一定距离,或减速,或在指定时间或按现场监督人员的指挥通过。航行船舶应按时收听航行警告,并遵守其要求和规定。

四、救助

关于救助,我国《中华人民共和国海上交通安全法》《中华人民共和国海商法》及有关国际公约均称之为海难救助,习惯上,在我国内河也称海难救助（或称水上救助）。海难,在内河是指船舶、浮动设施发生碰撞(包括触损或浪损)、触礁或搁浅、火灾或爆炸、风灾、沉没等事故造成人命、财产损害或使其处于危险状态中。如发生事故的船舶、浮动设施等自身的力量不足以制止人命、财产损害的扩大或解除不了危险状态,需要外部力量予以解救,此即为海难救助。对已经发生人命、财产损害的,具有救助的紧迫性;对处于危险,虽不一定具有紧迫性但如不解救,则可能或必然发生人命、财产损害的,仍需进行救助。

(一)遇险船舶、浮动设施的义务和责任

1. 船舶、浮动设施遇险,应当采取一切措施自救。

对船舶、浮动设施所发生的险情进行自救,是船员的职责和义务,《内河船舶船员职务规则》规定了船员在人命、船舶、货物受到危险威胁时负有制止与救助的责任。规定对内河船舶常易发生的几种险情,即起火、人员落水、船体破损进水制定应变部署,并进行演习,以提高应变能力,这是为了使船舶在一旦发生上述险情时,能迅速有序地进行自救。船舶在处于其他危险状态时,亦须积极自救,即使遇到不可抗力也应采取紧急措施尽量减少人员伤亡和财产损失。

2. 船舶、浮动设施发生碰撞事故,任何一方应当在不危及自身安全的情况下,积极救助遇险的他方,不得逃逸。

按本条例的规定,对于碰撞事故,任何一方不论其受损情况如何,在不危及自身安全的情况下,积极救助遇险的他方,属强制性规定。

不积极施救,属违法行为,包括下列情形:

(1)船舶、浮动设施遇险后,不积极采取一切有效措施进行自救;

(2)船舶、浮动设施发生碰撞等事故后,在不危及自身安全的情况下,不积极救助遇险的他方;

(3)附近船舶、浮动设施遇险,或者收到求救信号后,船舶、浮动设施上的船员或者其他人员未尽力救助遇险人员。

3. 船舶、浮动设施遇险,必须迅速将遇险的时间、地点、遇险状况、遇险原因、救助要求,向遇险地海事管理机构以及船舶、浮动设施的所有人、经营人报告。

本条例要求船舶、浮动设施遇险后,必须迅速报告,其目的是能及时组织救助,避免或减少损失;及时进行调查处理,查明原因,分清责任,便于对事故进行分析以达到宏观控制和预防的目的。这是当事人的义务,是强制性的要求。

船舶遇险后未履行报告义务,属违法行为,包括下列情形:

(1)船舶、浮动设施遇险后,未按照规定迅速向遇险地海事管理机构以及船舶、浮动设施的所有人、经营人报告;

(2)船舶、浮动设施遇险后,未按照规定报告遇险时间、遇险地点、遇险状况、遇险原因、救助要求;

(3)发现其他船舶、浮动设施遇险,或者收到求救信号,船舶、浮动设施上的船员或者其他人员未将有关情况及时向遇险地海事管理机构报告。

4. 必须服从海事管理机构的统一调度和指挥。

组织指挥海难救助是海事管理机构的职责和义务,《中华人民共和国海上交通安全法》《对外国籍船舶管理规则》中都有明确的规定。

（二）遇险现场和附近的其他船舶、有关单位及人员的义务责任

1.船员、浮动设施上的工作人员或者其他人员发现遇险的其他船舶、浮动设施，或者收到求救信号后，必须尽力救助遇险人员，并将有关情况及时向遇险地海事管理机构报告。对遇险船舶、浮动设施的人员救助，是遇险现场和附近的其他船舶、有关单位及人员应尽的基本义务。关于人命救助，我国已加入的《1974年国际海上人命安全公约》《联合国海洋法公约》等国际公约，均规定了船长对遇险人员进行救助的义务。本条例是内河交通安全管理的基本法规，对内河的人命救助也做出了相应的规定，明确了内河船舶对人命救助的义务。这不仅符合国际通常的做法和要求，也符合我国社会主义的道德规范要求。

2.遇险地县级以上地方人民政府收到海事管理机构的报告后，应当对救助工作进行领导和协调，动员各方力量积极参与救助。

海难救助是我国政府应尽的国际主义和人道主义义务，是一项需要搜救部门快速反应的政府行为。实施海难救助需迅速动员社会各方面力量，除了充分发挥专业救助力量的作用外，更重要的是搜救部门要加强与当地政府的联系，在实施搜救的过程中要依靠当地政府，协调社会各方力量，快速、有效地对遇险人员、遇险船舶实施救助。

3.船舶、浮动设施遇险时，有关部门和人员必须积极协助海事管理机构做好救助工作。遇险现场和附近的船舶、人员，必须服从海事管理机构的统一调度和指挥。

五、事故调查处理

水上交通事故的调查处理是海事管理机构的一项重要职责，本条例仅做了原则性规定。依据本条例的规定要求，我国制定了具体的事故调查处理法规《中华人民共和国内河交通事故调查处理规定》，该规定对内河交通事故调查处理的适用范围、调查处理的内容及程序等做了详细的规定。

（一）船舶的义务

1.船舶、浮动设施发生交通事故，其所有人或者经营人必须立即向交通事故发生地海事管理机构报告，并做好现场保护工作。

2.接受海事管理机构调查、取证的有关人员，应当如实提供有关情况和证据，不得谎报或者隐匿、毁灭证据。

阻碍、妨碍内河交通事故调查取证，属违法行为，包括下列情形：

（1）未按照规定立即报告事故，影响调查工作进行；

（2）事故报告内容不真实，不符合规定要求，影响调查工作进行；

（3）事故发生后，未做好现场保护，影响事故调查进行；

（4）在未出现危及船舶安全的情况下，未经海事管理机构的同意擅自驶离指定地点；

（5）未按照海事管理机构的要求驶往指定地点，影响事故调查工作；

（6）拒绝接受事故调查或者阻碍、妨碍事故调查取证；

（7）水上交通事故致使船舶、设施发生损害，未按照规定进行检验或者鉴定，或者不向海事管理机构提交检验或者鉴定报告副本，影响事故调查；

（8）其他阻碍、妨碍内河交通事故调查取证的情形。

谎报、匿报、毁灭证据,属违法行为,包括下列情形:

(1)隐瞒事实或者提供虚假证明、证词;

(2)故意涂改航海日志等法定文书、文件;

(3)其他谎报、匿报、毁灭证据的情形。

(二)其他

1.地方人民政府应当依照国家有关规定积极做好内河交通事故的善后工作。

2.特大内河交通事故的报告、调查和处理,按照国务院有关规定执行。

六、法律责任

(一)行政处罚

船员违反《内安条例》,主管机关可视情节给予下列一种或几种处罚:

1.警告;

2.扣留或吊销职务证书;

3.罚款。

(二)刑事责任

船员履职期间造成重大内河交通事故或者致使公共财产、国家和人民利益遭受重大损失的,依照刑法关于滥用职权罪、玩忽职守罪或者其他罪的规定,依法追究刑事责任。

(三)治安管理处罚

船员违反《内安条例》的规定,触犯《中华人民共和国治安管理处罚法》,构成违反治安管理行为的,由公安机关给予治安管理处罚。

七、相关术语解释

(一)内河通航水域

内河通航水域是指由海事管理机构认定的可供船舶航行的江河、湖泊、水库、运河等水域。

(二)船舶

船舶是指各类排水或者非排水的船、艇、筏、水上飞行器、潜水器、移动式平台以及其他水上移动装置。

(三)浮动设施

浮动设施是指采用缆绳或者锚链等非刚性固定方式系固并漂浮或者潜于水中的建筑、装置。

(四)交通事故

交通事故是指船舶、浮动设施在内河通航水域发生的碰撞、触碰、触礁、浪损、搁浅、火灾、爆炸、沉没等引起人身伤亡和财产损失的事件。

第五节　防止船舶污染水域有关规定

一、概述

《中华人民共和国防治船舶污染内河水域环境管理规定》已于 2016 年 5 月 1 日起施行。该规定主要根据《中华人民共和国水污染防治法》《危险化学品安全管理条例》等法律、行政法规而制定。内河水域被污染应该受什么样的处罚,将具体追究责任人的法律责任。这是我国防治船舶污染内河水域环境的专门性法规。

该规定进一步明确了运输、装卸作业和污染物接收处理单位的防污染责任,同时规定了海事管理机构对船舶污染事故的应急处置权力和当地政府的责任。该规定主要对船舶防污染安全管理、污染物排放控制和接收处理、污染事故的应急处理和法律责任等方面做了详细的规定。它的实施将切实提高防治船舶污染内河水域环境的能力,更好地保护人民安全和水域环境。

二、与游艇相关主要内容

《中华人民共和国防治船舶污染内河水域环境管理规定》共八章 55 条,包括:总则;一般规定;船舶污染物的排放和接收;船舶作业活动的污染防治;船舶污染事故应急处置;船舶污染事故调查处理;法律责任;附则。

（一）总则

防治船舶及其作业活动污染中华人民共和国内河水域环境,适用本规定。防治船舶及其作业活动污染内河水域环境,实行预防为主、防治结合、及时处置、综合治理的原则。

交通运输部主管全国防治船舶及其作业活动污染内河水域环境的管理。国家海事管理机构统一负责全国防治船舶及其作业活动污染内河水域环境的监督管理工作。各级海事管理机构依照各自的职责权限,具体负责管辖区域内防治船舶及其作业活动污染内河水域环境的监督管理工作。

（二）一般规定

中国籍船舶防治污染的结构、设备、器材应当符合国家有关规范、标准,经海事管理机构或者其认可的船舶检验机构检验,并保持良好的技术状态。船舶应当按有关规定的要求,持有有效的防治船舶污染内河水域环境的证书、文书。船员应当具有相应的防治船舶污染内河水域环境的专业知识和技能,熟悉船舶防污染程序和要求,经过相应的专业培训,持有有效的适任证书和合格证明。依法设立特殊保护水域涉及防治船舶污染内河水域环境的,应当事先征求海事管理机构的意见,并由海事管理机构发布航行通(警)告。设立特殊保护水域的,应当同时设置船舶污染物接收及处理设施。在特殊保护水域内航行、停泊、作业的船舶,应当遵守特殊保护水域有关防污染的规定、标准。船舶或者有关作业单位造成水域环境污染损害的,应当依法承担污染损害赔偿责任。

(三)船舶污染物的排放和接收

在内河水域航行、停泊和作业的船舶,不得违反法律、行政法规、规范、标准和交通运输部的规定向内河水域排放污染物。不符合排放规定的船舶污染物应当交由港口、码头、装卸站或者有资质的单位接收处理。禁止船舶向内河水体排放有毒液体物质及其残余物或者含有此类物质的压载水、洗舱水或者其他混合物。禁止船舶在内河水域使用焚烧炉。禁止在内河水域使用溢油分散剂。

船长 12 米及以上的船舶应当设置符合格式要求的垃圾告示牌,告知船员和旅客关于垃圾管理的要求。100 总吨及以上的船舶以及经核准载运 15 名及以上人员且单次航程超过 2 千米或者航行时间超过 15 分钟的船舶,应当持有《船舶垃圾管理计划》和海事管理机构签注的《船舶垃圾记录簿》,并将有关垃圾收集处理情况如实、规范地记录于《船舶垃圾记录簿》中。《船舶垃圾记录簿》应当随时可供检查,使用完毕后在船上保留 2 年。

禁止向内河水域排放船舶垃圾。船舶应当配备有盖、不渗漏、不外溢的垃圾储存容器或者实行袋装,按照《船舶垃圾管理计划》对所产生的垃圾进行分类、收集、存放。船舶使用的燃料应当符合有关法律法规和标准要求,鼓励船舶使用清洁能源。船舶不得超过相关标准向大气排放动力装置运转产生的废气以及船上产生的挥发性有机化合物。

三、小型内河船舶水污染防治管理办法

我国内河船舶 60% 以上为 400 总吨以下的小型船舶,分布在长江、珠江等水系和京杭运河沿线等内河水域,此类船舶的排放控制要求缺失,极大阻碍了加强内河船舶水污染防治、保护内河水域环境的工作进程。

为防治内河小型船舶污染水域环境,依据《中华人民共和国水污染防治法》《中华人民共和国防治船舶污染内河水域环境管理规定》《港口经营管理规定》等法律、法规和规章,交通运输部印发了《400 总吨以下内河船舶水污染防治管理办法》(以下简称《管理办法》),于 2020 年 10 月 1 日起正式实施,有效期为 5 年。

《管理办法》对 400 总吨以下内河船舶产生的生活污水、垃圾、含油污水、残油(油泥)、含有毒液体物质的污水等水污染物的船上储存、处理、排放和送交港口、码头、装卸站的接收设施或者具有相应能力的接收单位接收的行为提出了明确的要求。

《管理办法》包括总则、一般规定、生活污水污染防治、船舶垃圾污染防治、机器处所油污水污染防治、洗舱水污染防治和监督管理等 7 个部分共 27 条。其防污管理要求主要体现在以下四个方面:

(一)明确 400 总吨以下内河船舶水污染物防治主要按照"船上储存、交岸接收处置"的原则执行。

(二)明确 400 总吨以下且经核定许可载运 15 人以下的船舶的生活污水排放要求参照《船舶水污染物排放控制标准》(GB 3552—2018)执行,以弥补现有国家标准对此类船舶排放控制要求的缺失。

(三)对未设置生活污水、机器处所油污水防污染设施的现有船舶,以及已安装污水处理

装置但其处理后排放不能满足《船舶水污染物排放控制标准》（GB 3552—2018）要求的现有船舶,要求其按照《内河船舶法定检验技术规则（2019）》完成改造,并鼓励船舶按照"船上储存、交岸接收处置"的原则进行改造。

（四）对内河船舶垃圾实行新的分类要求,以使其和城市垃圾分类相衔接,提升"船上储存、交岸接收处置"的可操作性。

第六节　中华人民共和国内河海事行政处罚规定

一、概述

《中华人民共和国内河海事行政处罚规定》是为规范海事行政处罚行为,保护当事人的合法权益,保障和监督水上海事行政管理,维护水上交通秩序,防止船舶污染水域,根据《中华人民共和国内河交通安全管理条例》《中华人民共和国行政处罚法》及其他有关法律、行政法规而制定的。对在中华人民共和国内河水域及相关陆域发生的违反海事行政管理秩序的行为实施海事行政处罚,由海事管理机构依法实施。该规定自 2015 年 7 月 1 日起施行,历经 2017 年、2019 年、2021 年多次修订。

二、内河海事违法行为和行政处罚

（一）违反船舶、浮动设施所有人、经营人安全管理秩序

1. 违反船舶所有人、经营人安全营运管理秩序,有下列行为之一:

（1）未按规定取得安全营运与防污染管理体系符合证明或者临时符合证明从事航行或者其他有关活动;

（2）隐瞒事实真相或者提供虚假材料或者以其他不正当手段骗取安全营运与防污染管理体系符合证明或者临时符合证明;

（3）伪造、变造安全营运与防污染管理体系审核的符合证明或者临时符合证明;

（4）转让、买卖、租借、冒用安全营运与防污染管理体系审核的符合证明或者临时符合证明。

2. 违反船舶安全营运管理秩序,有下列行为之一:

（1）未按规定取得船舶安全管理证书或者临时船舶安全管理证书从事航行或者其他有关活动;

（2）隐瞒事实真相或者提供虚假材料或以其他不正当手段骗取船舶安全管理证书或者临时船舶安全管理证书;

（3）伪造、变造船舶安全管理证书或者临时船舶安全管理证书;

（4）转让、买卖、租借、冒用船舶安全管理证书或者临时船舶安全管理证书。

3. 违反安全营运管理秩序,有下列情形之一:

（1）不掌控船舶安全配员；

（2）不掌握船舶动态；

（3）不掌握船舶装载情况；

（4）船舶管理人不实际履行安全管理义务；

（5）安全管理体系运行存在其他重大问题。

（二）违反船舶、浮动设施检验和登记管理秩序

1. 违反《中华人民共和国内河交通安全管理条例》第六条第（一）项、第七条第（一）项的规定，船舶、浮动设施未持有合格的检验证书擅自航行或者作业的。

本条前款所称未持有合格的检验证书，包括下列情形：

（1）没有取得相应的检验证书；

（2）持有的检验证书属于伪造、变造、转让、买卖或者租借的；

（3）持失效的检验证书；

（4）检验证书损毁、遗失但不按照规定补办；

（5）其他不符合法律、行政法规和规章规定情形的检验证书。

2. 船舶检验机构的检验人员违反《中华人民共和国船舶和海上设施检验条例》的规定，滥用职权、徇私舞弊、玩忽职守、严重失职，有下列行为之一：

（1）超越职权范围进行船舶、设施检验；

（2）擅自降低规范要求进行船舶、设施检验；

（3）未按照规定的检验项目进行船舶、设施检验；

（4）未按照规定的检验程序进行船舶、设施检验；

（5）所签发的船舶检验证书或者检验报告与船舶、设施的实际情况不符。

（三）违反内河船员管理秩序

1. 违反《中华人民共和国内河交通安全管理条例》第九条的规定，未经考试合格并取得适任证书或者其他适任证件的人员擅自从事船舶航行或者操作的。

本条前款所称未经考试合格并取得适任证书或者其他适任证件，包括下列情形：

（1）未经水上交通安全培训并取得相应合格证明；

（2）未持有船员适任证书或者其他适任证件；

（3）持采取弄虚作假的方式取得的船员职务证书；

（4）持伪造、变造的船员职务证书；

（5）持转让、买卖或租借的船员职务证书；

（6）所服务的船舶的航区、种类和等级或者所任职务超越所持船员职务证书限定的范围；

（7）持已经超过有效期限的船员职务证书。

2. 违反《中华人民共和国船员条例》第十六条的规定，船员有下列情形之一：

（1）在船在岗期间饮酒，体内酒精含量超过规定标准；

（2）在船在岗期间，服用国家管制的麻醉药品或者精神药品。

3. 违反《中华人民共和国船员条例》第十五条的规定，船员用人单位、船舶所有人有下列未按照规定招用外国籍船员在中国籍船舶上任职情形的：

（1）未依照法律、行政法规和国家其他规定取得就业许可；

（2）未持有合格的且签发国与我国签订了船员证书认可协议的船员证书。

4.船员服务机构和船员用人单位未将其招用或者管理的船员的有关情况定期向海事管理机构备案的。

本条第一款所称船员服务机构和船员用人单位未定期向海事管理机构备案,包括下列情形：

（1）未按规定进行备案,或者备案内容不全面、不真实；

（2）未按照规定的时间备案；

（3）未按照规定的形式备案。

（四）违反航行、停泊和作业管理秩序

1.船舶、浮动设施的所有人或者经营人违反《中华人民共和国内河交通安全管理条例》第六条第(三)项、第七条第(三)项的规定,船舶未按照国务院交通运输主管部门的规定配备船员擅自航行的,或者浮动设施未按照国务院交通运输主管部门的规定配备掌握水上交通安全技能的船员擅自作业的。

本条前款所称船舶未按照国务院交通运输主管部门的规定配备船员擅自航行,包括下列情形：

（1）船舶所配船员的数量低于船舶最低安全配员证书规定的定额要求；

（2）船舶未持有有效的船舶最低安全配员证书。

2.违反《中华人民共和国内河交通安全管理条例》第十四条的规定,应当报废的船舶、浮动设施在内河航行或者作业的。

本条前款所称应当报废的船舶,是指达到国家强制报废年限或者以废钢船名义购买的船舶。

3.违反《中华人民共和国内河交通安全管理条例》第十四条、第十八条、第十九条、第二十条、第二十二条的规定,船舶在内河航行有下列行为之一：

（1）未按照规定悬挂国旗；

（2）未按照规定标明船名、船籍港、载重线,或者遮挡船名、船籍港、载重线；

（3）国内航行船舶进出港口未按照规定向海事管理机构报告船舶的航次计划、适航状态、船员配备和载货载客等情况,国际航行船舶未按照规定办理进出口岸手续；

（4）未按照规定申请引航；

（5）船舶进出港口和通过交通管制区、通航密集区、航行条件受到限制区域,未遵守海事管理机构发布的特别规定；

（6）船舶无正当理由进入或者穿越禁航区；

（7）载运或者拖带超重、超长、超高、超宽、半潜的物体,未申请核定航路、航行时间或者未按照核定的航路、航行时间航行。

4.违反《中华人民共和国内河交通安全管理条例》的有关规定,船舶在内河航行、停泊或者作业,不遵守航行、避让和信号显示规则。

本条前款所称不遵守航行、避让和信号显示规则,包括以下情形：

（1）未采用安全航速航行；

（2）未按照要求保持正规瞭望；

（3）未按照规定的航路或者航行规则航行；

（4）未按照规定倒车、调头、追越；

（5）未按照规定显示号灯、号型或者鸣放声号；

（6）未按照规定擅自夜航；

（7）在规定必须报告船位的地点，未报告船位；

（8）在禁止横穿航道的航段，穿越航道；

（9）在限制航速的区域和汛期高水位期间未按照海事管理机构规定的航速航行；

（10）不遵守海事管理机构发布的在能见度不良时的航行规定；

（11）不遵守海事管理机构发布的有关航行、避让和信号规则规定；

（12）不遵守海事管理机构发布的航行通告、航行警告规定；

（13）船舶装卸、载运危险货物或者空舱内有可燃气体时，未按照规定悬挂或者显示信号；

（14）不按照规定保持船舶自动识别系统处于正常工作状态，或者不按照规定在船舶自动识别设备中输入准确信息，或者船舶自动识别系统发生故障未及时向海事机构报告；

（15）未在规定的甚高频通信频道上守听；

（16）未按照规定进行无线电遇险设备测试；

（17）船舶停泊未按照规定留足值班人员；

（18）未按照规定采取保障人员上、下船舶、设施安全的措施；

（19）不遵守航行、避让和信号显示规则的其他情形。

5.违反《中华人民共和国内河交通安全管理条例》第八条、第二十一条的规定，船舶不具备安全技术条件从事货物、旅客运输，或者超载运输货物、超定额运输旅客。

本条前款所称船舶不具备安全技术条件从事货物、旅客运输，包括以下情形：

（1）不遵守船舶、设施的配载和系固安全技术规范；

（2）不按照规定载运易流态化货物，或者不按照规定向海事管理机构备案；

（3）遇有不符合安全开航条件的情况而冒险开航；

（4）超过核定航区航行；

（5）船舶违规使用低闪点燃油；

（6）未按照规定拖带或者非拖船从事拖带作业；

（7）未经核准从事大型设施或者移动式平台的水上拖带；

（8）未持有《乘客定额证书》；

（9）未按照规定配备救生设施；

（10）船舶不具备安全技术条件从事货物、旅客运输的其他情形。

本条第一款所称超载运输货物、超定额运输旅客，包括以下情形：

（1）超核定载重线载运货物；

（2）集装箱船装载超过核定箱数；

（3）集装箱载运货物超过集装箱装载限额；

（4）滚装船装载超出检验证书核定的车辆数量；

（5）未经核准乘客定额载客航行；

（6）超乘客定额载运旅客。

6.违反《中华人民共和国内河交通安全管理条例》第二十八条的规定,在内河通航水域进行有关作业,不按照规定备案的。

本条前款所称有关作业,包括以下作业:

(1)气象观测、测量、地质调查;

(2)大面积清除水面垃圾;

(3)可能影响内河通航水域交通安全的其他行为。

本条第二款第(三)项所称可能影响内河通航水域交通安全的其他行为,包括下列行为:

(1)检修影响船舶适航性能的设备;

(2)检修通信设备和消防、救生设备;

(3)船舶烧焊或者明火作业;

(4)在非锚地、非停泊区进行编、解队作业;

(5)船舶试航、试车;

(6)船舶悬挂彩灯;

(7)船舶放艇(筏)进行救生演习。

(五)违反危险货物载运安全监督管理秩序

(六)违反通航安全保障管理秩序

(七)违反船舶、浮动设施遇险救助管理秩序

1.违反《中华人民共和国内河交通安全管理条例》第四十六条、第四十七条的规定,遇险后未履行报告义务,或者不积极施救的。

本条前款所称遇险后未履行报告义务,包括下列情形:

(1)船舶、浮动设施遇险后,未按照规定迅速向遇险地海事管理机构以及船舶、浮动设施所有人、经营人报告;

(2)船舶、浮动设施遇险后,未按照规定报告遇险的时间、地点、遇险状况、遇险原因、救助要求;

(3)发现其他船舶、浮动设施遇险,或者收到求救信号,船舶、浮动设施上的船员或者其他人员未将有关情况及时向遇险地海事管理机构报告。

本条第一款所称不积极施救,包括下列情形:

(1)船舶、浮动设施遇险后,不积极采取有效措施进行自救;

(2)船舶、浮动设施发生碰撞等事故后,在不严重危及自身安全的情况下,不积极救助遇险他方;

(3)附近船舶、浮动设施遇险,或者收到求救信号后,船舶、浮动设施上的船员或者其他人员未尽力救助遇险人员。

2.违反《中华人民共和国内河交通安全管理条例》第四十九条第二款的规定,遇险现场和附近的船舶、船员不服从海事管理机构的统一调度和指挥的。

(八)违反内河交通事故调查处理秩序

1.违反《中华人民共和国内河交通安全管理条例》第五十条、第五十二条的规定,船舶、浮

动设施发生水上交通事故,阻碍、妨碍内河交通事故调查取证,或者谎报、匿报、毁灭证据的。

本条前款所称阻碍、妨碍内河交通事故调查取证,包括下列情形:

(1)未按照规定立即报告事故;

(2)事故报告内容不真实,不符合规定要求;

(3)事故发生后,未做好现场保护,影响事故调查进行;

(4)在未出现危及船舶安全的情况下,未经海事管理机构的同意擅自驶离指定地点;

(5)未按照海事管理机构的要求驶往指定地点影响事故调查工作;

(6)拒绝接受事故调查或者阻碍、妨碍进行事故调查取证;

(7)因水上交通事故致使船舶、设施发生损害,未按照规定进行检验或者鉴定,或者不向海事管理机构提交检验或者鉴定报告副本,影响事故调查;

(8)其他阻碍、妨碍内河交通事故调查取证的情形。

本条第一款所称谎报、匿报、毁灭证据,包括下列情形:

(1)隐瞒事实或者提供虚假证明、证词;

(2)故意涂改航海日志等法定文书、文件;

(3)其他谎报、匿报、毁灭证据的情形。

2.违反《中华人民共和国内河交通安全管理条例》的有关规定,船舶、浮动设施造成内河交通事故的。

(九)违反防治船舶污染水域监督管理秩序

三、内河海事行政处罚的运用

实施海事行政处罚,应当遵循合法、公开、公正,处罚与教育相结合的原则。

对船舶所有人或者船舶经营人(含船舶、浮动设施的所有人或者经营人)、负有责任的主管人员或者其他直接责任人员及责任船员等违反《中华人民共和国内河交通安全管理条例》,根据情节严重程度,给予罚款、扣留船员适任证书、吊销船员适任证书、撤销符合证明或者临时符合证明、责令停止航行或者作业、暂扣船舶或浮动设施、予以没收、暂停检验资格或者注销验船人员注册证书等处罚。

第七章　内河避碰与信号

第一节　中华人民共和国内河避碰规则

一、《中华人民共和国内河避碰规则》的宗旨、适用范围、责任条款

（一）《中华人民共和国内河避碰规则》的宗旨

《中华人民共和国内河避碰规则》（简称《规则》）第一条明确规定了《规则》的宗旨就是："为维护水上交通秩序，防止碰撞事故，保障人民生命、财产的安全，制定本规则。"

为达到该宗旨，要求船员认真贯彻执行"安全第一，预防为主"的方针，树立牢固的安全思想，正确理解和执行本规则。

（二）《中华人民共和国内河避碰规则》的适用范围

《规则》对其适用范围的规定有三款：

1. 在中华人民共和国境内江河、湖泊、水库、运河等通航水域及其港口航行、停泊和作业的一切船舶、排筏均应遵守本规则。

2. 船舶、排筏在我国境内河流、湖泊航行、停泊和作业，按照中国政府同相邻国家政府签有的协议或者协定执行。

3. 船舶、排筏在与中俄国境河流相通的水域航行、停泊和作业不适用本规则。

（三）《中华人民共和国内河避碰规则》的责任条款

1. 疏忽

《规则》第三条（一）款规定："船舶、排筏及其所有人、经营人以及船员应当对遵守本规则的疏忽而产生的后果以及船员通常做法所要求的或者当时特殊情况要求的任何戒备上的疏忽

而产生的后果负责。"

2. 背离

《规则》第三条(二)款规定:"不论由于何种原因,两船已逼近或者已处于紧迫局面时,任何一船都应当果断地采取最有助于避碰的行动,包括在紧迫危险时背离本规则,以挽救危局。"

3. 特别规定

《规则》第四条(特别规定)规定:"本规则授权各省、自治区、直辖市海事机构,长江、黑龙江海事局及辖区内有内河的沿海海事机构根据辖区具体情况,制定包括分道通航等有关交通管制在内的特别规定,报交通部批准后生效。"

二、航行与避让

(一)行动原则

1. 瞭望的目的、正规瞭望的方法及注意事项

(1)瞭望的目的

《规则》第六条表明,保持正规瞭望的目的,就是便于对局面和碰撞危险做出充分的估计。然而,正规瞭望的目的不限于船舶避碰,还包括防止船舶搁浅、触礁等其他危害航行安全的危险。

(2)正规瞭望的方法

保持正规瞭望是确保船舶航行与避让安全的首要因素。

①视觉瞭望

视觉是瞭望人员保持正规瞭望的最基本,也是最重要的常规手段。船员一般凭视觉看到来船并了解来船。《规则》规定的所有船舶号灯、号型都是依据视觉设定的。

②听觉瞭望

听觉作为瞭望的一种基本手段虽然较视觉瞭望所及范围要小,然而,在能见度不良的情况下,尤其是在浓雾之中,其独特的优越性将明显地高于视觉瞭望。它可以在视觉所无法察觉的情况下,首先获得他船鸣放的雾号,从而判断他船的大概方位及动态。《规则》规定的所有声响信号都是依据听觉设定的。

③其他有效瞭望手段

适合当时环境和情况的一切有效手段主要是指望远镜、雷达、船舶间 VHF 无线电话通信、船舶与 VTS 中心的通信联系手段等。各种瞭望手段都有其特点和局限性,因此,在瞭望时应注意对上述各种瞭望手段的综合运用。用各种瞭望手段获得有关避碰的信息,可起到相互验证和相互补充的作用。

(3)注意事项

①配备足够的、称职的瞭望人员

瞭望人员意指专门负责或承担对周围水上情况进行全面观察的驾驶人员,包括值班驾驶员和其他负有瞭望职责的人员。为保持正规瞭望,瞭望应集中精力,并不应承担或被分配给会妨碍本工作的其他任务。瞭望人员和舵工的职责是分开的,一般情况下正在操舵的舵工不应

被视为瞭望人员。除非在某些小船上,操舵位置应具有四周无遮挡的视野并且没有夜视障碍或其他保持正规瞭望的妨碍。

②指定能获得最佳瞭望效果的瞭望位置

瞭望人员的瞭望位置可在船舶周围,包括船舶的前部、尾部、两侧,而要获得最佳瞭望效果,应根据当时环境和情况的实际需要确定,不能因为瞭望位置不当或因为盲区的存在而疏漏瞭望目标。

③使用适合当时环境及其情况的一切有效的手段

前面指出和分析视觉、听觉和其他有效瞭望手段的用意,是告诫驾驶人员要善于使用一切有效的瞭望手段。而善于使用一切有效的瞭望手段,必须以适合当时环境和情况为前提。

④保持连续、不间断的全方位瞭望

正规瞭望过程应是瞭望人员在任何时候都保持连续、不间断的瞭望的过程。应做到随时注意周围环境和来船动态,一旦间断瞭望,将不能正确掌握当时环境和情况的变化。

2. 安全航速的概念和决定安全航速应考虑的因素

(1)安全航速的概念

对安全航速的含义,《规则》未明确定义,也没有做出任何量的规定。广义的安全航速是指能够采取有效的避让行动,并能适合当时环境和情况的要求,达到防止碰撞和浪损的速度。当船舶所处环境和条件发生变化时,应当及时调整船速,以保证船舶以安全航速行驶。

(2)决定安全航速应考虑的因素

①对所有船舶:

·能见度情况;

·通航密度情况;

·船舶操纵性能;

·风、浪、流及航道情况和周围环境。

②对备有可使用的雷达的船舶,还应当考虑雷达设备的特性、效率和局限性。

3. 机动船减速与防止浪损

避免浪损也是机动船使用安全航速所要达到的目的。

(1)浪损事故的主要原因

①航速高,机动船该减速而未按规定减速,尤其是快速船舶和大型船舶(队),经过要求减速的船舶或地段时,未能使用安全航速和保持安全横距行驶,导致他船受航行波的冲击酿成浪损事故。

②船舶超载、积载不当或超航区行驶,导致防浪能力或者防浪措施存在缺陷。尤其是小型船舶盲目超载,甚至主甲板面贴水而行,严重降低了干舷和稳性,抗浪能力极差。

(2)防止浪损的减速规定

①机动船须明确主动减速的地方

根据《规则》第七条(三)款的规定,机动船应当减速的地方分别是要求减速的船舶、排筏、地段和船舶装卸区、停泊区、鱼苗养殖区、渡口、险堤险岸、施工水域等易引起浪损的水域。由于当时所处的特定环境和条件所限,这些船舶和地段可能难以经受机动船航行波的冲击,是极易造成浪损的地方,所以,要求驾驶员必须明确主动减速通过。同时,要求减速的船舶、排筏、地段,应按《规则》第三十七条的规定显示"要求减速"的信号,这样便于提醒经过的机动船注意,否则,因不按规定显示其信号,应对浪损事故承担相应的责任。

②机动船减速行动应行之有效

要做到这一点,一是减速要"及早"进行;二是减速要"足够",做到时间足够、减速足够;三是与需减速的船舶、排筏、地段尽可能保持较开距离行驶。

③《规则》第七条(四)款规定:"需要减速的一方不能因本身防浪能力或者防浪措施存在缺陷而免除责任。只有减速的一方和需要减速的一方都按规定遵守各自的责任和义务,才能有效避免浪损事故的发生。"

(二)航行原则

1.机动船的行动原则

《规则》第八条(一)款规定:"机动船航行时,上行船应当沿缓流或者航道一侧行驶,下行船应当沿主流或者航道中间行驶。但在感潮河段、湖泊、水库、平流区域,任何船舶均应当尽可能沿本船右舷一侧航道行驶。"

(1)上行船走缓流、下行船走主流

除感潮河段、湖泊、水库、平流区域外,对于有主流、缓流较明显之分的水域,机动船航行时,上行船应当沿缓流或者航道一侧行驶,下行船应当沿主流或者航道中间行驶。

(2)各自靠右行驶

对感潮河段、湖泊、水库、平流区域,任何船舶均应当尽可能沿本船右舷一侧航道行驶。

(3)船舶定线制

《规则》第八条(二)款规定:"设有分道通航、船舶定线制的水域,必须按照有关规定航行和避让。两船对遇或者接近对遇应当互以左舷会船。"我国一些海事管理机构针对辖区水域制定了属于该水域的"船舶定线制"规定,规范了船舶航行行为和避让行为,完善了船舶航行原则规定,对改善水上交通秩序、避免碰撞事故的发生起到了重要作用。例如,已颁布实施的《长江干线水域实施船舶定线制》、《珠江口水域船舶定线制》和《珠江口水域船舶报告制》等。船舶驾驶员在实施船舶定线制的水域,必须按照有关规定航行和避让。

2.机动船的避让原则

(1)避让行动的要求

《规则》第九条(一)款规定:"船舶在航行中要保持高度警惕,当对来船动态不明产生怀疑,或者声号不统一时,应当立即减速、停车,必要时倒车,防止碰撞。采取任何防止碰撞的行动,应当明确、有效、及早进行,并运用良好驾驶技术,直至驶过让清为止。"

①船舶在航行中要保持高度警惕

船舶在航行中要保持高度警惕,主要体现在对驾驶人员航行值班的要求上。值班人员在航行值班过程中,应尽职尽责,千万不能松懈麻痹,对水上任何航行危险应保持高度戒备。

②当对来船动态不明产生怀疑,或者声号不统一时,应当立即减速、停车,必要时倒车,防止碰撞。

③采取任何防止碰撞的行动

为避免碰撞所采取的任何行动包括转向行动、变速行动、转向和变速相结合的行动。在某些特定的环境和情况下还包括备车、备锚、抛锚等避碰准备和紧急行动。

④应当明确、有效、及早进行

所谓"明确"是指避让意图和行动清楚明朗、连贯统一，使对方易于察觉，一目了然，而不致产生错觉、怀疑或误解。

所谓"有效"是指在船舶避碰的过程中，为了保证达到在安全的距离驶过的预期效果，应细心核查行动上的有效性。

所谓"及早"是指在时间和距离两个方面都留有余地，避碰行动完成之后，两船能在安全距离上驶过。"及早"实际上是确定采取避碰行动的时机问题，从定性上讲应以两船相遇构成碰撞危险，双方明确避让关系和责任为依据，立即采取避让行动，可以认为该行动即为"及早"。具体时机的确定，取决于船舶所处的环境和条件。通常做法是在开阔水域采取行动的时机要比狭窄水域早；处于对遇或接近对遇局面时要比处于其他局面时早；大船、重载船等操纵性能较差的船要比小船、轻载船等操纵性能优越的船早；能见度不良时要比能见度良好时早；等等。

⑤运用良好驾驶技术

"良好驾驶技术"是指船舶驾驶人员在长期的驾船生涯中所积累的宝贵经验而形成的优良技术及习惯做法。

⑥驶过让清

"驶过让清"是指两船相遇，在采取相应的有效避让措施后，已经在安全距离内驶过，不再存在任何碰撞危险并已进入正常航行。

（2）避让责任

《规则》第九条（三）款规定："船舶在避让过程中，让路船应当主动避让被让路船；被让路船也应当注意让路船的行动，并按当时情况采取行动协助避让。"

当两船相遇构成碰撞危险时，会遇双方必须按照《规则》的规定，明确双方的避让责任和义务。船舶之间的避让责任是指《规则》规定相遇两船在避碰中一船对另一船所承担的责任，也就是相遇两船之间的避让关系。

就本款规定而言，对让路船与被让路船的避让关系和行动，只提出了一般原则性要求。要求船舶在避让过程中，让路船应当主动避让被让路船；被让路船也应当注意让路船的行动，并按当时情况采取行动协助避让。让路船的"主动"避让行动与被让路船的"协助"避让行动上的规定，表明双方的避让责任有主次之分，各自按"主动"和"协助"的要求履行相应的避让责任和义务。

（3）避让意图的统一

《规则》第九条（四）款规定："两机动船相遇，双方避让意图经声号统一后，避让行动不得改变。"

两船相遇致构成碰撞危险时，避让意图的统一和避让行动的协调，是确保两船安全避让必不可少的重要环节。只有避让意图的统一，才能保证避让行动的协调。双方避让意图的统一，主要通过声号的交换统一、VHF通信协议和灯光信号的方式实现。两机动船相遇，双方避让意图经声号统一后，避让行动不得改变。这是因为如其中一方避让行动突然改变，势必抵消对方的避让行动，人为造成避让的不协调，如双方距离逼近，使对方措手不及，以致发生碰撞事故。这是《规则》所不允许的。会遇双方避让意图经双方统一后，避让行动必须得到坚决

91

执行。

（三）机动船相遇，存在碰撞危险时的避让行动

1. 机动船对驶相遇，行动要求和应遵守的规定

（1）对驶相遇的判断

根据"对驶相遇"的定义，构成"机动船对驶相遇"，应同时满足以下3个条件：

①两艘机动船

②顺航道行驶两船的来往相遇

"顺航道行驶两船的来往相遇"，通常是指顺航道行驶的上行船与下行船或者逆流船与顺流船的来往相遇。

· 对遇或者接近对遇

它是指顺航道行驶两船航向相反成一直线或者接近相反成接近一直线（船首向的左右各5度的范围内）。

· 互从左舷或者右舷相遇

它是指顺航道行驶的两船相互从左舷或者右舷具有一定安全距离的来往相遇。

· 弯曲航道相遇

它是指顺航道行驶的两船在弯曲航道互从左舷或者右舷相遇。

③存在碰撞危险

（2）机动船对驶相遇的避让关系

《规则》第十条（一）款规定："上行船应当避让下行船，但在感潮河段，逆流船应当避让顺流船；在湖泊、水库、平流区域，两船中一船为单船，而另一船为船队时，则单船应当避让船队。"

①上行船应当避让下行船

"上行船应当避让下行船"（简称上让下）的避让关系，适用于水流流向较明显的除感潮河段、湖泊、水库、平流区域以外的水域。上行船为让路船，而下行船为被让路船。"上行船"意指航向朝向河流上游方向行驶的船舶；"下行船"意指航向朝向河流下游方向行驶的船舶。上行船和下行船的定义，是按照河流上、下游方向和船舶航行方向而划分的。

②逆流船应当避让顺流船

"逆流船应当避让顺流船"（简称逆让顺）的避让关系，适用于感潮河段。在感潮河段，逆流船为让路船，而顺流船为被让路船。"逆流船"意指航向与水流流向相反的船舶；"顺流船"意指航向与水流流向相同的船舶。逆流船和顺流船的定义，是按照水流流向和船舶航行方向而划分的。

③单船应当避让船队

"单船应当避让船队"的避让关系，适用于湖泊、水库、平流区域。在这些水域，水流平缓、流速较小、流向不明显，甚至用视力也难分辨出水流流向。水流对船舶操纵的影响相对较小，使单船与船队本身所具备的操纵性能差异更显突出，根据船舶之间的避让操纵能力的优劣确定彼此之间的避让关系的原则。在这些水域，当两船中一船为单船，另一船为船队时，单船应当避让船队，即单船为让路船，而船队为被让路船。如果会遇双方同为单船或者同为船队，应遵守"上行船应当避让下行船"的避让关系。

（3）机动船对驶相遇的避让行动

①两船对遇或接近对遇的行动

《规则》第十条（二）款规定："在感潮河段、湖泊、水库、平流区域，两船对遇或者接近对遇，除特殊情况外，应当互以左舷会船。"

②驶近弯曲航段、不能会船的狭窄航段的避让行动

《规则》第十条（三）款规定："机动船驶近弯曲航段、不能会船的狭窄航段，应当按规定鸣放声号，夜间也可以用探照灯向上空照射以引起他船注意。遇到来船时，按本条（一）、（二）项规定避让，必要时上行船（感潮河段的逆流船）还应当在弯曲航段或者不能会船的狭窄航段下方等候下行船（感潮河段的顺流船）驶过。"

2. 机动船追越，行动要求和应遵守的规定

（1）追越的定义和判断

《规则》第十一条规定："一机动船正从另一机动船正横后大于22.5度的某一方向赶上、超过该船，可能构成碰撞危险时，应当认定为追越。"根据该规定，构成"追越"应同时具备下列4个条件：

①两艘机动船

②方位与距离

后船位于前船正横后大于22.5度的任一方向上，这一条件表明两船的相互位置关系，即后船位于前船的尾灯的水平光弧区之内，在夜间只能看见被追越船的尾灯而不能看见它的任一舷灯。如图7-1-1所示，后船位于前船尾灯的能见距离之内，如果后船不能以视觉发现前船尾灯，即使位于前船正横后大于22.5度的任一方向上，追越仍不能成立。在白天，这一确定两船之间距离的方法同样适用。

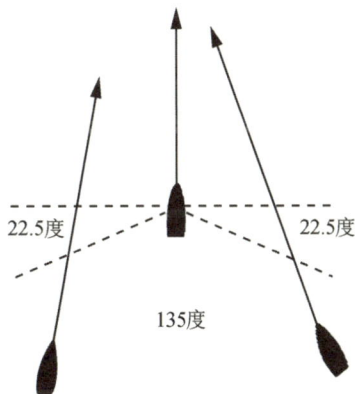

图 7-1-1　机动船追越

③速度

两船间存在速度差，只有在后船速度大于前船速度的前提下，后船才能赶上、超过前船，否则，也就不存在追越了。

④可能构成碰撞危险

追越以构成碰撞危险为前提。"碰撞危险"前面用了"可能构成"，这表明后船对前船是否构成碰撞危险如有怀疑时，应从安全角度出发，主动承担避让责任，采取相应避让行动。

（2）追越中的避让责任

《规则》第十一条（三）款中"追越船应当避让被追越船"的规定，明确指出追越局面中追越船是让路船，而被追越船则是被让路船。只要是在追越过程中，两船间的避让关系一旦确定，不管发生什么变化，追越船都应当给被追越船让路，直到最后驶过让清为止。

（3）追越中的避让行动

①追越船的行动

·禁止追越地段

《规则》第十一条（一）款规定："在狭窄、弯曲、滩险航段以及桥梁水域和船闸引航道禁止追越或者并列行驶。"

·追越要求与许可

《规则》第十一条（二）款规定："在可以追越的航道中，追越船必须按规定鸣放声号，并取得前船同意后，方可以追越。"

·追越注意事项

《规则》第十一条（三）款规定："在追越过程中，追越船应当避让被追越船，不得和被追越船过于逼近，禁止拦阻被追越船的船头。"

②被追越船的行动

《规则》第十一条（四）款规定："被追越船听到追越船要求追越的声号后，应当按规定回答声号，表示是否同意追越。在航道情况和周围环境允许时，被追越船应当同意追越船追越，并应当尽可能采取让出一部分航道和减速等协助避让的行动。"

3. 机动船横越和交叉相遇，行动要求和应遵守的规定

（1）横越和交叉相遇的定义和判断

①横越

"横越"是指船舶由航道一侧横向或者接近横向驶向另一侧，或者横向驶过顺航道行驶船舶的船首方向。它包含两层含义：一是以航道为参照物，机动船由航道一侧横向或者接近横向驶向另一侧；二是机动船以顺航道行驶船的船首为参照物，横向驶过顺航道行驶船的船首方向。"横向或者接近横向"，通常是指船首向与以上参照物呈大角度或者较大角度。

②交叉相遇

"交叉相遇"是指两机动船航向交叉驶近致有构成碰撞危险的局面。根据两船交叉角度的大小，交叉相遇可分为小角度交叉、垂直交叉和大角度交叉三种情况。

（2）机动船横越和交叉相遇的避让关系

①横越船应当避让顺航道或河道行驶船

《规则》第十二条（一）款规定："横越船都必须避让顺航道或河道行驶的船，并不得在顺航道行驶的船前方突然和强行横越。"

②有他船在本船右舷者，应当给他船让路

《规则》第十二条（二）款规定："同流向的两横越船交叉相遇，有他船在本船右舷者，应当给他船让路。"（四）款规定："在平流区域两横越船相遇，上行船应当避让下行船；同为上行或者下行横越船时，有他船在本船右舷者，应当给他船让路。"（五）款规定："在湖泊、水库两船交叉相遇，有他船在本船右舷者，应当给他船让路。"

③上行船(逆流船)应当避让下行船(顺流船)

《规则》第十二条(三)款规定:"不同流向的两横越船相遇,上行船应当避让下行船,但在感潮河段逆流船应当避让顺流船。"

(3)机动船横越和交叉相遇的避让行动

①机动船横越的行动

《规则》第十二条规定:"机动船在横越前应当注意航道情况和周围环境,在确认无碍他船行驶时,按照规定鸣放声号后,方可以横越。"

②机动船交叉相遇的行动

尽管对机动船交叉相遇的避让行动,本条没有明确规定,但可按《规则》第九条(避让原则)的要求,并结合优良的驾驶技术进行避让。

·同流向的两横越船交叉相遇的行动

通常情况下,"居左船"可采取减速或者向右转向的行动,从"居右船"的船尾通过,应避免横越他船前方。这样做不仅是对"居右船"作为被让路船航路权的尊重,而且也给"居右船"的避让带来便利。

·不同流向的两船交叉相遇的行动

通常情况下,"上行船(逆流船)"可采取转向调顺船身或者减速的行动,从"下行船(顺流船)"的船尾通过。

4. 机动船尾随行驶的行动要求

(1)尾随行驶的含义和判断

"尾随行驶",通常是后船尾随于前船以基本相同的速度同向行驶,致有构成碰撞危险时的局面。由此可知,构成"尾随行驶",应同时满足以下4个条件:

①两艘机动船

②方位

后船尾随于前船之后。后船与前船行驶在同一航路或者接近同一航路上。夜间,后船只能看见前船的尾灯。

③速度

后船与前船的速度相近,没有后船超越前船的过程,否则,不能称之为"尾随行驶"。

④致有构成碰撞危险

两船具有碰撞危险是本条"尾随行驶"的前提条件,如果两机动船距离很远,也不能称之为"尾随行驶"。

(2)机动船尾随行驶的避让关系

后船应当避让前船,即"后船"为让路船,"前船"为被让路船。

①后船的行动

根据《规则》第十三条的规定,后船应当与前船保持适当距离,以便前船突然发生意外时,能有充分的余地采取避免碰撞的措施。后船尾随于前船应注意以下两点:

·对前船可能突然发生意外情况应保持高度戒备;

·与前船保持适当距离行驶。

②前船的行动

当前船突然发生意外情况时,后船不一定清楚,为不贻误避让有利时机,前船有责任和义务及时让后船知道,应立即通过声号和 VHF 通信告知后船,便于后船及早采取有助于避免碰撞的措施。

5. 机动船在干、支流交汇水域相遇时应遵守的规定

（1）条件

机动船在干、支流交汇水域相遇。

（2）机动船驶经支流河口的航行原则

《规则》第十五条规定:"机动船驶经支流河口,在不违背第八条规定的情况下,应当尽可能地绕开行驶。"

（3）机动船在干、支流交汇水域相遇的避让关系

①从干流驶进支流的船,应当避让从支流驶出的船

《规则》第十五条（一）款规定:"从干流驶进支流的船,应当避让从支流驶出的船。"

②干流船应当避让从支流驶出的船

《规则》第十五条（二）款规定:"干流船与从支流驶出的船同一流向行驶,干流船应当避让从支流驶出的船。"

③上行船（逆流船）应当避让下行船（顺流船）

《规则》第十五条（三）款规定:"干流船与从支流驶出的船不同流向行驶,上行船应当避让下行船,但在感潮河段逆流船应当避让顺流船。"

④有他船在本船右舷者,应当给他船让路

《规则》第十五条规定:"两机动船在平流区域进出干、支流交汇水域相遇时,有他船在本船右舷者,应当给他船让路。"

6. 机动船在汊河口相遇时的避让要求

（1）条件

机动船在汊河口相遇。

（2）机动船在汊河口相遇的避让关系

①有他船在本船右舷者,应当给他船让路

两机动船在汊河口相遇,同一流向行驶时,"有他船在本船右舷者,应当给他船让路"。

②上行船（逆流船）应当避让下行船（顺流船）

两机动船在汊河口相遇,不同流向行驶时,"上行船应当避让下行船,但在感潮河段逆流船应当避让顺流船"。

7. 机动船与在航施工的工程船的避让责任

（1）在航施工的工程船的含义和判断

"工程船",通常是指从事水上、水下工程施工作业的船舶,包括正在进行疏浚、钻探、测量、打捞、爆破等作业的船舶。

"在航施工的工程船",是指一边在航一边正在进行工程施工作业的工程船。如果虽在航而未施工作业,或者虽施工作业而未在航,则均不能称之为"在航施工的工程船"。

（2）机动船与在航施工的工程船的避让关系

机动船与在航施工的工程船相遇,无论任何水域、任何会遇方式,机动船都应当避让在航施工的工程船。

（3）机动船与在航施工的工程船相遇的避让行动

机动船与在航施工的工程船对驶相遇，首先，机动船应当在相距 1 千米以上处鸣放声号"一长声"，及早引起在航施工的工程船注意，表明有机动船驶来，至于机动船将从在航施工的工程船的哪一舷通过，要服从在航施工的工程船会船声号所表明的会让意图。因为在航施工的工程船是被让路船，同时，因受到工程施工作业的约束，避让操纵性能受到一定限制，并且，它们对施工区域的航道水深情况比机动船更清楚，所以，二者会让方向应由在航施工的工程船优先确定较合理。然后，待在航施工的工程船发出会船声号后，机动船应回答相应的会船声号，统一会让意图，并谨慎通过。

8. 限于吃水的海船相遇

（1）限于吃水的海船的判断

根据"限于吃水的海船"的定义，海船进入内河航行，与其在大洋水域相比，因吃水与航道水深的关系，致使其避让操纵性能受到一定限制，但并不意味着进入内河的海船就称为"限于吃水的海船"。《规则》定义的"限于吃水的海船"，还应符合吃水规定条件；实际吃水在长江定为 7 米以上，在珠江定为 4 米以上。由此可知，限于吃水的海船，具有吃水大、避让操纵性能差的特点。

"限于吃水的海船"应按《规则》第二十九条（二）款的规定显示号灯和号型，便于他船识别判断，主动避让。限于吃水的海船在航时，夜间除显示桅灯、舷灯、尾灯外，还应显示红光环照灯三盏，白天悬挂圆柱形号型一个，否则，如果未按规定显示该信号，则不是《规则》定义的"限于吃水的海船"，也不能享有本条待遇，并对其过失产生的直接后果应当负责。

（2）限于吃水的海船相遇的避让规定

①除在航施工的工程船外，来船应当避让限于吃水的海船；

②两限于吃水的海船相遇，应当按《规则》第二章第二节各条规定避让。

例如，当两限于吃水的海船构成"对驶相遇"时，按《规则》第十条的规定避让；当两限于吃水的海船构成"追越"时，按《规则》第十一条的规定避让；当两限于吃水的海船构成"横越和交叉相遇"时，按《规则》第十二条的规定避让等。

9. 快速船在航时的责任及两快速船相遇时的避让要求

（1）快速船的判断

根据"快速船"的定义，目前，我国内河常见的快速船有水翼船、气垫船，以及其他静水时速在 35 千米/时以上的以排水状态航行的高速船。

"快速船"应按《规则》第二十九条（一）款的规定显示号灯。快速船在航时，夜间除应显示桅灯、舷灯、尾灯外，还显示一盏黄闪光灯（白天也应显示）。

（2）快速船相遇的避让规定

①快速船在航时，应当宽裕地让清所有船舶；

②两快速船相遇，应按《规则》第二章第二节各条规定避让。

两快速船相遇，因为二者均为快速船，其本身所具有的避让操纵性能相近，所以，应按《规则》第二章第二节各条规定避让。

10. 机动船掉头前的行动要求以及过往船舶的行动要求

（1）掉头的含义和判断

"掉头"是指将船舶航行方向改变180度的操作过程。机动船掉头，应按《规则》第三十三条的规定显示号灯、号型，便于过往船舶识别判断，及早避让。长度为30米以上的机动船或者船队，在掉头前5分钟，夜间除应显示桅灯、舷灯、尾灯外，还应显示红、白光环照灯各一盏；白天应悬挂上为圆球一个、下为回答旗一面的信号，掉头完毕后熄灭或者落下。

（2）机动船掉头与过往船舶相遇的避让关系

根据《规则》第二十条的规定，结合机动船掉头和过往船舶的航行特点，机动船掉头应当不妨碍过往船舶的行驶，应负有不应妨碍的避让责任，而过往船舶在享有不应被妨碍权利的同时，应注意到与正在掉头的机动船相遇致有构成碰撞危险时要承担的让路责任和义务，不应片面强调机动船掉头所负不应妨碍的避让责任。

通常认为过往船舶应当避让掉头的机动船。这样确定是因为过往船舶比正在掉头的机动船便于控制和避让，特别是上行（逆流）的过往船舶减速或者转向避让效果较好。无论如何，机动船掉头与过往船舶之间的"不应妨碍"与"不应被妨碍"的避让关系是明确的，应遵守《规则》第二十条的规定采取相应避让行动。

（3）机动船掉头与过往船舶相遇的避让行动

①机动船掉头的行动

《规则》第二十条（一）款规定："机动船或者船队在掉头前，应当注意航道情况和周围环境，在无碍他船行驶时，按规定鸣放声号后，方可掉头。"

· 掉头前应当注意航道情况和周围环境

· 无碍他船（过往船舶）行驶

对过往船舶的避让而言，机动船掉头应以不应妨碍过往船舶行驶为前提条件，除非机动船掉头行为无碍过往船舶通行，方可实施掉头，否则，机动船不应掉头。

· 按规定显示掉头信号

机动船掉头前，在确认无碍过往船舶行驶时，必须按《规则》第三十三条的规定显示号灯、号型，并且，还应按规定鸣放声号。如向左掉头，应鸣放声号"一长两短声"；如向右掉头，应鸣放声号"一长一短声"，以此表明机动船掉头性质和掉头方向，便于过往船舶的避让。采取该行动，也体现了机动船不应妨碍的避让责任和义务。

②过往船舶的行动

《规则》第二十条（二）款规定："过往船舶应当减速等候或者绕开正在掉头的船舶行驶。"

（四）机动船、人力船、帆船、排筏相遇，存在碰撞危险时的避让行动

（1）适用范围

《规则》第二十一条适用于机动船（除快速船外）与人力船、帆船、排筏相遇时的避让行动。根据"帆船"定义，帆船依靠风帆航行和操纵，而不是依靠机器推进和操纵，这是帆船最明显的特征。"人力船"是指用人力或者用人力操作的工具或者拉动的船舶。仅依靠人力推拉的人力船，速度缓慢，行动迟缓。

"排筏"是指竹、木排。其水上运输方式，包括拖带流放和人工流放两种方式。本条提及的"排筏"是人工流放方式的排筏，而不是拖带流放方式的排筏。

（2）机动船与人力船、帆船、排筏相遇的避让关系

《规则》第二十一条（一）款规定："机动船发现人力船、帆船有碍本船航行时，应当鸣放引起注意和表示本船动向的声号。人力船、帆船听到声号或者见到机动船驶来时，应当迅速离开机动船航路或者尽量靠边行驶。机动船发现与人力船、帆船距离逼近，情况紧急时，也应当采取避让行动。"（二）款规定："人力船、帆船除按当地主管部门规定的航线航行外，不得占用机动船航道或航路。"（三）款规定："人力船、帆船不得抢越机动船船头或者在航道上停桨流放，不得驶进机动船刚刚驶过的余浪中去，不得在狭窄、弯曲、滩险航段以及桥梁水域和船闸引航道妨碍机动船安全行驶。"

①人力船、帆船不应妨碍机动船的行驶

②机动船应当避让人力船、帆船

③机动船应当避让人工流放的排筏

（3）机动船与人力船、帆船相遇的避让行动

①人力船、帆船的行动

人力船、帆船不得占用机动船的航道或者航路、不得抢越机动船船头、不得停桨流放、不得在危险航段妨碍机动船行驶。这是对人力船、帆船不应妨碍机动船行驶的避让行动要求。

②机动船的行动

·按规定鸣放声号

机动船发现人力船、帆船有碍本船航行时，应当鸣放引起注意和表示本船动向的声号，即机动船首先鸣放"一长声"，以引起人力船、帆船注意；然后再鸣放"一短声"或"两短声"，以表示本船动向，便于人力船、帆船判断和采用相应避让行动。机动船从人力船、帆船哪一侧通过，要根据当时航道情况和人力船、帆船的动向确定。

·采取有效的避让行动

机动船应考虑人力船、帆船避让操纵能力所存在的不足，除按规定鸣放声号采取避让措施外，当发现人力船、帆船与本船距离过近，情况紧急时，也应当采取避让行动避免紧迫局面发生。

（4）机动船与排筏相遇的避让行动

《规则》第二十一条（四）款规定："人工流放的排筏见到机动船驶来，应当及早调顺排身，以便于机动船避让。"

（五）船舶在能见度不良时的行动原则及注意事项

1.适用范围

（1）适用的能见度

船舶航行时，船员应以实际导致当时能见度不良受到限制的雾、霾、雪、暴风雨、沙暴等天气原因或任何其他类似原因来判定本船进入"能见度不良"情况。通常情况下，以机动船号笛最小可听距离1千米为依据，当能见距离小于1千米时，认为处于能见度不良状态，应当鸣放雾号；当能见距离小于2千米时，应当备车航行。

（2）适用的水域

本条适用于能见度不良的水域中或在其附近。"能见度不良的水域中"，是指船舶航行业已进入能见度受限的水域之内；"在其附近"，通常是指船舶驶近能见度不良的水域。

（3）适用的船舶

本条适用于在上述水域中航行的任何船舶。

2. 行动规则

（1）戒备行动

《规则》第二十三条（一）款规定："船舶在能见度不良的情况下航行，应当以适合当时环境和情况的安全航速行驶，加强瞭望，并按规定发出声响信号。"

①加强瞭望

②以安全航速行驶

③按规定鸣放声号

（2）仅凭雷达观测到他船的行动

《规则》第二十三条（二）款规定："装有雷达设备的船舶观测到他船时，应当判定是否存在碰撞危险。若是如此，应当及早地与对方联系并采取协调一致的避让行动。"

①判断碰撞危险

通常情况下，在雷达荧光屏上通过连续观察，若来船罗方位不变，且两船间的距离在不断减小，则应当认为存在碰撞危险。当对相遇船舶的方位、意图有怀疑时，也应当认为存在碰撞危险。

②及早联系并采取协调一致的避让行动

一船若与他船已构成碰撞危险，应当及早地与他船联系并采取协调一致的避让行动。所谓"及早"，是要及早与对方联系，充分了解对方船舶动态、所处能见度情况以及其他附近船舶情况等。所谓"协调一致的行动"，是指会遇双方实现避让意图统一和避让行动的协调一致。船舶在能见度不良的情况下，无论如何，都必须遵守《规则》第八条（航行原则）、第九条（避让原则）的规定，不可因能见度不良而随意改变航路和避让意图，这对确保会船双方采取协调一致的避让行动十分重要。

（3）听到雾号不能避免紧迫局面时的行动

《规则》第二十三条（三）款规定："除已判定不存在碰撞危险外，每一船舶当听到他船雾号不能避免紧迫局面时，应当将航速减到能维持其航向操纵的最低速度。"

①判定不存在碰撞危险

"判定不存在碰撞危险"，通常是指虽然听到来船的雾号，但已确认该船正在驶离或者能够保证足够的最近会遇距离，或者会按照正确的航法不致造成两船间的避让冲突等。

②当听到他船雾号不能避免紧迫局面时

因为雾号的可听距离可能在 1 千米以下，所以，能见度不良时，当听到来船雾号时，两船往往已不能避免紧迫局面的形成。另外，雾号的声音在雾中不一定直线传播，不能简单地将雾号传来的方向作为来船的方位。

③应将航速减到能维持其航向操纵的最低速度

（4）谨慎驾驶与必要时锚泊的行动

《规则》第二十三条（四）款规定："无论如何，每一船舶都应当极其谨慎地驾驶，直到碰撞危险过去为止。必要时应当及早选择安全地点锚泊。"

（六）机动船靠、离泊前的行动要求

1. 靠、离泊的含义和判断

"靠、离泊"是指机动船靠、离码头、坡岸、船舶或系离浮筒的作业。机动船在靠、离泊过程中，因操作复杂，占据水域较宽，对附近船舶行驶妨碍较大，特别是掉头后的靠泊或离泊后的掉头，使靠泊与掉头联系在一起，历时更长，操作更复杂，对附近船舶或过往船舶妨碍更大。

2. 机动船靠泊与他船相遇的避让关系

根据《规则》第二十四条的规定，结合机动船靠、离泊航行特点，机动船靠、离泊应当不妨碍附近行驶的船舶。机动船靠、离泊对附近行驶的船舶负有"不应妨碍"的避让责任。同时，附近行驶的船舶在享有不应被妨碍权利的同时，应注意到与正在靠、离泊的机动船相遇致有构成碰撞危险时要承担的让路责任和义务。

3. 机动船靠、离泊与他船相遇的避让行动

（1）机动船靠、离泊的行动

①靠、离泊前应注意航道情况和周围环境

机动船在靠、离泊时，往往重视注意"航道情况"，而忽视"周围环境"，专注于航道、水流、风向等因素，选择靠、离泊方法，进行靠、离泊操纵，而疏忽靠、离泊操纵对周围船舶避让的影响，缺乏对来船动态因素的估计和判断，争抢泊位、盲目离泊的现象时有发生，导致在靠、离泊过程中与来船构成紧迫局面，因避让不及而发生碰撞事故。

②无碍他船（附近行驶的船舶）行驶

"无碍他船行驶"，是对机动船靠、离泊的避让责任和义务的要求。这与机动船掉头所履行的"不应妨碍"的避让责任和义务十分类似。

③按规定鸣放声号

机动船靠、离泊位前，在确认无碍附近船舶行驶时，必须按规定鸣放声号。如机动船要靠泊，应当鸣放声号"两长声"；如机动船将要离泊，应当鸣放"一长声"。机动船在靠、离泊过程中，如要进行回转掉头操纵，还应按机动船掉头的要求，显示号灯、号型，以及鸣放相应声号。

（2）附近行驶船舶的行动

①应当绕开行驶或者减速等候

附近行驶的船舶，在享有正在靠、离泊的机动船"不应妨碍"权利的同时，应注意到与正在靠、离泊的机动船相遇致有构成碰撞危险时要承担的让路责任和义务。

②不得抢档

"不得抢档"是指附近行驶的船舶不得抢进靠、离泊的机动船与泊位之间的狭窄水域。这是对附近行驶的船舶采取绕开行驶的具体要求，因为抢档行为往往造成紧迫局面的发生。

（七）船舶、排筏停泊行动的具体规定

1. 停泊的含义和判断

"停泊"是指船舶、排筏不在航或者搁浅的状态。

2. 停泊避让规定

（1）停泊范围

①锚泊不得超出锚地范围

锚地是人为划定的锚泊区,具有船舶锚泊条件和一定范围。锚地往往是根据航道条件和锚泊的需要而选定的,一般设置在水流平缓、河岸宽阔、有一定水深、河底底质较好的河段,且尽可能少占据航道有效航宽。船舶锚泊的地点一旦超出了锚地范围,就会占据航道,从而影响过往船舶航行;同时,还易导致其他危险,如走锚、钩挂河底电缆等。因此,《规则》规定在锚地锚泊不得超出锚地范围。

②系靠不得超出规定的尺度

系靠超出规定的尺度,会影响其他船舶的系靠、航行,容易导致碰撞事故。然而,"规定的尺度"在一些泊位未明确规定。船舶、排筏如在没有具体规定停泊范围、尺度的水域停泊,则要尽量靠岸边水域,以免有碍他船航行。

③停泊不得遮蔽助航标志、信号

各种助航标志和信号是专为指导船舶安全航行而设置的,是保障航行安全的重要设施。它一般设置在过往船舶所发现的最易见处。如果船舶、排筏停泊时遮蔽了助航标志、信号,就会使他船过往时无法及早发现,使得助航标志和信号丧失了应有作用,将给他船航行安全带来严重后果,故《规则》规定船舶、排筏停泊时不得遮蔽航行标志和信号。

(2)禁止停泊水域

《规则》第二十五条(二)款规定:"船舶、排筏禁止在狭窄、弯曲航道或者其他有碍他船航行的水域锚泊、系靠。"

(3)过往船舶不得在锚地穿行

《规则》第二十五条(三)款规定:"除因工作需要外,过往船舶不得在锚地穿行。"

"工作需要"是指船舶因工作需要不得不进入锚地穿行的情况。如船舶进入锚地进行编解队作业、从事补给、接送船员、船舶避险锚泊等。除此之外,过往船舶不得在锚地穿行。其主要原因是锚地的船舶数量多、密度大,船舶碰撞概率大,船舶避让难度增加。过往船舶若无工作需要,没有必要到锚地穿行。

(八)失去控制的机动船、非自航船行动的规定

1.失去控制的船舶的含义和判断

"失去控制的船舶"是指由于某种异常情况,不能按照本规则条款的要求进行操纵,因而不能给他船让路的船舶。

所谓"某种异常情况",通常是指船舶本身的异常情况。例如,主机或舵机发生故障,车叶或舵机丢失或者严重损坏等;某种异常情况也包括某种客观原因造成的异常情况,比如风大流急造成船舶走锚、风浪中船舶卸锚抛链滞航、船舶发生火灾等。"不能按照本规则条款的要求进行操纵",是指不能按照《规则》第二章(航行与避让)中有关条文的要求采取避碰行动或履行让路义务。在确定一船是否为"失去控制的船舶"时,仅以一船是否存在失控的客观事实为依据,而不考虑导致失控的原因是由于人为的过失或疏忽,还是意料之外或不可抗力所造成的。若"失去控制的船舶"一旦被拖带,或处于停泊、搁浅中,则该船不再是一艘《规则》所定义的"失去控制的船舶"。

还应指出,根据《规则》第二十七条的规定,失去控制的船舶,不仅包括失去控制的机动船,而且还包括失去控制的非机动船。"非自航船"虽本身没有推进动力,不存在因主机或舵

机发生故障等船舶本身的异常情况,但可能存在某些客观原因造成的异常情况,而使非自航船出现"失控"。如当趸船、驳船走锚,船队断缆漂流时出现异常。

失去控制的船舶,应当按照《规则》第三十九条的规定显示信号,便于他船及早发现,主动避让。若失去控制的船舶在失去控制期间,未能按照《规则》规定显示号灯和号型,则将丧失"失去控制的船舶"应享有的权利。

2. 失去控制的船舶的避让规定

在受限制的内河通航水域,失去控制的船舶不仅丧失车让或舵让能力,而且还因此丧失继续航行能力;不仅不能给他船让路,而且还可能发生搁浅、触礁等事故。所以,失去控制的机动船、非自航船,应当及早选择安全地点锚泊。

尽管本条对此提出了一般原则性要求,然而对于不同"异常情况"下的失去控制的船舶,所采取的应急措施是不一样的。如对于舵机失灵、主机故障、走锚、火灾等所采取的应急措施是不一样的。所以,对于失去控制的船舶,应当及早采取措施选择安全地点锚泊。对于已系靠或锚泊的非自航船,若需要移泊,不论远近,均要拖船或其他机动船拖带协助,严禁冒险流放,给本船或他船带来意外事故。

失去控制的船舶是不能给他船让路的船舶。他船与失去控制的船舶相遇时,应当主动避让失去控制的船舶。

(九)号灯和号型

1. 号灯和号型的定义,适用范围,显示时机和要求

(1)号灯、号型的作用

①表明船舶的动态;

②表明船舶的种类;

③表明船舶的工作性质;

④表明船舶的大小。

(2)号灯、号型的显示时间

①号灯的显示时间是从日落到日出期间,在白天能见度不良的情况下也可以显示。

②号型从日出到日落应显示。

(3)号灯定义

号灯水平布置见图 7-1-2。

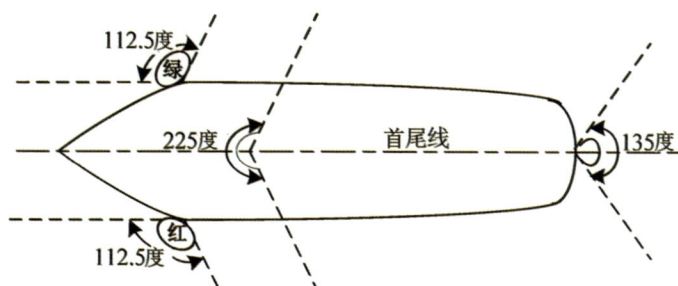

图 7-1-2 号灯水平布置图

①"桅灯"是指安置在船舶的桅杆上方或者首尾中心线上的号灯,在225度的水平弧内显示不间断的灯光,其装置要使灯光从船舶的正前方到每舷的正横后22.5度内显示。

②"舷灯"是指安置在船舶最高甲板左右两侧的左舷的红光灯和右舷的绿光灯,各自在122.5度的水平弧内显示不间断的灯光,其装置要使灯光从船舶的正前方到各自一舷的正横后22.5度内分别显示。

③"尾灯"是指安置在船尾正中的白光灯,在135度的水平弧内显示不间断的灯光,其装置要使灯光从船舶的正后方到每一舷67.5度内显示。

④"船首灯"是指安置在被推驳船船首的一盏白灯,在180度的水平弧内显示不间断的灯光,其装置要使灯光从船舶的正前方到每一舷90度内显示,但不得高于舷灯。

⑤"环照灯"是指在360度的水平弧内显示不间断灯光的号灯。

⑥"红闪光灯""绿闪光灯"是指安置在舷灯上方左红、右绿闪光灯,其频率为每分钟50~70闪次。

⑦"黄闪光灯"是指安置在快速船桅杆上的黄闪灯环照灯,其频率为每分钟50~70闪次。

⑧"红、绿光并合灯"是指安装在桅杆的位置,分别从船舶的正前方到左舷正横后22.5度内显示灯光,到右舷正横后22.5度内显示绿光的一盏合并灯。

⑨"红、白、绿光三色灯"是指安装在桅杆的位置,分别从船舶的正前方到左舷正横后22.5度内显示灯光,到右舷正横后22.5度内显示绿光,从船舶的正后方到每舷67.5度内显示白光的并合灯。

⑩"操纵号灯"是指有条件的船舶安置在一盏或者多盏桅杆的同一首尾垂直面上,并不低于前桅灯的位置的一盏白光灯照灯,以补充操纵声号。其灯光的每闪历时应当尽可能与声号鸣放的历时时间同步,其表示的意义与相应的声号意义相同。

(4)号型

①号型的定义

"号型"是指《规则》所规定的悬挂在船舶桅杆上作为信号用的球形、十字形、圆柱形、圆锥形、菱形、双箭头和篮子形体的总称。

②号型的颜色

除双箭头为橘黄色外,其他号型均为黑色。

2. 各类船舶的号灯和号型的识别和运用

(1)在航的机动船单船

①$L<50$ 米

$L<50$ 米应显示桅灯、舷灯、尾灯(见图7-1-3)。

②$L≥50$ 米

$L≥50$ 米应显示前桅灯、后桅灯、舷灯、尾灯(见图7-1-4)。

③$L<12$ 米

$L<12$ 米,条件不具备时,可显示红、绿光并合灯一盏和白环照灯一盏(见图7-1-5);或者红、白、绿光三色灯一盏,以代替上述规定号灯。

④快速船

快速船应显示桅灯、舷灯、尾灯、黄闪光环照灯一盏(不论夜间或白天均应显示)(见图7-1-6)。

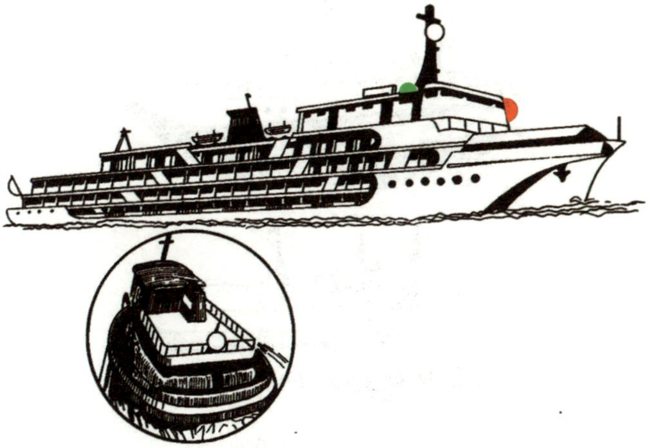

图 7-1-3 在航的机动船单船号灯($L<50$米)

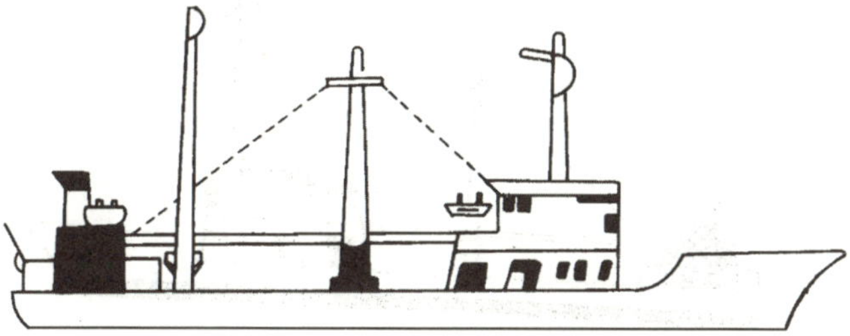

图 7-1-4 在航的机动船单船号灯($L \geqslant 50$米)

图 7-1-5 在航的机动船单船号灯($L<12$米)

⑤限于吃水的海船

夜间:限于吃水的海船应显示桅灯、舷灯、尾灯、红光环照灯三盏。

白天:限于吃水的海船应悬挂圆柱形号型一个(见图7-1-7)。

⑥横江渡船

夜间:横江渡船应显示桅灯、舷灯、尾灯、水平绿光环照灯两盏。

白天:横江渡船应悬挂双箭头号型一个(见图7-1-8)。

(2)在航的船队

①吊拖、吊拖又顶推船舶时

吊拖、吊拖又顶推船舶时拖船应显示白色桅灯两盏、舷灯、尾灯。为便于被吊拖船舶操舵,也可以在烟囱或者桅的后面,高于尾灯的位置显示另一盏白色光灯,但灯光不得在正横以前显

105

图 7-1-6　快速船在航的号灯

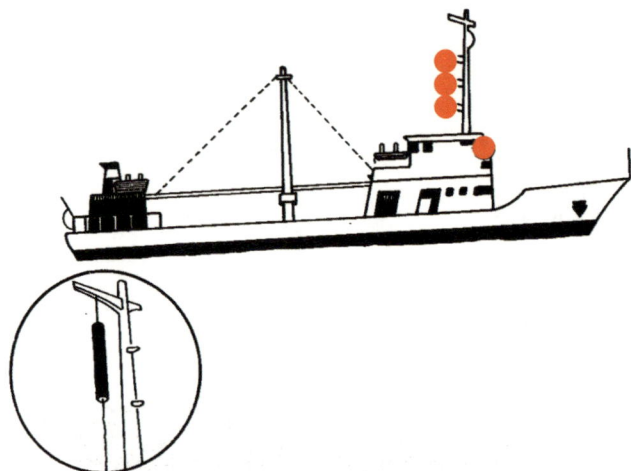

图 7-1-7　限于吃水的海船在航的号灯

图 7-1-8　横江渡船在航的号灯

露(见图 7-1-9)。

　　②吊拖排筏时

　　吊拖排筏时拖船应显示白、绿、白光桅灯各一盏和舷灯、尾灯。为便于被吊拖排筏操舵,也

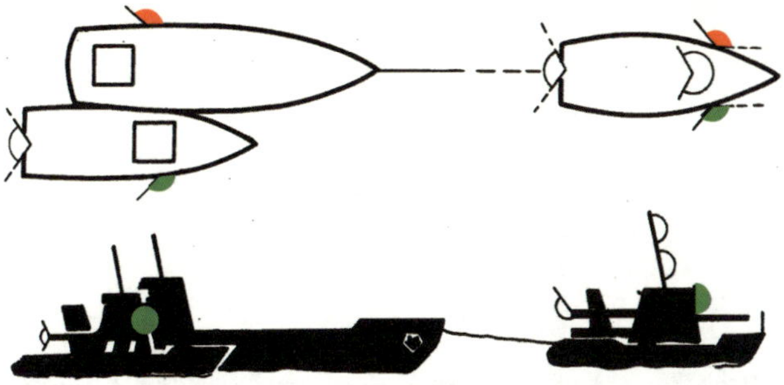

图 7-1-9　吊拖、吊拖又顶推船舶在航的号灯

可以在烟囱或者桅的后面,高于尾灯的位置显示另一盏白色光灯,但灯光不得在正横以前显露(见图 7-1-10)。

图 7-1-10　吊拖排筏在航的号灯

③顶推船舶、排筏时

顶推船舶、排筏时应显示白光桅灯三盏、舷灯、尾灯。如显示有困难,可以改在船队中最适宜的船舶上显示(见图 7-1-11)。

图 7-1-11　顶推船舶、排筏在航的号灯

(3)在航的人力船、帆船、排筏

①在航的人力船、帆船应当在船尾最易见处显示白光环照灯一盏(见图 7-1-12)。

帆船遇见机动船驶来时,应当及早在船头显示另一盏白光环照灯或者白光手电筒,直到机动船驶过为止。

人力船、帆船由于操作上的困难,确定不能按照机动船要求的方向避让时,夜间应当用白

图 7-1-12　人力船、帆船、排筏在航的号灯

光灯或者白光手电筒,白天用白色信号旗左右横摇。

②人工流放的排筏

应当在排筏前后高出排面至少 1 米处显示白光环照灯各一盏。

(4)工程船

①工程船未进入工地或者已撤出工地时

此时应当显示一般船舶规定的信号。

②工程船在工地其位置固定时(见图 7-1-13)

夜间:应显示环照灯三盏,其连线构成尖端向上的等边三角形,三角形顶端为红光环照灯,底边两端,通航的一侧为白光环照灯,不通航的一侧为红光环照灯。

白天:在桅杆横桁两端各悬挂号型一个,通航的一侧为圆球号型,不通航的一侧为十字号型。

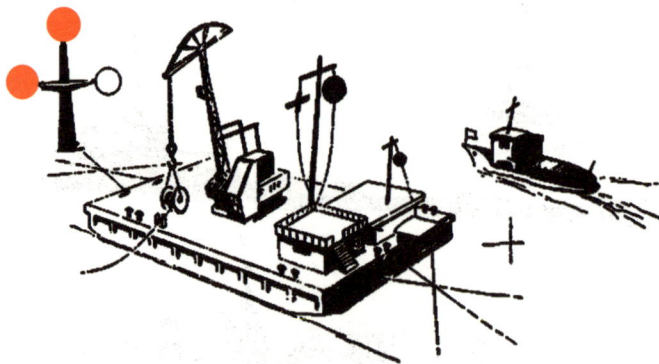

图 7-1-13　工程船在工地其位置固定时的号灯

③自航工程船在航施工时

夜间:除应显示机动船在航号灯外,还显示红、白、红光环照灯各一盏。

白天:应悬挂圆球、菱形、圆球号型各一个(见图 7-1-14)。

当被拖船拖带的工程船在航施工时,除按《规则》第三十条的规定显示号灯外,还应当显示与自航工程船在航施工时相同的号灯、号型。

④工程船有伸出的排泥管时

应当在管头和管尾并每隔 50 米距离,显示白光环照灯一盏(见图 7-1-15)。

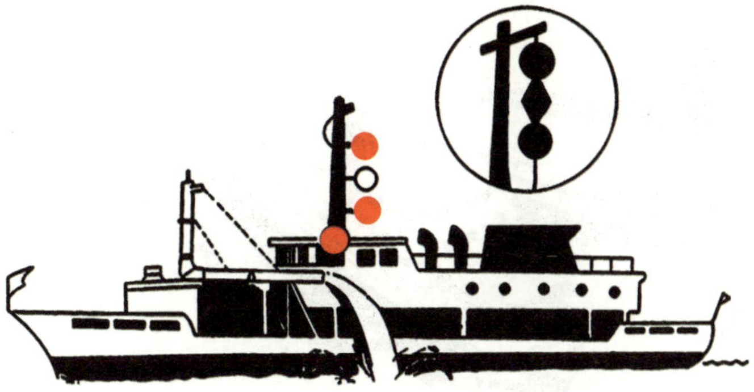

图7-1-14 自航工程船在航施工时的号灯

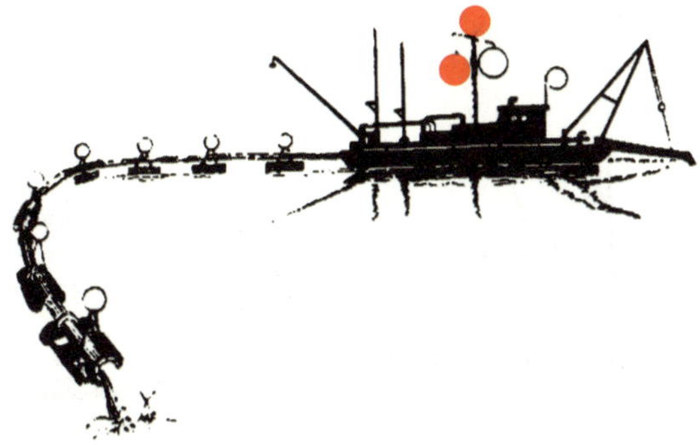

图7-1-15 工程船有伸出的排泥管时的号灯

⑤船舶有潜水员在水下作业时

夜间:应当显示红光环照灯一盏。

白天:应悬挂"A"字信号旗一面(见图7-1-16)。

(a)白天　　　　　　(b)夜间

图7-1-16 船舶有潜水员在水下作业时的号灯

(5)掉头

夜间:应当显示红、白光环照灯各一盏。

白天:悬挂上为圆球一个、下为回答旗一面的信号(见图7-1-17)。

(6)停泊

①机动船、非自航船停泊时

夜间:显示白光环照灯一盏;船舶长度为50米以上的,应当在前部和尾部各显示白光环照灯一盏,前灯高于后灯。

图 7-1-17　船舶掉头时的号灯

白天:应悬挂圆球一个(见图 7-1-18)。

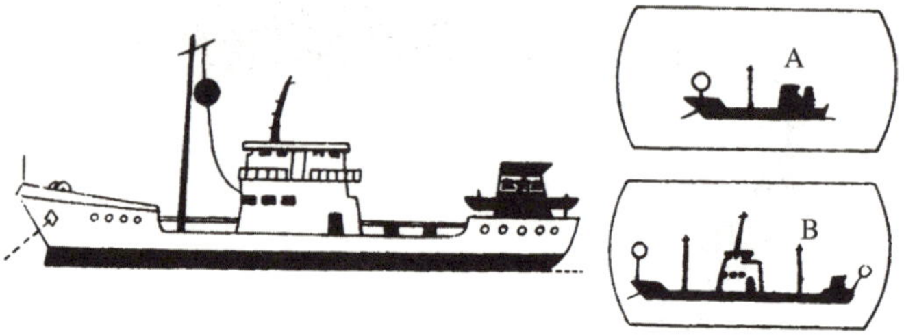

图 7-1-18　机动船、非自航船停泊时的号灯、号型

②人力船、帆船停泊时

夜间:应显示白光环照灯一盏(见图 7-1-19)。

图 7-1-19　人力船、帆船停泊时的号灯、号型

③排筏停泊时

排筏停泊时应在靠航道一侧,前部和后部各显示白光环照灯一盏。

④停泊的船舶、排筏向外伸出有碍其他船舶行驶的缆索、锚、锚链或者其他类似的物体时
(在伸出的方向上)

夜间:显示红光环照灯一盏。

白天:悬挂红色号旗一面(见图7-1-20)。

图 7-1-20 停泊的船舶、排筏向外伸出有碍物体时的号灯、号型

(7)搁浅

夜间:除显示停泊号灯外,还应当显示红光环照灯两盏。

白天:应悬挂圆球三个(见图7-1-21)。

图 7-1-21 搁浅船舶的号灯、号型

(8)装运危险货物

装运易爆、易燃、剧毒、放射性危险货物的船舶在停泊、装卸及航行中,除显示为一般船舶规定的信号外,还应当显示下列号灯和信号旗。

夜间:在桅杆的横桁上显示红光环照灯一盏。

白天:应悬挂"B"字信号旗一面(见图7-1-22)。

图 7-1-22　装运危险货物船舶的号灯、号型

（9）要求减速

①船舶、排筏或者地段要求减速时

夜间：应显示绿、红光环照灯各一盏。

白天：应悬挂"RY"信号旗一组（见图 7-1-23）。

②重载人力船、帆船要求机动船减速时

夜间：用白光灯或者白光手电筒，在空中上下挥动。

白天：用白色号旗，在空中上下挥动。

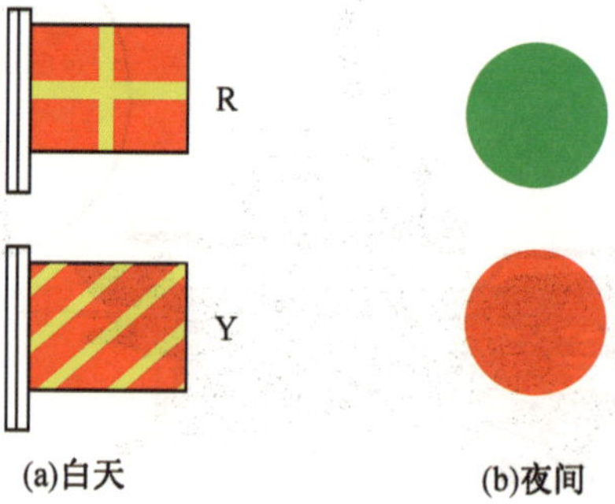

(a)白天　　　　　　　　(b)夜间

图 7-1-23　要求减速的号灯、号型

（10）渔船

①渔船不捕鱼时

渔船不捕鱼时显示为一般船舶规定的信号。

②机动船在捕鱼时

夜间：除显示机动船在航或者锚泊的号灯外，还应当显示绿、白光环照灯各一盏。

白天：应悬挂尖端相对的两个圆锥体所组成的号型（见图 7-1-24）。

③人力船、帆船捕鱼时

夜间：不论在航或者停泊，均应当显示白光环照灯一盏。

白天：应悬挂篮子一个（见图7-1-24）。

图7-1-24　机动船在捕鱼时的号灯、号型

④渔船有外伸渔具时（在渔具伸出方向）

夜间：应当显示白光环照灯一盏。

白天：应悬挂三角红旗一面。

（11）失去控制的船舶

夜间：除显示舷灯和尾灯外，还应当显示红光环照灯两盏。

白天：应悬挂圆球两个（见图7-1-25）。

图7-1-25　失去控制的船舶的号灯、号型

（12）监督艇和航标艇

①监督艇

执行公务时，夜间应当显示舷灯、尾灯和红闪光旋转灯一盏（见图7-1-26）。

113

图 7-1-26　监督艇执行公务时的号灯、号型

②航标艇

在航时：应显示舷灯、尾灯和绿光环照灯两盏。

停泊时：应显示绿光环照灯两盏（见图 7-1-27）。

图 7-1-27　航标艇的号灯、号型

3. 显示号灯、号型注意事项

①开航前应检查号灯是否正常；

②在交接班时应检查号灯是否工作正常，若发现损坏或熄灭，应及时更换或修复；

③按规定显示号灯、号型、信号旗，并将其纳入驾驶台例行工作程序中严格执行；

④注意检查本船有无其他会被误认为或干扰号灯特性的灯光；若是如此，则要及时处理；

⑤不得显示不符合本船情况的号灯、号型、信号旗，例如因某种异常情况而处于失控状态的船舶，应立即显示失控船的号灯和号型，而一旦恢复正常后须立即关闭失控船的号灯和号型；

⑥严格执行号灯、号型、信号旗的显示要求，不应借口附近没有船或他船可能看不到本船的号灯、号型、信号旗而不予显示。

（十）声响信号

1. 声响信号设备的配备

机动船应当配备号笛一个，号钟一只。非自航船、人力船、帆船、排筏应当配备号钟或者其他有效响器一只。

2. 号笛的鸣放方式

"短声"是指历时约 1 秒钟的笛声；

"长声"是指历时约 4~6 秒钟的笛声；

一组声号内各笛声的间隔时间约为 1 秒钟,组与组声号的间隔时间约为 6 秒钟。

3. 声号的含义(见表 7-1-1)

表 7-1-1　声号的含义表

船舶	适用	声号	含义	声响设备
在航的机动船	互见中	一短声	我正在向右转向	号笛
			当和其他船舶对驶相遇时,要求从我左舷会船	
		两短声	我正在向左转向	
			当和其他船舶对驶相遇时,要求从我右舷会船	
		三短声	表示正在倒车或者有后退倾向	
		四短声	不同意你的要求	
		五短声	怀疑对方是否已经采取充分避让行动,并警告对方注意	
	任何能见度	一长声	我将要离泊	
			我将要横越	
			要求来船或者附近船舶注意	
	互见中	两长声	我要靠泊	
			我要求通过船闸	
		一长一短声	掉头时,表示"我向右掉头"	
			进出干、支流交汇水域或者汊河口时,表示"我将要或者正向右转弯"	
		一长两短声	掉头时,表示"我向左掉头"	
			进出干、支流交汇水域或者汊河口时,表示"我将要或者正向左转弯"	
		两长一短声	追越船要求从前船右舷通过	
		两长两短声	追越船要求从前船左舷通过	
		一短一长一短声	要求他船减速或者停车	
		一短一长声	我已减速或者停车	
		一长一短一长声	我希望和你取得联系	
		一长一短一长一短声	同意你的要求	
		一长两短一长声	要求来船同意我通过	
	任何能见度	三长声	有人落水	
		一长三短声	拖船通知被拖船舶、排筏注意	

4.能见度不良时的声响信号(见表 7-1-2)

表 7-1-2　能见度不良时的声响信号

声响信号设备	声号	船舶类别和动态	间隔时间
号笛	一长声	在航的机动船	约 1 分钟
	两短一长声	在航的客渡船	约 1 分钟
号钟或者有效响器	急敲约 5 秒钟	在航的人力船、帆船、排筏	约 1 分钟
号钟或者有效响器	急敲约 5 秒钟	锚泊的机动船、非自航船、排筏	约 1 分钟
号钟或者有效响器	听到来船的声号后急敲	锚泊的人力船、帆船	不间断,直到判定来船已对本船无碍时为止

(十一)甚高频无线电话在避让中通话规定

《规则》第四十六条(甚高频无线电话)规定:"配有甚高频无线电话的船舶在航时,应当在规定的频道上正常守听,并按下列规定进行通话:

1.一般先由被让路船呼叫,通话时用语应当简短、明确。

2.一船发出呼叫后,未闻回答,应当认为另一船未设有无线电话设备。

3.两船的避让意图经通话商定一致后,仍应当按本规则规定鸣放声号。

4.船舶驶近弯曲、狭窄航段以及在能见度不良的情况下航行,应当用无线电话周期性地通报本船船位和动态。"

(十二)遇险信号及其使用

遇险信号并不是船舶避碰信号,要求船员学习避碰信号时一并学习和掌握。

1.船舶遇险需要其他船舶救助时,应当同时或者分别使用下列信号:

(1)用号笛、号钟或其他有效响器连续发出急促短声;

(2)用无线电报或任何其他通信方法发出莫尔斯码组(SOS)的信号;

(3)用无线电话发出"梅代"(MAYDAY)的信号;

(4)在船上燃烧火焰;

(5)人力船、帆船遇险时白天摇红色号旗,夜间摇红光或者红光手电筒。

2.任何船舶如见他船遇险,也可以代发上述求救信号,但应当说明遇险船舶的船名、位置。

3.除船舶遇险需要救助外,可能与上述信号有混淆的其他信号,都禁止使用。

第二节 实操训练

一、常用内河声号、号灯、号型、号旗的识别

（一）内河声号的识别

1. 正确识别表 7-2-1 所列的声号

表 7-2-1 声号含义表

船舶	适用	声号	含义	声响设备
在航的机动船	互见中	一短声	我正在向右转向	号笛
			当和其他船舶对驶相遇时,要求从我左舷会船	
		两短声	我正在向左转向	
			当和其他船舶对驶相遇时,要求从我右舷会船	
		三短声	表示正在倒车或者有后退倾向	
		四短声	不同意你的要求	
		五短声	怀疑对方是否已经采取充分避让行动,并警告对方注意	
	任何能见度	一长声	我将要离泊	
			我将要横越	
			要求来船或者附近船舶注意	
		两长声	我要靠泊	
			我要求通过船闸	
		一长一短声	掉头时,表示"我向右掉头"	
			进出干、支流交汇水域或者汊河口时,表示"我将要或者正向右转弯"	
		一长两短声	掉头时,表示"我向左掉头"	
			进出干、支流交汇水域或者汊河口时,表示"我将要或者正向左转弯"	

续表

船舶	适用	声号	含义	声响设备
在航的机动船	互见中	两长一短声	追越船要求从前船右舷通过	号笛
		两长两短声	追越船要求从前船左舷通过	
		一短一长一短声	要求他船减速或者停车	
		一短一长声	我已减速或者停车	
		一长一短一长声	我希望和你取得联系	
		一长一短一长一短声	同意你的要求	
		一长两短一长声	要求来船同意我通过	
	任何能见度	三长声	有人落水	
		一长三短声	拖船通知被拖船舶、排筏注意	

2. 正确识别表 7-2-2 所列的声响信号

表 7-2-2　能见度不良的声响信号

声响信号设备	声号	船舶类别和动态	间隔时间
号笛	一长声	在航的机动船	约 1 分钟
	两短一长声	在航的客渡船	约 1 分钟
号钟或者有效响器	急敲约 5 秒钟	在航的人力船、帆船、排筏	约 1 分钟
号钟或者有效响器	急敲约 5 秒钟	锚泊的机动船、非自航船、排筏	约 1 分钟
号钟或者有效响器	听到来船的声号后急敲	锚泊的人力船、帆船	不间断,直到判定来船已对本船无碍时为止

（二）内河号灯、号型的识别

正确识别下列号灯、号型(见图 7-2-1~图 7-2-23)。

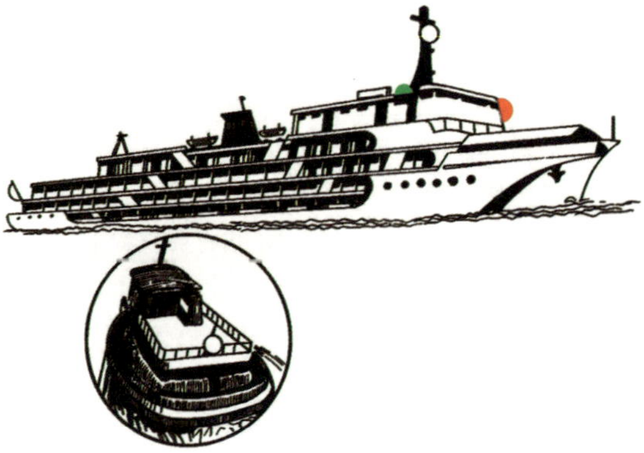

图 7-2-1

118

图 7-2-2

图 7-2-3

图 7-2-4

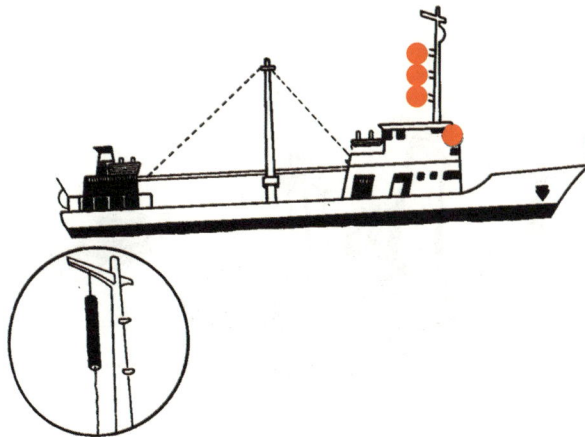

图 7-2-5

图 7-2-6

图 7-2-7

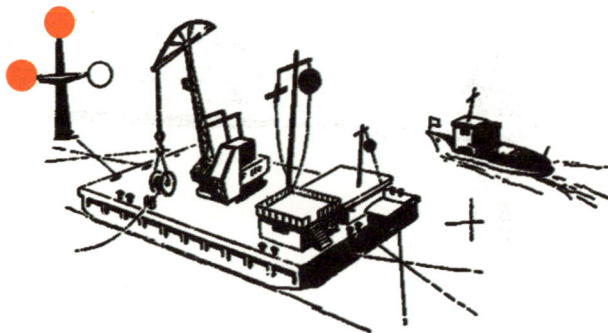

图 7-2-8

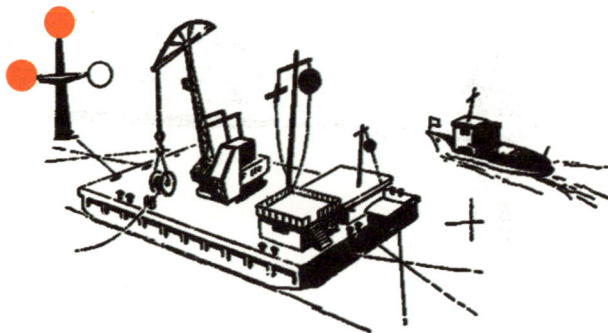

图 7-2-9

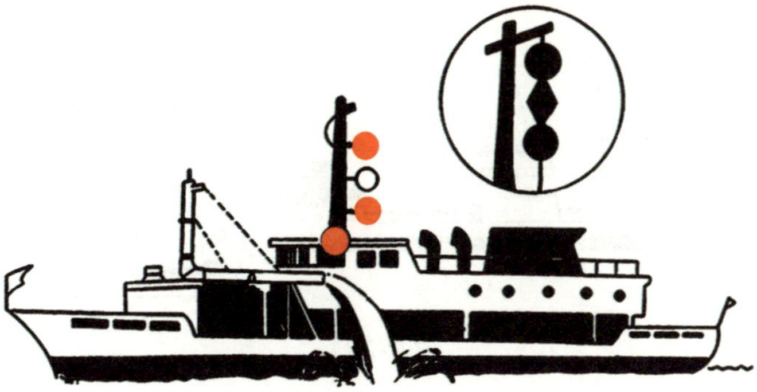

图 7-2-10

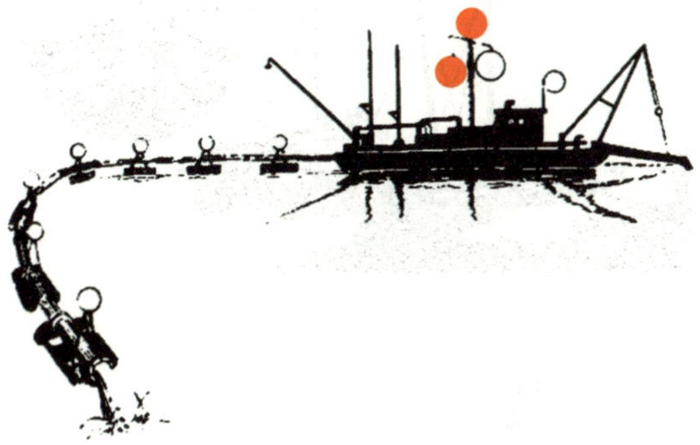

图 7-2-11

(a)白天　　　　　　(b)夜间

图 7-2-12

图 7-2-13

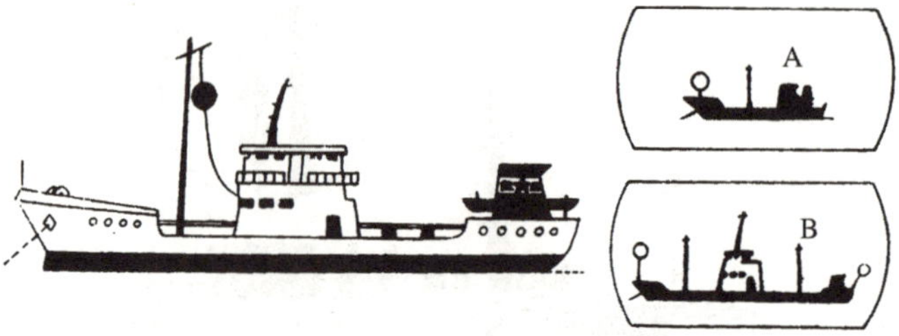

图 7-2-14

图 7-2-15

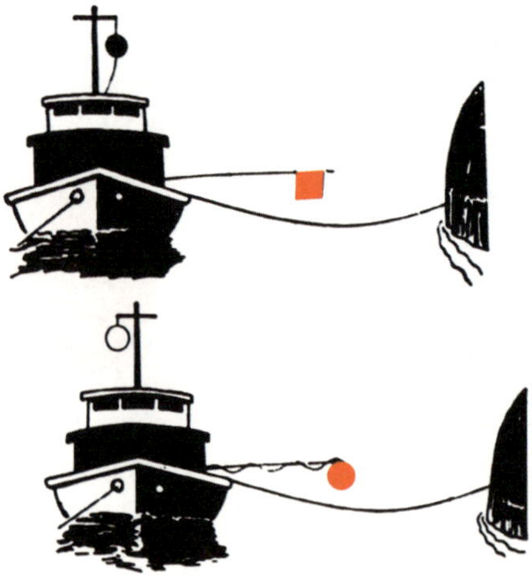

图 7-2-16

图 7-2-17

图 7-2-18

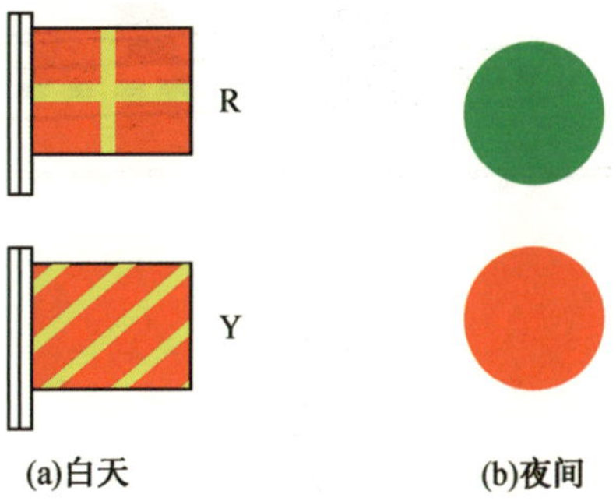

R

Y

(a)白天 (b)夜间

图 7-2-19

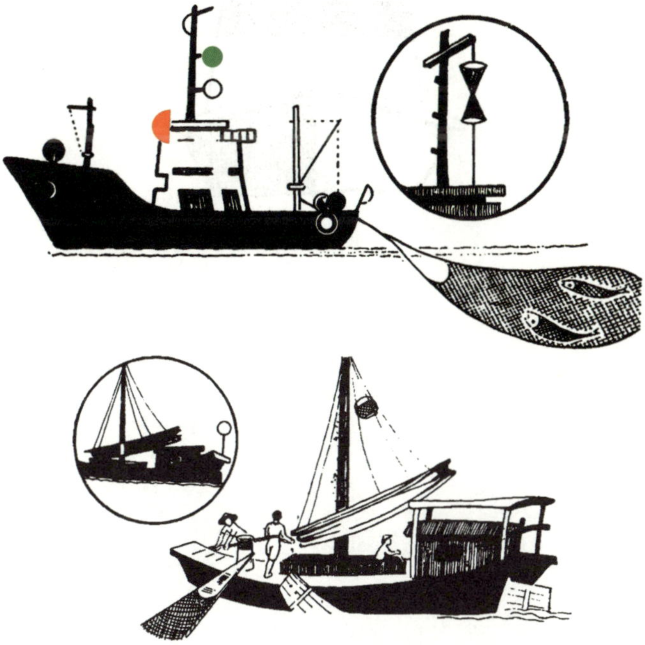

图 7-2-20

图 7-2-21

图 7-2-22

图 7-2-23

（三）内河号旗的识别

1. 字母旗的识别（见图 7-2-24）

A 我下面有潜水员；请慢速远离我	B 我正在装卸或载运危险货物	C 是	D 我操纵困难；请让开我
E 我正在向右转向	F 我操纵失灵；请与我通信	G 我需要引航员	H 我船上有引航员
I 我正在向左转向	J 我船失火，并且船上有危险货物，请远离我	K 我希望与你通信	L 你应立即停船

 M 我船已停,并已没有对水速度	 N 不	 O 有人落水	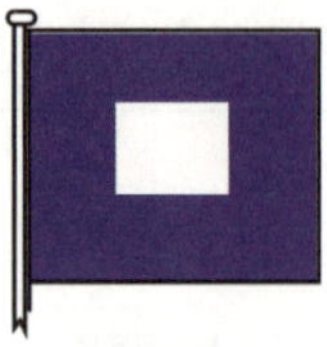 P 在港内,本船将要出海,所有人员应立即回船
 Q 我船没有染疫,请发给我进口检疫证	 R 收到了,或已收到你最后的信号(程序信号)	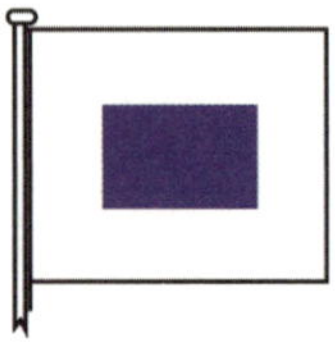 S 我的机器正在开倒车	 T 请让开我,我正对拖作业
 U 你正临近危险中	 V 我需要援助	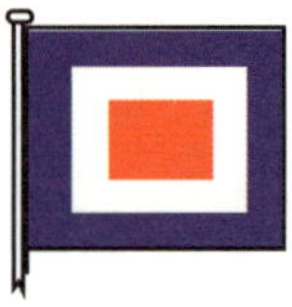 W 我需要医疗援助	 X 中止你的意图,并注意我发送的信号
 Y 我正在走锚	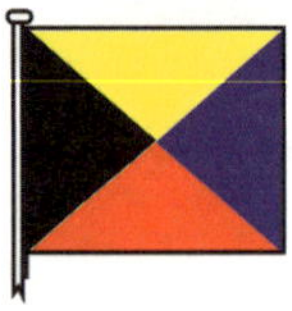 Z 我需要一艘拖船。在渔场由邻近一起作业的渔船使用时,它的意思是"我正在放网"		

图 7-2-24　字母旗

2. 数字旗、代旗及回答旗的识别(见图 7-2-25)

1	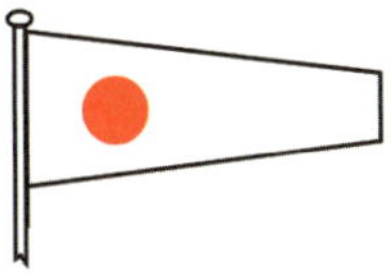	2	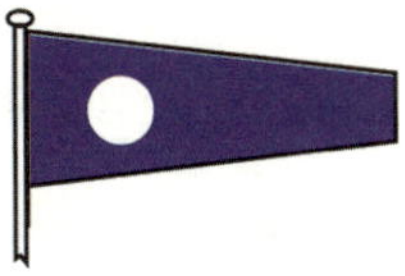	3	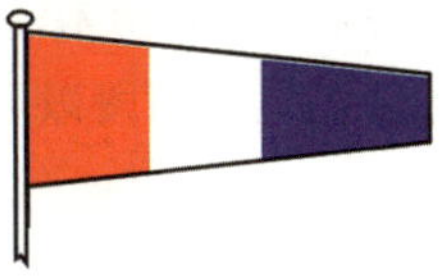
4	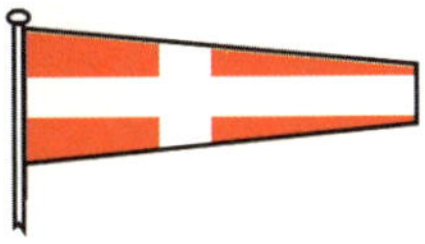	5	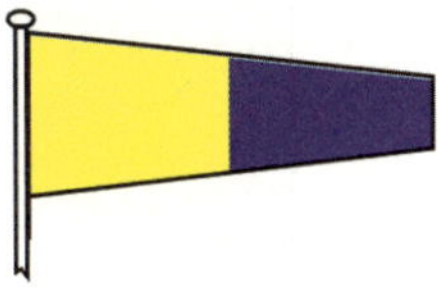	6	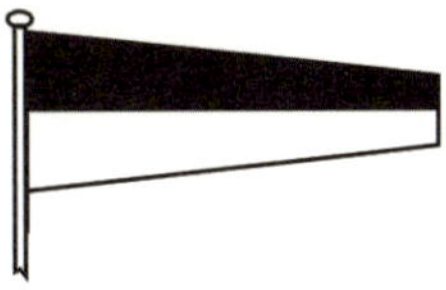
7	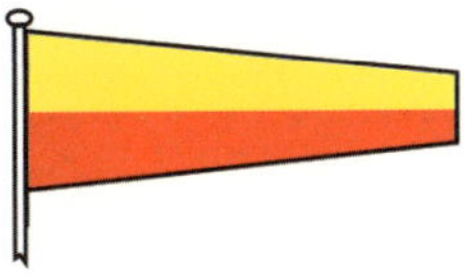	8	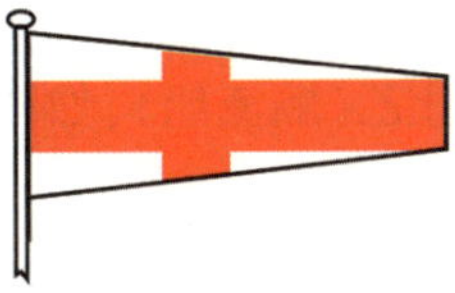	9	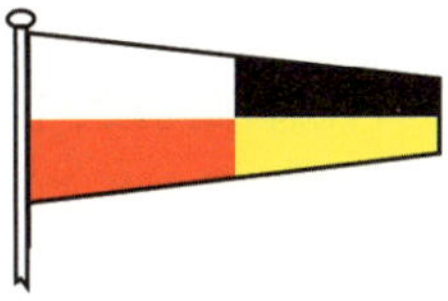
0	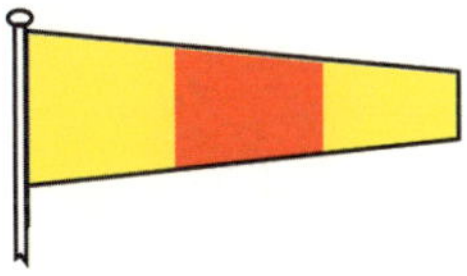	代 1		代 2	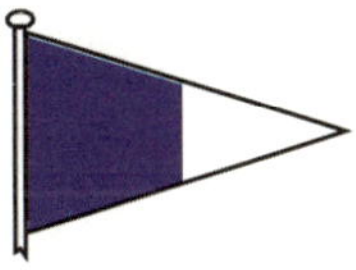
代 3	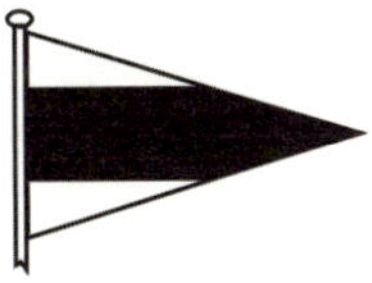	回答			

图 7-2-25　数字旗、代旗、回答旗

二、内河游艇航行及避让的判断

1. 机动船对驶相遇

（1）在感潮河段以上航段，甲（上行船）让乙（下行船），如图7-2-26所示。

图 7-2-26

（2）在感潮河段，甲（逆流船）让乙（顺流船），如图7-2-27所示。

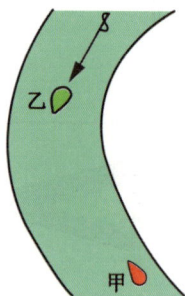

图 7-2-27

（3）在湖泊、水库或平流区域，一船为单船，另一船为船队时，乙（单船）让甲（船队），如图7-2-28所示。

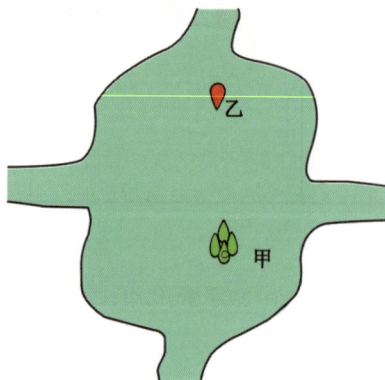

图 7-2-28

（4）在平流区域或湖泊、水库,两船同为单船或船队,丙(上行船)让乙(下行船),如图 7-2-29 所示。

图 7-2-29

2. 机动船追越

甲(追越船)让乙(被追越船),如图 7-2-30 所示。

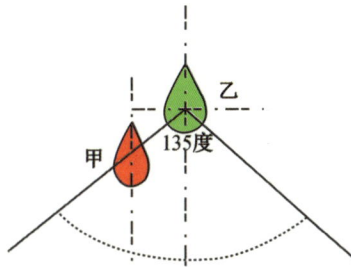

图 7-2-30

3. 机动船横越和交叉相遇

（1）甲(横越船)让乙(顺航道行驶船舶),如图 7-2-31 所示。

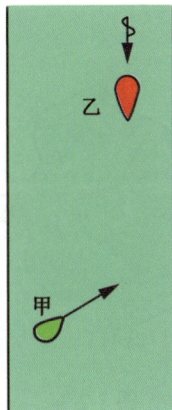

图 7-2-31

（2）同流向两横越船交叉相遇，乙（居左船）让甲（居右船），丙（居左船）让丁（居右船），如图 7-2-32 所示。

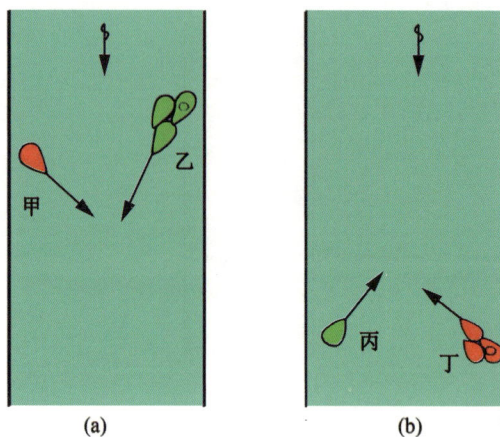

图 7-2-32

（3）不同流向两横越船相遇，甲（上行船或逆流船）让乙（下行船或顺流船），如图 7-2-33 所示。

图 7-2-33

（4）在湖泊、水库两船交叉相遇，乙（居左船）让甲（居右船），如图 7-2-34 所示。

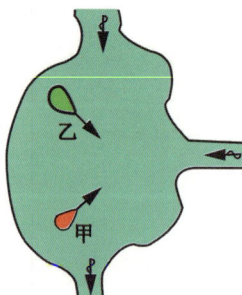

图 7-2-34

4. 机动船尾随行驶

甲(后船)让乙(前船),如图 7-2-35 所示。

图 7-2-35

5. 机动船在干、支流交汇水域相遇

(1)甲或乙(从干流驶进支流的船舶)让丙(从支流驶出的船舶),如图 7-2-36 所示。

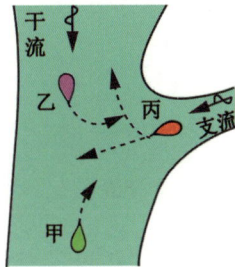

图 7-2-36

(2)干流船与从支流驶出的船舶同一流向时,甲(干流船)让乙(从支流驶出的船舶),如图 7-2-37 所示。

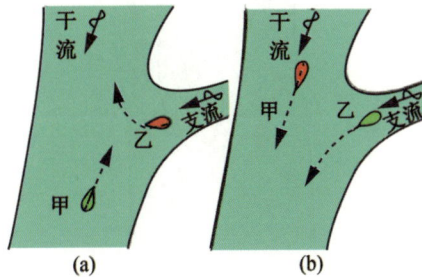

图 7-2-37

（3）干流船与从支流驶出的船舶不同流向时，甲（上行船或逆流船）让乙（下行船或顺流船），如图 7-2-38 所示。

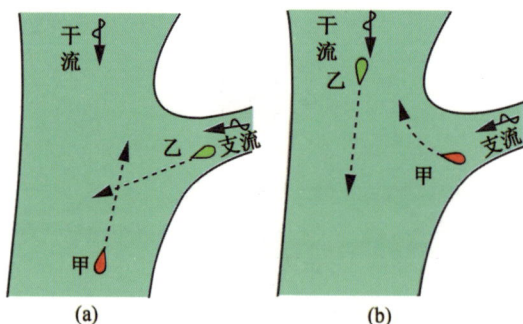

图 7-2-38

（4）在平流区域进出干、支流交汇水域时，甲（居左船）让乙（居右船），如图 7-2-39 所示。

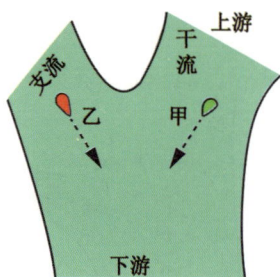

图 7-2-39

6. 机动船在汊河口相遇

（1）同一流向时，乙（居左船）让甲（居右船），如图 7-2-40 所示。

图 7-2-40

（2）不同流向时,甲(上行船或逆流船)让乙(下行船或顺流船),如图 7-2-41 所示。

图 7-2-41

7. 不同类型船舶之间的避让责任(见图 7-2-42)

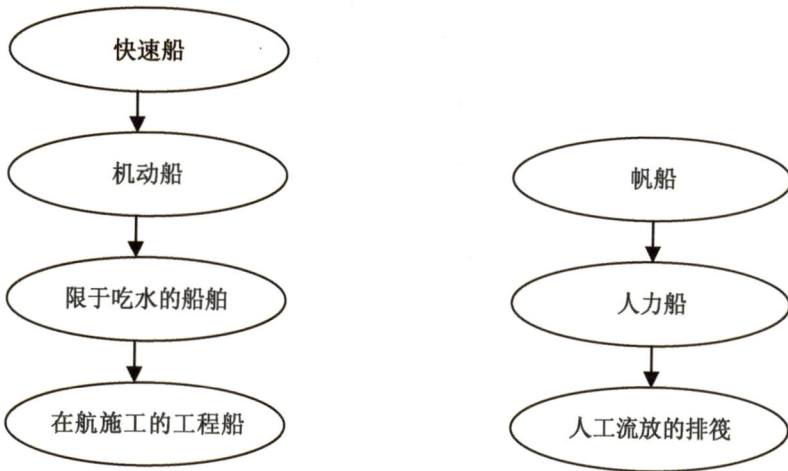

图 7-2-42　不同类型船舶之间的避让责任

说明:箭头方向表示一船给另一船让路的关系和顺序。

8. 两帆船相遇

（1）A(顺风船)让 B(抢风船),如图 7-2-43 所示。

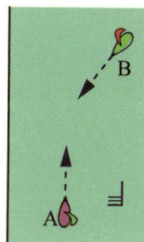

图 7-2-43

（2）两帆船不同舷受风时，A（左舷受风船）让 B（右舷受风船），如图 7-2-44 所示。

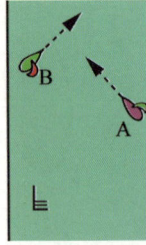

图 7-2-44

（3）两帆船同舷受风时，A（上风船）让 B（下风船），如图 7-2-45 所示。

图 7-2-45

第八章 游艇操纵

第一节 开航前准备

一、开航前的准备及检查

（一）《游艇安全管理规定》规定的开航前准备

1. 游艇在开航之前,游艇操作人员应当做好安全检查,确保游艇适航。

2. 游艇应当随船携带有关船舶证书、文书及必备的航行资料,并做好航行等相关记录。游艇应当随船携带可与当地海事管理机构、游艇俱乐部进行通信的无线电通信工具,并确保与岸基有效沟通。

3. 游艇操作人员驾驶游艇时应当携带游艇操作人员适任证书。游艇应当按照《船舶签证管理规则》的规定,办理为期 12 个月的定期签证。游艇应当在其检验证书所确定的适航范围内航行。

4. 游艇所有人或者游艇俱乐部在第一次出航前,应当将游艇的航行水域向当地海事管理机构备案。游艇每一次航行时,如果航行水域超出备案范围,游艇所有人或者游艇俱乐部应当在游艇出航前向海事管理机构报告船名、航行计划、游艇操作人员或者乘员的名单、应急联系方式。

（二）开航前检查

1. 启动检查导航设备,包括车、舵、GPS、雷达、AIS、各项通信设备、测深仪等,保证所有设备能正常使用。

2. 检查发动机、发电机等设备,保证设备处于正常可用状态。

3. 检查自动泵、手动泵、锚链等设备,保证设备处于正常可用状态。

4. 检查游艇的救生设备,如救生衣等,并了解放置位置,做到应急时其处于随时可用状态,同时检查是否满足人数要求。

5. 检查游艇的求救设备,如救生火警筒等。

6. 了解天气状况,特别是做远航计划时目的地的天气状况。

7. 检查游艇的燃油、淡水、食品、应急药品等物品是否满足该航次的需要。

8. 根据天气状况、游艇续航能力等做好航次计划,了解航次所经过水域的航海资料,如浅滩、潮流、水深、助航标志等。

9. 航海经验不足的驾驶员,尽可能不要夜航,如确需夜航,须备有夜航仪等夜航设备。

10. 备有手机等移动设备,了解相关水域的应急联系方式等。

11. 告知俱乐部、家人本航次的计划和水上遇险紧急报警电话"12395"。

二、实操训练

(一) 主机启动前检查

表 8-1-1　主机启动前检查内容一览表

序号	检查内容	正常	异常
1	检查冷却剂位是否正确		
2	检查润滑油底壳油位是否正确		
3	检查齿轮箱油位是否正确		
4	检查齿轮箱实际位是否在空挡位置		
5	检查主机海水冷却供应阀是否打开		
6	检查系统的外部状况,是否有泄漏或堵塞		
7	检查齿轮箱海水冷却阀是否打开		
8	开启燃油供应		
9	开启蓄电池的启动开关并开启机舱换气扇		
10	启动机器		

(二) 主机启动后检查

表 8-1-2　主机启动后检查内容一览表

序号	检查内容	正常	异常
1	检查机器空转速度是否正常,运转是否平稳		
2	检查润滑油压力是否正常		
3	检查海水和淡水的流量是否正常		
4	检查齿轮箱油压是否正常		
5	检查所有污水泵是否处于待命状态		
6	检查所有机电仪表工作是否正常		
7	检查所有工况指示仪表是否正常		

（三）船体设备的检查

表 8-1-3　船体设备检查内容一览表

序号	检查内容	正常	异常
1	检查所有舱室是否水密		
2	检查所有水密门是否关紧		
3	检查船体凹陷和损坏的状况		
4	检查所有空舱和操舵处所的水密情况		

（四）游艇设备的检查

表 8-1-4　游艇设备检查内容一览表

序号	检查内容	正常	异常
1	检查操纵杆是否灵活、是否动作平稳、是否在空挡位置		
2	检查锚是否正常系牢和随时可用		
3	检查救生消防等应急设备是否处于即刻可用状态		
4	转舵并检查是否正确操作		
5	开启雷达、卫星导航仪并检查操作		
6	开启 VHF 及 AIS 并检查操作		
7	检查电气笛操作		
8	检查航行灯操作		
9	检查刮雨器操作		
10	检查确认救生衣及救生圈数量		
11	检查确认人员未携带危险品		
12	检查客人是否熟知救生衣存放位置并示范如何穿着		

第二节　航行基本要领

一、航行的基本知识

（一）航行的基本要领及定位技术

1. 引航基本要领

引航基本要领是指船舶航行时,对航行条件进行分析,对航路、船位、吊向点、转向点等引航要素的选择与控制原则。

（1）航行条件分析

航行条件是指船舶行驶水域内的航道、水文、气象、助航标志、船舶会让等客观因素的综合构成情况。这些因素及有关情况都是依一定的规律在不断变化着的。只有掌握这些变化规律，才能选定合理的航线、船位、航向、过河点、吊向点及拟定操纵要点，并付诸实践。所以，对航行条件的分析，是船舶引航中的一个重要环节。

分析航行条件时，应着重考虑下面几点：

①了解河槽地形、底质、岸形及航道尺度。

②了解可供参考的航道图和有关航行通告，掌握沿途碍航物的位置、水位及桥梁、架空管线的净空高度。

③了解可供利用的助航标志和物标。

④了解有关水上、水下工程和鱼栅等的设置以及当地各类船舶的活动情况和航行规律，分析当时航道环境对航行的影响。

⑤了解不同季节的气象、潮汐和水文情况并分析其对航行的影响。

（2）航路

航路是指船舶根据河流的客观规律或者有关规定，在航道中所选择的航行路线。

内河的船舶航路，根据其实际情况的航线差异，包括水域、航向、位置的差异，习惯与规范间的差异等，可分为顺流航路、逆流航路、过河航路、规定航路（包括平流航路）与推荐航路。不论哪种航路的选择，都必须依照航行条件而决定，而航行条件受水位涨落影响而变化，所以，不同水位期的航路是有差别的，故也有枯水航路、中水航路、洪水航路之分。

（3）船位

船舶在航道中的位置简称船位。在内河中，船位是指船舶距某航道起点的千米数、离左（右）岸的横距以及船首线与计划航线（或岸线）的夹角。

船位必须摆在既安全又能提高航速的合理位置上，且满足下列条件。

①船舶的首尾线与流向的夹角应力求达到最小

能否使船舶的首尾线与流向的夹角达到最小，是衡量船位的摆设是否正确的要素之一。船舶的首尾线与流向的夹角越大，船舶受流的横向推压就越大，越容易因水流的作用而产生偏移，可能引起一系列危害本船航行安全或影响他船航行安全的不良后果。

②船位的离岸距离要恰当

船位的离岸距离应结合当时的航道情况，以分中行驶，靠左舷或靠右舷四六、三七行驶等来确定。合理的离岸距离，应能确保本船航行在预定的安全航路上，既要保证本船有路可行，又要不占用来船的航路；既要便于测定本船船位，又要利于和他船进行避让。

③定向航行的距离要长

在可能的范围内，应尽量做较长距离的定向航行，这样不但可以简化操作过程，避免多操舵；而且防止了阻力的增加，提高了航速，保证了操纵的质量。

为了使船舶安全而经济地航行，上行船应具备水深足够、流速缓慢、航程较短等条件；下行船应具备水深最大、流速最快、航程拉得较长等条件。

（4）吊向点

船舶保持定向航行时，船首前方的显著物标，称为吊向点。船首对准或挂某物标航行，称为吊向。

驾驶人员通常利用吊向点作为稳向航行的一种可靠依据,检验船舶是否偏离航线。配有罗经的船舶,也可用罗经来校核航向。

所选用的吊向点,应是容易辨认的物标,轮廓清楚,色泽鲜明,如山头、岸嘴、树木、烟囱、助航标志等。

（5）转向点

转向点是指船舶利用某固定物标改变航向的转折点。转向点常用一些具有显著特征的物标或流态作参照(转向参照点),如岸嘴、山角、助航标志等,使船体能圆滑地转向,驶达预定的航路上。当发现船舶偏离航路时,应通过调整转向时机及时纠正。

2. 定位技术

为了保证游艇航行安全,驾引人员在任何时候都应知道自己游艇所处的位置(即船位)。只有这样才能在海图上根据船位了解游艇周围的航行环境,及时采取适合的航行方法和必要的航行措施,确保航行安全。游艇在航行中确定位置的方法一般分为两类,即推算船位和观测船位。推算船位包括航迹绘算和航迹计算;观测船位包括陆标定位、天文定位和无线电定位。下面仅介绍陆标定位和雷达定位。

（1）陆标定位

陆标是指在海图上标有准确位置,可供海上目视或雷达观测定位的山头、岬角、岛屿、灯塔以及其他显著的固定物标的统称。通过观测陆标的方位、距离或方位差等获得观测船位的方法叫作陆标定位。陆标定位在游艇航行中是一种简便、可靠的基本定位方法,游艇驾驶员必须熟练地掌握。

陆标定位时应尽量采用孤立的、明显的物标,这些物标是比较容易识别的。连绵的山头,高度和形状相差不大时,识别比较困难。不同的方位、距离上见到的同一物标,其形状是不同的,这也给物标的识别带来了一定的困难。

进行陆标定位时,可利用罗经等在同一时刻分别测两个或两个以上陆标的方位或单标方位、距离的定位观测,而确定船位。

（2）雷达定位

雷达定位是指驾驶员利用雷达测得物标的距离和方位数据,通过海图作业,求取船位的过程,如图 8-2-1 所示。要使雷达定位准确,必须正确选择用于定位的目标,回波识别正确,测量方位或距离的方法正确,数据准确,速度快捷,海图作业正确。雷达定位方法有:

①单物标方位、距离定位

在雷达显示器上同时测量某一物标的距离和方位,在海图上从所测物标测量点画出该物标的方位线(方位船位线),再以所测物标测量点为圆心,以所测距离为半径画圆(一般只画出所需要的一段圆弧)就是船位圆,船位圆与方位线的交点就是雷达船位。

单物标方位、距离定位时,最重要的问题是要保证所选的物标位置准确可靠。如果物标位置不准确或认错物标,就会得出错误的船位。

②两个或两个以上物标方位定位

在雷达显示器上测量两个物标的方位,在海图上分别从所测物标测量点画出两个物标的方位线(方位船位线),两条船位线的交点就是雷达船位。测量时要尽量缩短时间间隔,测量顺序应遵循先慢后快、先难后易的原则,即先测方位变化慢的物标(首尾方向的物标),再测方位变化快的物标(左右舷方向的物标),提高定位精度。对于方位变化相同的物标,应先测难测的物标,后测容易测的物标。

③两个或两个以上物标距离定位

在雷达显示器上测量两个物标的距离,在海图上分别以所测物标测量点为圆心,以所测距离为半径画出两个船位圆(一般只画出所需要的圆弧),两个船位圆的交点就是雷达船位。测量时要尽量缩短时间间隔,测量顺序应遵循先慢后快、先难后易的原则,即先测距离变化慢的物标(左右舷方向的物标),再测距离变化快的物标(首尾方向的物标),提高定位精度。距离变化相同的物标,应先测难测的物标,后测容易测的物标。

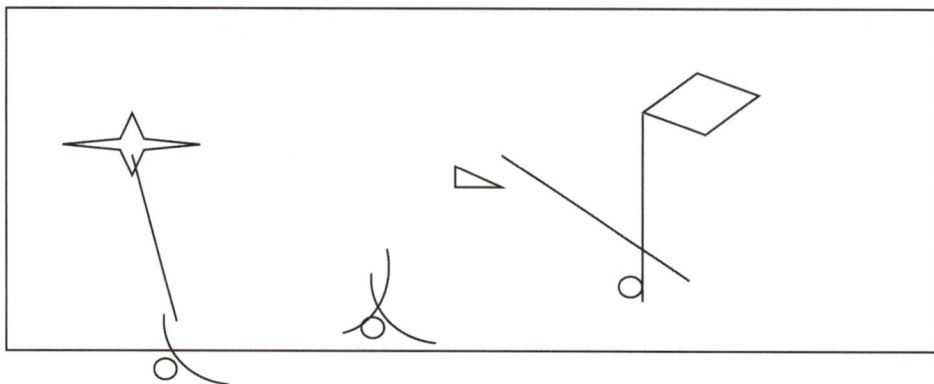

图 8-2-1 雷达定位

3. GPS 定位

直接从 GPS 上读取经纬度,在海图上定位。

(二)航路的选择

航路是船舶根据河流的客观规律或者有关规定,在航道中所选择的航行路线。航路的选择应依循水域(航道)的客观条件,严格遵守《中华人民共和国内河避碰规则》及各辖区政府或主管部门制定实施的有关航行规定,选择好适合于本船航行的航路。

1. 逆流航路的选择

在无特殊规定的情况下,逆流航路应当选择在缓流区或者航道一侧,如图 8-2-2 所示。

在一般情况下,航道的两侧都有缓流区,选择走哪一侧缓流区为好,则要结合具体情况进行分析。首先看哪一侧的缓流区更缓一些,范围更广一些;然后根据上、下游航道的缓流分布情况,以尽量减少过河航行来选用本河段的缓流区,同时选定合理的过河点和离岸距离。

2. 顺流航路的选择

在无特殊规定的情况下,顺流航路应当选择在主流或者航道中间,如图 8-2-3 所示。

船舶沿主流行驶时,为保证行驶在预先选定的航路上,应及早确定某些数据和物标,作为分析与引航过程中的参考和依据,如吊向点、转向点、航向等;为提高航速,宜尽可能延长定向航行的距离,减少叫舵次数和防止航行阻力的无谓增长。

3. 潮流河段、湖泊、水库、平流区域航路的选择

船舶在潮流河段、湖泊、水库、平流区域行驶时,其航路的选择,应当尽可能沿本船右舷一侧航道行驶。

图 8-2-2　上行(逆流)航路

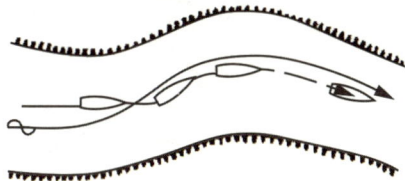

图 8-2-3　下行(顺流)航路

4. 过河航路的选择

顺航道行驶的上行船从航道一侧穿过主流,过渡到航道的另一侧,称为过河。过河的起止点称为过河点。

(1)过河条件

①沿航道一侧行驶的上行船,当前方航道流速较大,无缓流可供利用或水深不足,而彼岸航道前方有较长距离的缓流区时,为提高航速应引导船舶过河行驶。

②沿航道一侧行驶的上行船,当前方有浅礁碍航或有不正常水流,而彼岸航道顺直,且无障碍物或无严重的不正常水流时,为确保航行安全,应考虑过河。

③在上、下行航线交叉的狭窄航道,其上、下游有宽阔的水域,为避免船舶在此航段相遇,上行船应提前过河到航道的另一侧,主动避让下行船。

(2)过河方法

①大角度过河法

大角度过河法又叫摆过或斜过。当航道较宽或水流较缓时,用大舵角转向,使航向和流向呈较大夹角,船身略呈横向穿越主流摆到彼岸,如图 8-2-4(a)所示。该方法的优点是穿越动作较快,缺点在于驶过彼岸扬首、调顺船身的操作较难。

②小角度过河法

小角度过河法又叫顺过。当航道较窄或水流较急时,用小舵角转向,使航向与流向呈较小夹角,夹角大小视航宽和水流流速而定,应避免船身横向,利用水流流压作用,边顶流边顺过对岸,如图 8-2-4(b)所示。该方法操作较简单、安全性较好,是一般最常见的过河方法。

③指定目标点过河法

当彼岸过河终止点下方有障碍物或强力急流、内拖水、滑梁水时,为避免过河漂移困岸,摆脱其下方不利影响,要求过河船必须斜向提升过渡到障碍物或险恶流态流上方的指定目标点,该方法叫盖过法,如图 8-2-4(c)所示。

当彼岸过河终止点上、下方均有障碍物或险恶流态流时,要求过河船必须过渡落位于其间的恰当位置上,该方法叫恰过法,如图 8-2-4(d)所示。

指定目标点过河法,要求准确性高,难度大,所以采用该方法时要格外小心。

④借势过河法

若过河起点的上方突出岸嘴有强斜流,从岸嘴下方驶出的上行船可利用斜流冲击船舷的水动力与船首前进方向的惯性力构成的上升合力,带动船舶向上游方向横移过河,这种借水动力过河的方法称为借势过河法,如图 8-2-4(e)所示。

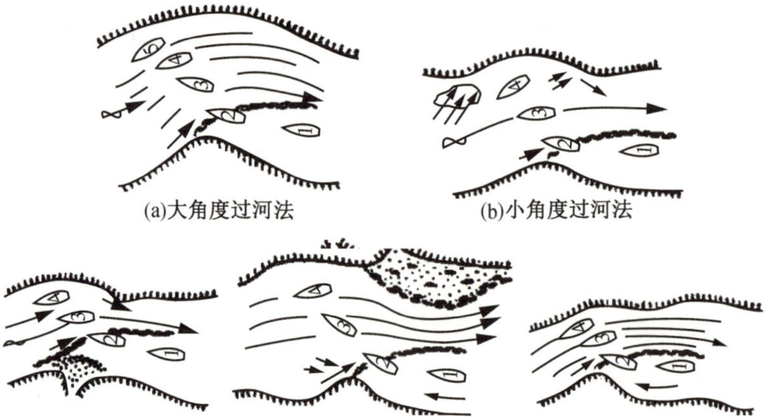

(a)大角度过河法 (b)小角度过河法

(c)盖过法 (d)恰过法 (e)借势过河法

图 8-2-4 过河方法

5. 规定航路

规定航路是指水上法规对某些规定水域的船舶航路做出的专门规定。规定航路既有原则性的,也有具体的。

《中华人民共和国内河避碰规则》第八条"航行规则"对航路做出了原则性规定。有些实施船舶定线制的水域,对航路实施分道通航制等(见图 8-2-5)。有不少港口、船闸、桥梁水域对航经该水域的航路也有专门规定。近年来,我国内河水域根据各自特征特定了相应的船舶定线制,如《珠江江口水域船舶定线制》《长江江苏段船舶定线制》等。

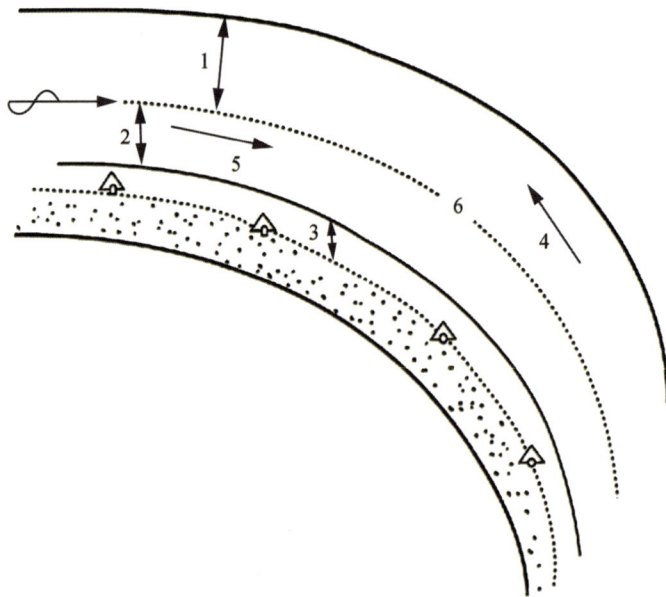

图 8-2-5 船舶定线制示意图

1—上水航道;2—下水航道;3—沿岸通航带;4—上水航行方向;5—下水航行方向;6—分隔线

（三）内河助航标志

1. 内河助航标志概述

1）内河助航标志的功能

内河助航标志（简称内河航标）是反映航道尺度、确定航道方向、标示航道界限、引导船舶安全航行的标志。

2）内河航标的作用

（1）标示内河航道的方向、界限与障碍物；

（2）揭示有关航道信息；

（3）为船舶航行指示安全、经济的航道。

3）决定河流左、右岸的原则

（1）确定河流的上、下游

对水流流向明显且稳定的河流，河流的上、下游应按径流水流方向确定：水流流来的方向为上游，水流流去的方向为下游。

（2）对水流流向不明显的河流，应按下列顺序确定上、下游：

①通往入海口的一端为下游；

②通往主要干流的一端为下游；

③河流偏南或偏东的一端为下游；

④以航线两端主要港埠间的主要水流方向确定上、下游。

（3）确定左、右岸的原则

面向河流下游，左手一侧为左岸，右手一侧为右岸。

4）内河航标的颜色

（1）航标表面颜色应由红、白、黄、黑、蓝、绿等颜色单独或组合组成；

（2）航标颜色色度应符合现行国家标准《视觉信号表面色》（GB/T 8416）的有关规定；

（3）航行标志塔形标体涂横纹时，其最上端横纹的颜色应按右岸为红色、左岸为黑色确定；

（4）航标名称标识应颜色鲜明，易于辨识。

5）内河航标的灯质

航标灯质的三要素是灯光的颜色、发光方式和发光周期。

（1）灯光的颜色

航标灯的灯色分红色、黄色、白色、绿色、蓝色，其颜色应符合现行国家标准《航标灯光信号颜色》（GB 12708）、《灯光信号颜色》（GB/T 8417）有关灯光信号颜色的规定。

（2）发光方式

航标灯的发光方式可选用单闪、双闪、顿光等。

（3）发光周期

内河航标对发光周期不做统一规定，需要区分同一功能的相邻航标时，可以采用不同的发光周期。

6）内河航标的作用距离

内河航标的作用距离，是指船舶航行时必须离开航标的最小安全横距。除示位标、桥涵标

以外的航行标志,应规定每种航标的最小安全航行距离。其起算方法为:

(1)岸标:设置在陆域的岸标的最小安全航行距离应从标位处的水沫线起算,设置在码头、篷船等临河设施上的岸标的最小安全航行距离应从临河设施的外缘线起算。

(2)浮标:从标位处起算。航道部门在进行航标设置时,依据河区具体情况规定了所设航标的作用距离,为船舶按航标的作用距离要求经过航标时提供了必要的安全保障。

7)内河航标的分类

(1)内河航标应包括视觉航标、无线电航标、虚拟航标。

(2)视觉航标应通过形状、颜色、灯质、图案、文字等特征,直观表示助航信息。

(3)无线电航标、虚拟航标的助航信息表达方式应符合无线电航标、虚拟航标有关技术标准的规定。

(4)无线电航标和虚拟航标应根据船舶航行需要和航道实际条件设置,可与视觉航标组合使用。

2. 视觉航标的分类及含义

视觉航标按功能分为航行标志、信号标志、专用标志、警示标志四类,共23种。

1)航行标志

航行标志包括过河标、沿岸标、导标、过渡导标、首尾导标、间接导标、侧面标、左右通航标、示位标、泛滥标、桥涵标,共11种。

(1)过河标(如图8-2-6所示)

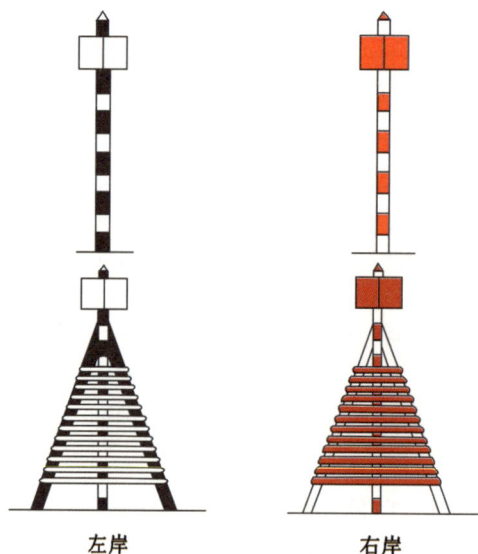

左岸　　　　　　　右岸

图 8-2-6　过河标

①功能:标示过河航道的起点或终点,指示由对岸驶来的船舶接近标志时沿着本岸航行,或指示沿本岸驶来的船舶在接近标志时转向驶往对岸;设在上、下方过河航道在本岸的交点处时,指示由对岸驶来的船舶在接近标志时再驶往对岸。

②形状:标杆上端装正方形顶标两块,分别面向上、下方航道,必要时在标杆前加装梯形牌,以增加视距,梯形牌面向所标示的航道方向;或者正方形顶标安装在三角形锥体顶端或安装在塔形体上端。过河标安装在具有浮力的底座上时作为浮标设置。

144

③颜色:左岸,顶标和梯形牌为白色或黑色,标杆或塔身为白、黑色相间横纹;右岸,顶标和梯形牌为红色,标杆或塔身为红、白色相间横纹。

④灯质:左岸为白色或绿色,莫尔斯信号"A"闪光(●—),右岸为白色或红色,莫尔斯信号"N"闪光(—●);或左岸为白色或绿色,莫尔斯信号"M"闪光(——),右岸为白色或红色,莫尔斯信号"D"闪光(—●●)。

(2)沿岸标(如图8-2-7所示)

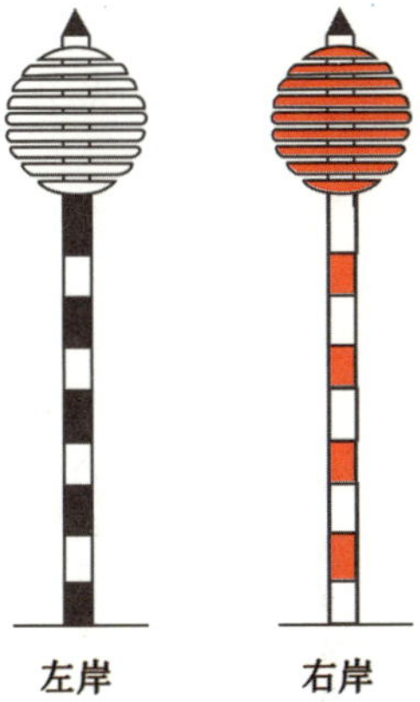

左岸　　　右岸

图8-2-7　沿岸标

①功能:标示沿岸航道所在的岸别,指示船舶继续沿着本岸航行。

②形状:标杆上端装球形顶标一个,必要时顶标安装在塔形体上,以增加视距。

③颜色:左岸一侧顶标为白色或黑色,标杆或塔身为白、黑色相间横纹;右岸一侧顶标为红色,标杆或塔身为红、白色相间横纹。

④灯质:左岸一侧为单闪绿光或单闪白光;右岸一侧为单闪红光。

(3)导标(如图8-2-8所示)

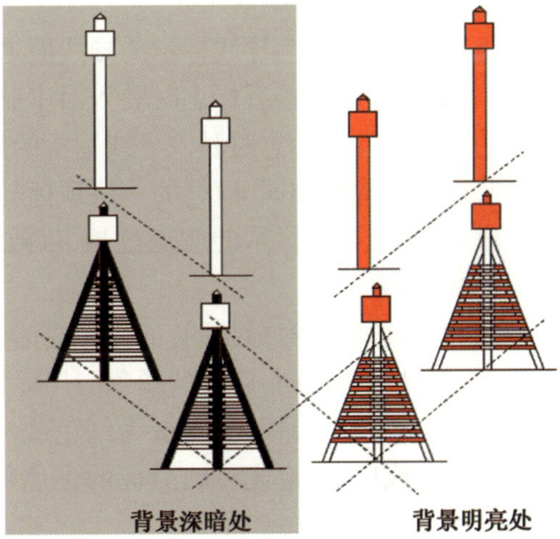

背景深暗处　　　　　背景明亮处

图8-2-8　导标

①功能:由前、后两座标志所构成的导线标示狭窄航道的方向,指示船舶沿着该导线标示的航道航行。

②形状:前、后两座标志的标杆上端各装正方形顶标一块,顶标均面向航道方向;当导线标

示的航道过长,标志不够明显时,在标杆前加装梯形牌,梯形牌面向所标示的航道方向;在导线标示的航道内,使驾驶人员白天看到前标比后标略低,夜间保持后标灯光不被前标遮蔽;前、后两标的高差及间距与导线标示的航道长度相适应,以保持导标的灵敏度;设标地点坡度较陡,前、后两座标志高差过大时,在两标连线之间加设一座形状相同的标志。

③颜色:按背景的明、暗确定顶标、标杆和梯形牌的颜色,背景明亮处均为红色或黑色,背景深暗处均为白色。红色或黑色梯形牌中央一道竖条为白色;白色梯形牌中央一道竖条为黑色或红色。

④灯质:前、后标均为白色单面定光,当背景灯光复杂、用白光容易混淆时,用红色单面定光。

(4)过渡导标(如图 8-2-9 所示)

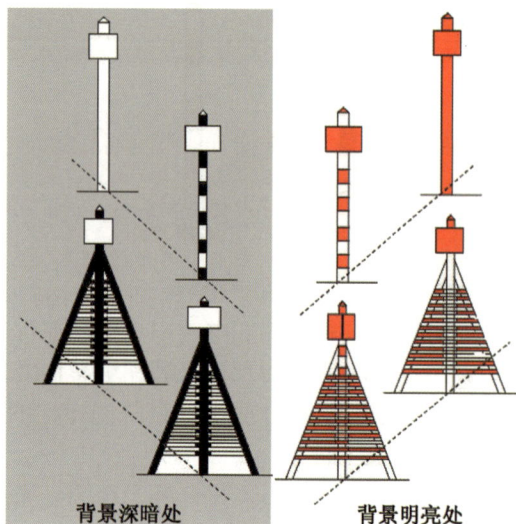

图 8-2-9 过渡导标

①功能:由前、后两座标志组成,标示一方为导线标示的导线航道,另一方为沿岸航道或过河航道,指示沿导线标示的航道驶来的船舶在接近标志时驶入沿岸航道或过河航道;同样也指示由沿岸航道或过河航道驶来的船舶在接近标志时驶入导线标示的航道。

②形状:前标与过河标相同,后标与导标相同,前标的一块顶标与后标的顶标组成导线,前标的另一块顶标面向另一条航道方向;当导线标示的航道过长,以致标志不够明显时,在标杆前加装梯形牌,梯形牌面向所示的航道方向。

③颜色:前标的标杆和梯形牌的颜色与过河标相同,面向导线标示的航道的顶标与后标顶标的颜色相同,另一块顶标的颜色与过河标相同,后标的颜色与导标相同。

④灯质:前标左岸为白色或绿色,双闪光或顿光;右岸为红色或白色,双闪光或顿光;后标左岸为白色或绿色,定光;右岸为红色或白色,定光;前、后标的光色须一致,如有特殊需要时,前标用定光。

(5)首尾导标(如图 8-2-10 所示)

①功能:由前、后鼎立的三座标志组成两条导线分别标示上、下方导线标示的航道的方向,指示沿导线标示的航道驶来的船舶在接近标志时转向另一条导线标示的航道。

②形状:三座标志中,一座为共用标,与过河标相同,另两座与导标相同。共用标的两块顶

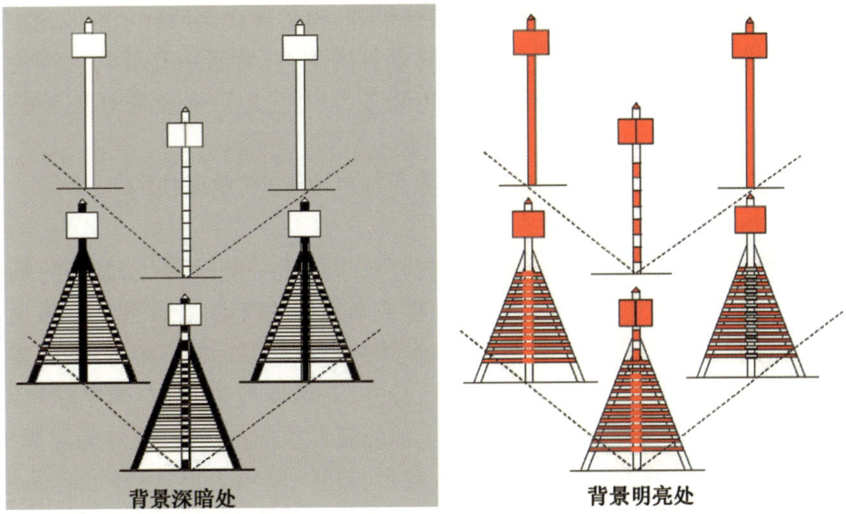

图 8-2-10　首尾导标

标与另两座标志的顶标分别组成两条导线,面向上、下方导线所标示的航道方向。根据航道条件与河岸地形,共用标可位于另两座标的前方、后方、左侧或右侧。当导线标示的航道过长,以致标志不够明显时,在标杆前加装梯形牌,梯形牌面向导线所标示的航道方向。

③颜色:共用标的标杆和梯形牌的颜色与过河标相同,顶标颜色与导标相同,另两座标志的颜色与导标相同。

④灯质:共用标的灯质与过渡导标的前标灯质相同,另两座标的灯质与过渡导标的后标灯质相同;但同一导线的前、后标的光色须一致,如有特殊需要时,各标都用定光。

(6)间接导标(如图 8-2-11 所示)

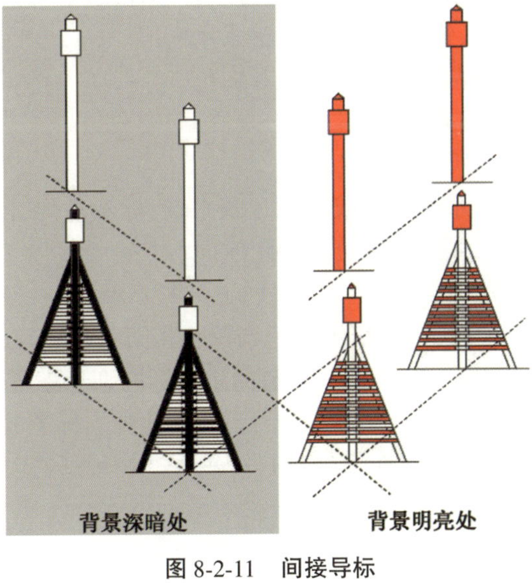

图 8-2-11　间接导标

①功能:由前、后两座标志组成,所标示的航线与相邻标志标示的航线不是相连续的,而是间接连续的,设置在较为复杂的重点浅滩航道。

②形状:前、后两座标志的标杆上端各装长方形顶标一块,顶标均面向航道方向;当导线标

示的航道过长,标志不够明显时,在标杆前加装梯形牌,梯形牌面向所标示的航道方向。

③颜色:按背景的明、暗确定顶标、标杆和梯形牌的颜色,背景明亮处均为红色或黑色,背景深暗处均为白色,红色或黑色梯形牌中央一道竖条为白色,白色梯形牌中央一道竖条为黑色或红色。

④灯质:前标为红色或绿色,单面定光;后标为红色或绿色,单面快闪。

(7)侧面标(如图 8-2-12 所示)

①功能:当设在浅滩、礁石、沉船或其他碍航物靠近航道一侧时,标示航道的侧面界限;当设在水网地区优良航道的两岸时,标示岸形、凸嘴或不通航的汊港,指示船舶在航道内航行。

②形状:浮标采用柱形、锥形、罐形、杆形或桅顶装有球形顶标的灯船等形式,锥形、罐形一般设置在具有浮力的底座上;需要以标志形状区分左、右两侧航道时,左侧浮标为锥形或在柱形体上加装锥形顶标,右侧为罐形或在柱形体上加装罐形顶标;或者只在左侧浮标加装球形顶标;固定设置在岸上或水中的侧面标采用锥形、罐形、杆形、塔形等形式;杆形侧面标需要增加视距时,加装顶标,左岸一侧加装锥形顶标,右岸一侧加装罐形顶标;塔形侧面标加装顶标时,左岸一侧加装锥形顶标,右岸一侧加装罐形顶标。

③颜色:左岸一侧为白色或黑色,或岸标、灯桩的标杆、塔身为白、黑色相间横纹,浮标加装的锥形或球形顶为黑色或白色;右岸一侧为红色,或岸标、灯桩的标杆、塔身为红、白色相间横纹,浮标加装的罐形顶标为红色;灯船的球形顶标均为黑色。

④灯质:左岸一侧为绿色或白色,单闪光、双闪光或定光;右岸一侧为红色,单闪光、双闪光或定光。

(8)左右通航标(如图 8-2-13 所示)

①功能:设在航道中范围较小的孤立河心碍航物或航道分汊处,标示该标两侧都是通航航道;或者连续布置在相邻的两条航道分隔线上,标示标志连线两侧分别为不同航路的航道。

②形状:浮标可采用柱形、锥形或灯船,灯桩采用塔形。

③颜色:标体每面的中线两侧分别为红色和白色。

④灯质:白色或绿色,三闪光。

(9)示位标(如图 8-2-14 所示)

①功能:设在湖泊、水库、水网地区或其他宽阔水域,标示岛屿、浅滩、礁石、通航河口以及大型水工构筑物等特定位置,供船舶定位或确定航向。

②形状:各种形状的塔形体。

③颜色:根据背景采用白、黑、红色,或白色与黑色相间、白色与红色相间非垂直条纹;设在通航河口处时,符合"左白右红"原则,同一河流的示位标区别于塔形侧面岸标。

④灯质:白色、绿色或红色莫尔斯信号闪光,不与其他种类标志的灯质相混淆,标示通航河口的示位标左岸为白色或绿色莫尔斯信号"H"(● ● ● ●)闪光、右岸为红色莫尔斯信号"H"(● ● ● ●)闪光。

(10)泛滥标(如图 8-2-15 所示)

①功能:设在被洪水淹没的河岸或岛屿靠近航道一侧,标示岸线或岛屿的轮廓。

②形状:标杆上端安装截锥体顶标一个,或者安装在具有浮力的底座上作为浮标设置。

柱形　　　　　　　　　　　　锥形

左岸一侧　　　　右岸一侧　　　　左岸一侧　　　　右岸一侧

杆形　　　　　　　　　　　　灯船

左岸一侧　　　右岸一侧　　　　左岸一侧　　　　　右岸一侧

锥形　　　　　罐形　　　　　　　　　柱形

左岸一侧　　　右岸一侧　　　　左岸一侧　　　　右岸一侧

（a）浮标

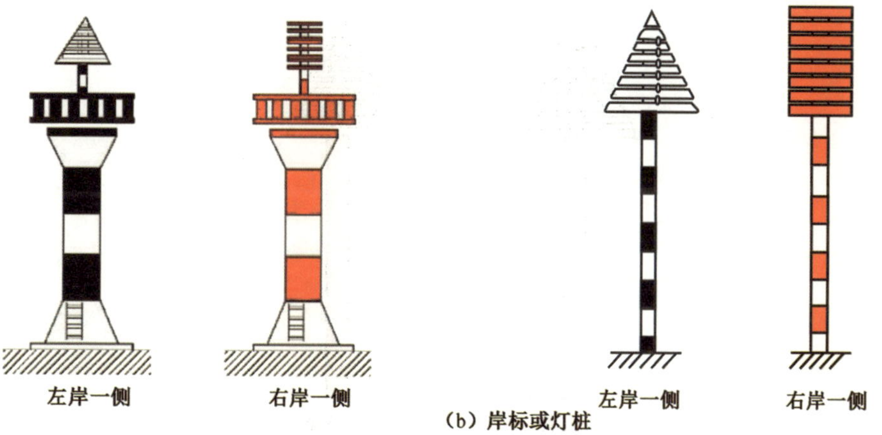

左岸一侧　　　　右岸一侧　　　　左岸一侧　　　　右岸一侧

（b）岸标或灯桩

图 8-2-12　侧面标

(a)锥形   (b)柱形

图 8-2-13　左右通航标

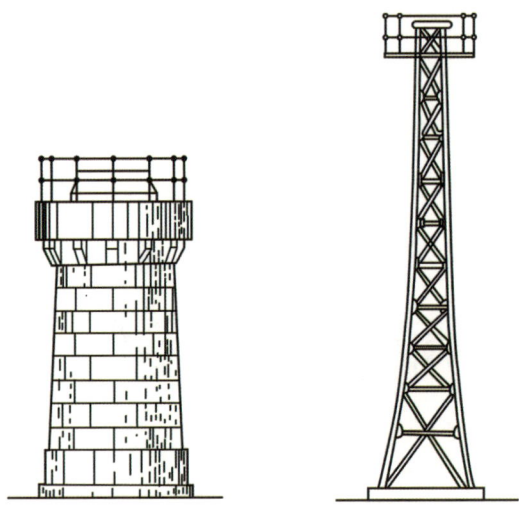

图 8-2-14　示位标

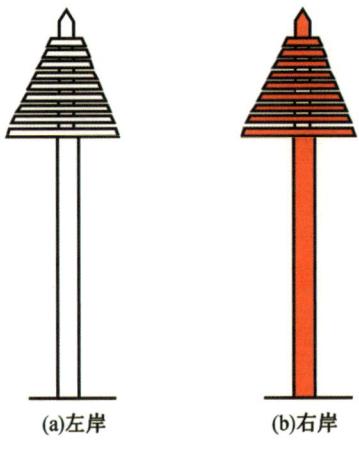

(a)左岸   (b)右岸

图 8-2-15　泛滥标

③颜色:左岸为白色或黑色或白、黑色相间横纹;右岸为红色或红、白色相间横纹。

④灯质:左岸为绿色或白色定光;右岸为红色定光。

(11)桥涵标(如图 8-2-16 所示)

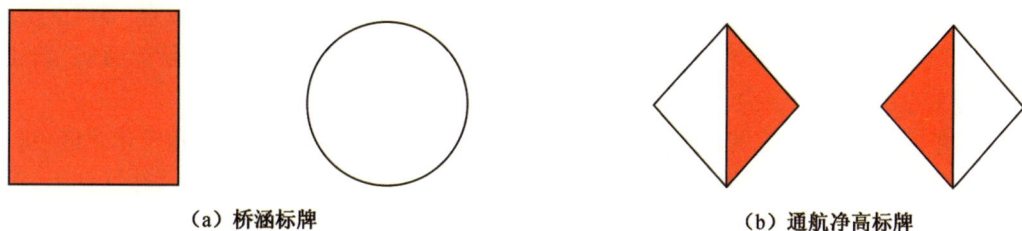

（a）桥涵标牌 　　　　　　　　　　　　　（b）通航净高标牌

图 8-2-16　桥涵标

①功能:桥涵标由桥涵标牌和通航净高标牌组成,指引船舶通过桥梁。桥涵标牌设在单向通航桥孔迎船面的桥桁的中央,或设在双向通航桥孔的上、下行航路迎船面上方桥桁的适当位置,标示桥梁的通航孔位置;通航净高标牌设在桥梁通航孔迎船面桥桁两侧,标示桥梁通航孔满足设计通航净高的范围。

②形状:桥涵标牌分为正方形标牌和圆形标牌。正方形标牌不区分大小船通航孔时表示桥梁通航孔,区分时表示大船通航孔;圆形标牌表示小船通航孔。通航净高标牌为菱形标牌,以垂直对角线为界分成左右两个共底等腰直角三角形,垂直对角线与水面垂直设置,并与通航桥孔内满足设计通航净高的边线重合。

③颜色:正方形标牌为红色;圆形标牌为白色;菱形标牌左右两个直角三角形用红白两色区分,红色三角形的直角顶点指向航道一侧。桥梁背景颜色与标牌颜色相近时,在标牌四周加装隔离色带。

④灯质:大船通航孔桥涵标灯为红色单面定光;小船通航孔桥涵标灯为绿色单面定光;通航净高标牌灯为黄色单面定光。

⑤不同水位期,水中设有桥墩的桥梁,在通航桥孔迎船面两侧桥柱上,各垂直设置绿色单面定光桥柱灯 2~4 盏,标示通航孔桥柱位置,具体数量根据桥柱高度确定。

2)信号标志

信号标志包括通行信号标、鸣笛标、界限标、水深信号标、横流标、节制闸标、航道信息标、航道整治建筑物提示标,共 8 种。

(1)通行信号标(如图 8-2-17 所示)

（a）允许下行船舶通行　　　　（b）允许上行船舶通行　　　　（c）禁止船舶通行

图 8-2-17　通行信号标

①功能：设在上、下行船舶相互不能通视,同向并驶或对驶有危险的狭窄、急弯航段或单孔通航的桥梁、通航建筑物,以及水上、水下施工等需要通航控制的河段,利用信号控制上行或下行船舶单向顺序通航或禁止通航。

②形状：由带横桁的标杆和箭形信号及三角锥体信号组成,横桁与岸线垂直。悬挂于横桁一端的箭形通航信号,箭头朝下表示允许下行船通航,箭头朝上表示允许上行船通航,禁止通航信号为垂直悬挂两个锥尖朝上的三角锥体。

③颜色：标杆与横桁为黑、白色相间斜纹,箭杆为黑色或白色,箭头与三角锥体为红色。

④灯质：由垂直悬挂于横桁一端的红色、绿色定光灯组成信号,绿灯在上、红灯在下,表示允许下行船通航;红灯在上、绿灯在下,表示允许上行船通航;上、下两盏红灯,表示禁止船舶通航。

对控制船舶进、出通航建筑物的通行信号标,也可在通航建筑物上、下两端各设置红、绿单面定光灯一组,灯光面向来船方向,红灯表示禁止船舶通航,绿灯表示允许船舶通航。白天也可用红、绿旗代替红、绿灯。

（2）鸣笛标(如图8-2-18所示)

图 8-2-18　鸣笛标

①功能：设在通航控制河段或上、下行船舶不能相互通视的急弯航道的上、下游两端河岸上,指示船舶鸣笛。

②形状：标杆上端装圆形标牌一块,标牌面向来船方向,标牌正中写"鸣"字。

③颜色：标杆为白、黑色相间的斜纹,标牌为白色、黑边、黑字。

④灯质：绿色,快闪光。

（3）界限标(如图8-2-19所示)

①功能：设在通航控制河段、桥区水域或其他需要标示范围的河段上、下游,标示特定的河段范围界限;设在船闸闸室有效长度的两端,标示闸室内允许船舶安全停靠的界限。

②形状：标杆上端装菱形标牌一块,标牌面向来船方向;安装在具有浮力的底座上时作为浮标设置;船闸界限标镶绘在闸墙上。

③颜色：标杆为白、黑色相间的斜纹,标牌为白底、黑边,中间有黑色横条一道,或黑色单箭头,设在下游侧时箭头朝上游,设在上游侧时箭头朝下游。

④灯质：红色,快闪光。

图 8-2-19　界限标

（4）水深信号标及水深信号（如图 8-2-20 所示）

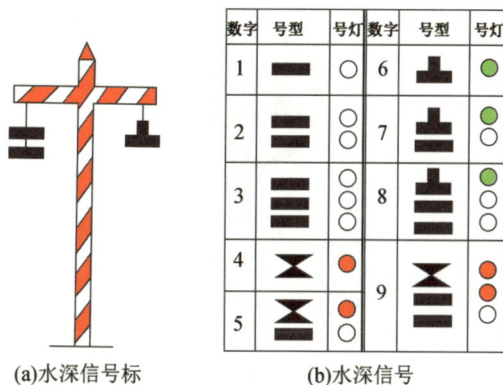

(a)水深信号标　　　　　　(b)水深信号

图 8-2-20　水深信号标及水深信号

①功能：设在浅滩上、下游靠近航道一侧的河岸上，揭示浅滩航道的最小水深。

②形状：水深信号标由带横桁的标杆和号型组成，横桁与岸线平行，号型形状与含义是：符号"▬""✖""⊥"分别表示数字 1、4、6。将上述号型组合悬挂在横桁的两边，从船上看，左边所挂的号型表示水深的"米"数，右边所挂的号型表示水深的"分米"数。

③颜色：标杆与横桁为红、白色相间的斜纹，号型为黑色或白色。

④灯质：每盏白色定光号灯代表数字"1"；每盏红色定光号灯代表数字"4"；每盏绿色定光号灯代表数字"6"。在河面较窄的河段，也可以用水深数字牌和水深数字灯显示。

（5）横流标（如图 8-2-21 所示）

①功能：标示航道内有横流，警告船舶注意。

②形状：菱形体安装在具有浮力的底座上，也可在标杆上端安装菱形顶标设在岸上。

③颜色：左岸一侧菱形体为白色或黑色，标杆为白、黑色相间的斜纹；右岸一侧菱形体为红色，标杆为红、白色相间的斜纹。

④灯质：左岸一侧为绿色顿光，右岸一侧为红色顿光。

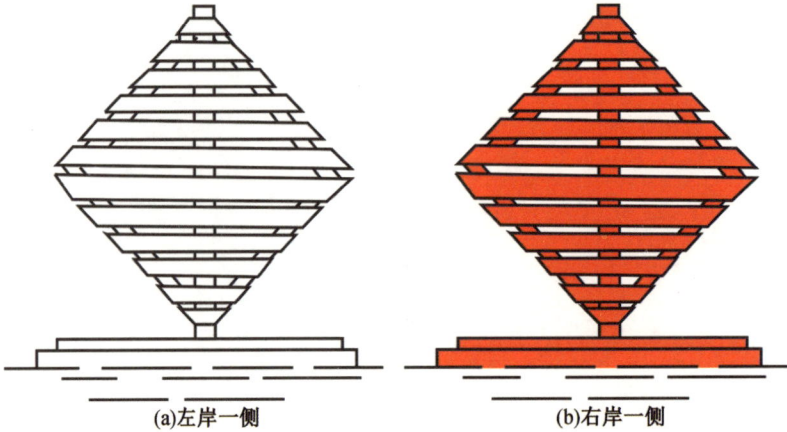

(a)左岸一侧 　　　　　　　　　　(b)右岸一侧

图 8-2-21　横流标

（6）节制闸标（如图 8-2-22 所示）

图 8-2-22　节制闸标

①功能：设在靠近节制闸上游或上、下游一侧的岸上，也可将灯悬挂于节制闸的上游或上、下游水面上空的架空线上，标示前方是节制闸，防止船舶误入发生危险。

②形状：标杆上端装圆形标牌（如图 8-2-23 所示）一块，标牌面向上游或上、下游来船方向，标牌上绘有船形图案及禁令标志。

图 8-2-23　节制闸标标牌

③颜色：标杆为红、白色相间的斜纹，标牌为白底、红边、黑色船形图案加红色斜杠。

④灯质：并列红色定光灯两盏。

（7）航道信息标

①功能：主要用于揭示航道前方交叉河口、城市、港口、水上服务区、锚地、水利枢纽、船闸、航道管辖分界点等的名称、方向、距离，或标志所在地点的航道里程等信息。

②形状：长方形牌，辅之以箭形、文字、图案、数字、字母。

③颜色：牌面为绿底或蓝底；箭头、箭杆和文字、图案、数字、字母均为白色；立柱为黑、白色相间的斜纹或者蓝、白色相间的斜纹。

④灯质：不设灯光，利用光电设施等显示信息内容。

（8）航道整治建筑物提示标（如图 8-2-24 所示）

①功能：设在潜坝、丁坝、护底带等航道整治建筑物附近河岸或水面，标示航道整治建筑物所在位置及范围。

②形状：正方形标牌左右两侧或一侧带三角形牌（顺河岸方向），三角形牌标上的数字（单位为米）为侧向航道整治建筑物的范围；正方形标牌上绘有坝头和水纹图案，或以文字标明整治建筑物的名称。

③颜色：标牌为蓝底，图案、文字、数字为白色；立柱为黑、白色相间的斜纹或蓝、白色相间的斜纹。

④灯质：岸标不设灯光；安装在具有浮力的底座上时设灯光，灯质为黄色单闪或双闪；或利用光电设施显示信息内容。

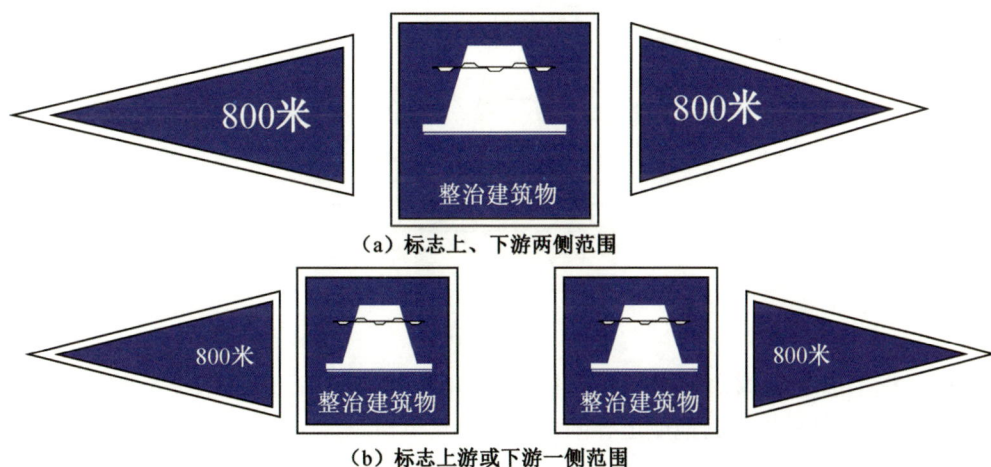

（a）标志上、下游两侧范围

（b）标志上游或下游一侧范围

图 8-2-24　航道整治建筑物提示标

3）专用标志

专用标志的作用是标示沿航道、跨航道的各种建筑物，或标示特定水域的位置，警告船舶驶经该位置时，应注意采取必要的安全措施。专用标志包括管线标及专用标。

（1）管线标（如图 8-2-25 所示）

①功能：设在需要标示跨河管线（即管道、电缆、电线等）的两端或一端岸上，或设在跨河管线上、下游适当距离的两岸或一岸，禁止船舶在敷设水底管线的水域抛锚、拖锚航行或垂放重物，警告船舶驶至架空管线区域时注意采取必要措施。

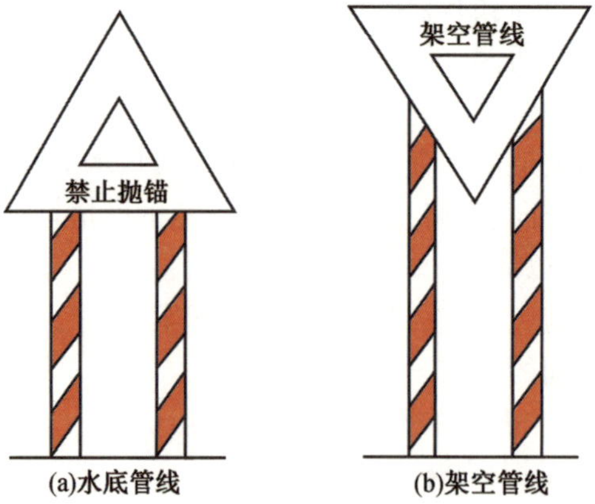

图 8-2-25 管线标

②形状:两根立柱上端装等边三角形空心标牌一块,设在跨河管线两端岸上的标牌与河岸平行,设在跨河管线上、下游的标牌与河岸垂直;标示水底管线的三角形标牌尖端朝上,标牌下部写"禁止抛锚",并根据需要配单箭头横条,上游侧箭头朝下游方向,下游侧箭头朝上游方向;标示架空管线的三角形标牌尖端朝下,标牌上部写"架空管线"。

③颜色:立柱为红、白色相间的斜纹,标牌为白底、黑边、黑字。

④灯质:标牌的三个顶端各设置白色或红色定光灯一盏。

(2)专用标(如图 8-2-26 所示)

图 8-2-26 专用标

①功能:标示锚地、渔场、娱乐区、游泳场、水文测量、水下钻探、疏浚作业等特定水域;或标示取水口、排水口、泵房以及其他航道界限外的水工建筑物。

②形状:任选。

③颜色:黄色。

④灯质:黄色,单闪光或双闪光。

4)警示标志

警示标志包括禁止抛锚标和危险水域标 2 种。

(1)禁止抛锚标(如图 8-2-27 所示)

①功能:设在水下或河岸附近有航道整治建筑物或其他水工设施的河岸上或水上,警示船舶不能抛锚、拖锚航行或垂放重物。

②形状:带立柱的长方形牌面上绘铁锚图形,上压斜杠。

③颜色:标牌牌面为白底、红边框、红斜杠、黑色锚型。

④灯质:黄色,快闪。

图 8-2-27　禁止抛锚标

(2)危险水域标(如图 8-2-28 所示)

①功能:设在有沉船、水下碍航物、水工建筑物等船舶驶入存在特别危险的水域,警示船舶不能穿越该水域。

②形状:专用标标体的顶部加装"X"体顶标。

③颜色:"X"体顶标为黄色。

④灯质:黄色快闪,或黄色"X"形显形定光。

图 8-2-28　危险水域标

(3)当警示标志需要标示作用方向或范围时,可在主标志下部附加带箭形的辅助标牌,辅助标牌为白底,箭形为红色,箭身可标注数字与数量单位,表示自该标往上游、下游或上、下游的范围。

3.内河航标配布类别

内河航标配布类别应根据航道条件与运输需要,以河区为单位,通过技术经济论证确定。内河航标配布有以下类别:

1)一类航标配布

航标夜间应全部发光。白天船舶应能从一座标志看到次一座标志,夜间船舶应能从一盏标灯看到次一盏标灯;在实施双侧连续配布航标的高等级航道,白天船舶应能从一座标志看到同侧配布的次一座标志,夜间船舶应能从一盏标灯看到同侧配布的次一盏标灯。

2)二类航标配布

发光航标和不发光航标分段配布,在昼夜通航的河段上配布发光航标,其配布密度与一类航标相同;在夜间不通航的河段上配布不发光航标,其配布密度与三类航标相同。

3）三类航标配布

航标配布比较稀,对优良河段的沿岸航道可沿岸航行,不再配布沿岸标,但每一座标志所表示的功能与次一座标志的功能应互相连贯,指引船舶在白天安全航行。

4）重点航标配布

航行困难的河段和重要地点应配布航标,优良河段宜标示出碍航物,根据需要配布发光航标或不发光航标。

4. 标志编号

1）当一个区域内设置较多的水上标志时,为便于识别和管理,应进行编号。

2）标志编号应遵循航道走向顺序编排。

3）不同的航道可以分别编号。同一航道的标志号码可按顺序连续编排,也可按左双右单编排。

4）编号一律用阿拉伯数字,写在浮体的顶板上和灯架横板上,字迹要求清晰明显。编号的颜色,在红、绿、黑的底色上,用白色;在黄、白的底色上,用黑色。

5）航道内标志有增减时,减少标志后其他标志的编号可暂不改动;增加标志的号码,可暂在前一座标志号码的后面另加一个数字,例如在13和14号标志之间增加一个标志时,新增标志的编号即为"13-1",以此类推。当标志变动过多,使用不便时,应对全线标志的编号进行全面调整。

6）杆形标志因为标身小,可不写编号。

7）水中固定标志,一般不写编号;连续设置时,也可以写编号。

5. 正确辨认助航标志

正确辨认航标是正确利用航标引导游艇安全航行的前提。白天主要依据航标的编号、形状、颜色等识别,夜间主要依据游艇与航标的相对位置和灯光的光色、节奏及周期来区别不同的航标。识别航标应注意:

1）航标的灯光以及航标的设置可能改变,航行前应认真核对。无人看守或临时性浮标,容易漂离原位或灯光熄灭,可靠性较差。

2）为了切实分清灯光节奏和周期相近而位置又比较接近的两航标,可用秒表准确测定其周期。

3）夜间航行,往往是根据航标与游艇的相对位置来发现和识别航标的。但应注意,在差不多相同舷角上的两个航标,有时距离较远而光度强的航标可能先发现,距离较近但光度弱的航标反而后发现。

4）互闪光或互光航标,通常白光射程远,有色光射程近,在距离较远时,往往只能观察到白光,易误认为是其他仅发白光的航标。

5）由于大气状况的影响,有时会发生灯色混淆的现象。有的航标,为了指明在它附近有暗礁、沉艇之类的危险区域,在某一定范围内,常用红色或绿色光弧表示,而在其他范围内为白色光弧。当游艇航行在有危险物的光弧内时,应更加谨慎驾驶,尤其是游艇需向有危险物一侧转向时,一般应越过该光弧的范围之后才开始转向,在不同光色光弧的分界线处,光色往往模糊不清。

6）当游艇周围的能见度良好但航标附近有云雾时,尤其是高度较高的灯塔等航标有时被云雾遮住,其灯光射程就会明显减小。

(四)内河交通安全标志

内河交通安全标志是为内河水运服务的交通设施,从交通管理的角度,用图形符号、颜色和文字,标示交通管理内容,传递与交通有关的信息。

1.警告标志

1)作用:警告标志是用于警告注意危险区域或地点的标志。

2)颜色:警告标志的颜色为黄底、黑边框、黑图案。

3)种类和设置地点

(1)交叉河口标志(如图 8-2-29 所示)

交叉河口标志标示前方为交叉河口,警告船舶谨慎慢行,注意观察并避让交叉河口驶出的船舶。其设在交叉河口驶入河段的适当位置。

(a)左侧丁字交叉(代码 101)　(b)前方丁字交叉(代码 102)　(c)右侧丁字交叉(代码 103)

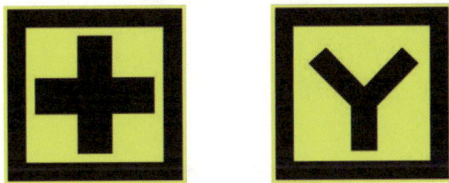

(d)十字交叉(代码 104)　(e)Y 字交叉(代码 105)

图 8-2-29　交叉河口标志

(2)急弯航道标志(如图 8-2-30 所示)

急弯航道标志标示前方为急弯航道,警告船舶谨慎驾驶,注意观察并避让来船。其设在急弯航段的两端。

(a)向左急弯(代码 106)　(b)向右急弯(代码 107)

(c)反向急弯(代码 108)　(d)连续急弯(代码 109)

图 8-2-30　急弯航道标志

（3）窄航道标志（如图 8-2-31 所示）

窄航道标志标示前方航道变窄，警告船舶谨慎驾驶，注意避让来船。其设在变窄航段的两端。

（a）左侧变窄（代码 110）   （b）两侧变窄（代码 111）   （c）右侧变窄（代码 112）

图 8-2-31   窄航道标志

（4）紊流（急流、涡流）标志（如图 8-2-32 所示）

紊流（急流、涡流）标志标示水域水流紊乱，警告船舶谨慎驾驶，注意紊流对船舶操纵的影响。其设在水流紊乱区域或航段两端。

图 8-2-32   紊流（急流、涡流）标志（代码 113）

（5）取水口标志（如图 8-2-33 所示）

取水口标志标示有取水口，警告船舶在规定的距离外通过，且不应在附近停泊。其设在取水口及其上、下游的适当位置。

图 8-2-33   取水口标志（代码 114）

（6）排水口标志（如图 8-2-34 所示）

排水口标志标示有排水口，警告船舶谨慎驾驶，注意排出水流对船舶操纵的影响。其设在排水口及其上、下游的适当位置。

图 8-2-34   排水口标志（代码 115）

（7）渡口标志（如图 8-2-35 所示）

渡口标志标示前方有渡口，警告船舶注意渡船动向，主动避让。其设在渡口上、下游的适当位置。

图 8-2-35　渡口标志(代码 116)

(8)高度受限标志(如图 8-2-36 所示)

高度受限标志标示前方水上过河建筑物的通航净高受限,警告船舶应在掌控自身高度的前提下,根据当时水位通过。其设在通航净高受限的水上过河建筑物上,或其上、下游的适当位置。在高度受限标志附近,应附设"通航净高标尺"。

图 8-2-36　高度受限标志(代码 117)

(9)注意落石或滑坡标志(如图 8-2-37 所示)

注意落石或滑坡标志标示前方水域有落石或滑坡的危险,警告船舶注意掌握通过时机。其设在有落石或滑坡危险航段的两端。

图 8-2-37　注意落石或滑坡标志(代码 118)

(10)雷电高发区标志(如图 8-2-38 所示)

雷电高发区标志标示前方水域为雷电高发区,警告船舶注意预防雷击。其设在雷电高发区域的两端。

图 8-2-38　雷电高发区标志(代码 119)

(11)事故易发区标志(如图 8-2-39 所示)

事故易发区标志标示前方为事故易发区,警告船舶加强瞭望、谨慎驾驶、注意避让。其设在事故易发区域的两端。

图 8-2-39　事故易发区标志(代码 120)

（12）涉水施工标志(如图 8-2-40 所示)

涉水施工标志标示前方水域正在进行水上或水下施工作业(如：疏浚、修筑护岸、起吊、打桩、建桥、测量等)，过往船舶应谨慎驾驶、注意避让。其设在涉水施工区域上、下游适当位置。

图 8-2-40　涉水施工标志(代码 121)

（13）注意危险标志(如图 8-2-41 所示)

注意危险标志标示以上警告类标志未能包括而须引起船舶警觉的区域。其设置在所要标示区域的两端。

设置时应附加辅助标志补充说明标示区域的性质，如"交通管制区"，岸边的"残桩""沉石""围堰"等。

图 8-2-41　注意危险标志(代码 122)

2.禁令标志

1）作用：禁令标志是用于禁止或限制交通行为的标志。

2）颜色：禁令标志包括禁止标志、解除禁止标志、限制标志和警示标志。禁止标志的颜色除禁止通行标志和禁止驶入标志外均为白底、红边框、红斜杠、黑图案。解除禁止标志为白底、黑边框、黑细斜杠、黑图案，图案压杠。限制标志的颜色为白底、红边框、黑图案或文字。警示标志为红、白色相间的横纹图案。

3）种类和设置地点

（1）禁止通行标志(如图 8-2-42 所示)

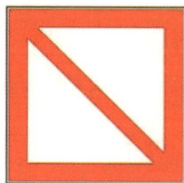

图 8-2-42　禁止通行标志(代码 201)

禁止通行标志标示禁止船舶通行(双向)。其设在禁止通行航段的两端。

(2)禁止驶入标志(如图 8-2-43 所示)

禁止驶入标志标示禁止船舶驶入(单向)。其设在禁止驶入航道的入口处或单向通行航道的出口处。

图 8-2-43　禁止驶入标志(代码 202)

(3)禁止转弯标志(如图 8-2-44 所示)

禁止转弯标志标示禁止船舶向左或向右转弯。其设在禁止转弯的交叉河口驶入河段的适当位置。

(a)禁止向左转弯(代码 203)　　(b)禁止向右转弯(代码 204)

图 8-2-44　禁止转弯标志

(4)禁止掉头标志(如图 8-2-45 所示)

禁止掉头标志标示禁止船舶掉头。其设在禁止掉头区域的两端。

图 8-2-45　禁止掉头标志(代码 205)

(5)禁止追越标志(如图 8-2-46 所示)

禁止追越标志标示禁止船舶或船队追越。其设在禁止追越航段的两端。

(a)禁止船舶追越(代码 206)　　(b)禁止船队追越(代码 207)

图 8-2-46　禁止追越标志

(6)禁止会船标志(如图 8-2-47 所示)

禁止会船标志标示禁止船舶在该区域交会。其设在禁止会船航段的两端。航行船舶根据通信信号或现场管理等通行。

图 8-2-47　禁止会船标志(代码 208)

(7)禁止并列行驶标志(如图 8-2-48 所示)

禁止并列行驶标志标示禁止船舶并列行驶。其设在禁止并列行驶航段的两端。

图 8-2-48　禁止并列行驶标志(代码 209)

(8)禁止顶推标志(如图 8-2-49 所示)

禁止顶推标志标示禁止拖船船队采用顶推的拖带方式。其设在禁止顶推航段的两端。

图 8-2-49　禁止顶推标志(代码 210)

(9)禁止旁拖标志(如图 8-2-50 所示)

禁止旁拖标志标示禁止拖船船队采用旁拖的拖带方式。其设在禁止旁拖航段的两端。

图 8-2-50　禁止旁拖标志(代码 211)

(10)禁止偏拖标志(如图 8-2-51 所示)

禁止偏拖标志标示禁止吊拖船队采用偏缆(左或右)的拖带方式。其设在禁止偏缆拖带航段的两端。

图 8-2-51　禁止偏拖标志(代码 212)

(11)禁止停泊标志(如图 8-2-52 所示)

禁止停泊标志标示禁止船舶锚泊或系泊。其顺航道设在禁止停泊区域的中间、一端或两端。一般应加设附加标志,标示"禁止区域"的范围(长度)或方向。

图 8-2-52　禁止停泊标志(代码 213)

(12)禁止用锚标志(如图 8-2-53 所示)

禁止用锚标志标示禁止船舶锚泊、拖锚航行或垂放重物。其设在禁止用锚区域的两端。

图 8-2-53　禁止用锚标志(代码 214)

(13)禁止系带标志(如图 8-2-54 所示)

禁止系带标志标示禁止船舶系缆、系链。其顺航道设在禁止系带的设施上。

图 8-2-54　禁止系带标志(代码 215)

(14)禁止鸣笛标志(如图 8-2-55 所示)

禁止鸣笛标志标示禁止机动船鸣放声号。其设在禁止鸣笛区域的两端。

图 8-2-55　禁止鸣笛标志(代码 216)

(15)禁用高音喇叭标志(如图 8-2-56 所示)

禁用高音喇叭标志标示禁止使用高音喇叭。其设在禁用高音喇叭区域的两端。

图 8-2-56　禁用高音喇叭标志(代码 217)

(16)禁止明火标志(如图 8-2-57 所示)

禁止明火标志标示因附近有危险品码头、油库码头或燃气管道等,以标志为中心、50 米为半径的范围内,禁止使用明火。也可加设附加标志,说明禁止明火的距离、方向。

图 8-2-57　禁止明火标志(代码 218)

(17)解除禁止掉头标志(如图 8-2-58 所示)

解除禁止掉头标志标示禁止船舶掉头的区域结束。其设在禁止掉头区域的终点。

图 8-2-58　解除禁止掉头标志(代码 301)

(18)解除禁止追越标志(如图 8-2-59 所示)

解除禁止追越标志标示禁止船舶追越的航段结束。其设在禁止追越航段的终点。

图 8-2-59　解除禁止追越标志(代码 302)

(19)解除禁止会船标志(如图 8-2-60 所示)

解除禁止会船标志标示禁止船舶会船的航段结束。其设在禁止会船航段的终点。

图 8-2-60　解除禁止会船标志(代码 303)

(20)解除禁止顶推或旁拖标志(如图 8-2-61 所示)

解除禁止顶推或旁拖标志标示禁止拖船船队采用顶推或旁拖的航段结束。其设在禁止顶推或旁拖航段的终点。

(a)解除禁止顶推(代码 304)　　(b)解除禁止旁拖(代码 305)

图 8-2-61　解除禁止顶推或旁拖标志

（21）解除禁止偏拖标志（如图 8-2-62 所示）

解除禁止偏拖标志标示禁止吊拖船队偏缆（左或右）拖带的航段结束。其设在禁止偏拖航段的终点。

图 8-2-62　解除禁止偏拖标志（代码 306）

（22）解除禁止鸣笛标志（如图 8-2-63 所示）

解除禁止鸣笛标志标示禁止机动船鸣笛的区域结束。其设在禁止鸣笛区域的终点。

图 8-2-63　解除禁止鸣笛标志（代码 307）

（23）解除禁用高音喇叭标志（如图 8-2-64 所示）

解除禁用高音喇叭标志标示禁用高音喇叭的区域结束。其设在禁用高音喇叭区域的终点。

图 8-2-64　解除禁用高音喇叭标志（代码 308）

（24）限制船舶宽度标志（如图 8-2-65 所示）

限制船舶宽度标志标示航道上与通航有关设施使通航净空宽度受限，禁止宽度超过标志所示数值的船舶通行。其设在通航净空宽度受限航道的两端。图 8-2-65 示例标示限制船舶宽度为 6.5 米。

图 8-2-65　限制船舶宽度标志（代码 401）

（25）航道一侧受限标志（如图 8-2-66 所示）

航道一侧受限标志标示航道一侧（左或右）受长期或临时因素影响，船舶通过时应与岸侧保持一定的距离。其设在航道一侧受限区域的两端。图 8-2-66（a）、图 8-2-66（b）为示例：图 8-2-66（a）标示船舶应距左侧河岸 40 米外通过；图 8-2-66（b）标示船舶应距右侧河岸 40 米外通过。

(a)航道左侧受限(代码402)　　(b)航道右侧受限(代码403)

图 8-2-66　航道一侧受限标志

(26)限制航速标志(如图 8-2-67 所示)

限制航速标志标示禁止船舶以高于(限制高速)或低于(限制低速)标示数值的航速行驶。其设在限速区域的两端。

图 8-2-67(a)、图 8-2-67(b)为示例:图 8-2-67(a)标示船舶的实际航速逆流时不得超过 6 千米/时、顺流时不得超过 8 千米/时;图 8-2-67(b)标示船舶的实际航速不得低于 6 千米/时。

(a)限制高速(代码404)　　(b)限制低速(代码405)

图 8-2-67　限制航速标志

(27)限制拖带尺度标志(如图 8-2-68 所示)

限制拖带尺度标志标示禁止拖船船队的拖带尺度超过标示数值。其设在限制拖带尺度区域的两端。图 8-2-68(a)、图 8-2-68(b)、图 8-2-68(c)为示例:图 8-2-68(a)标示吊拖船队的拖带长度(L)不得超过 180 米、宽度(B)不得超过 6 米;图 8-2-68(b)标示顶推船队的拖带长度(L)不得超过 90 米、宽度(B)不得超过 16 米;图 8-2-68(c)标示旁拖船队的拖带长度(L)不得超过 50 米、宽度(B)不得超过 15 米。

(a)限制吊拖尺度(代码406)　(b)限制顶推尺度(代码407)　(c)限制旁拖尺度(代码408)

图 8-2-68　限制拖带尺度标志

(28)限制靠泊标志(如图 8-2-69 所示)

限制靠泊标志标示禁止船舶靠泊超过标示范围。其顺航道设在限制靠泊范围的地方。限量可以是靠泊的宽度(B),也可以是船舶的并靠艘数,以附加辅助标志标示。

图 8-2-69　限制靠泊标志(代码409)

（29）限制船舶尺度标志（如图 8-2-70 所示）

限制船舶尺度标志标示禁令类告示性标志,禁止超过标示数值的船舶进入本港或本航道。其设在需要限制船舶最大尺度的港口或航道的入口处。

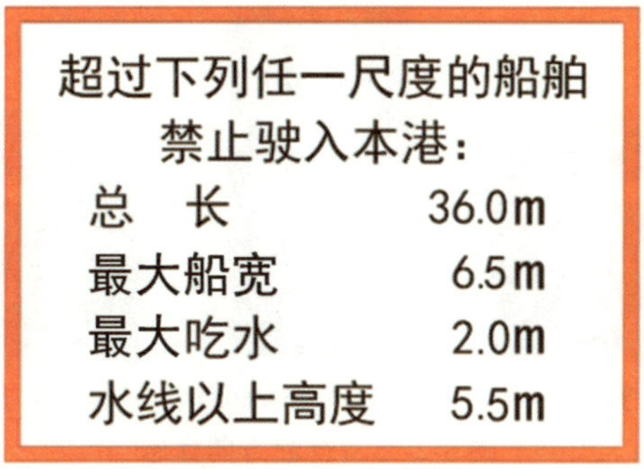

> 超过下列任一尺度的船舶
> 禁止驶入本港：
> 总　　长　　　　36.0m
> 最大船宽　　　　6.5m
> 最大吃水　　　　2.0m
> 水线以上高度　　5.5m

图 8-2-70　限制船舶尺度标志（代码 410）

（30）警示桩标志（如图 8-2-71 所示）

警示桩标志警示航道中的碍航设施。其设置在低水位显露而高水位淹没的桥梁承台或其他水中构建物顶面的周边,以显示其界限。

图 8-2-71　警示桩标志（代码 501）

3. 指令标志

1）作用:指令标志是用于指令实施交通行为的标志。

2）颜色:指令标志的颜色除停航让行标志外均为蓝底、白边框、白图案。

3）种类和设置地点

（1）导向标志（如图 8-2-72 所示）

导向标志用于引导船舶的行驶方向。其可以设置在弯曲航道的大弯面、弯曲航道上桥梁的通航孔内侧以及丁字交叉河口对应汉河口的岸上。

图 8-2-72　导向标志组合使用

169

（2）行驶方向标志（如图8-2-73所示）

行驶方向标志指令船舶按照标示方向行进。其设在需要控制船舶流向或实行分流的河口驶入河段的适当位置。

（a）向左转弯（代码602）　（b）直行（代码603）　（c）向右转弯（代码604）

图8-2-73　行驶方向标志

（3）靠一侧行驶标志（如图8-2-74所示）

靠一侧行驶标志指令船舶、筏按照标示的一侧行使。其设在分孔通航桥梁的中墩上方或需要靠一侧行使区域的两端。

（a）靠左侧行驶（代码605）　（b）靠右侧行驶（代码606）

图8-2-74　靠一侧行驶标志

（4）回航标志（如图8-2-75所示）

回航标志指令船舶航经该处时,应绕一居间物（天然或人工）按逆时针方向行驶。其设在需要回航的交叉、汇合河口的适当位置或居间物上。

图8-2-75　回航标志（代码607）

（5）分道通航标志（如图8-2-76所示）

分道通航标志标示实行船舶分道通航制,指令船舶在规定的分道内行驶。其设在实行分道通航水域两端的岸上或通航分隔物上。

图8-2-76　分道通航标志（代码608）

（6）停航让行标志（如图 8-2-77 所示）

停航让行标志指令船舶在标志处停航，等候通行信号或现场指挥。其设在禁止会船或控制、管制河段规定让行的一端或两端。

图 8-2-77　停航让行标志（代码 609）

（7）鸣笛标志（如图 8-2-78 所示）

鸣笛标志指令船舶按有关规定鸣放声号。其设在规定鸣放声号的地点。

图 8-2-78　鸣笛标志（代码 610）

（8）右舷会船标志（如图 8-2-79 所示）

右舷会船标志指令船舶对驶相遇时，互以右舷会船。其设在应以右舷会船区域的两端。

图 8-2-79　右舷会船标志（代码 611）

（9）绕行标志（如图 8-2-80 所示）

绕行标志指令船舶从一指定物（危险品码头、浮动设施、船舶等）左侧或右侧保持一定横距行驶。其设在需要过往船舶绕开行驶的指定物的两端或其上、下游的适当位置。应保持的横距数值，以附加辅助标志标示。

（a）左侧绕行（代码 612）　（b）右侧绕行（代码 613）

图 8-2-80　绕行标志

（10）停航受检标志（如图 8-2-81 所示）

停航受检标志指令船舶停航接受检查。其设在经批准设置的长期或临时检查站的适当位置。

图 8-2-81　停航受检标志(代码 614)

(11)横越区标志(如图 8-2-82 所示)

横越区标志标示指定为船舶横越航道的区域,船舶应在此处横越航道。其设在横越区的两岸。

图 8-2-82　横越区标志(代码 615)

4. 提示标志

1)作用:提示标志是用于传递与交通有关信息的标志。

2)颜色:提示标志的颜色除航道尽头标志、分界标志和场所距离标志外均为绿底、白边框、白图案或文字。

3)种类和设置地点

(1)靠泊区标志(如图 8-2-83 所示)

靠泊区标志标示港内允许船舶靠泊的区域。其顺航道设在靠泊区的中间、一端或两端。

图 8-2-83　靠泊区标志(代码 701)

(2)锚地标志(如图 8-2-84 所示)

锚地标志标示允许船舶锚泊的区域。其顺航道设在锚地的中间、一端或两端, 或安装在锚地专用浮标的灯架上。

图 8-2-84　锚地标志(代码 702)

(3)掉头区标志(如图 8-2-85 所示)

掉头区标志标示港内允许船舶掉头的区域。其顺航道设在掉头区的中间、一端或两端。

图 8-2-85　掉头区标志(代码 703)

（4）水上运动区域标志(如图 8-2-86 所示)

水上运动区域标志标示经海事管理机构批准的准予进行某项水上运动的区域。其顺航道设在运动区域两端的岸上或标示该项运动水域界限的专用浮标的灯架上。

(a)游泳区(代码 704) 　　(b)滑水区(代码 705)

(c)驶帆区(代码 706) 　　(d)驶帆板区(代码 707)

(e)划艇区(代码 708)　　(f)摩托艇活动区(代码 709)

图 8-2-86　水上运动区域标志

（5）航道尽头标志(如图 8-2-87 所示)

航道尽头标志标示该段水域为航道尽头。其设在该水域的入口处。

图 8-2-87　航道尽头标志(代码 710)

(6)通信联络标志(如图 8-2-88 所示)

通信联络标志提示船舶按标示的频道(频率)相互间联络或与海事机构联系或收听交通信息广播。其设在用无线电指挥交通或发布交通信息的地方。图 8-2-88(a)~图 8-2-88(d)为示例:图 8-2-88(a)表示使用超高频 16 频道联络;图 8-2-88(b)表示使用甚高频 16 频道联络;图 8-2-88(c)表示调频 95 兆赫广播交通信息;图 8-2-88(d)表示中波 648 千赫广播交通信息。

(a)超高频联络(代码 711)　　　(b)甚高频联络(代码 712)

(c)调频广播(代码 713)　　　(d)中波广播(代码 714)

图 8-2-88　通信联络标志

(7)应急电话标志(如图 8-2-89 所示)

应急电话标志标示管辖该水域的海事机构、应急站或当地统一的值班应急电话号码。其顺航道设在适当地点。

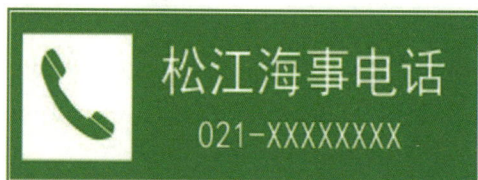

图 8-2-89　应急电话标志

(8)地名标志(如图 8-2-90 所示)

地名标志标示航道沿线经过的市、县、镇、港口、名胜古迹等地点名称。其设在标示对象的边界处。

(a)市镇　　　　(b)港口(区)　　　　(c)名胜古迹

图 8-2-90　地名标志

（9）分界标志（如图 8-2-91 所示）

分界标志标示行政区划或专职管理机构辖区的分界处。其顺航道设在两个辖区分界处的岸上。

（a）行政区划分界

（b）管理机构辖区分界

图 8-2-91　分界标志

（10）场所距离标志（如图 8-2-92 所示）

场所距离标志标示某个与水上有关的场所（如航道服务区、船舶加油站、航修站、应急站以及船舶污染物接收站等）的方向和距离。场所距离标志顺航道设置在该场所上、下游的适当位置。

（a）航道服务区（含距离）

（b）游艇码头　　　　　　　　　　　　　　（c）水文站

图 8-2-92　场所距离标志（代码 718）

（11）通航净高标尺和闸门槛水深标尺（如图 8-2-93 所示）

通航净高标尺和闸门槛水深标尺均由铭牌和标尺组成。通航净高标尺设置在水上建筑物上或其上、下游显而易见的适当位置。闸门槛水深标尺设置在闸门槛上、下游显而易见的适当位置。

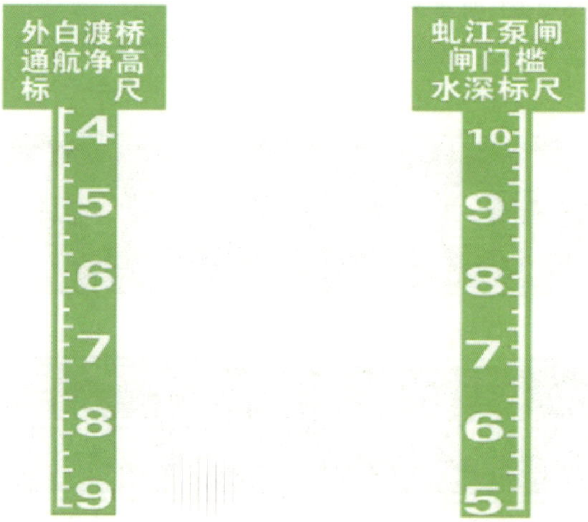

（a）通航净高标尺（代码721）　　　（b）闸门槛水深标尺（代码722）

图 8-2-93　通航净高标尺和闸门槛水深标尺

（12）其他告示性提示标志

交叉河口方向距离、岸线使用范围、航道（线）起讫等交通信息都可以告示性提示标志标示。

5. 辅助标志

1）凡主标志无法完整表达其规定时，应附加辅助标志。辅助标志不单独使用。

2）辅助标志的颜色为白底、黑字、黑边框。

3）辅助标志所表述的文字应当简洁、明了、准确、无歧义，需要时可以使用"箭头"等图形符号。

4）辅助标志的种类和使用方法。

（1）标示时间（如图 8-2-94 所示）

图 8-2-94　标示时间

（2）标示方向、距离（如图 8-2-95 所示）

图 8-2-95　标示方向、距离

（3）标示区域、范围（如图 8-2-96 所示）

图 8-2-96　标示区域、范围

（4）标示缘由（如图 8-2-97 所示）

| 施　工 | 海　事 | 残　桩 |

图 8-2-97　标示缘由

（5）标示船舶种类（如图 8-2-98 所示）

| 顶 推 船 | 危 险 品 船 |

图 8-2-98　标示船舶种类

（6）组合标示（如图 8-2-99 所示）

图 8-2-99　组合标示

（7）辅助标志附加在主标志的下部，其上部边框线应紧靠所附主标志边框的下边，边框左、右和下部的衬边应与主标志的衬边等宽（如图 8-2-100 所示）。

图 8-2-100　主标志附加辅助标志示例

6. 可变信息标志（如图 8-2-101 所示）

1）可变信息标志的应用

（1）可变信息标志一般用于干线航道、干支流交汇水域和通航密集区、交通管制航段以及船闸、港区、跨河桥梁等重要水域。

（2）可变信息标志可显示因航道、船闸、船舶流、交通事故、水上水下活动和气象等情况的变化而改变的管理内容，用于发布航行通/警告、气象预报、交通信息。

（3）利用实测水位和桥梁上底标高两类数据，经处理后可供可变信息标志显示桥梁的即时实际通航净高。在一条航道的全部桥梁或一个航段的相邻桥梁中，可同时显示一座最低矮桥梁的通航净高。

（4）设置可变信息标志显示通航净高的桥梁，其桥柱上的甲类桥梁警示标志可免于附加通航净高标尺。

2）可变信息标志的显示与设置方式

（1）可变信息标志的显示方式有高亮度发光二极管（LED）、灯光矩阵、磁翻版、字幕式、光纤式等。

（2）可变信息标志设置在其显示内容作用区域两端的适当位置，最佳位置为过河建筑物的迎船面上。

（3）可变信息标志的版面大小、显示方式，可根据水域的实际状况、标志功能、显示内容、控制方式等因素确定，其字幕颜色应根据所显示内容的性质遵循下列原则：警告类为黄色，禁止、限制和警示类为红色，指令类为蓝色，提示类为绿色。

（a）指令类可变信息标志（代码801）　（b）提示类可变信息标志（代码802）

图8-2-101　可变信息标志

（五）航行图的使用

1.概述

航行图是水道图的一种，是按一定的比例尺将河槽形状、水深分布、障碍物位置以及与航行有关的资料等，用各种符号绘制在平面纸上，供船舶航行用的一种图。图中不能用符号表明的部分，则以文字加以说明。它是船舶驾驶人员在航行中必备的重要资料，是船舶驾驶人员全面了解和掌握航道情况、正确地选择航路、摆正船位、引导船舶安全航行的重要依据。

2.航行图基本要素

1）比例尺

航行图上线段长度与对应的实际地形长度之比，称为该图的比例尺，航行图上常用的比例尺有数字比例尺和直线比例尺两种。

（1）数字比例尺

用分数或数字比例形式表示的比例尺叫数字比例尺。为了计算方便，一般比例尺用分子为1、分母为整数的形式表示，分母表示实际地形长度在图上的缩小倍数。航行图中常用的比例尺有1/25 000、1/40 000、1/50 000等，也可以写成1∶25 000、1∶40 000、1∶50 000的形式，分母越大，则比例尺越小；反之，分母越小，则比例尺越大。

（2）直线比例尺（如图8-2-102所示）

应用数字比例尺需要经常换算，在实际使用时不方便，为了直接而方便地进行图上与实地相应水平距离的换算，可采用直线比例尺。它是在图上用一定线段的长度来表示地面的实际长度，可以在图上直接量取距离，使用方便，故一般航行图均采用直线比例尺。

1 000 米 500 米 0   1   2   3   4 千米

图 8-2-102 直线比例尺

在渐长纬度图上,纬度 1′ 的长度表示地理上的 1 海里,所以图上两边纬度分划也是一种比例尺,可直接在航行区域附近的纬度分划上量取实际距离。

2)航行图主要图式

(1)在航行图上,代表各种不同河床、地形、地物的符号称为图式。

①水深、水区界限图式,如表 8-2-1 所示;

②水区障碍物、底质图式,如表 8-2-2 所示;

③居民地、地物、地貌图式,如表 8-2-3 所示。

表 8-2-1 水深、水区界限图式

符号名称	符号	说明
岸线	〰〰〰	
陡岸	〰〰〰	
水深数字	$\underline{5}_1$ 5_3	表示基准面下的深度
等深线(米)	0 ⋯⋯ 2 ⋯⋯ 5 ⋯⋯ 10 ⋯⋯	
等干出线	——	
导航线	250°～70°	(红色)
主航线	——	全年通航的航线(红色)
经济航线	——	
变迁航线	— — —	通常都为易变水道(红色)
禁区界线	— · — · —	(紫色)
港界	— · — · —	
锚地界	— · — · —	
里程线	—————○170	(红色)
危险界线	⋯⋯⋯	(紫色)

表 8-2-2　水区障碍物、底质图式　　　　　　表 8-2-3　居民地、地物、地貌图式

符号名称	符号
卵石	
沙滩	
岩礁	
险恶地	
明礁	
暗礁	
干出礁	
适淹礁	
概位礁	（概位）　（疑存）
暗礁（注明深度）	
部分露出基准面上的沉船	
深度不及6.5米的沉船	
深度超过6.5米的沉船	
深度不明的沉船	
测出水深的沉船	沉船
性质不明的障碍物	
测出深度的性质不明障碍物	障碍物
石堆	

符号名称	符号
城镇	
乡村	
独立村	
宝塔	
烟囱	
庙宇	
教堂	
塔形建筑物	
铁塔	
独立石	
气象站	
纪念碑	
三角点高程点	
正北	
山脉	
铁路	
公路	
乡村小路	
铁路桥	
公路桥	
小桥	

（2）重要图式注释

①水深

航行图上的水深数字主要有表示绘图基准面以下的水深和表示绘图基准面以上的水深两种表示方式。

②等深线

等深线是指航行图上水深相等的各点的连线。根据等深水深大小分别用实线或虚线等方

式来表示。

③礁石

礁石是指水道中突出、孤立的岩石。它可区分为明礁、干出礁、适淹礁和暗礁。

明礁:洪水期露出水面的孤立岩石。

干出礁:绘图基准面以上的孤立礁石,洪水期时淹没,枯水期时露出,数字注记是干出高度。

适淹礁:仅指绘图基准面适淹的礁石。

暗礁:绘图基准面以下的孤立礁石。

④沉船

沉船分为部分露出基准面上的沉船、深度不明的沉船、测出水深的沉船。

⑤障碍物

障碍物是指水域中有碍航行的物体。如水底的桩、柱、管、弃锚等,均注明性质、深度或高度。对其可靠程度,则用"概位""疑存"注记。

⑥险恶地

险恶地是指岩礁、暗礁密布,不能一一测定位置,对航行有极大危险的水域。

3. 主要航行图的种类及特点

1)航行参考图

航行参考图是最基本、最普遍的助航图册。它一般由图页部分和文字说明部分组成。

(1)图页部分:主要内容是以各种符号表明某段水道的形态、宽度、水流、水深、底质、滩险、礁石、沙嘴、浅滩,以及沉船等障碍物的位置、大小、高低和碍航程度,亦表明航行时可供利用的助航标志及锚地等。在每张图页上均有标题栏,其内容一般包括该段水道的名称、比例尺、资料来源、测量日期、深度和高度基准面、潮汐资料、磁差和水道说明等。在图的边框,一般还注有图号和图幅的大小等。

(2)文字说明部分:文字说明部分有说明、前言、目录、索引图、图式(图例)、航区概论、驾引须知、主要港口概况等。它们的内容包括航行图的绘编、资料来源和采用方式、图的测量和绘制方法、有关航行的自然条件,以及气象、水文、地质情况等。

2)船舶定线航行参考图

船舶定线航行参考图一般以彩图形式绘制而成,其内容由图页部分和文字说明部分组成。

(1)图页部分:除与航行参考图具有同样内容外,主要是结合航道具体情况,根据船舶定线制规定,以不同的符号、线段和颜色,标明航道边线、分隔带(线)、上行通航分道、下行通航分道、深水航道、小型或慢速船舶的推荐航路、特定航路、航行警戒区等内容。

(2)文字说明部分:除具有航行参考图的文字说明内容外,主要介绍了航道概况、船舶航路和航行注意事项等内容。

3)电子江图

电子江图是指利用计算机、地理信息等技术,将航道各要素信息按照相关技术规范和标准进行技术处理,制作而成的标准化、数字化的专题地图。它是电子海图理论及应用的一个分支,但两者也有区别,例如,电子江图目前没有统一的国际规范和标准;由于内河航道复杂多变,电子江图目前无法实现自动驾引等。

4) 长江电子航道图系统概况

目前国内较为先进和完善的航行参考图是长江电子航道图系统,且为继续拓展电子航道图的应用服务能力,长江航道局已经完成长江电子航道图(3.0 版)系统建设和上线运行。电子江图和电子航道图在严格定义上是有所区别的,但在功能使用上基本类似。

长江电子航道图系统由生产编辑系统、公共服务平台和应用系统组成。其中,生产编辑系统通过整合长江全线航道基础地理信息数据、航标数据、水位数据、航道实际维护尺度数据等,实现航道地理信息数据的统一管理;公共服务平台通过网络向管理单位、航运企业和社会公众提供长江电子航道图的服务、更新与运行管理;应用系统通过与 GPS 系统、AIS 系统、雷达系统等多系统相融合,为船舶提供形象、直观、高效、精确的导航、助航功能和便捷的通信功能。

长江电子航道图系统可以为用户提供最新、最全的航道信息服务,为船舶航行提供参考。其具体功能包括:

(1) 电子航道图显示与浏览:显示电子航道图。通过放大、缩小、平移等操作,可以快速浏览不同比例尺的电子航道图。

(2) 航道要素显示及信息查询:显示航标、水深、桥梁、码头等航道要素,沉船、礁石等水下碍航物。提供航道要素及属性、航道维护水深、航行通告预警等信息查询。

(3) 周实际维护水深显示:提供满足各河段周实际维护水深范围与显示。

(4) 虚拟航标的显示与查询:显示航道虚拟航标,并提供相关信息查询。

(5) 可视距离信息显示:提供重点河段可视距离信息。

(6) 航道信息自动更新:提供电子航道图数据,以及航标、水位等航道信息的自动更新。

(7) 船舶助航:通过定位系统在电子航道图上显示本船的船位、航向、航速等,辅助船舶航行。

(8) 周边船舶识别与显示:实时获取本船周边船舶的 AIS 信息,并在电子航道图上显示。

(9) 航行预警:提供偏离航道预警,船舶交会预警,水下碍航物预警,桥区、锚地、横驶区、警戒区等特殊水域航行提示。

(10) 船舶远程监控及轨迹回放:实时监控并记录船舶的位置及航行状态,并提供航行轨迹回放。

(11) 标注及测量:可以在电子航道图上进行标注、距离及面积量算等操作。

(12) 可航水深查询与显示:提供满足用户查询条件的当天及未来 7 天不同水深航道范围显示。

(13) 流速信息显示:提供不同河段的主、缓流区域显示。

(14) 港区水域图显示:根据船舶的位置和状态,自动加载并显示港区水域详情图。

4. 航行图的使用

1) 应尽量选用质量好的和大比例尺的航道图。

2) 在读图时,应认真阅读文字说明部分,包括比例尺、基准面、图式、水文、气象、航道概况、驾引须知等。在阅读各图幅时,要先看清水道名称、平面形态和附近的主要居民点,然后进一步了解该段河槽内泥沙冲积形成物的分布情况、障碍物的种类和位置、水深的分布、沿岸地形特征、航行标志及基本航行方法等内容。为了迅速熟悉和记住航道,可采取分段记忆,并按由大到小、由粗到细、由特殊到一般的步骤进行。

3) 在分析航道条件、研究拟定引航方案时,应善于根据图中等深线的分布情况,判明主流位置、不正常水流的种类和范围、障碍物的碍航程度等,然后再进一步结合船舶性能,按上行或下行的要求,谨慎地拟定出计划航线。

4)在使用航道图时,还必须与实际地形有机地联系起来。具体方法是:要认定一些具有某种特征的岸嘴、山角、汊河口、江心洲头或洲尾等地形地物,并结合地方名称和航行标志作为图形和实际地形的联系纽带。如果不注意掌握好这一环节,就可能出现在图上说得头头是道,而在实际航道中却不知道船走到哪里了的脱节现象。

5)航道图也可能存在误差和不准确之处,特别是一些资料陈旧的图,而且在航道图中水域的空白处,并不表示该处没有危险物,而仅仅说明该处未经水深测量。所以在使用航道图时不应盲目地相信它,应经常注意航槽和航标是否变化,特别要注意浅滩的水深变化。

（六）气象基本知识

游艇在航行中不可避免地受到天气和海况的影响,如何利用当前的气象和水文条件,最大限度地避免不利影响所导致的事故的发生是游艇操作人员应该掌握的一项技能。

气温、气压、湿度、风、能见度、雾、云等,是表征大气状态的物理量或物理现象,称为气象要素。要了解天气变化和气候规律,必须首先了解气象要素。

1. 气温

气温是表示空气冷热程度的物理量。气温的高低与人类活动密切相关,它的变化与气压和风的变化密切相关,气温的分布和变化与大气稳定度及云、雾、降水等天气现象密切相关。

1)气温的日变化

一日内气温昼高夜低,有一个最高值和一个最低值。最低气温出现在接近日出前,日出后气温逐渐上升。其日变化特点是:一天中最高气温,陆地上在 13—14 时,海洋上在 12 时 30 分;最低气温出现在接近日出前。一昼夜内最高气温与最低气温之差值,称为气温日较差,它的大小与纬度、季节、下垫面性质、地形、海拔高度及天气状况有关。

2)气温的年变化

一年之内,月平均气温也有一个最高值和一个最低值。通常,其年变化特点是:一年中月平均最高气温为北半球,陆地在 7 月,海洋在 8 月;南半球,陆地在 1 月,海洋在 2 月。最低气温为北半球,陆地在 1 月,海洋在 2 月;南半球,陆地在 7 月,海洋在 8 月。

气温的年变化幅度称为气温年较差,它是一年中最热月份的平均气温与最冷月份的平均气温之差。

3)气温与天气

引起气温日变化的基本因素是天文因素,即昼夜长短和太阳高度,也就是与上述因素相对应的太阳辐射的时间和强度。如果受到来自高纬度冷空气平流或来自低纬度暖空气平流的作用,正常的气温日变化规律将遭到明显的干扰,出现"日寒夜暖"的反常现象,那么很明显暖空气非常活跃,天气即将变坏。如果气温日变化正常,意味着冷暖平流的作用居于次要的地位,预示着天气晴好少雨。

根据气温预测天气,要考虑季节背景。在冬季,冷是正常现象,只有冷得足,才能晴得长。在大冷期间,天气总是晴好,一旦变得暖和起来,天气往往就要变了。反之,在夏季,暖是正常现象,只要热而不闷,是不会下雨的。一旦天气变冷,只要稍有一点冷空气下来,往往就会下雨。当然,天气变化是复杂的,仅仅依据气温情况进行天气预测,就难免有一定的片面性,因此必须综合分析,全面考虑,才能收到较好的预测效果。

2. 气压

1)气压的定义与单位

大气是有重量的,单位截面上大气柱的重量称为大气压强,简称气压。气压常用单位"百帕(hPa)""毫巴(mb)""毫米汞柱(mmHg)"来表示。

在标准情况(气温 0 摄氏度、纬度 45 度)下,海平面上,760 毫米汞柱高的大气压称为标准大气压 p_0。

标准大气压 p_0、百帕、毫巴和毫米汞柱之间有如下关系:

$$p_0 = 1\ 013.25\ 百帕$$

$$1\ 百帕 = 1\ 毫巴 = \frac{3}{4}\ 毫米汞柱$$

$$或 \quad 1\ 毫米汞柱 = \frac{4}{3}\ 百帕$$

2)气压与天气

气压的高低及其变化趋势,同未来的天气变化有着十分密切的关系。在一般情况下,气压的明显升高,意味着干冷气流的加强和空气下沉运动的发展,二者对于成云致雨都是不利的,所以在这种情况下,天气晴好;相反,气压的明显下降,意味着暖湿气流的加强和空气上升运动的发展,二者提供了成云致雨所需要的动力,因此导致阴雨天气。在同一地点,气压上升到最高值的期间,即受高压控制时,往往就是空气下沉运动最明显的时期,呈现晴好天气。反之,气压下降到最低值的期间,即受低压控制时,往往就是空气上升运动最明显的时期,呈现阴雨天气。当然,气压的上升和下降,还有各种不同的情况。在气压很高的时候,气压的轻微下降未必是降水的先兆。反之,在气压很低的时候,气压的轻微上升亦未必是转晴的征兆。另外,所需的猛升和猛降,往往是迅速转晴或降水的先兆,而气压的平稳下降,往往带来比较缓慢的降水。至于气压下降时出现的不稳定跳动现象,往往预示雷雨等剧烈天气即将来临。

根据气压来判断天气变化,必须注意气压的日变化规律是否遭到破坏。在天气晴好的情况下,气压的日变化是正常的,而在阴雨天气时,正常的日变化规律便遭到破坏。天气的变化受多方面因素的影响,气压只是其中之一,未必能够说明天气变化的全局。仅仅依据气压变化所做出的天气预测,未必完全符合客观实际。

3. 湿度

大气湿度简称湿度,是用来表示大气中水汽含量的多少或大气潮湿程度的物理量。大气中由所含水汽引起的这一部分压强称为水汽压,其单位与大气压相同,用百帕(hPa)或毫米汞柱(mmHg)表示。空气中实际水汽含量越多,e 值越大;实际水汽含量越少,e 值越小。水汽压的大小直接表示了空气中水汽含量的多少。

空气有未饱和、饱和和过饱和之分。饱和空气的水汽压称为饱和水汽压(E),在一定的温度条件下,一定体积的空气中能容纳的水汽分子的数量有一个最大限度,超过这个限度时多余的水汽就会发生凝结现象。空气中的水汽含量不变且气压一定时,降低气温,使未饱和空气刚好达到饱和时的温度称为露点温度,简称露点。在天气分析中,经常利用气温露点差表示空气的饱和程度。

4. 风

1）风的定义

空气相对于地面或海面的水平运动称为风。风速是单位时间内空气在水平方向上移动的距离。

2）风向的确定

风的来向称为风向。风向常用十六个方位或圆周方位法（顺时针方向 0~360 度）表示（如图 8-2-103 所示）。

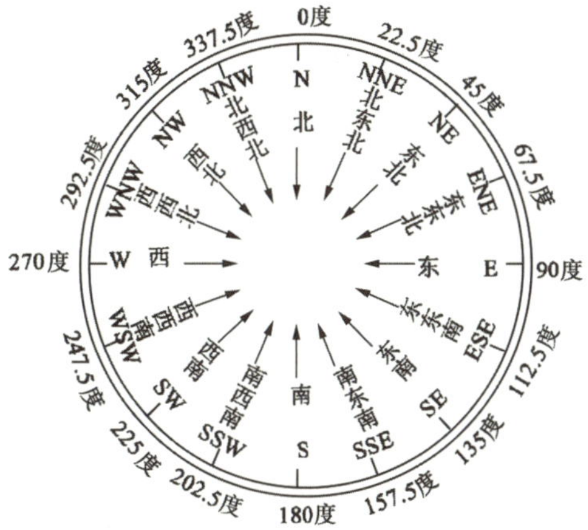

图 8-2-103 风向的十六个方位及圆周方位

3）风级的划分标准

在日常生活和实际工作中，人们习惯于用风力来表示风的大小。风力等级是根据风对地面或水面的影响程度来确定的。目前国际上采用的风力等级是英国人蒲福于 1905 年拟定的，故又称"蒲福风级"，从 0 至 12 共分为 13 个等级，自 1946 年以后，风力等级又有修改，并增加到 18 个等级，如表 8-2-4 所示。我国 2012 年 6 月发布的《风力等级（GB/T 28591—2012）》国家标准，依据标准气象观测场 10 米高度处的风速大小，将风力等级依次划分为 18 个等级。

表达风速的常用单位有三个，分别为海里/小时（nmile/h）即节（kn）、米/秒（m/s）、千米/小时（km/h），我国台风预报时常用单位为米/秒。换算关系：1 千米/小时 = 0.28 米/秒；1 米/秒 = 3.6 千米/小时；1 节 = 1.852 千米/小时 ≈ 0.5 米/秒；1 米/秒 ≈ 2 节。

表 8-2-4 风力等级表

风级	名称	相当于空旷平地上标准高度 10 米处的风速			陆地地面物象	海面波浪	平均浪高（米）	最高浪高（米）
		海里/小时	米/秒	千米/小时				
0	无风	<1	0.0~0.2	<1	静，烟直上	平静	0.0	0.0
1	软风	1~3	0.3~1.5	1~5	烟示风向	微波峰无飞沫	0.1	0.1
2	轻风	4~6	1.6~3.3	6~11	感觉有风	小波峰未破碎	0.2	0.3
3	微风	6~10	3.4~5.4	12~19	旌旗展开	小波峰顶破裂	0.6	1.0
4	和风	11~16	5.5~7.9	20~28	吹起尘土	小浪白沫波峰	1.0	1.5
5	劲风	16~21	8.0~10.7	29~38	小树摇摆	中浪折沫峰群	2.0	2.5
6	强风	22~27	10.7~13.8	39~49	电线有声	大浪白沫离峰	3.0	4.0

续表

风级	名称	相当于空旷平地上标准高度10米处的风速			陆地地面物象	海面波浪	平均浪高（米）	最高浪高（米）
		海里/小时	米/秒	千米/小时				
7	疾风	27~33	13.9~17.1	50~61	步行困难	破峰白沫成条	4.0	5.5
8	大风	34~40	17.2~20.7	62~74	折毁树枝	浪长高有浪花	5.5	7.5
9	烈风	41~47	20.7~24.4	75~88	小损房屋	浪峰倒卷	7.0	10.0
10	狂风	47~55	24.5~28.4	89~102	拔起树木	海浪翻滚咆哮	9.0	12.5
11	暴风	56~63	28.5~32.6	103~117	损毁重大	波峰全呈飞沫	11.5	16.0
12	飓风	64~71	32.6~36.9	117~133	摧毁极大	海浪滔天	14.0	—
13		72~80	37.0~41.4	134~149	—	—	—	—
14		81~89	41.5~46.1	150~166	—	—	—	—
15		90~99	46.2~50.9	166~183	—	—	—	—
16		100~108	51.0~56.0	184~201	—	—	—	—
17		109~118	56.1~61.2	202~220	—	—	—	—

4）真风、船风、视风的关系

（1）真风：相对于地面的实际的风。

（2）船风：船舶在航行时，从船首方向吹来的风，其风的作用方向与船舶运动方向相反，风速与船速相等。

（3）视风：航行风与真风的合成风，又叫相对风。船舶航行时所测到的风向、风速即为视风。

（4）真风、船风、视风的关系

驾驶人员在航行或靠、离泊等操纵中，考虑风对船舶操纵的影响时，需要掌握的是真风的数据，因此，必须把视风换算为真风。

①利用图解法求算真风（如图8-2-104所示）根据矢量的合成和分解原理，可在方格线上或在航行图的罗经花处作图。其方法是：以方格线中的一个交点或罗经花的中心为船位 S，从 S 点向与航向相反的方向画船风矢量 SA，箭头指向与航向相反，SA 的长度表示船速；再以 S 点画视风矢量 SB，箭头指向视风去向，SB 的长度表示视风速；连接 AB 两点，即为真风矢量，箭头由 A 指向 B 是真风的去向。用量角器或从罗经花上便可量得真风向。用两脚规量取 AB 的长度，按 SA 和 SB 同样的长度单位计算出风速，该风速就是真风速。

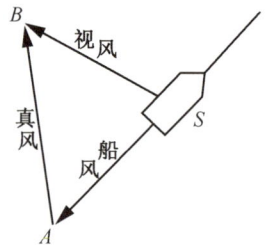

图 8-2-104　利用图解法求算真风

②目力测风向

在无测风仪器或测风仪器出现故障的情况下，必须对风向和风力进行目测。可观察在附近锚泊船的旗子摆动方向、附近烟囱的炊烟方向、附近岸边树木的摆动方向等来判定风向。还可以根据风掀起的波浪来判定风向，通常由风掀起的白浪花带的方向与风向垂直。

5）风对船舶的影响

风对船舶的影响除了失速或增速外，一方面使船舶向下风漂移，另一方面使船舶发生偏转。而由于定常风和突发风的风力特点不同,风向有时也会发生变动,况且船舶回转时与风的相对风向在变化,不同吃水时受风面积又有很大差别,这就增加了船舶操纵的复杂性。

船舶进入大风浪区域航行时,将出现较剧烈的摇荡运动、降速、航向不稳定,以及由此引发的其他操纵方面的困难,甚至出现难以预料的危险,要谨慎驾驶。

5.能见度

1)能见度概念

视力正常的人,在当时的天气条件下,能从天空背景区别物标轮廓的最大水平距离称为能见度。

2)能见度的等级

按照物标的可见程度,能见度分为 0~9 共 10 个等级(如表 8-2-5 所示)。

表 8-2-5　能见度的等级表

等级	能见距离(千米)	能见度鉴定	可能出现的天气现象
0	< 0.05		浓雾
1	0.05~0.2	能见度恶劣	浓雾或暴雪
2	0.2~0.5		大雾或大雪
3	0.5~1	能见度不良	雾或中雪
4	1~2		轻雾或暴雨
5	2~4	能见度中等	小雪、大雨、轻雾
6	4~10		中雨、小雪、轻雾
7	10~20	能见度良好	小雨、毛毛雨
8	20~50	能见度很好	无降水
9	≥50	能见度极好	空气澄明

3)能见度不良对船舶航行的影响

能见度不良的危害主要是能见距离降低:一方面,使船舶难以观测附近的物标,定位困难,从而导致船舶无法准确航行在计划航线上,可能偏离航线而进入危险区域,比如富余水深不足或有礁石的区域;另一方面,给瞭望造成很大的影响,瞭望人员无法直观地观测到周围船舶的运动态势及他船与本船的会遇局面,雷达等设备的探测性能也会受到影响。

能见度不良时,船舶的行动会受到很大的限制,通航环境也会变得更加复杂。另外,长时间连续地在能见度不良的情况下航行、值班,会给船员造成很大的心理压力。船员容易高度紧张,体力下降,思维及判断能力下降,情绪急躁,变得盲目、犹豫不决,存有侥幸心理,在关键时刻应变能力差,思维判断失常,极易导致安全事故的发生。

6.雾

雾是影响能见度的主要因素之一,雾对船舶的活动有着直接的影响。雾是发生在大气中的水汽凝结现象。

通常影响内河船舶航行的雾有辐射雾、平流雾、蒸发雾和山谷雾四类。

1)辐射雾

在晴朗微风而又比较潮湿的夜间,由于地面辐射冷却,气温降低到露点以下而形成的雾,称为辐射雾。

形成辐射雾的主要条件是晴夜、微风、近地面气层中水汽充沛。

辐射雾有以下特点:

(1)出现时间:辐射雾一年四季都能产生,但以秋季和冬季最多,夏季辐射雾比较少见。辐射雾一日之中通常在夜间形成,日出前最浓,日出后低层气温升高,导致雾的消散,风力增加也易使雾消散。一般冬季消散慢,夏季消散快。

(2)出现范围:辐射雾一般水平范围不大,厚度较小,并以近地面层的浓度最大。

(3)出现地点:辐射雾主要出现在内陆、沿海地区,沿江或沿海地区产生的辐射雾可随风移往附近的水面,会给内河或沿海航行的船舶带来影响。

2)平流雾

暖湿空气流经冷的下垫面,从而使水汽发生凝结而形成的雾,称为平流雾。

平流雾有以下特点:

(1)出现时间:平流雾出现的频率有明显的年变化,即春末夏初多,秋冬少。一日之中任何时刻都可能发生平流雾,它通常在阴天有云层时出现,出现时必须有风,但风力以2~4级为宜,风力增大或减小会使雾消散。

(2)出现范围:浓度和厚度大,水平范围广,持续时间长。

(3)出现地点:多出现在宽阔的海面上,也会产生于江、湖的水面上。

3)蒸发雾

冷空气流经暖水面时,由于水温高于气温,水面不断蒸发,水汽进入低层而形成的雾,称为蒸发雾。

蒸发雾有以下特点:

(1)出现时间:蒸发雾一年之中以晚秋和冬季为最多,一日之中多在早晨,持续时间不长,日出后随气温上升而慢慢消散。

(2)出现范围:蒸发雾浓度和厚度不大,范围较小,多数情况下贴近水面几米,常常不能遮蔽较高的桅杆。

(3)出现地点:蒸发雾多在河、湖上形成,看起来像从水面冒出的热气。

4)山谷雾

夜间冷空气沿谷坡下沉至谷底,当谷底湿度较大时,便发生凝结而形成雾。这种雾慢慢流出沟谷口而到达江面时便成为妨碍航行的雾,称为山谷雾。如果谷口河面比较宽阔,由谷口移来的冷空气温度又低,江面水温相对比较高,这样就形成了蒸发的条件而出现蒸发雾。在这种情况下,山谷雾和蒸发雾将掺和在一起,形成浓雾,弥漫河面,严重妨碍船舶航行。

5)雾的预测

广大船员常利用下列预兆来判断是否有雾:

(1)久雨初晴,夜间天气晴朗。

(2)日落西山晚霞红。

(3)夜间万里无云,星斗发出银光。

(4)白天吹大南风,夜间无风。

(5)深夜肌肤湿润,寒意浓,露水大。

(6)夜航中,水面冒烟,航标灯或岸上灯光发毛。

6)雾对船舶航行的影响

雾是影响能见度的主要因素之一,雾对船舶航行有着直接的影响。受雾的影响,能见度低下,船舶航行中的参照物和碍航物模糊不清或根本无法分辨,使驾引人员难以选择航路,造成船舶瞭望、陆标定位困难等,不能及时避让和安全交会,从而容易引发船舶触礁、碰撞等水上交通事故,造成人员伤亡、财产损失、环境污染。

7. 雷暴

雷暴是指由强积雨云引起的伴有雷电活动和阵性降水的局地风暴。在地面观测中,雷暴仅指伴有雷鸣和电闪的天气现象。

1)雷暴的特点

(1)雷暴的能量很大,千分之几到十分之几秒的雷电放出的电能,可达到数十亿到上千亿瓦特,温度为1万~2万摄氏度。

(2)雷暴有很强的局地性和突发性,水平范围只有几千米或十几千米,在时间尺度上也仅有2~3小时。因此,这种中小尺度天气系统在预报上有一定的难度。

(3)雷暴天气是夏季常见的天气现象。它由对流旺盛的积雨云所产生,由于积雨云的强烈发展,常伴有闪电、雷鸣、暴雨、大风,有时还会出现冰雹、龙卷风和下击暴流等灾害性天气。

2)雷暴对船舶航行的影响

雷暴是具有重大杀伤性的灾害性天气之一。雷暴对船舶航行的影响如下:

(1)船舶在航行时,突遇雷暴天气,雷电会使船舶的电子设备受损或失效,同时船舶雷达受暴雨干扰也不能正常使用,给船舶避让带来困难,甚至会造成主机停车、舵机失效,严重危害行驶安全。

(2)暴雨天气会使能见度降低,船舶在河道或航道航行,由于河道和航道走向以及可航水域宽度的限制,在遭遇雷雨大风时,船舶难以通过改变航向进行抵御,容易引发搁浅或触礁等事故。

(3)遇到强雷暴,通常伴有暴雨、大风、冰雹、龙卷风等严重的自然灾害性天气现象,船舶应小心提防狂风或水龙卷等袭击。

8. 龙卷风

龙卷风是一种强烈的、小范围的空气涡旋,是由雷暴云底伸展至地面的漏斗状云(龙卷)产生的强烈的旋风,其风力可达12级以上,风速最大可达100米/秒以上。龙卷风是在极不稳定天气下由空气强烈对流运动而产生的。龙卷风范围小,但很集中,破坏力特别强,很难提前监测到。在水面上产生的龙卷风叫作龙吸水。

1)主要特点

(1)季节性明显

龙卷风常发生于夏季的雷雨天气时,尤以下午至傍晚最为多见。

(2)持续时间短

龙卷风的生存时间一般只有几分钟,最长也不超过数小时。

(3)移动速度快

龙卷风中心附近的风速可达100~200米/秒。

(4)袭击范围小

龙卷风的直径一般为十几米到数百米。

（5）破坏力极强

龙卷风经过的地方,常会发生拔起大树、掀翻车辆、摧毁建筑物等现象,有时也会把人吸走,危害十分严重。

2）龙卷风对船舶航行的影响

龙卷风过境时能见度很低,刮起大风,影响船舶安全航行。船舶在遇到这种天气状况时要及时驶离,或选择避风锚地。船长和驾驶人员要加强瞭望,及时掌握天气的变化,确保航行的安全。

龙卷风的袭击突然而猛烈,产生的风是地面上最强的。在通常的情况下,如果龙卷风经过,天空中便飞舞着砖瓦、断木等碎物,因风速很大,能致人、畜伤亡,并将树木和电线杆砸出窟窿。因此,船舶要提前做好船上活动物体的绑扎和加固有关设备设施,不值班的船员应回到安全处所,以免碎物伤人或发生意外。

9. 寒潮

1）寒潮的标准及特点

（1）寒潮的标准

寒潮是指极地或高纬度地区的强冷空气大规模地向中、低纬度侵袭,造成大范围急剧降温和偏北大风的天气过程,有时还会伴有雨、雪和冰冻灾害。

《冷空气等级》国家标准规定:某一地区在冷空气过境后,日最低气温24小时内下降8摄氏度及以上,或48小时内下降10摄氏度及以上,或72小时内下降12摄氏度及以上,并且日最低气温下降到4摄氏度或以下时,可认为寒潮发生。可见,并不是每一次冷空气南下都称为寒潮。

（2）寒潮的特点

寒潮的爆发在不同的地域环境下具有不同的特点:在西北沙漠和黄土高原,表现为大风少雪,极易引发沙尘暴天气;在内蒙古草原则为大风、风雪和低温天气;在华北、黄淮地区,寒潮袭来常常风雪交加;在东北表现为更猛烈的大风、大雪,降雪量为全国之冠;在江南常伴随着寒风苦雨。寒潮在每年9月到次年5月均可发生,集中于3、4月,我国大部分地区受到影响。

2）寒潮对船舶航行的影响

寒潮是一种大型天气过程,会造成沿途大范围的剧烈降温、大风和风雪天气,由寒潮引发的大风、霜冻、雪灾、雨凇等灾害对农业、交通、电力、航海以及人们健康都有很大的影响。寒潮和强冷空气通常带来了大风、降温天气,是中国冬半年主要的灾害性天气。寒潮大风对内河船舶航行造成较大威胁和影响。

（1）寒潮可能导致船上水管、油管等结冰堵塞或爆裂,寒潮使风力增强,导致船舶所受的风动压力、风力转船力矩、风力倾侧力矩均增大。

（2）在波浪的作用下,舵叶和桨叶部分露出水面,致使舵力减少,推进效率下降。

（3）顶浪航行,船舶的纵摇和垂荡剧烈,船舶发生拍底现象,船体振动强烈,严重时桨叶脱落,尾轴断裂,甚至尾壳板破裂进水。

（4）横浪时,船舶的横摇周期和波浪周期相近,容易产生较大的横摇摆幅,降低横稳性,致使船舶的安全性变差。

（5）在寒潮大风浪中航行,船舶为了保向所需的压舵量势必增大,因而减少了舵力保向范围,致使船舶的操纵性变差。

（6）船舶在寒潮大风浪中航行，为了改变波浪遭遇周期，使遭遇周期数值保持在谐摇区之外，避免产生谐摇，需要通过采用更多的改变航向和船速的操作来达到，这样使得主机和相关设备的负荷大大增加，甚至超负荷运行，容易发生主机和设备故障。

3）船舶防寒潮措施

寒潮带来了大风降温天气，能见度降低。船舶应根据自身的抗风能力，及时选择安全地点停泊。船员对工作地点应及时清扫冰雪，甲板、过道、跳板应铺设防滑物垫，以免发生工伤事故。对船舶管系应用保暖材料包扎，并放完余水，以防止其在管内结冰而胀裂管壁。

10. 热带气旋

1）热带气旋的分类

根据《热带气旋等级》国家标准（GB/T 19201—2006），热带气旋分为热带低压、热带风暴、强热带风暴、台风、强台风和超强台风六个等级。热带气旋底层中心附近最大平均风速达到10.8~17.1米/秒（风力6~7级）为热带低压，达到17.2~24.4米/秒（风力8~9级）为热带风暴，达到24.5~32.6米/秒（风力10~11级）为强热带风暴，达到32.7~41.4米/秒（风力12~13级）为台风，达到41.5~50.9米/秒（风力14~15级）为强台风，达到或大于51.0米/秒（风力16级或以上）为超强台风，如表8-2-6所示。

表8-2-6 热带气旋等级划分表

热带气旋等级	底层中心附近最大平均风速（米/秒）	底层中心附近最大风力（级）
热带低压（TD）	10.8~17.1	6~7
热带风暴（TS）	17.2~24.4	8~9
强热带风暴（STS）	24.5~32.6	10~11
台风（TY）	32.7~41.4	12~13
强台风（STY）	41.5~50.9	14~15
超强台风（Super TY）	≥51.0	16 或以上

2）热带气旋的特点

热带气旋的中心海平面气压一般都在950百帕以下。台风是最强烈的灾害性天气系统。它常常带来狂风暴雨，海潮侵袭造成大范围的洪涝灾害和局部地区的风暴潮、海啸、山崩、泥石流和滑坡等严重的自然灾害。登陆陆地的热带气旋可以造成严重的财产损失或人命伤亡，是由天气引发天灾的一种。

3）热带气旋对船舶航行的影响

热带气旋是影响我国的主要灾害性天气系统之一。在船舶航行中，热带气旋是影响其安全航行的重要因素，当水面上出现热带气旋时，往往会伴随大雨、大风以及风暴潮等诸多极端恶劣天气的产生，这些极端恶劣天气会掀起巨浪，从而造成船舶失控甚至被打翻，这势必会给船舶的安全航行造成极大危害。特别是内河船舶，干舷较低，大风浪很容易导致船舱进水，影响船舶稳性。

4）游艇防台措施

游艇的吨位较小，使得游艇不适宜避风，因此防台措施对于游艇来说意义重大。

（1）及时收听台风通告，做好台风的预测。可通过电视台、无线电台、气象传真机或电话与游艇管理部门联系，获得准确的台风位置及移动路径等情况。每次出航前应查询当天的气象情况,遇有恶劣天气等不适合游艇出航的情况或者有禁止出航的警示时,禁止出航。

(2)游艇管理部门或当地政府主管部门应制订"防台风紧急避险预案"或"应急计划",做好对护岸等各类设施的应急措施。在受台风影响前,游艇应停靠在周围有遮蔽的水域,将游艇系牢,利用高大建筑进行避风防台,最好停靠在游艇管理部门设置的游艇干舱中。平时用的船上航行用品(帆布之类的物品)应收起来,尽量减少受风作用面积。

(3)建立海域防台的预报、警报、应急和监测、监视系统,提高防台能力,一旦出现灾害能进行及时、有效的处理。

(4)在发生台风时,由于港池水域的局限性,当出现游艇断缆时,可能会导致港池内船舶之间相互碰撞而引发更多事故,因此要加强防台设备设施的建设,比如增加游艇干舱的数量。

(5)当热带气旋达到一定的级数以致游艇在港内避台不安全时,应将游艇牵引上岸,必要时可利用起吊或坡道拖运的方式将其移至干舱避台。

(6)对于小型游艇,由于其吨位很小,非常不利于避台,因此建议在避台时最好将其牵引上岸并进入干舱避台。

(7)对于不能牵引上岸的游艇,在台风期间应增加系缆,并争取在此游艇周围预留安全水域,确保此游艇及其他游艇的安全。

(8)对于台风造成走锚、脱缆、搁浅和碰撞的游艇,要及时组织救助,减少台风造成的损失。

11. 天气预报

1)灾害性天气预报信息获取途径

(1)看电视天气预报;

(2)听广播气象节目;

(3)查看互联网气象信息;

(4)拨打气象预报电话;

(5)守听当地海事主管机关在甚高频发布的航行警告和天气预报;

(6)接收天气图传真和分析天气图表;

(7)进行气象观测。

2)灾害性天气预报种类

下文介绍按照《国家气象灾害应急预案》标准发布的台风、暴雨、暴雪、寒潮、海上大风、沙尘暴、低温、高温、干旱、霜冻、冰冻、大雾和霾等13类气象灾害预警。预警信号的级别依据气象灾害可能造成的危害程度、紧急程度和发展态势一般划分为四级:Ⅳ级(一般)、Ⅲ级(较重)、Ⅱ级(严重)、Ⅰ级(特别严重),依次用蓝色、黄色、橙色和红色表示,同时以中英文标识。

(1)台风预警按以下标准发布

①红色预警:预计未来48小时将有强台风(中心附近最大平均风力14~15级)、超强台风(中心附近最大平均风力16级及以上)登陆或影响我国沿海。

②橙色预警:预计未来48小时将有台风(中心附近最大平均风力12~13级)登陆或影响我国沿海。

③黄色预警:预计未来48小时将有强热带风暴(中心附近最大平均风力10~11级)登陆或影响我国沿海。

④蓝色预警:预计未来48小时将有热带风暴(中心附近最大平均风力8~9级)登陆或影

响我国沿海。

（2）暴雨预警按以下标准发布

①红色预警：过去48小时2个及以上省（区、市）大部地区持续出现日雨量100毫米以上降雨，且上述地区有日雨量超过250毫米的降雨，预计未来24小时上述地区仍将出现100毫米以上降雨。

②橙色预警：过去48小时2个及以上省（区、市）大部地区持续出现日雨量100毫米以上降雨，且南方地区有成片或北方地区有分散的日雨量超过250毫米的降雨，预计未来24小时上述地区仍将出现50毫米以上降雨；或者预计未来24小时2个及以上省（区、市）大部地区将出现250毫米以上降雨。

③黄色预警：过去24小时2个及以上省（区、市）大部地区出现100毫米以上降雨，预计未来24小时上述地区仍将出现50毫米以上降雨；或者预计未来24小时有2个及以上省（区、市）大部地区将出现100毫米以上降雨，且南方地区有成片或北方地区有分散的超过250毫米的降雨。

④蓝色预警：预计未来24小时2个及以上省（区、市）大部地区将出现50毫米以上降雨，且南方地区有成片或北方地区有分散的超过100毫米的降雨；或者已经出现并可能持续。

（3）暴雪预警按以下标准发布

①红色预警：过去24小时2个及以上省（区、市）大部地区出现25毫米以上降雪，预计未来24小时上述地区仍将出现10毫米以上降雪。

②橙色预警：过去24小时2个及以上省（区、市）大部地区出现10毫米以上降雪，预计未来24小时上述地区仍将出现5毫米以上降雪；或者预计未来24小时2个及以上省（区、市）大部地区将出现15毫米以上降雪。

③黄色预警：过去24小时2个及以上省（区、市）大部地区出现5毫米以上降雪，预计未来24小时上述地区仍将出现5毫米以上降雪；或者预计未来24小时2个及以上省（区、市）大部地区将出现10毫米以上降雪。

④蓝色预警：预计未来24小时2个及以上省（区、市）大部地区将出现5毫米以上降雪，且有成片超过10毫米的降雪。

（4）寒潮预警按以下标准发布

①橙色预警：预计未来48小时2个及以上省（区、市）大部地区平均气温或最低气温下降16摄氏度以上并伴有6级及以上大风，长江流域及其以北一半以上地区平均气温或最低气温将下降12摄氏度以上，冬季长江中下游地区（春、秋季江淮地区）最低气温降至4摄氏度、局地降至2摄氏度以下。

②黄色预警：预计未来48小时2个及以上省（区、市）大部地区平均气温或最低气温下降12摄氏度以上并伴有5级及以上大风，长江流域及其以北一半以上地区平均气温或最低气温将下降10摄氏度以上，冬季长江中下游地区（春、秋季江淮地区）最低气温降至4摄氏度以下。

③蓝色预警：预计未来48小时2个及以上省（区、市）大部地区平均气温或最低气温下降10摄氏度以上并伴有5级及以上大风，长江流域及其以北一半以上地区平均气温或最低气温将下降8摄氏度以上，冬季长江中下游地区（春、秋季江淮地区）最低气温降至4摄氏度以下。

（5）海上大风预警按以下标准发布

①橙色预警:预计未来48小时我国海区将出现平均风力达11级及以上大风天气。

②黄色预警:预计未来48小时我国海区将出现平均风力达9~10级大风天气。

(6)沙尘暴预警按以下标准发布

①黄色预警:预计未来24小时2个及以上省(区、市)大部地区将出现能见度小于500米的强沙尘暴天气;或者已经出现并可能持续。

②蓝色预警:预计未来24小时2个及以上省(区、市)大部地区将出现能见度小于1 000米的沙尘暴天气;或者已经出现并可能持续。

(7)低温预警按以下标准发布

①黄色预警:过去72小时2个及以上省(区、市)大部地区出现平均气温或最低气温较常年同期(最新气候平均值)偏低5摄氏度以上的持续低温天气,预计未来48小时上述地区平均气温或最低气温持续偏低5摄氏度以上(11月至翌年3月)。

②蓝色预警:过去24小时2个及以上省(区、市)大部地区出现平均气温或最低气温较常年同期(最新气候平均值)偏低5摄氏度以上的持续低温天气,预计未来48小时上述地区平均气温或最低气温持续偏低5摄氏度以上(11月至翌年3月)。

(8)高温预警按以下标准发布

①橙色预警:过去48小时2个及以上省(区、市)大部地区持续出现最高气温达37摄氏度及以上,且有成片达40摄氏度及以上高温天气,预计未来48小时上述地区仍将持续出现最高气温为37摄氏度及以上,且有成片40摄氏度及以上的高温天气。

②黄色预警:过去48小时2个及以上省(区、市)大部地区持续出现最高气温达37摄氏度及以上,预计未来48小时上述地区仍将持续出现37摄氏度及以上高温天气。

③蓝色预警:预计未来48小时4个及以上省(区、市)大部地区将持续出现最高气温为35摄氏度及以上,且有成片达37摄氏度及以上高温天气;或者已经出现并可能持续。

(9)干旱预警按以下标准发布

①红色预警:5个以上省(区、市)大部地区达到气象干旱重旱等级,且至少2个省(区、市)部分地区或2个大城市出现气象干旱特旱等级,预计干旱天气或干旱范围将进一步发展。

②橙色预警:3~5个省(区、市)大部地区达到气象干旱重旱等级,且至少1个省(区、市)部分地区或1个大城市出现气象干旱特旱等级,预计干旱天气或干旱范围将进一步发展。

③黄色预警:2个省(区、市)大部地区达到气象干旱重旱等级,预计干旱天气或干旱范围将进一步发展。

(10)霜冻预警按以下标准发布

蓝色预警:秋季霜冻(8月下旬—10月上旬),在我国北方地区,预计未来24小时2个及以上相邻省(区、市)将出现霜冻天气。

春季霜冻(3月中旬—6月上旬),在我国华北和西北地区及长江流域,预计未来24小时2个及以上相邻省(区、市)将出现霜冻天气。

冬季霜冻(11月中旬—翌年3月上旬),在我国华南和西南热带、亚热带地区,预计未来24小时2个及以上相邻省(区、市)将出现霜冻天气。

(11)冰冻预警按以下标准发布

①橙色预警:过去48小时3个及以上省(区、市)大部地区已持续出现冰冻天气,预计未来24小时上述地区仍将出现冰冻天气。

②黄色预警:预计未来 48 小时 3 个及以上省(区、市)大部地区将持续出现冰冻天气;或者过去 24 小时内已出现并可能持续。

(12)大雾预警按以下标准发布

①黄色预警:预计未来 24 小时 3 个及以上省(区、市)大部地区将出现能见度小于 500 米的雾,且有成片的能见度小于 200 米的雾;或者已经出现并可能持续。

②蓝色预警:预计未来 24 小时 3 个及以上省(区、市)大部地区将出现能见度小于 1 000 米的雾,且有成片的能见度小于 500 米的雾;或者已经出现并可能持续。

(13)霾预警按以下标准发布

蓝色预警:预计未来 24 小时 3 个及以上省(区、市)大部地区将出现能见度小于 2 000 米的霾;或者已经出现并可能持续。

(七)航道尺度和航道的水流条件

1. 航道尺度

1)内河航道尺度

航道尺度是在一定水位下的航道深度、航道宽度、航道弯曲半径和通航高度的总称。航道尺度随季节的不同、水位的涨落变化而变化。通常,洪水期航道尺度大,枯水期航道尺度小,但水上过河建筑物的通航高度则与之相反。同一条河流,根据河段、通航密度等条件,可分段制定各自的航道标准尺度,通常下游河段航道标准尺度大于上游河段。

2)航道标准尺度

航道标准尺度:又称航道维护尺度或航道保证尺度,它是指在一定保证率的设计最低通航水位下,为保证标准船舶安全通航,航道所必须维护的最小航道尺度。它包括航道标准深度、航道标准宽度和最小弯曲半径。

设计最低通航水位:在天然河流中,根据通航标准规定的设计最低通航水位,即设计所采用的允许标准船型或船队正常航行的最低水位。设计最低通航水位是航道标准尺度的起算水位,是航道整治工程进行规划、设计及施工的主要技术指标,是维护航道标准尺度的依据,它关系到通航标准的保证程度、整治工程的规模和维护措施等方面。

(1)航道标准深度

航道标准深度又称最小保证水深,它是设计代表船型在设计最低通航水位时,须保证的航道最小水深。航道标准深度是通航标准的主要指标,其标准值不小于设计代表船型的最大吃水加上富余水深,如图 8-2-105 所示。

$$H \geqslant T + \Delta h$$

式中:H——航道标准深度(米);

　　T——设计代表船型的最大吃水(米);

　　Δh——富余水深(米)。

(2)航道标准宽度

航道标准宽度是指在设计最低通航水位时,设计代表船型或船队满载吃水航行所需的航道最小宽度,即整个通航期内航道中

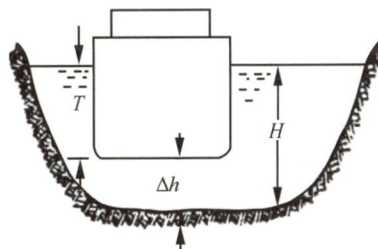

图 8-2-105　航道标准深度

H—航道标准深度;T—设计代表船型的最大吃水;Δh—富余水深

应保证的最小宽度,如图 8-2-106 所示。

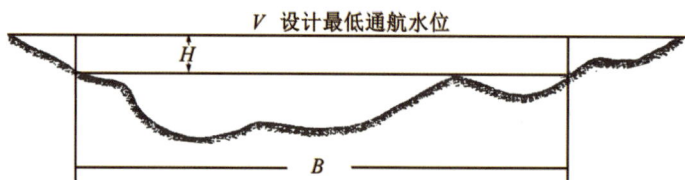

V 设计最低通航水位

图 8-2-106　航道标准宽度与深度示意图

（3）航道弯曲半径

航道弯曲半径是指航道弯曲处,其轴线圆的半径长度,又称为航道曲率半径或航道曲度半径。航道弯曲半径越小,则弯曲系数越大,航道条件越差,船舶航行越困难。

航道最小弯曲半径,是指在设计最低通航水位时,保证航区的代表船型或船队下行时能安全通过弯曲河段所必需的航道弯曲半径。

3）水上跨河设施通航尺度

（1）通航净空高度

通航净空高度是指适应船舶安全通过的最低高度。航运部门和桥梁工程部门通常把桥梁或架空电缆下缘最低点到设计最高通航水位的距离,称为跨河净空建筑物的安全高度;航运部门常把跨河架空建筑物的下缘最低点至当地零水位面的垂直距离,称为通航净空高度。船舶航行中因考虑各种因素的影响,须留一定的富余净空高度。

（2）富余净空高度

富余净空高度是指船舶在通过跨河架空建筑物时,其最高点至跨河架空建筑物下缘最低点的垂直距离,或称剩余净空高度或安全系数。它保证跨河架空建筑物及船舶在各种情况下的航行安全。

富余净空高度的确定必须考虑当地水位涨落变化的幅度、航区风浪的大小、船舶吃水的变化、跨河架空建筑物设计和安装的误差、热胀冷缩或下垂的幅度,还要考虑不同等级电压电缆电磁场的强度和范围。

（3）跨河架空建筑物净空宽度

跨河架空建筑物净空宽度是指跨越航道建筑物通航孔相邻两墩内侧,可供设计船舶或船队安全航行的有效宽度,对于天然河流和渠化河流是按单向船舶或船队通过所需要的宽度来确定的。为了保证通航安全,须使船舶或船队与跨河架空建筑物两墩内缘之间留有一定的富余宽度。船舶或船队的实际最大通航宽度必须小于净空宽度与富余宽度的差值。

（4）船闸有效尺度

船闸有效尺度是指船闸室内能够满足设计通航标准的有效尺度。该尺度包括船闸有效长度、船闸有效宽度、门槛最小水深。

①船闸有效长度

船闸有效长度是指船闸室内允许船舶或船队安全停泊的长度。船闸有效长度为设计最大船舶或船队长度加富余长度。当同一闸次为两个或多个船舶或船队纵向排列过闸时,船闸有效长度为船舶长度或船队长度之和加富余长度,还要加上各船舶或船队停泊间隔长度。

②船闸有效宽度

船闸有效宽度是指船闸室内允许船舶或船队安全停泊的宽度。船闸有效宽度为过闸设计代表船型或船队最大总宽度加富余宽度。当同一闸次有多个船舶或船队时,船闸有效宽度为并列停泊闸室最大总宽度加富余宽度。

③门槛最小水深

门槛最小水深是指设计最低通航水位至门槛顶部的垂直距离。门槛最小水深不应小于设计船舶或船队满载时最大吃水的1.6倍。

4)船舶尺度与通航尺度的关系

实际运用中,航行船舶应根据自身的情况,结合航道部门公布的航道维护尺度、水位以及桥梁、船闸的通航尺度,合理配载和编队,应满足如下条件:

(1)船舶实际最大吃水加上富余水深,应小于航道维护水深。

(2)船舶或船队最大宽度应小于航道维护宽度。

(3)船舶旋回运动所占水域的最大半径应小于航道弯曲半径。

(4)船舶水线以上高度加上规定安全距离,应小于过河建筑物的实际净空尺度。

(5)船舶或船队最大宽度加上规定的安全距离,应小于通航净宽度。

(6)船舶实际最大吃水加上富余水深,应小于船闸门槛水深。

(7)船舶最大船宽和最大长度应小于船闸有效宽度和有效长度。

满足上述条件仅仅是最基本的要求,船舶的航行安全还取决于航线选择和操纵方法是否合理、科学。

2. 航道的水流条件

1)流速

(1)流速的概念

水流在单位时间内流过的距离称为流速。流速一般以米/秒或千米/小时为计量单位。

(2)影响流速的因素

流速的大小与河流的纵比降、河槽的粗糙度、风向、风速及水深大小等有密切关系。纵比降与流速成正比。河槽的粗糙度则与流速成反比。

(3)流速的分布

①流速的平面分布(如图8-2-107所示)

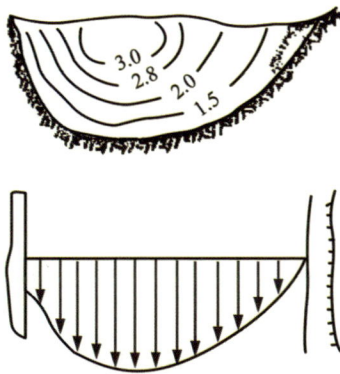

图 8-2-107　流速的平面分布

·在河底两岸附近,流速最小;

·水面流速从两岸最小水深处向最大水深处增大；

·陡岸边或靠近凹岸边流速大,坦岸边或靠近凸岸边流速小。

②流速的垂直分布

通常最大流速在河槽垂线上端离水面约 1/3 水深的范围内(如图 8-2-108 所示),最小流速在河底。当河底有障碍物时,河底流速可能等于零(如图 8-2-109 所示)。

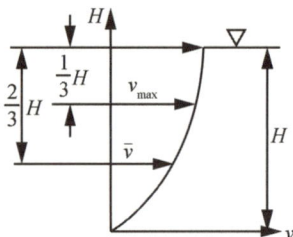

图 8-2-108　流速的垂直分布

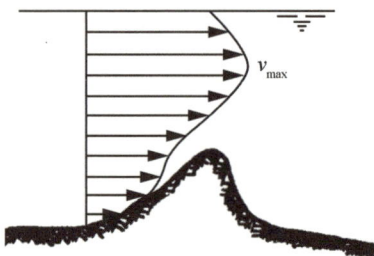

图 8-2-109　河底有障碍物时流速的垂直分布

③流速在不同水位期的分布

ⅰ.枯水期:深槽处过水断面大,流速小;而浅滩则相反,流速大。

ⅱ.洪水期:深槽处流速大,浅滩上流速小。

当河槽宽窄不一时,狭窄处流速较大,宽阔处流速较小。这种情况在高水位时更为显著。

2)流向

(1)流向的概念

水流的去向称为流向。流向随河槽的平面形状、河底地形以及水位的不同而发生变化。在潮流河段,流向还随潮汐的涨退而发生变化。

(2)观测流向的方法(目测)

流向会直接影响船舶航行时的船位、航向的偏摆及船舶的操纵。驾引人员必须会辨认流向和掌握所处河流的水文特性,这对提高船舶操纵技能、确保航行安全是不可缺少的,"看水走船"就是这个道理。几种目测方法如下:

①根据水面漂浮物的运动方向,判断该处表层水流的流向。

②水流流经航标时,通过观察标船的船向及其尾部水流迹线的方向判断流向。

③船舶抛单锚时,通过观察锚链及船舶的首尾方向判断流向。

④根据河岸岸形判断流向,在顺直河段,流向基本与岸形平行一致;在弯曲河段,一般是凸

岸水势高,凹岸水势低。水流扫弯,水流从凸岸流向凹岸;弯顶以下,由于壅水现象,水流自凹岸流向凸岸。

⑤根据河岸水生植物被水流冲击的倾倒方向判断流向。

⑥在宽阔或水流较缓的河段,不易识别流向时,可根据船舶压舵的情况及偏航的程度或前船尾迹线水流的偏摆来估计流向。

3)水位

（1）水位的概念

河道中某时某地的自由水面至某一基准面的垂直距离,称为水位,单位为米(m)。水位的高低表示河水的涨落,水位是表征河槽水深的特征数值。水位随时间、地点和河水的涨落而变化。测量任何高度,都要有一定的零点作为起算的标准,水位是以基准面为零值。高于基准面者为正值,低于基准面者为负值,如图8-2-110所示。

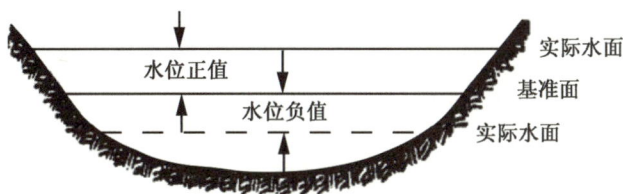

图8-2-110　水位示意图

（2）水位基准面

用于起算水位值的基准面称为水位基准面。由于该基准面的水位值为零,故又称之为水位零点。根据需要的不同,水位零点又分为基本零点和当地零点。

①基本零点

以某一河口附近海域的某一较低的海平面作为零点,称为基本零点,又称绝对零点或绝对基准面。它是某流域(或河段)所有水位站的统一标准,是为了了解全流域或河段每个测站的水位高度,用于比较和分析整个河段的情况。如长江用的吴淞零点,珠江用的珠江零点,黄河用的大沽零点。

②当地零点

以当地历年来最低水位或接近于该水位的水平面作为零点,称为当地零点,又称测站零点,或各港零点。它是根据各河流通航保证率的要求,通过各种方法测算出来的。

以基本零点起算的水位,称为绝对水位;以该零点确定的高程,称为绝对高程。以当地零点起算的水位,称为当地水位;以该零点确定的高程,称为相对高程。基本零点与各个当地零点有个高程差,即各当地零点的高程,如图8-2-111所示。我们只要了解这个差值,就能在实际中加以运用,其表达式如下:

绝对水位=当地水位+高程

绝对高程=相对高程+高程

基本零点与各个当地零点之间往往有一个正或负的差值。例如,以下当地零点与珠江基本零点的差值为:广州-1.21米,天河-0.47米,梧州+2.49米等。我们只有了解了这个差值,才能在实际中加以运用。

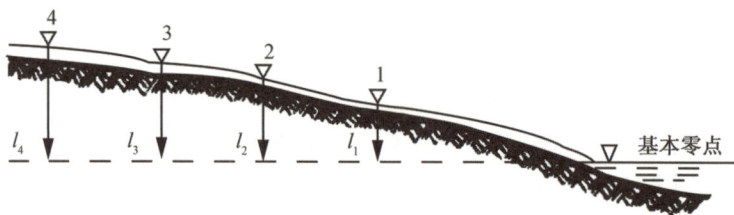

图 8-2-111　当地零点与基本零点的关系

（3）水位与水深

①水深：自由水面至河底的垂直距离。

②水深基准面：水深的标准起算面。水深以基准面为零点。凡在基准面以下的水深取负值；凡在基准面以上的水深取正值，称为深度。

③图示（注）水深：水深基准面至河底的深度。

④干出高度：在水深基准面以上的高度。

水位与水深的关系如图 8-2-112 所示。

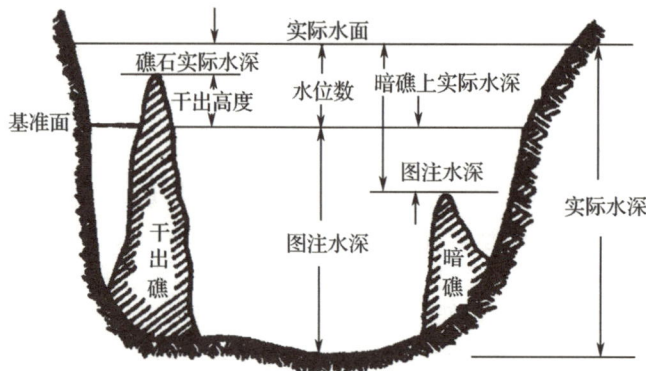

图 8-2-112　水位与水深的关系

（4）实际水深的求法

由于我国有些内河的水位当地零点和深度基准面相同，沿海港口或海区的潮高基准面（TD）也和深度基准面（CD）相同，所以，我们只要知道某地某日某时刻的水位（潮高）和图示水深，即可求出当时的实际水深。

①求实际水深可用下式计算：

当时当地实际水深＝当时当地水位数（潮高）+图示（注）水深

②当有的河流或港口所采用的潮高基准面与深度基准面不一致时，求实际水深则应采用下式计算：

当时当地实际水深＝当时当地潮高+海图水深+（海图深度基准面至平均海面的高度−潮高基准面至平均海面的高度）

例如：在航行图上某处的水深为 1.2 米，该处某时的水位为 3 米，则该处的实际水深为：1.2 米+3 米＝4.2 米。

（5）水位期划分

由于水位受季节、流量大小变化的影响，水位在一个水位年内呈现有规律的周期性变化，从而引起航行条件的改变,故航道部门及有关单位将一年中的水位变化过程划分为若干具有代表性的典型水位期(如图8-2-113所示)。

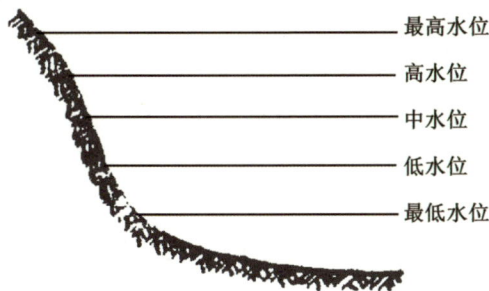

图8-2-113 典型水位示意图

低水位:多年最低水位的平均值,又称枯水位。

高水位:多年最高水位的平均值,又称洪水位。

中水位:多年所有水位的平均值。

最高水位:多年观测所得的实际最高水位。

最低水位:多年观测所得的实际最低水位。

按月份划分:

枯水期,12月—翌年3月;中水期,4—6月、10—11月;洪水期,6—9月。

(6)影响水位涨落的因素

①河水补给的影响

水位的涨落,主要受河水补给的影响,当河水的来源充足,流到河里的水量很大时,由于来不及流走而使水位上涨;反之,水位就下落。

河水的补给,虽然主要依靠降水,但根据降水的形式及到达地面后流向河流时所经路径的不同,可分为地面水补给、地下水补给、混合补给及人工补给四种基本类型。

②风的影响

当风向与流向相反或一致时,将使水位抬高或下降。在河口段,这一影响较为显著。湖泊、水库的水位,一般情况是在下风地区水位上升,在上风地区水位下降。

③潮汐的影响

对于通海河流,在其感潮段水位会随着潮汐而发生周期性的涨落变化。

④河槽宽窄、深浅的影响

当两地过水断面不同时,若增减同等流量,则河水流过宽深的河槽,其水位的变化比浅窄河槽要小,这是河槽过水断面发生变化造成的。

⑤支流水位变化的影响

当支流涨水时,会使交汇口附近干流水位提高。支流的水位低于干流时,就会引起向支流倒流的现象,而使交汇口附近的干流水位下降,不过由这种情况所引起的水位变化一般都不太显著。

(7)水位变化与船舶航行的关系

水位期不同,航道尺度、供船舶定位的目标就发生变化,影响着船舶的航行安全。

①枯水期:有良好的地形凭借,天然标志多,流速慢,不正常水流减少,航道尺度减小。但槽窄水浅,礁石外露,会让困难,稍有不慎就会吸浅吃沙包、搁浅、触礁。

②洪水期:航道尺度大,但岸坪淹没,引航中易失去极其重要的岸形凭借,人工标志也常漂失移位,流速大,不正常水流增多,航行操纵难度大。

③中水期:一般来说是航道的黄金水道。

由于不同水位期,航行条件各异,引航和操作方法也不一样,驾驶人员应密切注意水位的变化情况。

4)流态

水流运动的形态,称为流态。通常船舶引航中所指的流态是水流的表面形态。

(1)主流

河槽中表层流速较大并决定主要流向的一股水流,称为主流。

主流在河槽中的位置和流速的大小,随河槽的形态、水位的高低、比降的大小而定,它在河槽中的位置常常与河槽的最大水深线(称为深泓线)相对应。在不同类型的河段中,主流所处的位置是不一样的。

①主流位置判断的方法

·岸形陡缓:陡岸水深,主流靠近陡岸。对比两岸陡缓程度,可估计主流位置是分心、四六分心、三七分心等。

·河道弯直:顺直宽阔河段,主流带基本位于河心或略偏水深一侧;微弯河段,水流受河床形态的约束,主流稍偏于凹岸;急弯河段,由于弯道环流作用,在凸岸上半段主流偏靠凸岸,至凸阻受阻折向凹岸后,紧沿凹岸下半段扫弯下流。

·水面色泽、波纹:在晨昏微光斜射水面情况下,涨水时主流水面光滑如镜;退水时水色发暗。在流速较大河段,主流两侧波纹对称相似,从两岸向河心细心观察对比就可找到主流所在。

②主流对船舶航行的影响

主流是选择航路的依据,由于主流带有宽、窄、弯、直、急、缓,随河槽形态的变化而变化。在宽阔顺直河段,下行船舶应"认主流、走主流",上行船舶应"认主流、丢主流",利用主流以提高航速;在弯曲狭窄河段,主流带随河形弯曲,主流两侧出现横向分速水流,成强横流,同时出现了流势高低。一般指向凸岸一侧横向分速较低,为高流势侧。因此,无论上、下水航行,应将航路(航迹线)选择在主流上侧航行,即稍靠凸岸一侧航行。

(2)缓流

主流两侧流速较缓的水流,称为缓流。

由于主流带随河槽弯曲而摆动,故两侧的缓流带宽窄不一,且出现强弱不同的横向水流,通常凹岸(或陡岸)一侧缓流流带较窄、流速稍大,凸岸(或坦岸)一侧缓流流带较宽、流速较缓、流势较高,上行船舶常利用这侧缓流航行,以提高航速,抬高船位。

(3)回流

同主流做相反方向流动的一股水流,称为回流。回流有压力回流和吸力回流。压力回流常出现在弯曲河段的凹岸处、凸嘴上方或支流口的上方;吸力回流常出现在弯曲河段的凸岸下方、支流口下方或江心洲的下方。

回流对船舶航行的影响:会使下行船舶降低航速,使上行船舶提高航速,但当船舶驶出回流时容易发生危险的偏转。

（4）横流

与航道轴线成一交角的水流,称为横流。横流常发生在岛屿、礁石、江心洲的上、下方,干支流交汇处和汊口分流处,堤坝缺口和急弯的河段上。

横流对船舶航行的影响:会使船舶偏向、偏移,甚至推压船舶偏出航道以外发生搁浅、触礁事故。

（5）夹堰水

在两股不同流向的水流交界面上,水流互相扰动,水面上浪花明显,流态紊乱,这些水流称为夹堰水(生熟水)。夹堰水常出现在主流和回流的交界处或干支流的交界处。

夹堰水对船舶航行的影响:会使船舶航向偏摆,船身颠簸,甚至会使船队歪船、轧驳、断缆散队,还有可能会使船舶激起较大的浪涌危及附近堤岸或小船造成浪损事故。

（6）扫弯水

在弯曲河段直接冲压着凹岸的单向环流,称为扫弯水。扫弯水具有强横流的特性。

扫弯水对船舶航行的影响:会使下行船舵效变差,产生危险的偏转,或把船舶压向凹岸发生触岸事故。

（7）漩水

两股不同流向的强流相汇,形成由外向内旋转,中间凹陷成漏斗状的这些水流,称为漩水。漩水的旋转方向有一定的规律,在主流左侧的漩水是做逆时针方向旋转的;在主流右侧的漩水是做顺时针方向旋转的。漩水常出现在有较大回流的地方,或在较大泡水的附近伴生。

漩水对船舶航行的影响:尺度大、旋转力强的漩水会使船舶失控,产生危险的偏转,小船有被吞没的危险。

（8）泡水

由水底向水面翻涌如沸,中心隆起流向四周的水流,称为泡水。泡水常出现在水深差异较大的急流峡谷河段。

泡水对船舶航行的影响:会使船舶发生较大的偏移,甚至可导致船舶侧倾等重大事故。

（八）河口潮汐特点与潮汐表

1. 潮汐的概念

海水有时上升,有时下降,它的涨落变化是有规律的,白天海水上涨为"潮",晚上海水上涨为"汐",潮汐就是海水的一种周期性的涨落运动。

2. 潮汐的类型

地球上各地潮汐归纳起来有三种类型:

1)半日潮:在一个太阴日内,出现两次高潮和两次低潮,且两次潮高几乎相等,涨潮时间和落潮时间也差不多相同(6小时12.5分钟)。

2)全日潮:在一个太阴日内,仅出现一次高潮和一次低潮,高潮和低潮之间约相隔12小时25分钟。

3)混合潮:介于半日潮与全日潮之间,它有时接近于半日潮类型,有时又具有全日潮的特征。

（1）不正规半日潮混合潮：在一个太阴日内，有两次高潮和两次低潮，但相邻的两个高潮潮高不相等，相邻的两个低潮潮高不相等，涨潮时间和落潮时间也不相等。

（2）不正规全日潮混合潮：在半个太阴月中全日潮不超过 7 天，其余天数为不正规半日潮混合潮。

3. 潮汐的主要术语

1）海图深度基准面：海图及海区各种航道图中深度的起算面。这个基准面一般是在当地最低低潮面附近，这样才能保证在绝大多数情况下海图上标明的水深小于任何潮面的实际水深。

2）潮高基准面：潮高的起算面，一般与海图深度基准面一致。

3）平均海面：某一时期（如一日、一月、一年或多年）海面的平均高度。

计算方法取该时期每小时潮高的算术平均值。从 1957 年起，我国规定黄海平均海面为统一高程的基准面。某一地点的海拔高度就是距该平均海面的高度。

4）涨潮和落潮：海面由低潮上升到高潮的过程，称为涨潮；海面由高潮下降到低潮的过程，称为落潮。

5）高潮和低潮：在潮汐升降的每一个周期中，海面涨到最高的位置，称为高潮（或称满潮）；海面下落到最低的位置，称为低潮（或称干潮或枯潮）。

6）平潮和停潮：高潮和低潮的海面，往往持续一段时间，既不升高也不下降，这段时间分别称前者为平潮，后者为停潮。

7）高潮时和低潮时：平潮的中间时刻，取为高潮时；停潮的中间时刻，取为低潮时。

8）涨潮历时和落潮历时：低潮时到高潮时的时间间隔，称为涨潮历时；高潮时到低潮时的时间间隔，称为落潮历时。

9）潮高：在潮汐涨落的连续过程中，潮高基准面至任一时刻的海面垂直距离。

10）潮差：两相邻的高潮和低潮的高度差。从高潮至前一相邻低潮的高差称为涨潮潮差；高潮至下一相邻低潮的高差称为落潮潮差。潮差每天不等，潮差的平均值，称为平均潮差。

11）潮升：高潮的平均高度。大潮和小潮的高潮潮高的平均值，分别称为大潮升和小潮升。

12）月期间隙：月球上中天（下中天）的时间至其后当地发生高潮时和低潮时的时间间隔，分别称为高潮间隙和低潮间隙，二者合称为月期间隙。长期平均值称为平均高（低）期间隙。

13）潮龄：由朔望至其后实际大潮发生的时间间隔。潮龄一般为 1~3 天。

4. 河口潮汐的特点及利用

我国的入海河口都受到海洋潮汐的影响，又称为河口潮汐，河口潮汐现象并不是引潮力直接在河口水体中引起的，而是外海潮波传到岸边后，继续向河口传播的结果，受到河流和海洋两种动力因素的共同作用，故称之为河口潮汐。

当潮汐沿着河道潮流向上时，由于河口缩窄和深度变浅，加上摩擦和河水的影响，潮波逐渐发生变形。越向上游，涨潮历时越短，落潮历时越长，发生高潮的时刻越落后，潮差也越来越小。

潮波向上推展不是无止境的，它到了一定阶段，当涨潮流速恰好与河水下泄的流速相抵时，潮水即停止倒灌，此处称为潮流界，如图 8-2-114 所示。在潮流界以上，潮水虽然停止倒灌,但河水被阻而仍有壅高现象。潮波继续上溯,因各种摩擦的作用,能量不断消耗,潮波高度急剧降低,当传播到某一地点时,潮波幅度等于零,潮波消失,即水位不再受潮汐的影响,此处称为潮区界。由于自潮区界至河口均受潮汐的影响,故而此段称为感潮河段。

潮流界和潮区界离河口的远近,各条河流不一样。一般越邻近海区,潮差越大,河底纵比降越缓,径流量越小,则潮波上溯的范围就越大,潮流界和潮区界离河口就越远。

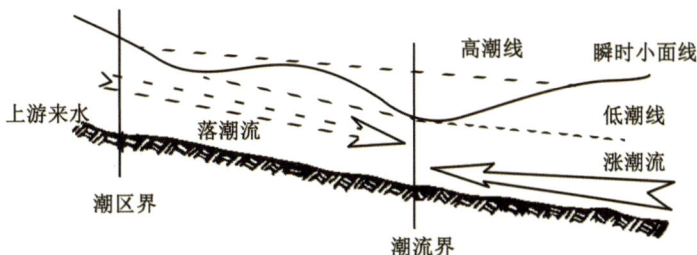

图 8-2-114　潮流界和潮区界示意图

同一条河流,潮流界和潮区界的位置并不是固定不变的,潮水和河水始终不断地斗争着,随着大潮和小潮、洪水期和枯水期的交替出现,风力大小及风向与上溯潮流流向是否一致,潮流界和潮区界总在相当的范围内摆动着。在夏秋洪水期,如遇小潮,风向与上溯潮流流向相同,河水的作用强,则潮流界和潮区界大幅度下移;在冬春枯水期,如遇大潮,风向又与上溯潮流流向相反,河水的作用弱,则潮流界和潮区界就大幅度上推。

同时,根据潮区界、潮流界的上下推移,涨潮流与落潮流随河流水位而变化:高水位时,涨潮流减弱,涨潮时间退后,历时也短;落潮流相反,时间可能提前,流速也会增大。若河流在低水位,又有强进口风,则涨潮时间提前,流速增大,历时也长。另外,对于潮流在高潮或低潮时的转流,两岸比河心先转流,河底比水面先转流,弯曲河段的凸岸比凹岸先转流。慢速船可利用这一点选择有利航路,提高航行速度,缩短航行时间。

5. 潮汐表简介

1)出版情况

我国的潮汐表有多种版本。有国家海洋信息中心编制、山东省地图出版社出版发行的潮汐表,有海军司令部航海保证部编制、中国航海图书出版社发行的潮汐表,还有地方海事部门出版的当地潮汐表。潮汐表每年出版一次,本年度的潮汐表均在上年度编印出版。海军司令部航海保证部编制的潮汐表共有四册,包括黄、渤海海区(书号 H101),东海海区(H102),南海海区(H103),太平洋北西部(H104)。本书主要介绍由国家海洋信息中心编制的潮汐表及其使用方法,它们共有六册,前三册为国内海区,后三册为国外海区。

中国沿岸

第 1 册:黄海和渤海沿岸,从鸭绿江至长江口

第 2 册:东海沿岸,从长江口至台湾海峡

第 3 册:南海沿岸及诸岛,从台湾海峡(经中国南海诸岛)至北部湾

世界大洋区域

第 4 册:太平洋及其邻近海域

第 5 册:印度洋沿岸(含地中海)及欧洲水域

第6册:大西洋沿岸及非洲东海岸

2)主要内容

(1)主港潮汐预报表(主表):刊载了各册表所属区域的主港的每日逐时潮高和高(低)潮时、潮高预报,或只刊载每日高(低)潮时、潮高预报。

(2)潮流预报表:刊载了部分海峡、港湾、航道以及渔场等潮流预报站点的每日潮流预报(第2、6两册不含此项内容)。

(3)差比数和潮信表(附表):刊载了附属港(附港)与某一主港之间的潮时差、潮差比和改正数。为了帮助用户了解港口的潮汐情况,还同时列出了每个港口的潮汐特征数据。

除此以外,还有一些与潮汐表结合使用的专用图表,如《部分港口潮高订正值表》、《格林尼治月中天时刻表》、《东经120度月中天时刻表(北京标准时)》和《月赤纬表(世界时0时)》以及表册说明和使用举例等。

潮汐表中刊载每日高、低潮的潮时和潮高预报的港口称为主港(standard port),它通常是重要港口或者能够代表某类潮汐特征。如果某两个港口的潮汐特征类似,则两者之间具有几乎不变的潮时差和潮差比(差比关系)。此时,可利用其中一个港口(主港)的逐日高、低潮的潮时和潮高,通过它们的差比关系推算另一港口的潮汐,根据与主港的差比关系来推算潮汐的港口称为附港(secondary port)。

第1、2、3册潮汐表包括了中国沿岸的主要港口、航道、渔场、海峡的潮汐、潮流预报。

第4、5、6册潮汐表除了包括英版潮汐表Ⅰ、Ⅱ、Ⅲ卷的主港外,还适当增添了一部分主港。

3)注意事项

(1)潮汐表所给的潮时为当地使用的标准时(standard time)。我国沿海港口用北京标准时(东八区时);第4、5、6册中的外国诸港均在每页左下角注明所用标准时。若主、附港的标准时不同,在附表的潮时差中已包含其差别,使用者在计算附港潮时时无须再对此进行修正。

(2)潮高单位为厘米(cm),当表中的潮高出现负值(-)时,表示潮面低于潮高基准面。潮高基准面在每页预报表下面有说明。

(3)潮高基准面与海图深度基准面一致。因此,某一时刻水深等于海图水深加该时刻的潮高。

4)关于潮汐表的预报误差及水文气象对潮汐的影响

中国沿岸主港的预报精度高于英、美等国的潮汐表,其余地区的精度大致与英、美等国的潮汐表相当。在正常情况下,中国沿岸主港的预报潮时的误差在20~30分钟以内,潮高误差在20~30厘米以内,但是对于一些位于感潮河段中的主港,预报潮高与实际水位相差较大。在下列情况下潮汐表的预报可能出现较大误差,应予注意:

(1)有寒潮、台风或其他天气急剧变化时,水位随之发生特殊变化,潮汐预报值将与实际值有较大不同。寒潮常常引起"减水",使实际水位低于预报很多,个别强烈的寒潮可使实际水位低于预报1米以上。夏秋季节受到台风侵袭的地区(尤其是闽浙沿海)常常发生较大的"增水",个别情况下也有实际水位高于预报1米以上的现象。此外,长江口附近春季经常有气旋出海而引起大风,也能引起水位的较大变化。

(2)处在江河口的预报点,如营口、燕尾、吴淞、温州、海门、马尾等,每当汛期洪水下泄时,水位急涨,实际水位会高于预报值很多。

（3）南海的日潮混合潮港,如海口、海安、北海等,因高潮与低潮常常有一段较长的平潮时间,预报的潮时有时会与实际差 1 小时以上,但这对实际使用影响不大,所报时间的潮高仍与实际比较相符。

（4）潮流预报表预报的只是水流中的潮流部分。在一般情况下,本表预报的潮流是水流中的主要成分,可以近似地视为实际水流。但是在特殊情况下,表层海流受到风的影响很大,使潮流规律不明显,这时表中的预报潮流与实际水流有较大的差别,使用时要注意。

二、实操训练

（一）运用航路选择和转向点的知识进行引航操作

1. 顺直河段的引航

1）航行条件分析

顺直河段一般是指河槽在较长距离内保持顺直或微弯走势的航道。在内河引航中,顺直河段的航行条件是最好的。

（1）顺直河段引航的有利因素

①航道走势顺直,有利于选择航向、航路,同时避免了引航操作的复杂性。

②航道的宽度较大,通常航道的水深也较大,能充分发挥船舶的效率。

③河槽断面和流速的分布比较接近对称,主流一般在河槽中央,而且水流流向与河岸的走势基本一致,有利于判明主流、缓流的位置和做较长距离的定向航行。

（2）顺直河段引航的不利因素

①河槽中偶有礁石存在,其中潜伏于水下的礁石碍航性较大。

②河槽中常存在着江心洲或河道分汊,使航道尺度变小。

③在江心洲的上、下端或河汊的附近常出现横流等不正常水流,往往使航经该处的船舶受到影响。

④在顺直河段中,风的影响特别显著,当大风的风向与水流的流向相反时,往往在整个河面上翻起大浪,对抗风能力较弱的船舶或船队威胁较大。

2）引航基本方法

（1）正确选择航路

航路的选择,除了按经验选定外,还可根据航道中主缓流的位置来确定。

潮流河段的船舶可根据靠右航行的原则结合本船适航潮位来确定顺、逆流航行的最佳岸距;潮流河段界限以上的船舶则根据上行走缓流、下行走主流的原则来确定航路。上行(或逆流航行时)走缓流可提高航速,但在选定航路时要注意以下几点。

①利用缓流的限度

一般缓流水深较小,而且紧邻航道边界。如果过分地利用缓流,很可能因浅水阻力的激增反而降低航速,同时还可能驶出航道边界而导致搁浅。因此,必须要明确利用缓流之限度,这个限度可根据本船吃水和富余水深的关系来确定,为了防止浅水阻力的剧增和降低舵效,富余水深一般不小于本船吃水的一半较为适宜。

此外,缓流航道近岸多为斜坡形,根据坡度也可估计缓流的深度和边界。

②航路尽可能取直

为了简化操作和避免增加航程,在选择航路时,除应利用沱湾内的缓流外,还应考虑到把定向航行的距离尽可能延长。不太大的弯可以裁弯取直走,否则不管大弯小沱都循弯钻沱而行,既增加航程,又使操作频繁,对航行安全也没有好处。

③少做过河航行

在确定上行航路时,还必须考虑尽量少做过河航行,因为过河必须通过主流而致航速降低和航程增加,所以必须根据航道的具体情况,能不过河的就不过河。

此外,下行航路应选在主流范围内(或顺流航行时靠近主流),船舶的首尾线与流向尽可能一致,如有夹角,力求最小,但也不能因此而过多地用舵,使操作过于频繁,应两者兼顾。为了减少用舵次数,在短时间内航向与流向间夹角允许稍偏大。

(2)引航要点

①上行(或逆流)船为了提高航速,多航行于缓流区。但不可太贪,特别是退水(或退潮)期更应注意,离缓流的距离要根据船舶吃水和航速而定。在缓流区域水深不大时,上行船也可沿陡岸航行,但不能太靠近陡岸,否则不仅不能提高航速,相反会增加阻力、降低航速,而且对航行安全也有影响。

②在潮流河段界限以上,上行时,不管有无下行船,都不应占用下行航路。应养成上、下行各走各的航路的习惯,也有利于避碰。

③下行船一般沿主流航行(潮流河段,在不违背"尽可能沿本船右舷一侧航道行驶"的原则下,顺流船可适当靠近主流航行),在山区河流或横流较强的地方,船位还应摆在水势较高的一侧,并应留出上行航路。

④注意大风大浪的影响。当风向与流向相反,且风力达5~6级或以上时,顺直河道中的浪较大。此时,下行船顶浪航行要注意避开浪头较大的主流区,并适当降低航速;上行船顺浪航行要注意调整航路,并适当提高航速,以降低波浪的影响。当上行船遇到某一岸侧吹来较大横风时,应视波浪的情况尽可能改至上风一侧的缓流区,以避开下风一侧的大浪;如需调头,必须正确选择掉头地点和掉头方向,要谨慎操作,适当降低航速,舵角要小,切忌一开始就使用大舵角和大车速,以免在掉头过程中发生倾覆的危险。

2. 弯曲河段的引航

1)航行条件分析

(1)泥沙特性:凸岸泥沙淤积,形成沙嘴、沙齿、沙角等沉积物。

(2)水流特性:上口段,主流偏靠凸岸;渐渐偏向凹岸,并保持相当一段距离。

(3)航道尺度受限制,水深分布不均,流态紊乱。

2)引航基本方法

(1)上行

弯曲河段的上行航路一般选择在凸岸一侧的缓流处;另一种是凸岸处有大片低平沙嘴,水流漫滩,其下常有大片缓流,可供上行船利用。

引航方法是采取分段平行航法,即与浮标连线保持一定距离行驶(如图8-2-115所示)。

图中的 a 点,即 2#、3# 串视时的船位,可作为转向的参考点。因为驾驶台至此时,前方航道展现,俗称开门,当然就可以有把握地转到次段的航路行驶。夜航中还可以根据前方两标灯的视角由大到小的变化,判断是否驶抵转向点。

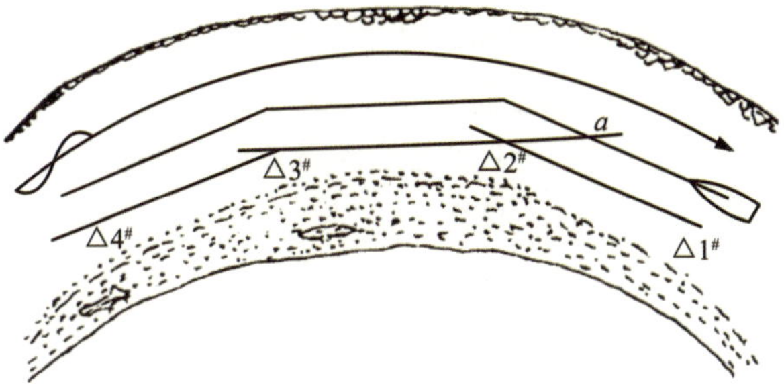

图 8-2-115 分段平行航法

当沿凸岸嘴下方缓流区行驶将至凸嘴顶点时,为避开其上方强流的冲压,应及时过河,循凹岸边缓流续上。

(2)下行

单船可循主流下驶,渐近弯曲顶点,应逐渐偏向主流内侧,把船置于水势较高的一边。使船对扫弯水势的推压影响留有余地,驶过弯曲河段后,再循主流行驶。

上述把船置于水势较高的一边,称为挂高。挂高是经过一切横流河段时,选择航线的一条重要原则。

引航方法是引导下行船循主流驶过弯曲河段。由于主流的方向偏指凹岸扫弯而下,所以,航向必须随时调整,使之偏于主流内侧一个适当角度,以消除扫弯水横向流压的影响(如图8-2-116 所示)。

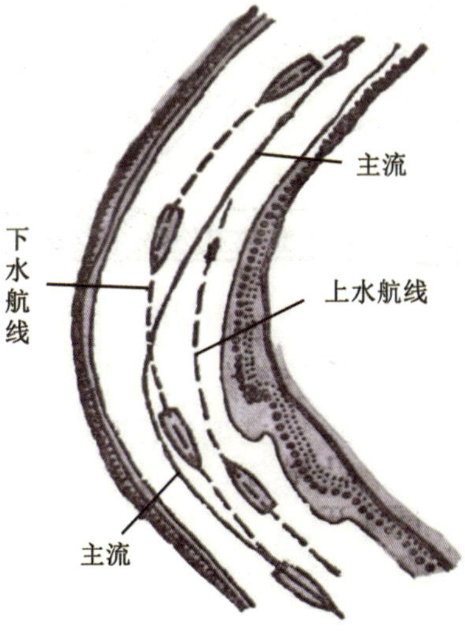

图 8-2-116 下行船舶过弯

采取上述航法,不仅可以克服扫弯水势的影响,而且也把转向的难点分散,从而保证船舶安全地驶过急弯。

3.浅滩河段的引航

1)航行条件分析

(1)沙脊横置河槽,深槽被沙脊截成上、下两段,脊上水深显著减小,有碍船舶航行。

（2）浅滩在枯水期水深不足，船舶通过时都要减速甚至停车淌航、连续测深。

（3）浅滩航道常常是弯曲的，通过弯曲河段，其方向又多变时，更增加操作上的困难。

（4）有的浅滩经常变化，航道也因之而变，所以浅滩航道的变化不易掌握。浅滩在变迁过程中，活动的泥沙往往在航道中形成沙包，严重影响着船舶的安全航行。在引航中要针对浅滩航道的特点，采取驶过浅滩河段的操作方法。

2）引航基本方法

（1）驶过浅滩沙脊的方法

上行船舶驶上沙脊时，船首线与沙脊要求垂直，在可能的情况下，航向应平行于流向，其目的是防止偏移和尽快通过。通过沙脊时，应进行测深，随时调整船位。

因此，船舶在驶抵沙脊前，应拉大档子、调整船位，使船首线垂直于沙脊驶过，同时还应根据水深情况，随时准备慢车、测深，以防搁浅。

有的浅滩上横流影响较大，船舶在横流推压下，如操作不当，会越出航道界限导致搁浅。因此在驶过时应适当使用车、舵抵御之。

下行驶近浅滩上口，就应及早拉大档子。使航向接近流向，并紧沿上沙嘴外的水流（一般设有浮标）进槽，沿下沙嘴外的水流（浮标）出槽，在航向选择上要求与上行一样，只是下行顺流调向时不易控制，必须提前预防。否则，下行进槽感到航向不妥就来不及纠正了。

下行船驶经横流影响较大的水域，更应紧沿横流上方一侧的浮标进槽，从而使在流压作用下，无须用大舵角调整航向，出槽时也能做到既不逼向，又不落弯，顺利地沿下沙嘴外的浮标出槽（如图 8-2-117 所示）。

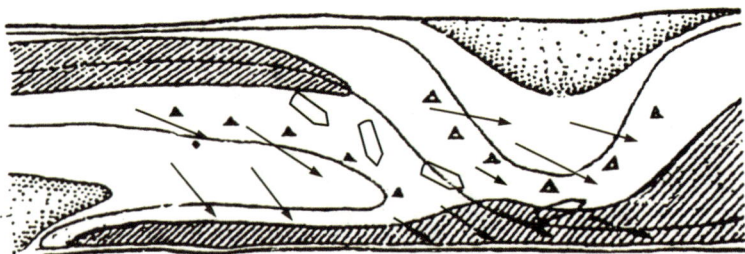

图 8-2-117　下行船舶过浅滩

（2）变迁浅滩的引航要点

不稳定的浅滩在洪水开始退落时变化更为剧烈，这时浅滩上的主流、鞍槽、水深等的变化不易掌握，操作也更为复杂，要掌握下列要点：

①减速

在通过变迁浅滩时，应减速航行，以便减少船尾下沉量，同时便于观察航道的实际情况，有采取措施的余地，即使搁浅也较轻微且易脱浅。

②测深

船舶在通过较长、较复杂的浅滩时，应不断测深，根据水深情况随时调整船位，以防擦浅，这是一条不可缺少的安全措施。

③冲沙包

在浅滩变化剧烈的河道中，有时泥沙在航道中运动形成小沙包。这种沙包本身处在剧变中，经不起船舶的冲击。根据航道内局部水纹水色等情况，大致可判别沙包的位置。对付沙包的办法是:先慢车接近沙包,当要接触到沙包时,立即停车;以余速接触沙包后再快速前进,力求冲散沙包顺利驶过。如果一开始就快速冲沙包,会发生强烈振动,引起一系列严重的后果。如果不是堆积的松散沙包,不可盲目采取"冲沙包"的操作方法,宜采取停车淌航、迂回驶过的措施。

4. 桥梁河段的引航

1)航行条件分析

(1)可航宽度与净空高度变小,通航船舶尺度受到限制。

(2)由于桥墩及其他原因影响,在桥区内产生新的不正常水流。

(3)水流流向与桥梁轴线水平垂线存在交角 θ(如图 8-2-118 所示)(桥梁设计时要考虑,一般不超过 9 度)。如 θ 角过大,则主流就形同强大的横流,使船舶在过桥时发生偏移,增加操纵的困难。

(4)航标完善。

(5)制定了桥区安全管理规则。

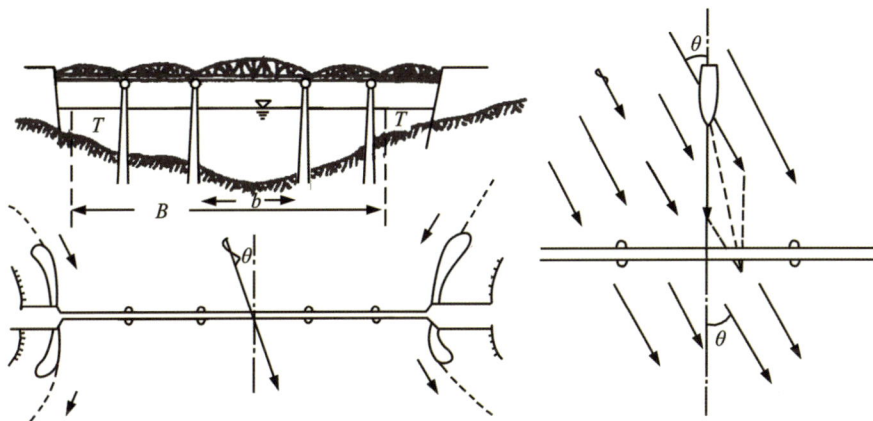

图 8-2-118　桥区的航行条件

2)引航基本方法

(1)过桥前必须掌握的信息

①桥区航道情况及通航特点。

②助航标志的相对位置、灯色、闪次,以及桥、岸物标(灯光)在船舶前进中的相对位移。

③桥区航道内流速、流向对船舶的影响。

④各种风向、风力对船舶的影响。

⑤尽量从桥孔正中驶过。

(2)基本方法

船舶下行过桥比上行过桥难度大,其困难主要是顺流航速快而舵效低,船位不易控制。下行通过大桥时,要求船舶从桥孔正中垂直通过,如偏近某一桥墩或航向与桥孔中心线有偏角,都会造成船舶偏移和增加不安全因素。因此,下行船过桥引航操作要注意下述要点:

①提高航速以抑制偏移

通过前面分析,已知在一定时间内偏移是与航速成反比变化的,提高航速可以降低船舶偏移,而且提高航速可加大舵力。因此,在驶入桥区时应增加车速。

但是小河船舶在过桥前,不仅不提高航速,相反地降低航速,这是考虑到一旦发生意外时,有采取措施的回旋余地,但在过桥时必须恢复常速,以提高舵效。需要指出的是,过桥前降低航速这种操作方法,必须是横流影响不大和风压不大时才行,否则不仅得不到预期效果,还可能导致事故的发生。

②调整航向,船位挂高,以抵御流压的影响

一般大桥轴线的水平垂线与流向均有一定的夹角。当船舶首尾线与水流方向一致时,下行航速会增大;当两者之间有夹角时,水流将使船位偏移。因此应尽量减小船舶首尾线与流向的夹角,挂高船位,将航路选择在水势高的一侧。

在过桥过程中,必须密切注意各物标、灯光相对位置的变化,结合航向和横距确定船位。一旦发现异常,应迅速判断船位偏移方向,及时纠正。如果船舶偏向严重,无法纠正,过桥无把握时,应及时掉头,将船位提高后再掉头下驶。当船舶从大桥上游以一定夹角与大桥斜交过桥时,船头刚达桥墩,应迅速调向摆尾,使船身与大桥成正交通过。如因某种特殊原因,船位横移难以校正,有碰撞桥墩的危险,应果断用舵偏离桥墩,使船沿下流一侧的桥孔过桥,但必须及时报知大桥监督站。

5.河口段的引航

1)入海河口的引航

(1)航行条件分析

①河面辽阔,航道宽广,个别河段水深不足。

②受潮汐影响,水流方向周期性变化。

③天然的助航物标少,浮标极易移位和漂失。

④受风影响大,锚泊条件差。

⑤海雾的影响显著。

⑥船舶通航密度大,特别是大型船舶、操限船舶等占据的航道较多。

⑦航行中船舶必须用罗经或雷达定向航行,否则会迷失方向。

(2)引航基本方法

一般河口区水面广阔,主要依靠浮标指示航道界限,较少有岸形可循,船舶必须按罗经定向航行,否则易迷失方向而发生事故;加之潮汐、风浪等影响显著及航道条件复杂,因此,一般除参照顺直河段引航操作外,还必须掌握以下引航要点:

①充分利用潮汐

利用潮流提高航速:首先应掌握河口区沿途各地有代表性的潮汐要素,如高低潮的潮时、潮高、流速变化以及该地涨潮流与落潮流的出现时间和持续时间等,就能从以下几方面加以利用。

·合理掌握开航时间,使船舶在开航后能长时间地顺流航行,最大限度地缩短逆流航行时间。

·合理掌握航速,最好能使船速赶上潮汐的推移。即从甲港在低潮后向上游乙港开航后调整航速,使船舶在驶到乙港时恰为乙港的低潮后时间,这样又可顺涨潮流继续上驶,免去逆流上行的时段。

利用潮高通过浅水道,以发挥船舶最大载重能力。合理利用的关键在于正确掌握潮时、潮高及当时当地的气象条件。

②正确掌握流速流向

由于河槽平面形状的限制及涨落潮的影响,流向做有规律的改变,特别是在弯曲河段或分汊口,一般流向与航路的交角较大,若遇潮流急涨急落,对船舶推压影响很大;如果掌握不当,极易偏离航线,可能造成扫标、触浅甚至碰撞等事故。因此,必须掌握关键河段的流向,特别是慢速船队,应根据流向、流速的影响,选好转向点,并利用前后浮标观测船位,随时加以修正,使船位始终处于正确的航路上。

③注意风压,摆好船位

一般当风力五级以上时,若风向与航道走向一致,则船队不论上行或下行,除应根据抗风能力编组合理队形外,还应适当控制船速,尽量赶在转潮前到达目的港或锚地锚泊;当横风时应注意风压,使航路近上风一侧,特别是空载船队,更应注意修正船位,防止因向下风而偏出航道。其他可参照大风浪中航行的操作。

④有关航行注意事项

· 助航仪器始终处于正常状态,特别是雷达、罗经,应准确可靠,不致在视线不清时因误差而发生意外;

· 熟悉航道,熟知航标特征及各标间的航向、航程;

· 通过每一标志时都应认真核对,防止错认或漏认,应正确估计横距,记录经过的时间及航向,并根据本船航速,预先估计出到达下一标志的时间;

· 经常查看前后标志方位,及时发现本船是否偏离航道;

· 平时航行除以前后两标判断船位外,还应注意观察其他浮标或岸标的相对位置,尽量利用岸上显著的标志核对浮标,以防在浮标发生异常情况或视线不清时,发生意外;

· 驾驶人员应平时积累经验、摸索出规律,以便在特殊情况时做到心中有数。

2)支流河口的引航

(1)航行条件分析

①易淤积泥沙

当干流水位上涨时,支流口段在一定范围内产生壅水现象,流速减慢,将大量泥沙沉积在河口两岸(如图8-2-119所示),形成浅滩,影响船舶航行,甚至必须疏浚航道,才能保证通航。当干流水位低于支流水位时,在支流口又产生强流注入干流,有利于支流口的冲刷,但也有碍船舶的航行。

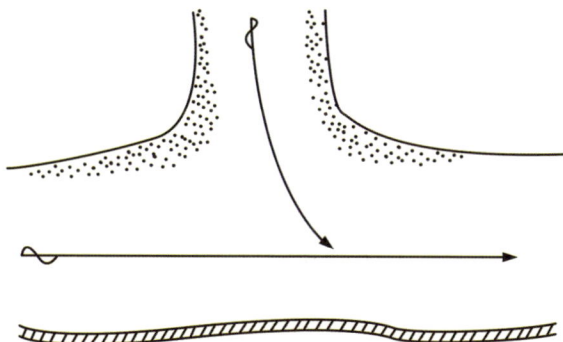

图8-2-119　支流河口淤积示意图

②常有不正常水流

在干、支流的汇合处,常有不正常的水流,如生熟水、回流水等(如图8-2-120所示),对船舶航行影响较大。生熟水在两种不同流向的水流汇合处产生,回流则在支流口的下方产生。两者的强度与范围的大小,随着干、支流的流速以及支流流入干流的角度的不同而变化。

当支流流速大于干流时,回流就显著增强。两河流流速均大时,生熟水范围也扩大。当干流流速大于支流时,回流与生熟水的强度均减弱。

驾驶人员能否正确判断干、支流主流位置的变化情况,生熟水、回流的范围及强度,对正确选择航路、摆好船位具有十分重要的意义。

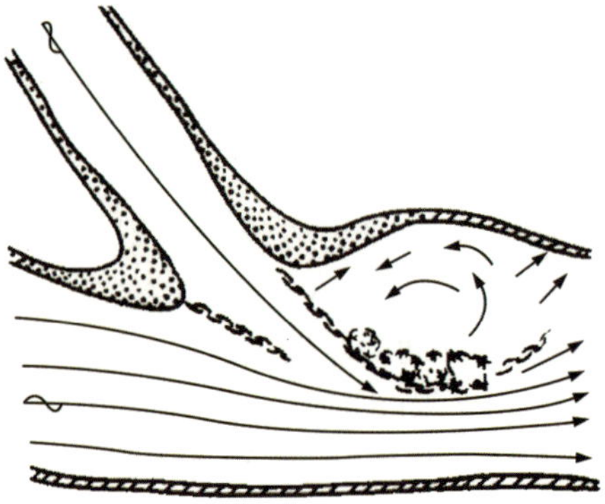

图8-2-120 支流河口流态示意图

③通航密度大

支流河口航行通视较差,过往船舶多,会让困难,易发生碰撞事故。

(2)引航基本方法

①船舶由支流河口驶入干流

如图8-2-121所示,当船舶到达位置1时,鸣放声号(警告来往船舶,同时表示自己的行动方向),并适当减速。如进干流上行,到位置2能看清上沙嘴附近的整个水域情况时,就应转舵沿沙嘴抱小弯,边转边走,慢慢驶入干流,并应注意航路选择在夹堰水区的边缘。在驶经干、支流交汇区,不宜操大舵角,以防船舶发生大角度倾斜。

如船舶进干流下行,在图8-2-121所示的位置2时,就开始转舵,可绕开支流下口的回流水,弯子转大点。沿夹堰水边缘以小舵角驶入干流,待驶过夹堰水区后,可适当加大舵角,调顺船身,驶入干流的下行航道。

②船舶由干流驶入支流

下行船舶进口的引航如图8-2-122所示。当船舶抵达位置1时,鸣放声号,并适当减速;当船舶到位置2能看清支流口内情况时,即转舵稍靠上沙嘴,抵达支流口时即加速,进口后根据航道情况使用车速。

上行船舶进口,沿缓流直上抵达上嘴头,然后紧沿上嘴头走大弯进口,如图8-2-122所示。

6. 船闸河段的引航

1)船闸航道水文特征及碍航因素

(1)航道的尺度发生了变化

通航宽度明显变小,通航水域狭窄。

图 8-2-121　船舶由支流河口驶入干流

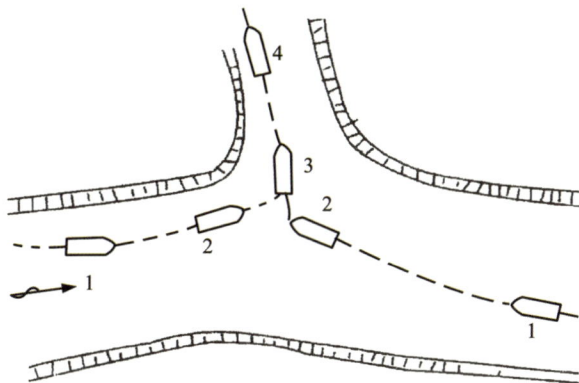

图 8-2-122　船舶由干流驶入支流

（2）在船闸上、下分水堤端，每当节制闸放水时，随着流量的变化，就会发生强弱不同的横流。节制闸放水流量大，发生的横流就强；节制闸的水流量小，发生的横流就微弱，对船舶操作有不利影响。

2）引航操作注意事项

（1）控制航速

航速快，则冲程大，难以使船身置于理想位置，当用舵调向时，船身摇摆幅度大，极易触碰船闸设施。航速过低，则冲程太小，船舶不能滑行到理想位置，并且舵效微弱，受风力影响明显，难以控制船位，必须借助于车、舵，操纵显得较为复杂。

（2）准确定位，正确取向

在进闸前，船舶必须定好船位和吊向点，以便船舶顺利进闸。在确定合理的船位和吊向点时，要根据下列三个变化：

闸室两个壁面形状的变化；

本船船首与闸室内本船停靠点之间纵向距离的变化；

本船船舷与导航墙及其延长线之间距离的变化。

进闸时船位的最佳状态应是使船舶的航迹向和闸室中心线重合。

（3）掌握好漂距

漂距是指船舶转向后在某一时间内船舶沿原航向继续滑行的船位与新航向的实际船位间的横向距离。

7. 雷雨大风的操作

（1）发现有雷暴雨来临的征兆，或航经经常出现雷暴雨的航区，应提前开启雷达、甚高频无线电话。

（2）雷暴雨来临时，立即减速鸣放雾航声号。

（3）利用目测、雷达、罗经等一切有效瞭望手段，加强瞭望。

（4）必要时停车淌航，阶段性用车助舵调向。

（5）尽快靠岸停泊或选择锚地抛锚。

8. 夜航操作

（1）加强瞭望，开启雷达引航，正确识别图像。

（2）驾驶台内保持黑暗，避免其他光亮的干扰。

（3）抓岸形、航标和显著物标，正确运用罗经，稳住航向，摆正船位，勤测勤算，做好应变的准备。

（4）运用甚高频加强与信号台及附近船舶的联系，做好避让。

（二）正确识别表 8-2-7 中内河视觉航标的颜色和光色，说出航标的功能

表 8-2-7　内河视觉航标一览表

航标分类	序号	标志	航标分类	序号	标志
航行标志	1	过河标	信号标志	12	通行信号标
	2	沿岸标		13	鸣笛标
	3	导标		14	界限标
	4	过渡导标		15	水深信号标
	5	首尾导标		16	横流标
	6	间接导标		17	节制闸标
	7	侧面标		18	航道信息标
	8	左右通航标		19	航道整治建筑物提示标
	9	示位标	专用标志	20	管线标
	10	桥涵标		21	专用标
	11	泛滥标	警示标志	22	禁止抛锚标
				23	危险水域标

（三）正确识别下列常用内河交通安全标志的名称及功能

1. 警告标志

左侧丁字交叉（代码 101）   前方丁字交叉（代码 102）   右侧丁字交叉（代码 103）

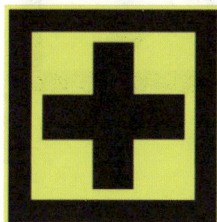

十字交叉（代码 104）   Y 字交叉（交汇）（代码 105）   向左急弯（代码 106）

向右急弯（代码 107）   反向急弯（代码 108）   连续急弯（代码 109）

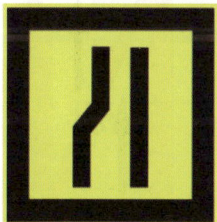

左侧变窄（代码 110）   两侧变窄（代码 111）   右侧变窄（代码 112）

紊流（急流、涡流）（代码 113）   取水口（代码 114）   排水口（代码 115）

渡口(代码 116)　　　　高度受限(代码 117)　　　　注意落石或滑坡(代码 118)

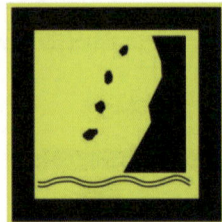

雷电高发区(代码 119)　　　事故易发区(代码 120)　　　注意危险(代码 121)

2. 禁令标志

禁止通行(代码 201)　　　禁止驶入(代码 202)　　　禁止向左转弯(代码 203)

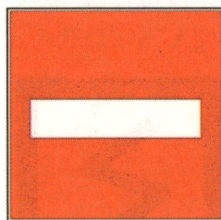

禁止向右转弯(代码 204)　　禁止掉头(代码 205)　　禁止一切船舶追越(代码 206)

禁止船队相互间追越(代码 207)　　禁止会船(代码 208)　　禁止并列行驶(代码 209)

禁止顶推(代码 210)

禁止旁拖(代码 211)

禁止偏拖(代码 212)

禁止停泊(代码 213)

禁止用锚(代码 214)

禁止系带(代码 215)

禁止鸣笛(代码 216)

禁用高音喇叭(代码 217)

禁止明火(代码 218)

解除禁止掉头(代码 301)

解除禁止追越(代码 302)

解除禁止会船(代码 303)

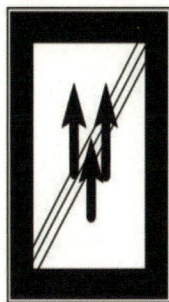

解除禁止顶推(代码 304)

解除禁止旁拖(代码 305)

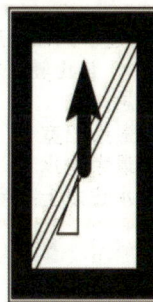

解除禁止偏拖(代码 306)

解除禁止鸣笛(代码 307)

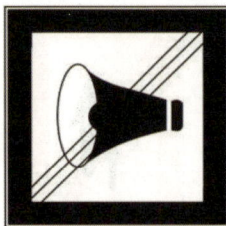

解除禁用高音喇叭(代码 308)

限制宽度(代码 401)

航道左侧受限(代码 402)

航道右侧受限(代码 403)

限制高速(代码 404)

限制低速(代码 405)

限制吊拖尺度(代码 406)

限制顶推尺度(代码 407)

限制旁拖尺度(代码 408)

限制靠泊范围(代码 409)

超过下列任一尺度的船舶
禁止驶入本港:

总　　长	36.0 m
最大船宽	6.5 m
最大吃水	2.0 m
水线以上高度	5.5 m

限制船舶尺度或吨位标志(代码 410)

3. 警示标志

导向标志组合使用

4. 指令标志

向左转弯（代码601）

直行（代码602）

向右转弯（代码603）

靠左侧行驶（代码604）

靠右侧行驶（代码605）

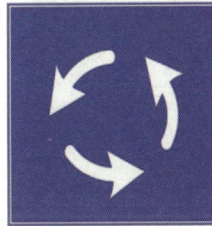

回航（代码606）

分道通航（代码607）

停航让行（代码608）

鸣笛（代码609）

右舷会船（代码610）

左侧绕行（代码611）

右侧绕行（代码612）

停航受检(代码 613)

横越区(代码 614)

5. 提示标志

靠泊区(代码 701)

锚地(代码 702)

掉头区(代码 703)

游泳区(代码 704)

滑水区(代码 705)

驶帆区(代码 706)

驶帆板区(代码 707)

划艇区(代码 708)

摩托艇活动区(代码 709)

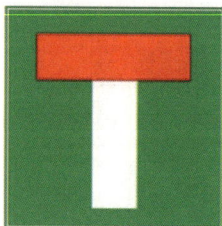

航道尽头(代码 710)

UHF 16

超高频联络(代码 711)

VHF 16

甚高频联络(代码 712)

调频广播（代码713）

中波广播（代码714）

应急电话（代码715）

6. **主标志附加辅助标志示例**

施工

B15m

2x150t

1000m ▶

▲1000m

海事

（四）识别入海口水域有关海上助航标志的名称及功能

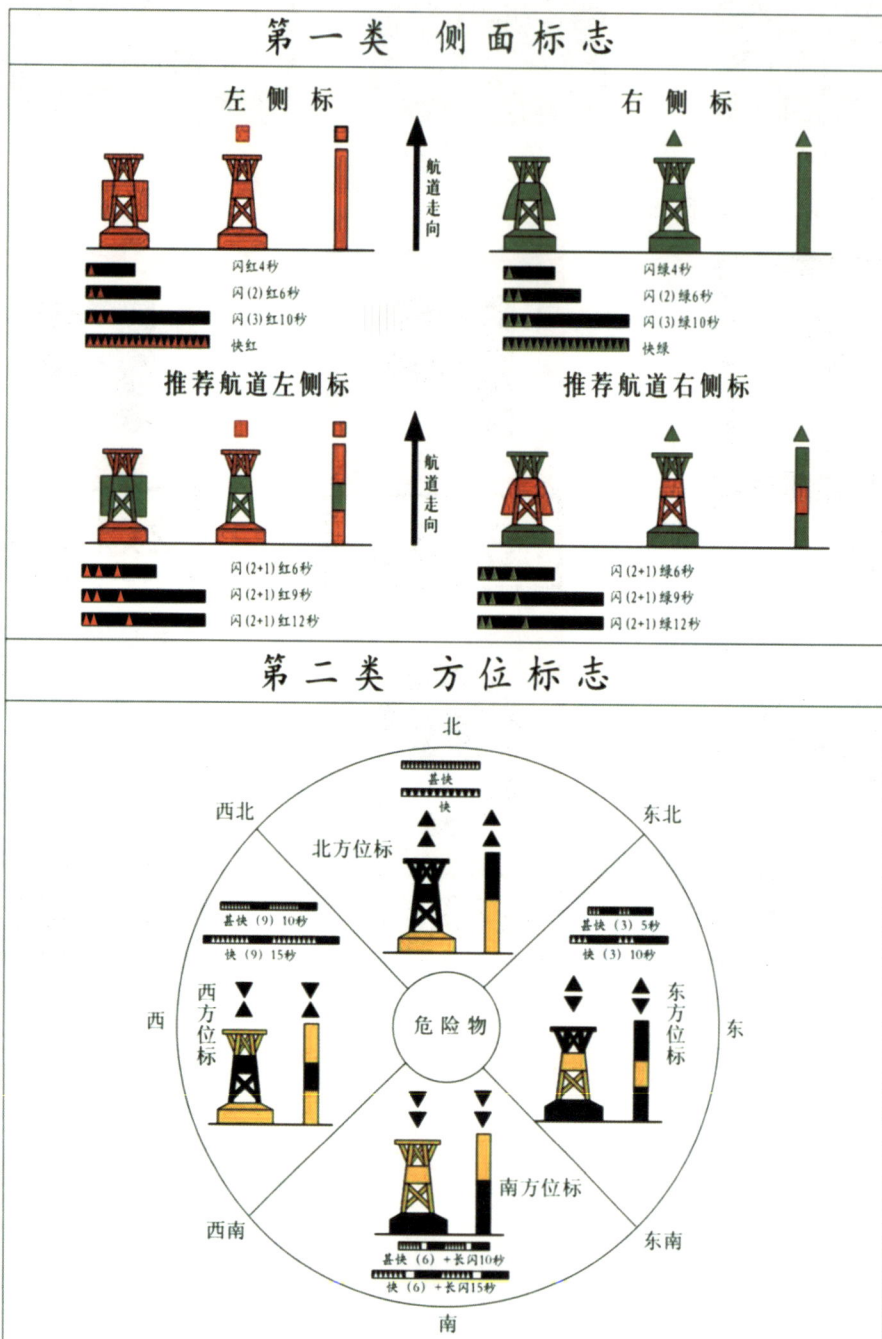

第三类　孤立危险标志	第四类　安全水域标志

孤立危险物标

闪 (2) 5秒

安全水域标

等明暗4秒
长闪10秒
莫 (A) 6秒

第五类　专用标志

专用标

任选

莫 (Q) 黄12秒
莫 (P) 黄12秒
莫 (O) 黄12秒
莫 (K) 黄12秒
莫 (C) 黄12秒
莫 (Y) 黄12秒
莫 (F) 黄12秒

上例周期均可以15秒为备用

专用标的标记
（漆于标体明显处）

标志用途（灯光节奏）	标 记
锚　　地　莫 (Q)	⚓
禁　航　区　莫 (P)	✕
海上作业　莫 (O)	◫
分道通航　莫 (K)	⇄
水中构筑物　莫 (C)	△
娱　乐　区　莫 (Y)	⛱
水产作业　莫 (F)	🐟

图　例

左 侧 标	红 红 红	北 方 位 标	黑黄 黑黄	专用标志	黄 黄	
右 侧 标	绿 绿 绿	东 方 位 标	黑黄黑 黑黄黑	水中灯桩（右侧标）其余水中灯桩可加相应的顶标符号		
推荐航道左 侧 标	红绿红 红绿红 红绿红	南 方 位 标	黄黑 黄黑	水中立标（右侧标）其余水中立标可加相应的顶标符号		
推荐航道右 侧 标	绿红绿 绿红绿 绿红绿	西 方 位 标	黄黑黄 黄黑黄	航道走向		
安全水域标	红白 红白 红白	孤立危险物标	黑红黑 黑红黑	灯　光		

（五）对航行图的文字说明、比例尺、基准面、图式、索引图及航区情况、驾驶须知等的正确使用

下面以珠江水系航道羊栏滩航段为例，说明识读航行图应掌握的图中信息和内容：

1. 应尽量选用质量好的和大比例尺的航行图，并了解航段所在水系航道具体位置。如图8-2-123所示，该航段位于珠江水系中游航段，处于桂平船闸下游，是郁江和黔江交汇之处。

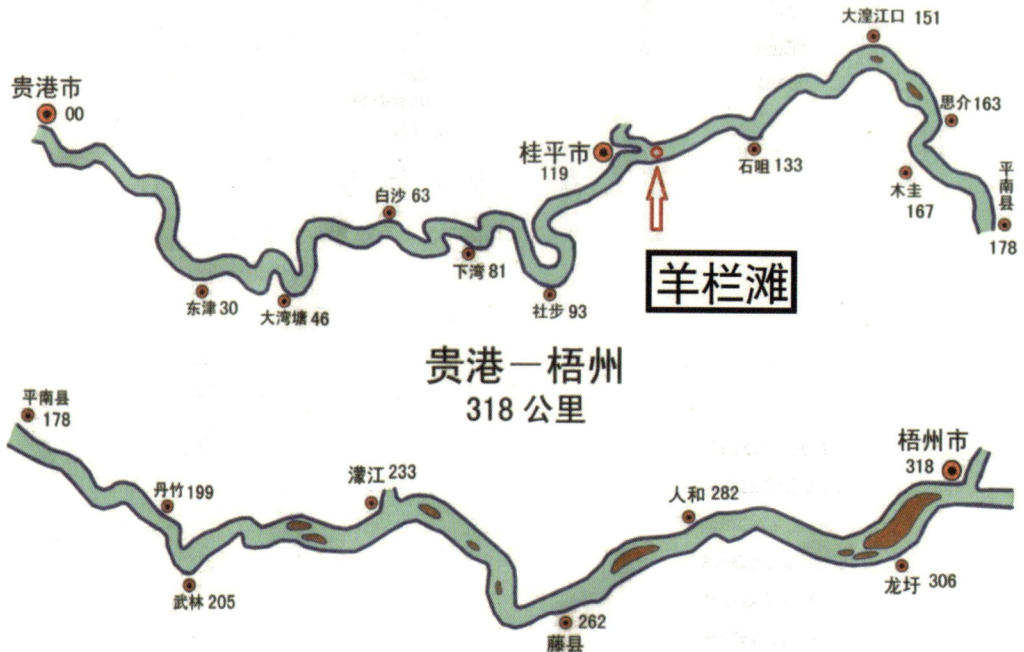

图 8-2-123　羊栏滩航段航行图

2. 由于各地图式略有区别，故首先对图式要充分熟悉，如图8-2-124所示。

3. 在读图时，应认真阅读文字部分说明，包括比例尺、基准面、气象、航道概况等。在阅读各图幅时，要先看清水道的名称、平面形态和附近的主要居民点。如图8-2-125所示，羊栏滩所采用的比例尺为1：10 000，基准面采用"黄基"。了解航道概况：航道碍航物分布广泛且不规则，流态紊乱，在雾季是主要雾区之一，航行条件恶劣，是船舶事故多发滩段。

4. 进一步了解该段河槽内泥沙冲积形成物的分布情况，障碍物的种类和位置，水深的分布，沿岸地形特征，航行标志等内容。对羊栏滩主要障碍物和设标分析：棋盘石高2.4米，滑石角高2.1米（有变化），设白侧面标一座，大沙顶高8.3米，水流庙暗石高1.0米，柳枝沙儿高3.6米，白沙顶高10.0米，子沙顶高1.6米（有变化），设白侧面标一座，羊栏角设红侧面标一座，子沙尾设左右通航标一座，虾儿角设红色侧面岸标一座，浔洲尾有示位标一座，高水位期仁寿洲尾设沿岸标一座。

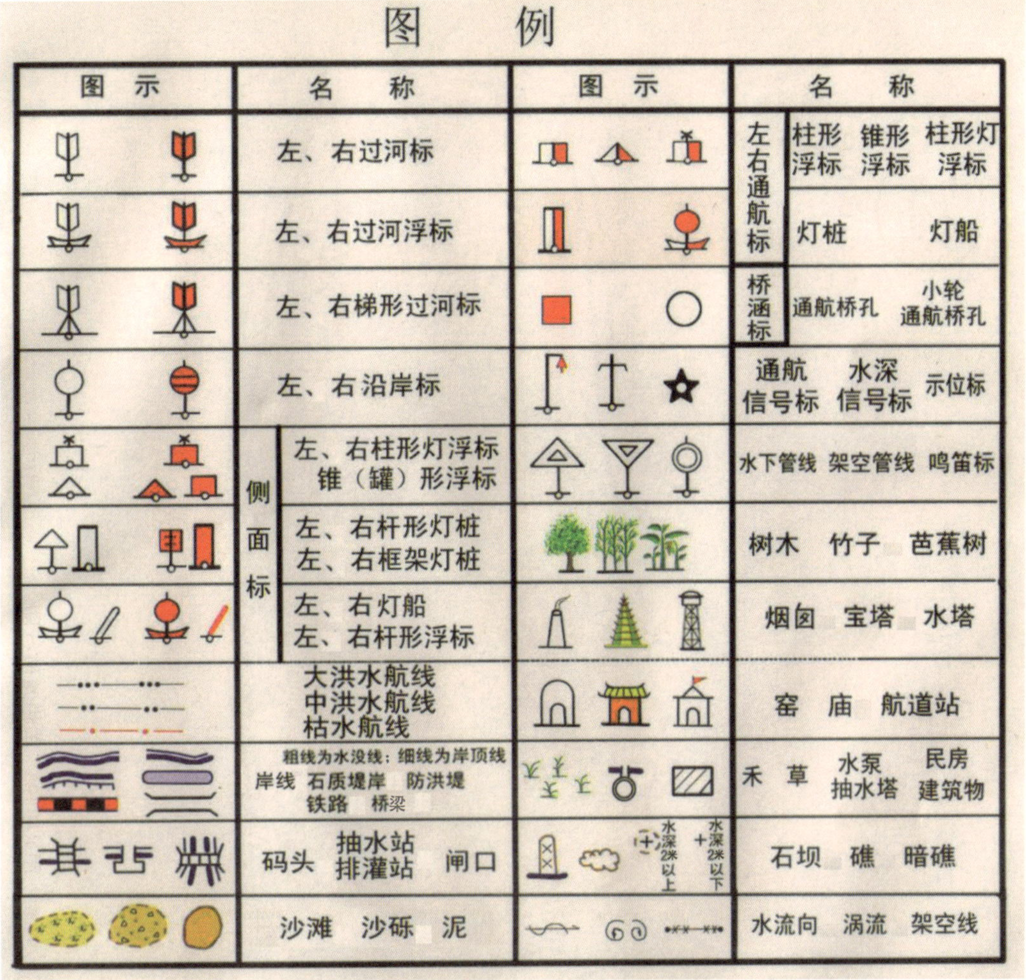

图　例

图示	名　称	图示	名　称
	左、右过河标		左右通航标：柱形浮标　锥形浮标　柱形灯浮标
	左、右过河浮标		灯桩　灯船
	左、右梯形过河标		桥涵标：通航桥孔　小轮通航桥孔
	左、右沿岸标		通航信号标　水深信号标　示位标
	侧面标：左、右柱形灯浮标　锥（罐）形浮标		水下管线　架空管线　鸣笛标
	左、右杆形灯桩　左、右框架灯桩		树木　竹子　芭蕉树
	左、右灯船　左、右杆形浮标		烟囱　宝塔　水塔
	大洪水航线　中洪水航线　枯水航线		窑　庙　航道站
	粗线为水没线；细线为岸顶线　岸线　石质堤岸　防洪堤　铁路　桥梁		禾草　水泵　民房　抽水塔　建筑物
	码头　抽水站　排灌站　闸口		石坝　礁　暗礁
	沙滩　沙砾　泥		水流向　涡流　架空线

图 8-2-124　图例

5.对航道条件进行分析。主要分析障碍物的碍航程度和不正常水流的种类、范围,然后再进一步结合船舶性能,按上航或下航的要求,谨慎地拟订出计划航线。羊栏滩的水文情况分析和上、下航引航操作如下:

1)上航引航操作要领

(1)船舶要按自航能力或拖带船队的负荷大小、吃水深度,谨慎考虑选择适宜缓流的航路。

(2)枯水期选择航路:沿白沙、柳枝沙边上航,到子沙尾后过右岸沿岸线石脚上航(注意保持岸距),船到羊栏角底摆过子沙头(注意子沙头有横流),航向以浔洲尾为吊向点驶入郁江。

(3)当水位上涨达到 4.5 米时,选择航路是沿大沙边上航,到滑石角斜过河驶入浔洲尾。

(4)当水位上涨达到 9.0 米以上时,航道中间水流较急,入黔江船舶应选择柳枝沙航路上航。

2)下航引航操作要领

(1)枯水期从郁江驶出浔洲尾,子沙头有一股横流,船舶下航时应注意横流压近羊栏角,船过子沙尾稍靠右岸侧下航。

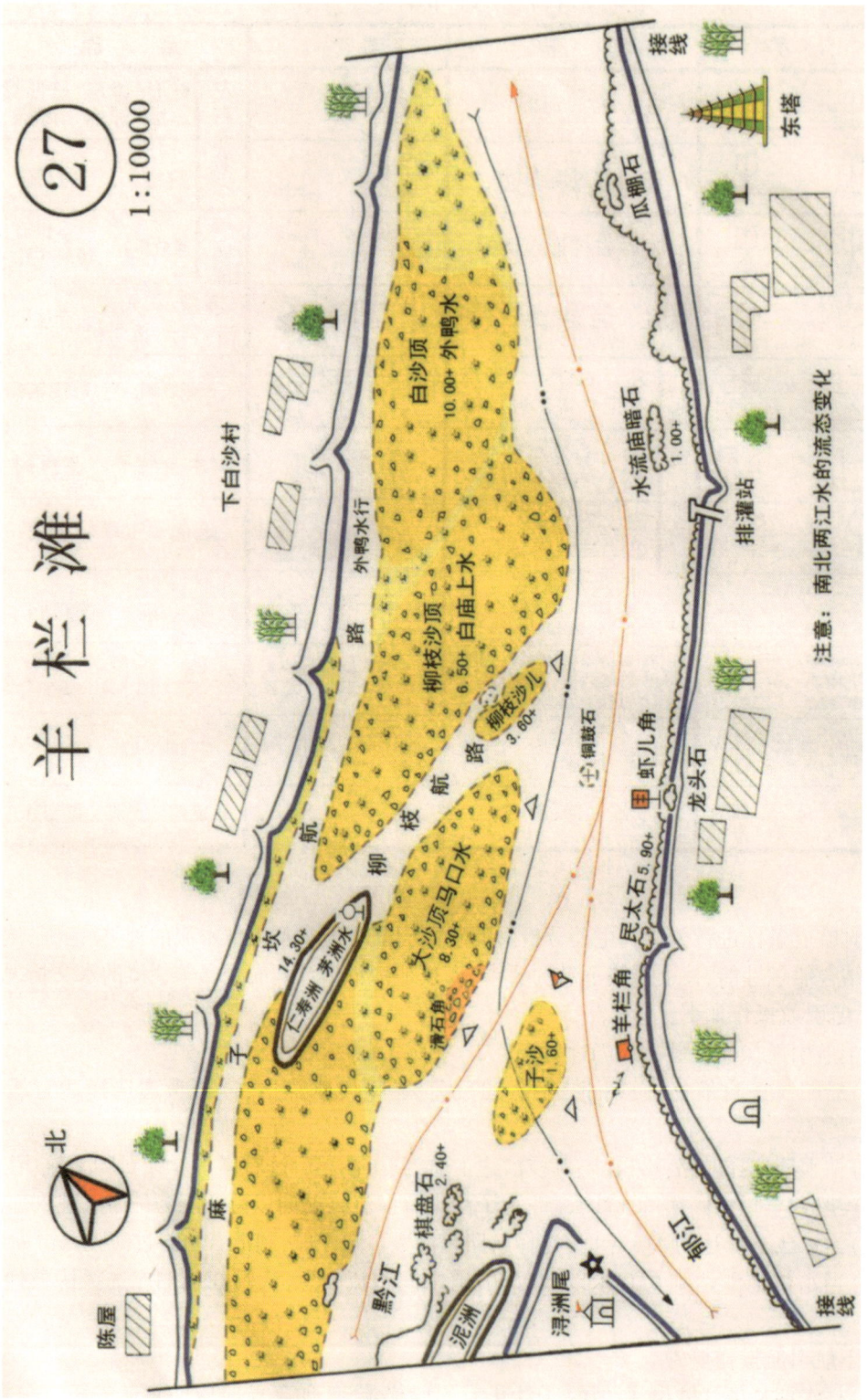

图 8-2-125　羊栏滩航行图

（2）春季,黔江开始出现涨水,当水涨约 1.0 米时,子沙还剩 0.4~0.5 米高,棋盘石角尾有一股横流流速特别大,从子沙头横流向羊栏角。如郁江水涨 1.0 米、黔江无水涨,则水压相反,压向子沙尾。这就是两江交汇处的流态变化及其规律。

（3）中洪水子沙航深满足要求时,船到浔洲尾后分中随水槽行驶,注意黔江横流水导致船舶压近民太石。

6. 掌握航行注意事项

1）黔江在当地水位达到 4.0 米以上时,棋盘石高 2.4 米,深 1.0 米多,郁江无水涨的情况下,黔江水流直压子沙头流入郁江,这时由郁江下航的船舶驶出子沙时受最大威胁,因浔洲尾有回流水,船舶驶出浔洲尾时容易掉头,有倾覆的危险。船舶从子沙下航时大横流流向羊栏角有触礁的危险,在这种水位期间不宜夜间航行。

2）在冬春交替时期的雾季,雾多发于虾儿角到东塔一带,不可冒险航行,下行船应在浔洲尾掉头锚泊,上行船应在白沙边锚泊。

3）洪水期羊栏滩水流湍急,上航船舶通过应注意安全。

4）该滩受两江水控制,洪水期黔江水位越高,横流水对船舶的影响越为明显。

5）枯水期不宜在羊栏角与子沙之间对遇和追越。在干、支流交汇处,郁江（干流）下航的船舶应主动避让黔江（支流）同向行驶船舶。

6）"水流面暗石"高度没变化,近年来屡屡出现船舶偏航导致触礁事故,对下航船威胁很大,夜间下航时应尤其注意。

7. 识读航道图注意事项

航道图也可能存在误差和不准确之处,特别是一些资料陈旧的图,而且在航道图中水域的空白处,并不表示该处没有危险物,而仅仅说明该处未经水深测量。所以在使用航道图时不应盲目地相信它,应经常注意航槽和航标是否变化,特别要注意浅滩的水深变化。羊栏滩经过航道整治和疏浚,目前铜鼓石和滑石角礁石已不存在,子沙正在整治即将完工。麻子坎航路由于航道淤积和船舶吨位及吃水逐渐变大,已经不适合行驶,子沙白侧面标已经撤销,这些变化由于种种原因没有在航道图中及时修订,所以在使用航道图时,还必须与实际地形有机地联系起来。

（六）查看潮汐表

1. 潮汐表主要内容

为了推算潮汐,航道管理部门编有潮汐表。驾引人员或有关人员根据潮汐表所载的有关潮汐资料,经过简单的运算,便可了解某地某时的潮汐情况,根据潮汐情况确定本船的操作方法。因为港口很多,不可能每个港口都列一张潮汐表,所以要以某港为主,即主港,其他为附属港。主港详细列出潮汐的所有重要数据,附属港则列一些主要数据或主、附港的潮时差。

目前,我国各主要通海河流的有关主管部门,都编制有潮汐表预报潮汐。潮汐表主要有以下两种:

1）潮高潮时表:预告各主要港的正点潮、高低潮的潮时和潮高,以便驾引人员了解各地的潮时和潮高,最大限度地提高船舶通过浅水道的能力。

2）潮流预告表:预告每日的正点潮的流速、涨落潮的最高流速和时间、涨落潮的起始时间,以便驾引人员推算流速及在引航操作时参考。

潮汐表上的潮时用北京标准时间,以平太阳日计算(24 小时),4 位数表示,左边两位为时数,右边两位为分数,如 1106 表示 11 时 06 分。潮高单位为厘米(cm),以 3 位数表示。如潮高在潮高基准面之下,数字前注"-"加以区别。落潮流延续为 12 时 25 分或以上时称为全落潮,以"*"表示。农历一栏中,注有"*"的数字,表示农历某月初一。

在正常情况下,潮汐表预报的内容与实际接近,潮高误差约±15 厘米,潮时误差约 20 分钟。但遇特殊天气变化,如台风、寒潮影响时,误差较大,使用时应注意。

2. 潮汐推算

潮汐推算系指利用潮汐表或海图上的潮汐资料推算出当地水域的高(低)潮时和潮高以及任意潮时和潮高的过程。

1)使用潮汐表查算潮汐

利用潮汐表求正点潮的潮时和潮高。

例:求 2019 年 8 月 30 日吴淞高低潮的潮时、潮高。

解:由潮汐表查到吴淞 8 月 30 日的高低潮的潮时、潮高如表 8-2-8 所示。

表 8-2-8　吴淞 8 月 30 日的高低潮的潮时、潮高

日期		30
农历		*08
高低潮	潮时	0833
	潮高	095
	潮时	1230
	潮高	389
	潮时	2035
	潮高	103
	潮时	
	潮高	

可以看出,吴淞在 8 月 30 日只发生一次高潮,两次低潮。因为我们所介绍的每天有两次高潮,两次低潮,是指在一个太阴日内,而潮汐表是按太阳日编制的,所以缺一次高潮。

2)介绍潮汐推算如下

(1)利用潮汐表推算潮时

查表推算附港潮时,一般以主港潮时加上附港潮时差即得。

如欲求长江下游感潮河段各港之潮,应查潮流表,先将上海黄浦江内新开河站的潮时换算成吴淞潮时(因吴淞潮时比新开河提前约 1 小时),然后加上潮时差即为所求港的潮时。

例如:求南通某年 9 月 20 日的涨潮开始的时间。从表中查知该日新开河有两次涨潮:00:23 和 12:41。先将其提前 1 小时,即 19 日 23:23 及 20 日 11:41,换算成吴淞的潮时,然后再从航行图的说明部分查知南通的潮时迟于吴淞 3.5 小时,即该港第一次涨潮开始时间为 23:23(19 日)+03:30 = 02:53(20 日);第二次涨潮开始时间为:11:41+03:30 = 15:11(20

230

日），以上即为南通港 9 月 20 日两次涨潮开始时间。

（2）利用潮汐表推算潮高

例如：某船吃水 4.6 米，欲通过吴淞附近某浅水道，已知该处浅水深为基准面下 2.8 米，求某年 9 月 30 日何时可以通过。

根据规定通过泥沙底航道应留剩余水深 0.2 米，因该船吃水 4.6 米，水深必须有 4.8 米才能通过，实际差水深：4.8-2.8＝2.0（米）

吴淞 9 月 30 日	潮时	潮高（米）
第一次高潮	11:36	3.44
第二次高潮	23:36	3.79
第一次低潮	06:47	1.09
第二次低潮	18:54	1.14

第一次涨潮潮高上升为：3.44-1.09＝2.35（米）

涨潮历时为：11:36-06:47＝4.82（小时）

涨潮率为：2.35/4.82＝0.49（米/小时）

在第一次涨潮中，由第一次低潮潮面到可通航潮面的潮高差为：2.00-1.09＝0.91（米）

已知涨潮率为 0.49 米/小时，2 小时为 0.98 米，故该船于该日 08:47 后即可通过。

第三节　直线航行

一、游艇操纵性能

游艇操纵是指游艇驾驶员根据游艇的操纵性能以及风、浪、流等外界因素，通过正确运用车、舵等操纵设备，使游艇按照驾驶员的意图保持或改变游艇航行状态的作业。游艇的操纵包括游艇启动、航行、掉头、靠离码头等操作，掌握游艇本身的操纵性能，是正确操纵游艇的关键。

（一）变速航行

在游艇航行过程中，根据航道实际情况，需要经常通过停止、加速、减速等操作改变航行速度。螺旋桨（车）是游艇变速航行的主要设备。

（二）游艇的启动、停止、保持航向稳定

1. 游艇的启动性能

游艇从静止状态开进车至艇速达到与主机功率相应的速度时所需要的时间和航进距离，称为游艇的启动性能。在启动过程中，游艇速度由静止状态随主机转速的增加而逐步提高。

2. 游艇的制动性能

游艇的制动性能是指游艇在某速度下，主机停车或倒车后，游艇对主机工况反应的能力。

它一般用船舶冲程和冲时来衡量。

3. 游艇的保向性能

游艇的保向性能是指游艇在外力(如风、流、浪等)作用下,由舵工(或自动舵)通过罗经识别游艇首摇情况,通过操舵抑制或纠正首摇并使游艇驶于预定航向上的能力。游艇保向性的好坏不但与游艇航向稳定性的好坏有关,而且还与操舵人员的技能及熟练程度和自动舵、舵机的性能有关。

(三)游艇停车和倒车冲程

1. 冲程

冲程是指游艇以不同速度航行时,从停车(或倒车)时起,至游艇完全停止时止(对水停止运动),游艇在惯性作用下所移动的距离。

2. 游艇的停车冲程

游艇在各种速度下停车,至游艇停止(对水停止运动)的冲程为停车冲程。

3. 游艇的倒车冲程

游艇在各种速度下倒车,至游艇完全停住(对水停止运动)的冲程为倒车冲程。

从全速前进到全速倒车的倒车冲程又称紧急停船距离或最短停船距离。

掌握游艇各种情况下的冲程,对于正确操纵游艇进行避让、靠泊码头、系离浮筒、锚泊操作等都很重要。根据当时客观条件的影响,及时、正确地停车或倒车,是保证游艇安全航行和顺利完成各项操纵的重要环节,游艇驾驶人员应切实掌握。

二、实操训练

(一)游艇的启动、停止、保持航向稳定

游艇的启动、停止是游艇最基本的操作,游艇驾驶员在操作游艇时,应根据游艇的具体情况,小心驾驶。一般情况下,游艇的主机功率大,启动速度快,航行时游艇能够在水面上滑行。操作时应按下列步骤进行:

1. 慢进车

游艇在启动阶段,与其他船舶一样,浮力来自它排开水所得的静浮力;慢进车以后,游艇慢慢启动,并保持低速航行,艇体略微下沉。

对于单螺旋桨(车)游艇,随着螺旋桨的转动,会产生一个横向推力,导致游艇向一侧偏转,如右旋车会导致艇首向左偏转。因此,启动时应根据螺旋桨的旋向,向相反一侧压舵。

2. 逐步加速

游艇启动后,逐步加速(适当加大发动机功率)。随着游艇航行速度的加大,螺旋桨的排水量明显增加,游艇艇底受到的冲压逐渐增大,由于艉部艇底上翘较大,随着速度的增大,艇首受到的上抬力增加较快,先被托出水面,并继续升高,游艇呈抬艏(艉倾)状态航行。同时,由于艇体前部逐渐抬离水面,浮力中心(包括动托力和静浮力)逐渐后移,这时艉吃水会增加。

游艇在启动加速阶段,切忌快速加车,以免导致艇首上翘过大而发生事故。

3. 高速滑行

随着艇速的不断提高,艇体获得越来越大的动托力,艇体被逐步抬出水面,当抬至一定程度时,整个艇体保持一定的艉倾姿态在水面上高速滑行。此时游艇的吃水非常浅,游艇的绝大部分重量由动托力支承,阻力减小。进一步加大发动机功率,便能获得更高的速度。

4. 游艇的停止

高速航行的游艇,停止时也应逐步减速,避免突然停车。突然停车会导致艇体阻力突然增加,引起游艇骤然减速而产生危险。

5. 保持航向稳定

在游艇航行过程中,为使游艇保持在预定航线上,驾驶人员在操纵游艇时,应尽可能选择较远的吊向点,转向时提前采用小角度操舵,防止大角度操急舵。

因游艇主机功率大,航行时吃水浅、速度快,突然改变航速会明显影响游艇的航行状态。为保持游艇航行的稳定性,应避免突然大幅度改变车速。

（二）游艇的停车和倒车冲程

合理利用游艇的停车和倒车冲程,准确把握停车、倒车的时机,对保证游艇安全、快速地进行避让和靠泊操作,具有非常重要的作用。

游艇刚刚停车,推力急剧下降到零,游艇速度迅速下降。但随着艇速的下降,游艇阻力也快速减小,艇速的下降逐渐变缓。当艇速很低时,阻力很小,艇速的下降极为缓慢,但游艇很难完全停止。为使游艇准确地停泊在预定位置,需要驾驶人员根据游艇的停车和倒车冲程,把握停车和倒车的时机。

影响游艇冲程的因素很多,主要有以下几方面:

(1)游艇速度一定时,排水量越大,冲程越大。

(2)游艇排水量一定时,航速越大,冲程越大。

(3)主机换向时间短,倒车功率大,冲程减小。

(4)船体污底增厚,阻力大,冲程减小。

(5)浅水中阻力增大,冲程减小。

(6)顺风、顺流时冲程增大,顶风、顶流时冲程减小。

第四节　游艇绕标操纵

一、游艇的旋回性能

游艇的旋回性能是游艇的重要操纵性能之一,是保证游艇安全操纵作业、避让和安全航行必不可少的性能。游艇的旋回性能是指游艇在车、舵作用下做旋回运动的性能。旋回运动是指直航游艇操舵后,游艇所做的纵移、横移和回转运动的复合运动。该性能一般用旋回圈要素表示。

（一）游艇的旋回过程

根据游艇在旋回过程中运动特征的不同,可将旋回运动划分为三个阶段。

1. 初始阶段

初始阶段又称转舵阶段,是指游艇自转舵时起到艇首开始转动时止的时间间隔和航行距离。因游艇吃水浅、舵效好,其初始阶段的时间一般都较短。在初始阶段,游艇因运动惯性仍保持直线前进,并出现下列主要特征:

(1)艇速开始下降,但降速不明显。

(2)艇首出现向操舵一侧回转的趋势。

(3)艇体出现向操舵相反一侧横移,即反向横移。

(4)艇体出现向操舵一侧少量横倾,即内倾。

2. 渐变阶段

渐变阶段又称过渡阶段,是指游艇从横移、回转运动时起至游艇做定常旋回运动时止的运动阶段。

在此阶段,游艇向操舵方向加速回转,同时,因斜航阻力增加和螺旋桨推进效率降低等原因,艇速明显下降。由于受到旋回惯性离心力(矩)的作用,游艇的横倾开始由内倾转变为外倾,即艇体向操舵相反一侧横倾。

3. 稳定阶段

稳定阶段又称定常旋回阶段,是指游艇自定常旋回做匀速圆周运动时起,以后的整个旋回运动阶段。

游艇进入稳定旋回阶段,这时游艇围绕固定的旋回中心做匀速圆周运动。作用于艇体的所有合力和合力矩为零,游艇的横移速度和线速度保持不变,外倾角也趋于稳定,回转角加速度为零,角速度达到最大值。

（二）游艇旋回圈要素

游艇旋回圈是指定速直航(一般为全速)游艇操一舵角(一般为满舵)后,游艇重心的运动轨迹。表征游艇旋回圈大小及形状的几何要素主要有反移量、纵距、横距、旋回初径、旋回直径和滞距,如图8-4-1所示。

1. 反移量

反移量又称偏距,是指操舵后游艇重心自原航向的延伸线向操舵相反方向横移的最大距离。游艇的反移量比一般船舶要大,主要是其速度快,前进时转心靠艇首,甚至在艇首的延长线上。艇尾处的反移量可达 1/10~1/5 艇长,一般艇速越快、舵角越大,则反移量就越大。

2. 纵距

纵距又称进距,是指游艇自操舵开始到航向转过任一角度时游艇重心在原航向上移动的纵向距离。通常所指的纵距是航向改变90度时的纵距,一般为旋回初径的 0.6~1.2 倍。

3. 横距

横距是指游艇自操舵开始到航向转过任一角度时游艇重心所移动的横向距离。通常所指

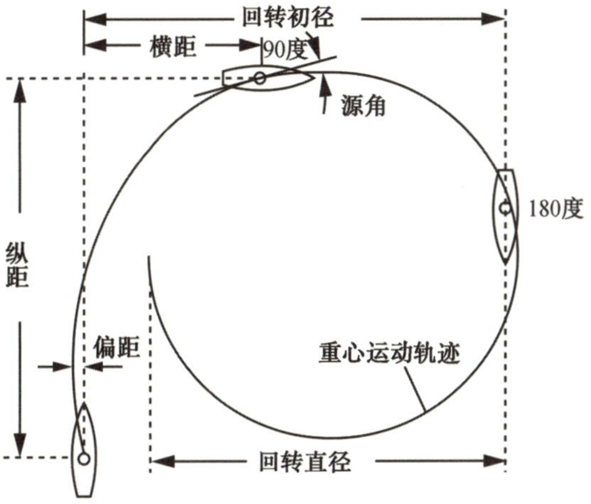

图 8-4-1　旋回要素示意图

的横距是航向改变 90 度时的横距,大约为旋回初径的一半。

4. 旋回初径

旋回初径是指自游艇开始操舵时起到航向改变 180 度时,游艇重心的横向移动距离。旋回初径常常用来表示游艇的旋回性能,内河游艇的旋回初径为 1.5~3.5 倍艇长。

5. 旋回直径

旋回直径又称旋回终径,是指游艇进入定常旋回运动时的直径。

6. 滞距

滞距是指自操舵开始时的游艇重心至定常旋回曲率中心的纵向距离。滞距一般为 1~2 倍艇长。

二、游艇"S"形绕行浮标的方法

游艇"S"形绕行浮标是游艇模仿在拥挤的航道中航行的一种方法,也称为蛇形绕标。游艇"S"形绕行浮标,是游艇旋回性能的具体运用。要依据游艇的纵距,精准地把握用舵时机,根据反移量、横距掌握回舵时机。在进行"S"形绕行浮标前,驾驶人员还要根据游艇的横倾状态、螺旋桨的特点、风浪流等情况选择绕行的方向。

三、实操训练

(一)游艇旋回性能的操作

熟练掌握游艇旋回性能的操作,对游艇的转向、避让、掉头、靠离泊位等日常操作,都有非常重要的作用。

1. 利用反移量操纵游艇

(1)利用反移量避让落水人员的操作:航行中发现有人落水时,为了防止落水者被卷入艇尾螺旋桨,应立即停车,并向落水者一侧操舵,利用游艇反移量使艇尾向相反方向摆开,以保证落水者的安全。

（2）利用反移量紧急避让的操作：当游艇避让前方较近距离的其他船舶时，应立即用满舵使艇首让开；当艇首让过时，再立即操相反方向的舵，利用游艇反移量使船尾摆开，以避免碰撞。

（3）利用反移量进行靠、离泊作业操作：在横移驶靠码头或横移驶靠他船的靠泊操纵中，以及离泊操纵或近距离驶过系泊船时，可充分利用反移量来进行靠、离泊作业和避碰。

2. 利用纵距掌握用舵时机的操作

纵距是判断游艇旋回过程中纵向占用水域范围的依据。当游艇驶经弯曲航道、进行掉头操纵、避让前方障碍物或者进行避碰操作时，游艇驾驶人员应根据游艇的纵距，确定用舵的最佳时机。

3. 利用旋回初径、横距选择游艇掉头水域的操作

旋回初径是衡量游艇旋回过程中横向所需水域范围的依据，横距是衡量游艇航向转过 90 度时横向占用水域范围的依据。通过游艇的旋回初径、横距，可以估算操舵转舵后，游艇与岸或其他船舶是否有足够的间距，以及估算游艇用舵回转掉头所需水域。

在估算掉头水域时，可结合艇体浮态选择掉头方向。艇体横倾时，由于左右漫水体积不等，游艇低速航行时，向低舷操舵回转的旋回直径较小；高速航行时，向高舷操舵回转的旋回直径较小。

4. 进行游艇旋回性能操作时，防止产生游艇倾覆的操作

在游艇旋回过程中，当倾斜角过大时，会产生游艇倾覆的危险。因此，在进行旋回操作时，应避免出现较大横倾，具体措施如下：

（1）降低艇速，缓缓操舵用小舵角操纵游艇回转，尽量增大旋回直径。

（2）在旋回运动中出现较大横倾角时，切忌突然急回舵，甚至操反舵。正确的操作方法应该是立即减速、停车，待艇速下降后再逐步回舵。

（3）力求合理的初稳性高度，注意自由液面的影响和防止重件货物的移动。

（4）正确选择操舵时机，避免风浪等外力对船舶产生的横倾力矩与船舶旋回产生的外倾力矩互相叠加。

（二）游艇"S"形绕行浮标

游艇"S"形绕行浮标的操作一般都是在规定的水域范围（4 倍艇宽，6 倍艇长）内进行，两浮标的间距为 1.5 倍艇长。绕行过程中，艇体不得出界，不得触碰浮标，不允许使用倒车。

在进行游艇绕标操作时，应以慢速状态行驶，提前摆好艇位。当艇首平第一浮标且贴近浮标时，立即向浮标一侧操舵，操舵速度要快，用舵角度要大；当艇首抵达两浮标连线位置时，逐步回舵；当游艇驾驶台抵达两浮标连线位置时，立即向另一舷大角度操舵，操作中，视具体艇位随时调整舵角。当艇首基本到达第二浮标时，立即向浮标一侧大角度操舵。紧接着重复上述动作，直至完成全部绕标动作（如图 8-4-2 所示）。

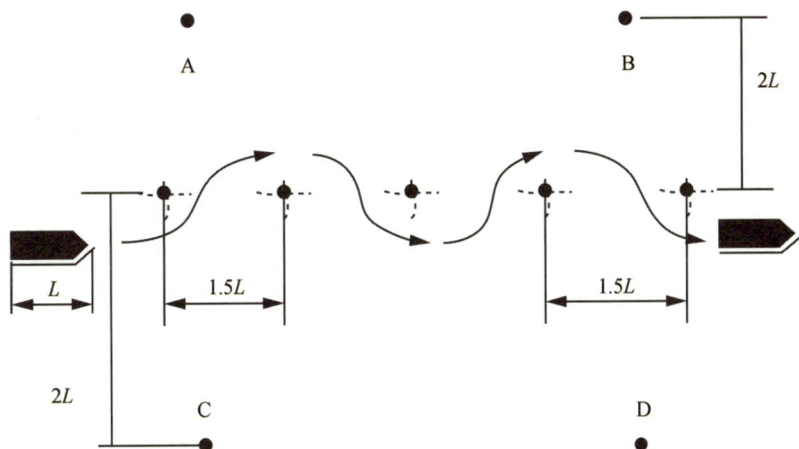

图 8-4-2　游艇"S"形绕行浮标示意图

第五节　游艇掉头操纵

一、风、流对游艇操纵的影响

（一）风对游艇操纵的影响

游艇操纵中,风作用于游艇会产生一定的作用力——风动力。风动力是指处于一定运动状态下的游艇,其水上部分所受的空气动压力。游艇在风的影响下,顶风减速,顺风增速。侧面受风,艇首将向上风或下风偏转,并向下风漂移。而在低速行驶时,若遇强风也可能会出现舵力转艇力矩不足,游艇转向困难,操纵进退两难的情况。

1. 艇在风中的偏转

（1）艇静止中或航速接近于零时,艇身将趋向于和风向垂直。

（2）游艇前进中,正横前来风,空载、慢速、艉倾、艇首受风面积大的艇,顺风偏;满载或半载、艏倾、艇尾受风面积大的艇,或者高速艇,逆风偏;正横后来风,逆风偏显著。

（3）游艇后退中,在一定风速下当艇有一定退速时,艇尾迎风,正横前来风比正横后来风显著,左舷来风比右舷来风显著。退速较低时,艇的偏转基本上与静止时情况相同,并受到倒车横向力的影响,艇尾不一定迎风。

2. 风致漂移

游艇受风作用而向下风漂移,其漂移速度随艇速的降低而提高。停于水上的游艇受风作用时最终将保持正横附近受风,并匀速向下风横向漂移,此时,漂移速度最大。航行中,艇速提高,漂移速度减小。故在港内靠泊或掉头操纵,应根据游艇当时的漂移速度及下风侧可用水域的大小,将可供操纵使用的时间与完成整个操纵过程所需的时间相比较,确定是否安全可行,做到心中有数。

3.强风中操艇的保向性

游艇在航行中,除首尾向来风不发生偏转外,其他方向来风都将使游艇在向下风漂移的同时还将产生偏转运动。为了保证游艇能航行在预定航线上,必须根据风压差采取压舵措施来抵消游艇的漂移和艇首的偏转。风速越大、航速越小,则风压差越大,压舵量也势必增加。当风速大到某一界限以上时,即使使用满舵,也无法保持航向。能够用舵保持航向的风速界限,称为保向界限。它和风速与航速之比及相对风向角有关。

(1)对同一游艇来说,压舵角大,保向范围扩大。

(2)游艇正横附近或稍后受风时,保向最为困难。风速只要达到艇速数倍时,就将出现即使满舵也无法操纵的情况。

(3)游艇斜顶风时的保向性较斜顺风时好。

(4)保向范围总的来说随风速的降低而扩大,随艇速的降低而减小,增大压舵角可扩大保向范围。由此可知,提高航速、增大压舵角、采取斜顶风是提高游艇保向性的有效措施。但提高艇速是有限度的,对于任何游艇,随着风速的提高均存在受风不能保向的范围,操艇时应予注意。

(二)流对游艇操纵的影响

1.水动力

游艇由于种种原因,与其周围的水有相对运动时,游艇所受水的作用力称为水动力。这种艇水之间的相对运动,有的是由艇本身自力(凭借车、舵、缆的作用)所造成的,也有的是由外界条件(凭借拖船、风动力、水流的作用)所造成的。

2.流对操艇的影响

(1)流对艇速和冲程的影响

游艇顺流航行时,实际艇速等于静水艇速加流速;顶流航行时,实际艇速则等于静水艇速减流速。因此,在静水艇速和流速不变的条件下,顺流航行时的对地艇速比顶流航行时的实际对地艇速大两倍流速。

顶流时,对地冲程减小,流速越大冲程越小;顺流时,对地冲程增大,停车后减速的过程非常缓慢,最后如不借助倒车或抛锚,将不能阻止游艇以水流速度向前漂移。

(2)流对舵力和舵效的影响

舵力及其转艇力矩是与舵叶对水速度的平方成正比的,而舵叶对水速度又与游艇对水速度成正比。因为不论顶流或顺流,只要流速相等,游艇相对于水的速度则不变,等于静水艇速,所以在舵角和螺旋桨转速(排出流速度)等条件相同时,顺流和顶流时的舵力相等,其转艇力矩也一样。但舵效却是对地的概念。顺流时对地艇速比顶流时大两倍流速,故使用同样的舵角当顶流时能在较短的距离上使艇首转过较大的角度,需要时也比较容易把定,操纵较为灵活。因此,顶流时的舵效较顺流时好。但当艇首斜向顶流时,由于流压力矩的作用,游艇向迎流舷回转困难,舵效反而差。

(3)流压对游艇漂移的影响

游艇首尾线与流向有一交角时,流速和静水艇速的合成速度,将使艇向水流来向相反一舷运动,通常称之为流压。流压使艇漂移,流速越大,则交角越大,流压也越大;艇速越小,则流压越大,漂移速度也越大。操纵时应特别警惕横压流的影响,尤其当游艇以较低航速往狭窄水域航行时应特别注意漂移速度,及时修正流压差。在流水港,顶流靠泊时,根据流速的大小,摆好水流与艇首尾线的交角,并控制好艇速,可以使艇慢慢地靠上泊位。如艇速和交角控制不当,尤其是急流时,交角摆得过大,艇身横移就非常迅速,流压将造成压碰码头的事故。为了预防这种现象,在驶近泊位时就应逐渐减小艇首尾线与流向的交角,以使游艇安全、平稳地靠上泊位。

（4）流对旋回的影响

游艇顺流旋回时,纵距要比顶流旋回时大得多,这是受水流推移的缘故。在旋回过程中,游艇除了旋回运动外,还有受水流作用而产生的漂移运动。在有流水域,要掌握好转向时机。静水中可在转向依据的物标接近正横时转向;而在顺流时,应适当提前转向;顶流时应适当延迟转向。这样,在流压的推移下,使船位在转向后仍能保持在预定的航线上。

（三）风、流对游艇操纵的综合影响

1. 风动力作用点、船舶重心和船体水线下水动力作用点

风、流对游艇操纵的综合影响,主要取决于风力中心和水压力中心的位置及已知的船舶重心的相对位置,决定船舶偏转方向。

1）船舶重心

船舶重心的位置取决于船舶构造及装载情况,一般的船舶,其重心约在船中稍后。船舶前进或首纵倾,则重心前移;船舶后退或尾纵倾,则重心后移。

2）风动力作用点

风动力作用点的位置取决于风舷角的大小和船体水线以上上层建筑的面积与分布情况。一般船体水线以上上层建筑前后相似的船舶,风从船舶正横前吹来,风动力作用点在船舶重心之前;随着风舷角的增大,风动力作用点则向后移动,受横风作用时风动力作用点在重心点附近;正横后来风,风动力作用点则在重心点之后。

3）水动力作用点

水动力作用点的位置取决于船舶运动方向,以及船体水线以下的面积与形状。当船舶前进时,其水动力作用点在重心点之前;横移时,水动力作用点在重心点附近;后退时,水动力作用点在重心点之后。

2. 风流对游艇操纵的综合影响

1）船舶静止中受风

（1）风从正横前吹来,如图 8-5-1 所示,风动力作用点在重心点之前,水动力作用点在重心点之后,此时,风动力、水动力产生的转船力矩使船首顺风偏转（即船首向下风方向偏转）。船首顺风偏转时,风动力、水动力作用点都接近重心点,船舶偏转力矩趋于消失。

（2）风自正横后吹来时,如图 8-5-2 所示,风动力作用点在重心点之后,水动力作用点在重心点之前,此时,风动力、水动力产生的转船力矩使船首逆风偏转（即船首向上风方向偏转）,直至正横受风为止。

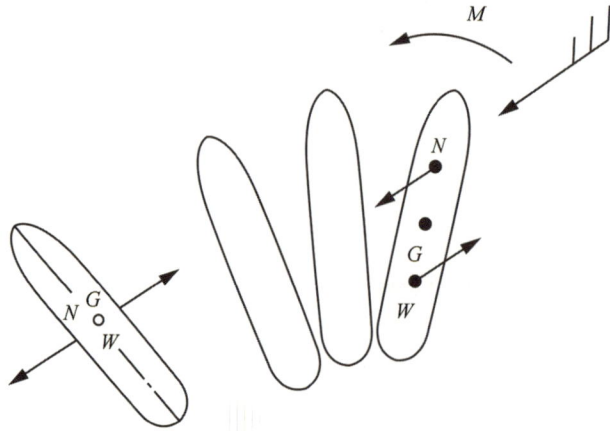

图 8-5-1　船舶静止中风从正横前吹来时风致船舶偏转示意图

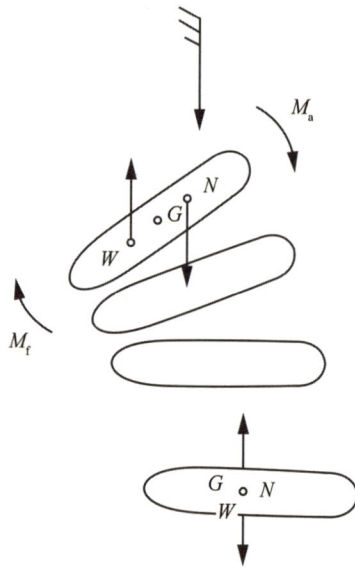

图 8-5-2　船舶静止中风从正横后吹来时风致船舶偏转示意图

M_a—风动力转船力矩；M_f—水动力转船力矩

2）船舶前进中受风

（1）风从正横前吹来，如图 8-5-3 所示，则风动力、水动力作用点均在重心点之前。这时，船首偏转方向要根据风动力、水动力产生的转船力矩哪一个大而定。前者大，船首顺风偏转；后者大，则船首逆风偏转。

①对于船速慢、风速大、艉倾或船首受风面积大的船舶，风动力作用点在水动力作用点之前，风动力转船力矩大于水动力转船力矩；因此，多出现船首顺风偏转，这时须压上风舵才能稳向航行。

②对于船速快、尾部受风面积大的船舶，风动力作用点在水动力作用点之后，风动力转船力矩小于水动力转船力矩；因此，多出现船首逆风偏转，这时须压下风舵才能稳向航行。如

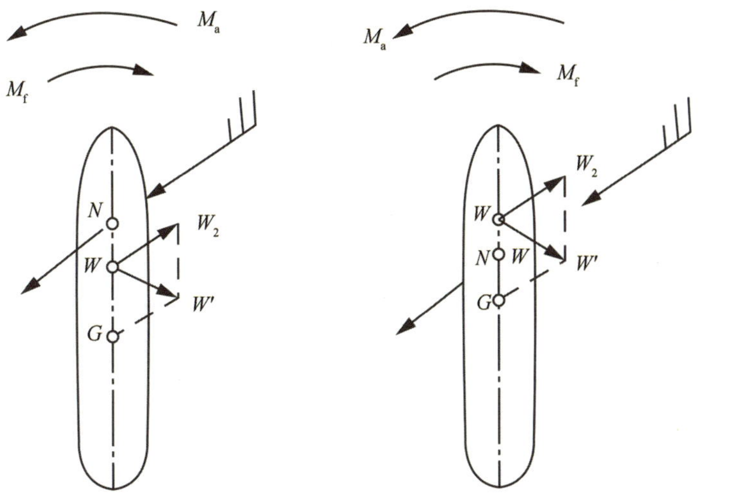

(a)风动力作用点在水动力作用点之前　(b)风动力作用点在水动力作用点之后

图 8-5-3　船舶前进中风从正横前吹来时风致船舶偏转示意图

M_a—风动力转船力矩;M_f—水动力转船力矩

快速客船,前进中正横前来风时,要压下风舷舵才能稳向航行,说明风动力作用点在水动力作用点之后。

(2)风从正横后吹来,如图 8-5-4 所示,则风动力作用点位于水动力作用点之后。船舶在风动力、水动力转船力矩作用下,船首逆风偏转。

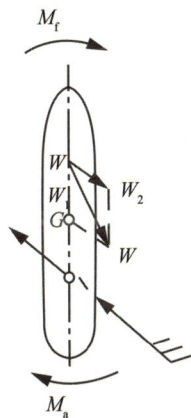

图 8-5-4　船舶前进中风从正横后吹来时风致船舶偏转示意图

M_a—风动力转船力矩;M_f—水动力转船力矩

3)船舶后退中受风

(1)风从正横前吹来,如图 8-5-5 所示,风动力作用点在水动力作用点之前。船舶在风动力、水动力转船力矩作用下,船尾迎风偏转。

(2)风从正横后吹来,如图 8-5-6 所示,风动力作用点和水动力作用点均在船舶重心点之后,由于船尾线形丰满,后退水阻力比前进水阻力大 14%~20%,加之螺旋桨、舵设备及尾纵倾等因素的影响,无论风舷角是大或是小,水动力作用点总在风动力作用点之后,产生使船尾迎风偏转的转船力矩。

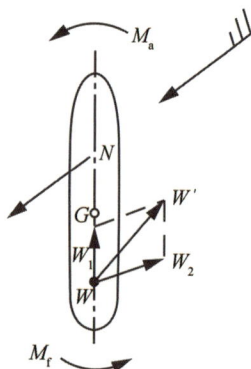

图 8-5-5　船舶后退中风从正横前吹来时风致船舶偏转示意图

M_a—风动力转船力矩；M_f—水动力转船力矩

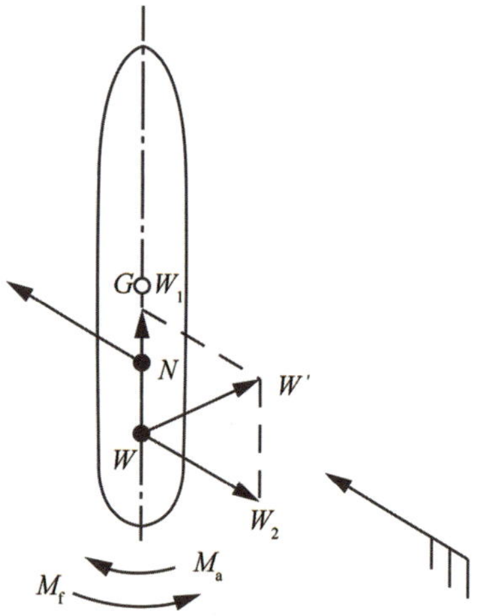

图 8-5-6　船舶后退中风从正横后吹来时风致船舶偏转示意图

M_a—风动力转船力矩；M_f—水动力转船力矩

4）船舶在风中的漂移运动

船舶在风中的漂移速度与风向、风速、船速及船舶水线上、下侧面积有关。正横及正横前后受风时，漂移速度与风速及水线上、下侧面积比成正比，与船速成反比。

（1）当正横相对风速增大时，风动力随之增大，故漂移速度也增大。

（2）当水线上、下侧面积比值增大时（如船由满载变为半载或空载），风动力随之增大，漂移速度也增大。

（3）当船速增大时，船舶运动合速度随之增大，即水动力增大，迫使船舶以较小的漂移速度运动；当风动力与水动力的横向分力相等时，船舶以匀速做横移。

二、掉头操纵

游艇航向改变 180 度的作业称为掉头，掉头操纵是游艇常见的操纵作业之一。操纵游艇掉头时，驾驶员应根据掉头的目的、航道条件和风、流及游艇操纵性能等主客观情况，选择好掉头地点和时机,正确选择掉头方向,拟定具体操纵方案,做到安全迅速地完成掉头操纵。

游艇掉头操纵的注意事项:

(一)考虑本艇操纵性能,如舵的灵活性、螺旋桨类型(单、双车)、甲板上层建筑物构成情况、稳性及装载情况,选好掉头地点。

(二)根据掉头地点航道的宽度、水流、风向及障碍物,决定掉头的方法和方向。

(三)掉头前,应显示规定的掉头信号,以引起周围游艇注意,并在瞭望四周无碍后再开始掉头。

(四)在掉头过程中密切注意周围环境变化及其他船舶动态,以免与过往船舶发生碰撞事故,切勿横他船船头进行掉头。

(五)充分利用风力、水流,适当使用车、舵,使游艇安全迅速地掉头。

(六)单艇从下水掉上水时,要减缓速度,舵角不要过大,防止发生横倾。

三、实操训练

(一)进车掉头的训练

进车掉头的操作方法较简单,完成掉头时间短,故采用得较多。但这种方法必须在航道宽度大于游艇旋回直径的情况下方宜采用。其操作方法如图 8-5-7 所示。

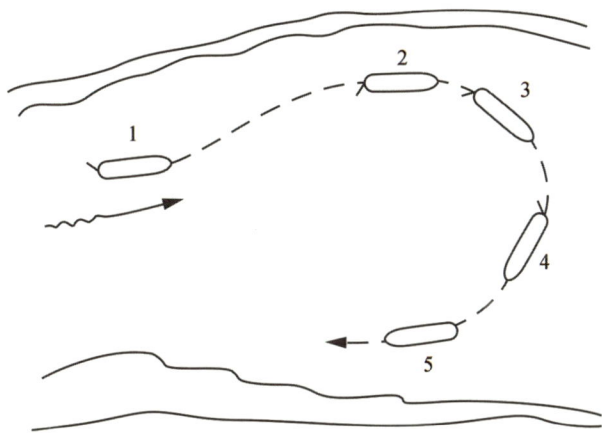

图 8-5-7　进车掉头

1. 当游艇驶至离选择掉头的位置适当距离时,向掉头反方向操舵,使游艇尽量驶向掉头对岸,以让出更宽的航道便于掉头,同时降低航速;

2. 向河心操满舵,待游艇转至 35~40 度时,加大车速;

3. 当游艇接近旋回完毕时,回舵或操一反舵,便可以调直。

双螺旋桨游艇做进车掉头,开始旋回时应将旋回一侧之车速降至慢速,待转到 35~40 度后增至中速,以保持两推进器推力的差别来增加旋回力矩。

(二)进退车掉头的训练

航道狭窄不足以保证单纯进车掉头的需要时,可采用进退车掉头的方法,如图 8-5-8

所示。

（1）接近掉头地点,慢速尽量驶向掉头对岸边的位置;

（2）右满舵,艇首开始右转并继续前进,在未到位置2前停车,快速倒车,左满舵,游艇继续右转;

（3）当退到位置3时,停车,右舵,顺车使艇前进到位置4;

（4）因水域狭小,一次不能完成掉头操作时,可反复使用几次,直到完成掉头为止。

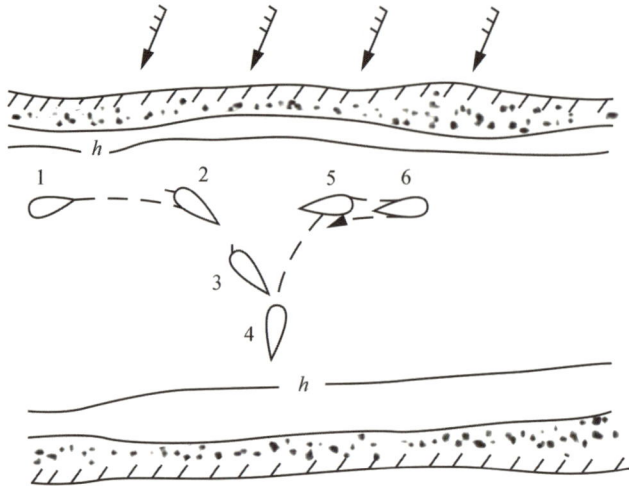

图 8-5-8　进退车掉头

（三）顶岸掉头的训练

在特别狭窄的航道中,可采用以船头顶岸的方法进行掉头(如图8-5-9所示)。用此法掉头时,必须清楚掉头的一岸有足够的水深和无水下障碍物。此法多用于顺流掉头。

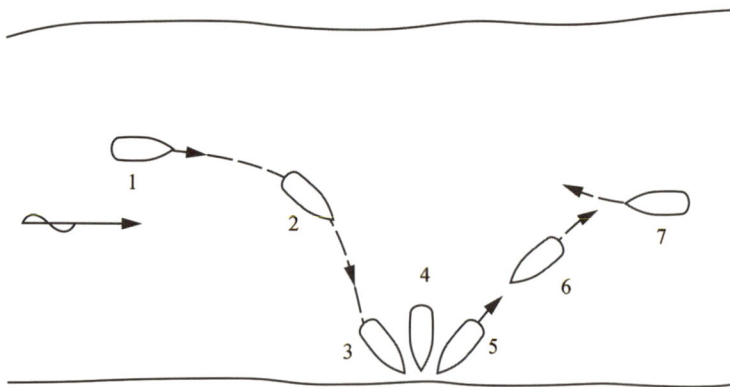

图 8-5-9　顶岸掉头

选好掉头地点后,操纵游艇慢车并以大于45度的夹角驶向岸边(船位1);估计停车后,船靠惯性可到达预定位置时立即停车(船位2);如果停车后船舶冲势仍很猛,可开短暂倒车减慢冲势,以控制船速,使船头能轻轻顶靠岸边(船位3);当船头顶贴岸边后右满舵,进车慢速摆动尾部(珠江船员称之为打尾),则在车、舵力的作用下,船尾慢慢向右摆转;当船舶回转至与岸边形成一锐角时(船位5)停车,再中舵开倒车,待船离岸后即操左满舵;当船退到航道中(船位6)时即停车回舵,再进车调顺船身后继续航行。

(四)双桨游艇掉头

1.双桨游艇进车差速掉头

当游艇驶近预先选择的掉头河段,先降低车速,到达掉头的位置时,向掉头方向用舵,当艇首开始转动时,调整车速,外舷车快进、内舷车慢进,利用车的差速所形成的推力转矩,加快游艇旋回。当掉头接近完成时,即回舵,双车等速前进。

2.双桨游艇倒顺车掉头

双桨游艇倒顺车掉头俗称鸳鸯车掉头。双桨游艇具有较灵活的操纵性能。它可以使用一舷进车,另一舷倒车并向倒车一舷配合用舵来完成掉头。如果没有风、流的影响,无论左转或右转,都可以近似地围绕游艇重心在原地旋回。为保持进车、倒车的推力相等,倒车转速应高于进车转速。

正确的操纵方法是:

驶至掉头处先减速(或停车)向旋回方向用舵,内舷车停、外舷车进一,以充分利用外舷舵力和推力转矩旋回。当游艇开始旋回后,内舷车后退二,两车形成的力偶矩将加速。

游艇旋回,如果是单舵艇,应用正舵,因为这时舵非但不起作用,甚至起了反作用;双舵艇则应用舵,因为外舷进车的舵力远较内舷倒车的影响大,有利于游艇掉头。根据游艇运动的实际情况,不断用外舷车调整艇位,如游艇在掉头中后移,则应进车增速为前进二;如游艇在掉头中前移,则应进车减速为前进一,待接近完成掉头时正舵,停止倒车,双进车调整航向。

第六节　游艇靠、离码头操纵要领

一、系解缆

(一)系缆的名称和作用

游艇驶靠码头时使用的系缆名称如图8-6-1所示。

1. 艏缆:艏缆又称拎水缆。游艇一般采用逆流靠码头,艏缆的作用是使游艇不随水流下移并使艇首贴靠码头(如图8-6-1中缆1所示)。

2. 艉缆:艉缆从艇尾内舷导缆孔送出,系套在码头缆桩上。艉缆用于抵抗来自船尾的风动力和水动力的作用,防止游艇向前移动(如图8-6-1中缆6所示)。

3. 艏倒缆:艏倒缆又称前斜缆,其作用与艉缆相似。当采用开艉法驶离码头时,该缆是关键的系缆(如图8-6-1中缆3所示)。

4. 艉倒缆:艉倒缆又称后斜缆或坐缆。它除了具有艏缆的作用外,当采用坐缆驶离时,该缆是关键的系缆(如图8-6-1中缆4所示)。

5.横缆:横缆的出缆方向大致与艇首尾线相垂直,主要作用是防止游艇向外移动。横缆一般在艇首、尾各出一根,分别称为艏横缆和艉横缆(如图8-6-1中缆2、5所示)。

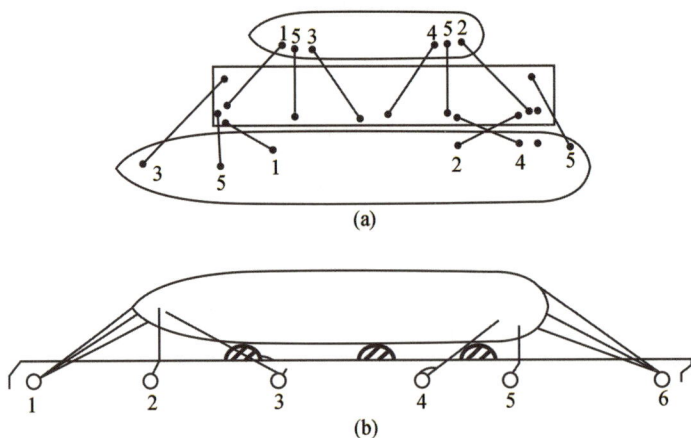

图 8-6-1　游艇靠泊系缆示意图

以上是游艇驶靠所使用的基本缆绳,实际运用时,可视情况适当增加或减少系缆。靠泊时间较短时,可只系带艏倒缆、艏缆、艉倒缆和艉缆各一根,小型游艇短时间系靠常常只带艏缆、艏倒缆和艉缆。

(二)停泊用缆注意事项

1.各缆受力要均匀。停泊中因水位的变化,风、流的影响,应及时调整各缆的松紧程度,保持各缆受力均匀,防止某一根缆绳受力过大而有绷断的危险。试车前应检查各缆受力是否均匀。

2.防止磨损。停泊中要防止缆绳与码头之间、缆绳与导缆孔之间,以及缆绳相互间的摩擦,防止因磨损而导致断缆的危险,为此要及时包垫防止磨损。

3.角度应适宜。艏艉系缆与艇首尾线之间的夹角不宜过大,各缆与水平面间的夹角应尽量小,以防止游艇前、后移动或产生过大的负荷。

4.系缆在桩上要挽牢,且挽桩道数要足够,以防滑出。

(三)"U"型码头停泊用缆

"U"型码头一般都是游艇的专用码头,系缆设施相对固定,码头有专门辅助人员,其停泊一般都以倒退停泊的方式完成。"U"型码头靠泊的系缆方法与普通码头靠泊的系缆方法相类似,但又有所不同。"U"型码头靠泊的系缆方法是在游艇后退靠近泊位之前,游艇上的水手应提前准备好缆绳,并将缆绳的一头固定在游艇前、后甲板的缆桩上。同时把缆绳另一头从护栏的底部往外绕,并做好套缆的准备。当游艇后退靠近泊位时,水手首先将后甲板的缆绳抛给岸上的水手。岸上的水手接到缆绳后,迅速把缆绳绕在码头上的缆桩一圈,并用力拉紧,以控制游艇后退,防止游艇尾部碰撞码头。当游艇的首部靠近码头时,在游艇首部的水手尽快将艏缆抛给码头上的水手,码头水手以同样的方式将缆绳套上缆桩。根据游艇与码头的距离调整前后缆绳的长度,绑好倒缆,固定游艇,防止游艇前后移动。

二、靠泊操纵

游艇靠码头常用操作方法:小角度驶靠、平移驶靠、大角度驶靠、抛开锚驶靠等。游艇靠码头时,处于低速运动状态,加之水域受限、风流情况复杂,游艇的运动状态及艇位控制均较困难,且作业要求较高。这就要求游艇驾驶员根据本艇操纵性能,结合码头条件及风、流等情况,确定靠码头操作方法,并运用良好的驾驶技术,完成靠泊任务。

进行靠泊操纵时,要重点掌握好艇速、艇位和驶靠角三个要素。控制艇速是游艇驶靠码头的关键,在保证游艇舵效的前提下,应尽可能降低驶靠速度,以方便应对各种变化。艇位通常是指游艇驶靠码头过程中,慢车、停车时的游艇位置,一般用纵距、横距来衡量。驶靠角是指游艇驶靠码头时,游艇首尾线与码头外缘延长线之间的角度。在实际操纵中,三者相互影响,又相互联系,驾驶人员应根据具体情况随时调整和控制,使之与客观条件的要求相适应,才能较好地完成游艇靠泊操纵。

三、离泊操纵

游艇离码头常用操作方法:小角度驶离、利用坐缆扬头驶离、绞锚驶离和利用艏倒缆开艉倒车驶离等。

游艇离码头应注意以下事项:

(一)观察风、流及泊位情况,确定离泊方案(开艏或开艉);

(二)掌握驶离角度,防止擦碰码头;

(三)合理使用缆绳,控制游艇前后移动;

(四)及时收紧系缆,防止落水后绞缠螺旋桨。

四、实操训练

(一)小角度驶靠操作

小角度驶靠又称滑行驶靠,主要适用于水流平缓、风力较小、码头下方水域宽敞的码头。其操作应按下列要点进行,如图8-6-2所示。

1.摆好游艇位置,控制艇速。沿着码头所在的一侧,与码头外缘线保持0.5~1倍艇长的横距,慢车航行,视航速的大小决定停车时机。一般情况下,当艇首与码头的下端点距离为2~3倍艇长时停车,用舵对准码头上端外侧,使游艇首尾线与码头外缘延长线的夹角不大于15度,借助游艇惯性滑行前进。

2.当艇首与码头尾端接近正横时,向外舷操舵,调顺艇身。同时,应观测游艇前进速度,若航速过大,应适当开倒车制动;若游艇还未到位,则可用慢车,调整艇速。

3.当游艇停下来时,递上艏倒缆,再出其余各缆;系妥各系缆后,通知机舱停车,驶靠操纵结束。

(二)平移驶靠操作

平移驶靠又称横移驶靠或嵌档驶靠,主要适用于码头附近水域水流较急或泊位上、下方均

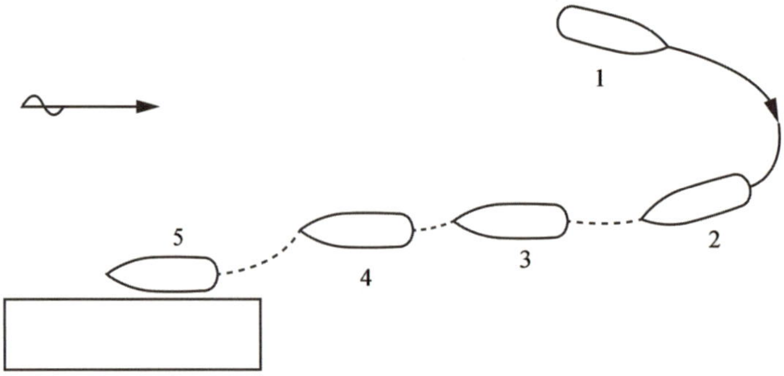

图 8-6-2　小角度驶靠

有他船靠泊的情况。平移驶靠可分为顶流平移驶靠和吹拢风平移驶靠两种。

1. 顶流平移驶靠(如图 8-6-3 所示)

(1)根据水流作用的强弱和游艇冲程,控制游艇航行至靠泊码头的外档,稳住游艇,如图 8-6-3 中艇位 1 所示。

(2)操左舵开慢车,使游艇首尾线与流向形成一角度,使游艇在推力与水动力合力的横向分力作用下向码头方向横移靠拢,再用车、舵调顺艇身。如此交替数次,使游艇既不前进又不后退,一步步做横向平移运动。在此过程中,可通过调整车速控制游艇的前后移动,通过调整流舷角的大小控制游艇横向移动速度。

(3)当游艇接近码头时,宜采用较小的流舷角和车速,采用边转边稳边顺艇身的操纵方法,如图 8-6-3 中艇位 2~5 所示。

(4)游艇到达图 8-6-3 中艇位 6 时,带上艏缆,调顺艇身,系上各缆,驶靠操纵结束。

对于双螺旋桨游艇,通过调整内外舷车速既可达到调整游艇进退的目的,又可配合操舵达到调整流舷角和转船力矩大小的目的。

2. 吹拢风平移驶靠

吹拢风平移驶靠是指泊位无流有吹拢风作用,或吹拢风作用大于流的作用时采用的平移驶靠方法。其具体操作是:适时慢车停车,于码头外档稳住游艇,控制游艇相对于码头不进、不退、不偏转,确保游艇向码头慢慢平行靠拢。若游艇向码头横移较快,宜及时停车用舵,以减小水动力作用和横移速度。若吹拢风太强,游艇漂移速度过快,则不宜采用吹拢风横移驶靠,可采用抛开锚法或其他方法驶靠码头。

(三)大角度驶靠操作

在流速缓慢或静水中,有强吹开风的情况下,或遇弱流和艇尾吹开风时,游艇驶靠码头的操纵较为困难,宜采用大角度驶靠。操作步骤如下:

1. 逆流航行游艇可直接从航道上以 30~60 度的角度,甚至成直角,中速对准码头下端点驶向码头。游艇首尾线应尽量与风流合力的方向相反。如风力不大或流速较急,可对着码头中部驶去,使风、流对游艇的动力作用相互抵消,以减小偏航,如图 8-6-4 中艇位 1 所示。

2. 当游艇距码头的距离约为 2 倍艇长时,改慢车,向外舷操满舵,如图 8-6-4 中艇位 2 所示。此时游艇在惯性离心力作用下,到达码头旁边,与码头边线相平行。

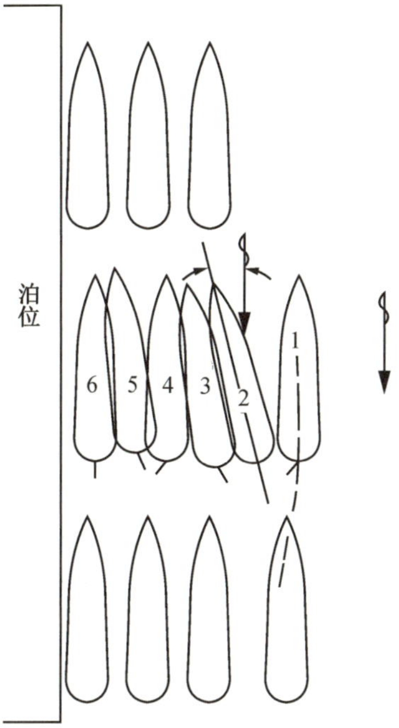

图 8-6-3 顶流平移驶靠示意图

3. 观测航速,及时停车或倒车制动,要求艇首到达码头上端点时能把游艇停住,如图 8-6-4 中艇位 3 所示。

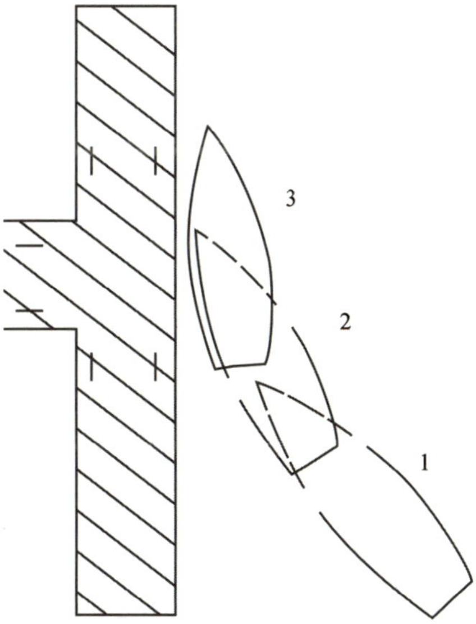

图 8-6-4 大角度驶靠示意图

4. 带上艏倒缆及相应的各缆,绞收各缆,驶靠结束。

采用大角度驶靠时,应注意以下事项:

(1)必须根据游艇倒车的制动能力,谨慎掌握停车时机,必要时可抛锚配合操纵。

(2)必须掌握本艇回转时的纵距、横距和反横距,及时操舵,保证游艇在码头旁能顺利地完成大角度转向,调顺艇身,靠向码头。

(3)当流弱且有强吹开风时,驶靠角度可大些;当流大风弱时,驶靠角度可小些,尽量沿风、流合力的相反方向驶靠。

(四)"U"型船位的驶靠操作

"U"型码头驶靠是游艇常用的方法,一般都以倒车停靠泊位,如图8-6-5所示。"U"型码头相对固定,码头情况简单,操作时,主要应考虑当时风、流对靠泊操作的影响,其操作步骤如下:

1. 倒车,并调整游艇与码头的角度,一般以不大于15度为宜;

2. 当艇尾靠近泊位侧边时,迅速回舵,使游艇与泊位侧边的角度过渡至0度;

3. 当艇尾快要到达预定位置时,停车,如游艇后退速度较快,可用车稍微加油前进,然后再停车,防止游艇因惯性而向后碰撞码头;

4. 先抛出艇尾缆绳,再抛出艇首缆绳,绞收各缆,驶靠结束。

在"U"型码头驶靠游艇前,应提前通知码头及艇上水手做好靠泊准备,并准确判断风向,明确是吹拢风还是吹开风,确定游艇与码头边的距离。如果游艇为双车或有侧推器,则可通过双车或侧推器配合舵的使用。

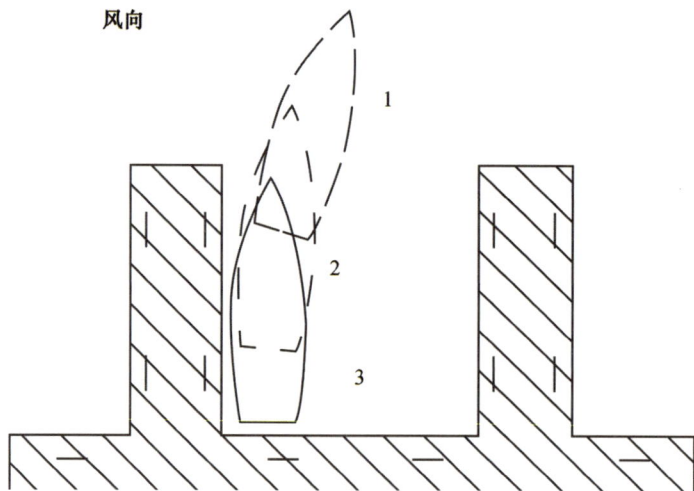

图8-6-5 "U"型码头驶靠示意图

(五)驶离操作

1. 小角度驶离码头

若游艇系靠的码头的前方水域宽敞无障碍,且水流平稳,即可采用小角度驶离。其操作步骤如下:

(1)备妥车后,解去所有系缆,开慢进车,稍用外舵,使艇首外扬一小角度。

（2）边操外舵边稳舵，使游艇慢慢离开码头。

小角度驶离是驶离码头操纵中最为简便的方法。在运用此方法离泊时，要求最初车速和舵角都不宜太大，以免艇尾扫碰码头，待艇尾完全驶离码头后，再开常车、用舵驶进航道。

2.开艉倒车驶离码头

开艉倒车驶离又称飞梢倒车驶离，在顺流、回流、艉后来风或吹拢风，或游艇前方有障碍物等，不宜使用开艏方法驶离时，可运用此法驶离码头。其操作步骤如下：

（1）先解去各缆仅留艏倒缆，并收紧固定，如图8-6-6所示。

（2）开慢进车，并向码头方向操舵，待艏倒缆受力后，适当增加车速，使艇尾转离码头（双螺旋桨游艇可用外挡进车，内挡倒车，使艇尾转离码头）。

（3）当艇尾转过一定角度或对着风向时，停车、正舵，解掉艏倒缆，同时开倒车，使艇驶离码头。

开艉倒车驶离时，艏倒缆的出缆方向与游艇首尾线的夹角力求最小，出缆的长度不宜过短，其系结点应接近艇首，以利于艇尾离开码头。

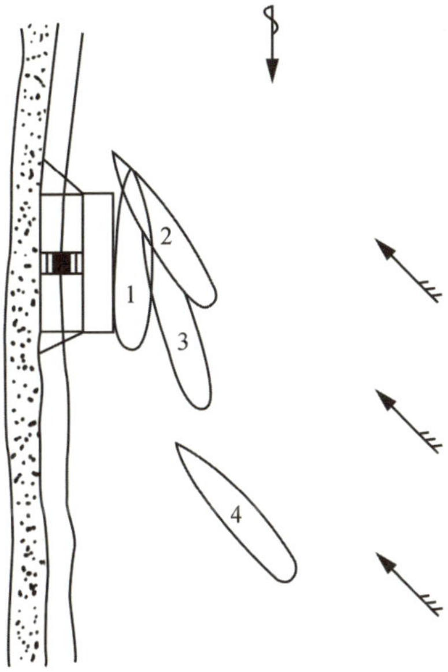

图8-6-6　开艉倒车驶离码头示意图

3.坐缆驶离码头

在逆流、吹拢风、困档水或码头前方有他船系泊时，常用此法驶离。其操作步骤如下：

（1）先解去各缆，仅留艉倒缆（坐缆），操外舵，游艇在水动力、舵压力和倒车拉力的作用下，向后移动，坐缆得力，如图8-6-7所示。

（2）游艇在坐缆反作用力、水动力和舵压力转船力矩作用下，待艇首向外侧转过一定角度后，解掉坐缆开进车，驶向航道。

若码头附近水流流速较大，则开艏的角度不宜过大，否则会导致游艇倒头的危险。在艉吹拢风和流速缓慢的码头，可适当增大开艏角度。若为双螺旋桨游艇，可开外挡倒车，帮助艇首外转。

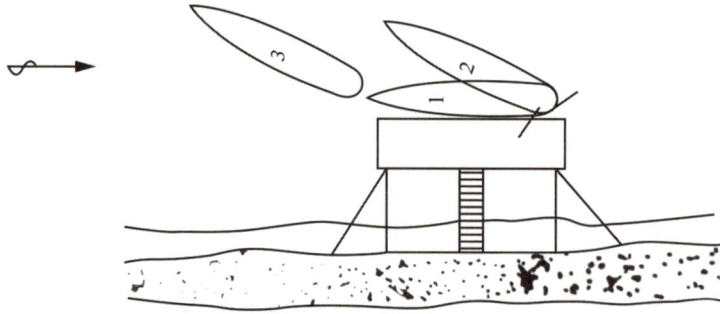

图 8-6-7　坐缆驶离码头示意图

（六）系解缆操作

1. 靠泊用缆操作

靠泊带缆的先后顺序与当时的风、流情况密切相关,一般情况下,应选择顶风顶流驶靠码头,其带缆操作顺序为:先带上艏倒缆,再带上艏缆和艉缆。

靠码头的出缆顺序及带缆速度的快慢,关系到整个操纵方案能否顺利完成。绞收系缆要艏艉协调配合,并正确运用车、舵,使游艇能够与码头平行缓慢靠拢。

艏倒缆的作用效果与其方位有关,如在正横位置,绞收该缆可使艇首靠拢,再操外舵,使艇尾平行靠拢;如艏缆在正横向前,绞收该缆,可使艇前移并靠拢;如该缆在正横向后,可制止游艇前移,通过车、舵配合使游艇靠拢码头。

2. 离泊用缆操作

（1）离泊单绑操作

离泊单绑是游艇离码头常用的一种用缆方法,即在离泊前先解去不必要的缆绳,以便离泊时解缆迅速。

离泊单绑应根据风流具体情况确定留哪些缆绳,一般在逆流情况下,艇首留艏倒缆、艏缆,艇尾留坐缆;顺流时,艇首留艏倒缆、艏缆,艇尾留艉缆;在静水港则根据码头的风向而定。

（2）使用艏艉倒缆操作

在游艇离码头操作中,因受到码头前后水域的限制以及风流的影响,经常会借助艏(艉)系缆的作用,操纵游艇驶离码头。在具体操作中,应结合码头及风、流实际情况进行选择。

在艉吹拢风或水流来自艉部情况下驶离时,为了避免螺旋桨及舵碰触码头,或艇尾碰撞艉后停泊的船舶,常采用留艏倒缆先将艇尾摆开一定角度,然后再用倒车驶离。

在顶流情况下驶离码头时,常开倒车,留艉坐缆,使艇首先扬出一角度,然后再开进车,解去坐缆驶离码头。

使用艏艉倒缆离码头时,对艏艉倒缆的使用应注意以下几点:

（1）缆绳强度应足够。

（2）应使艏艉倒缆缓缓受力并一次吃紧。

（3）艏艉倒缆应动作迅速,以免发生缆绳绞缠螺旋桨。

第七节　游艇锚泊操纵

一、锚地的选择

通常游艇都在港口锚地或江河入口处的锚地下锚。由于锚地范围和条件的限制,需要根据本艇具体情况和当时周围客观条件,认真研究海图、航路指南等航行资料以及气象预报,选择安全的抛锚地点。

1. 水深

在无浪涌侵入、遮蔽良好的锚地,所选锚地的水深应能保证在低潮时仍然具备 20%吃水的富余水深;在有风浪或涌浪侵入的开敞锚地,为预防游艇在摇摆、垂荡时出现的游艇墩底现象,应能保证低潮时的水深大于 1.5 倍吃水再加上 2/3 的最大波高;在深水区域抛锚时,锚地最大水深不得超过一舷锚链总长的 1/4,否则将会影响锚的抓力。

2. 底质

锚抓力与底质关系密切,软硬适度的沙底抓力较好,泥沙底次之,硬质泥底较差,石底不宜锚泊。锚地的海底地形以平坦为好,若坡度较陡(等深线较密),则影响锚的抓力,容易出现走锚。

3. 水流

水流流向宜相对稳定,流速以较缓为好。

4. 有足够回旋余地

回旋余地应根据底质、锚泊时间的长短、附近有无障碍物、气象、海况等情况来综合分析确定。开阔水域锚地和港内锚地的水域条件不同,在港内锚地,由于船舶密集、水域有限,一般情况下锚泊所需水域可估算如下:

单锚泊时取回旋半径为:艇长+需要(或允许)出链的长度

八字锚泊时取回旋半径为:艇长+0.6×需要(或允许)出链的长度

5. 避风条件

根据当地的气象预报和所处海区盛行的季节风,所选锚地应避免受强风的袭击,以靠上风水域一侧为原则(避风水域内)。若为避台锚泊,最好选择环抱式的避风港湾锚地,或者周围有高山、岛屿为屏障的水域来作为锚地。

6. 船舶交通服务系统(VTS)

许多港口都建立了船舶交通服务系统,应尽可能选择 VTS 监控下的锚地。VTS 可对锚泊船的锚位进行监控,及时发现走锚。

7. 其他方面

所选锚地附近应远离航道或水道等船舶交通较密集地区,还应是无海底电缆等水中障碍物的水域,水流宜缓且方向稳定。

二、抛起锚的操纵要领

（一）抛锚的操作要领

1. 做好抛锚的准备工作,试转锚机、备锚。

2. 当游艇按减速要求向锚地接近时,应尽可能使用雷达随时预测到达预定抛锚点的距离,据以及时调整艇速。

3. 当距抛锚点尚有 1 倍艇长时,将艇机换为微退,使艇首正处于抛锚点,正好使艇速也消耗殆尽并有微小退势,同时将锚抛出。

4. 当倒车刚一开始使艇微微有点退势时立即停车,利用艇极慢的退势,分多次少量出链(或绳)至预定长度。

（二）起锚的操作要领

1. 应做好起锚前的准备工作。

2. 适当使用车、舵配合起锚操作,使锚链垂直于水面,减轻锚机负荷。

3. 保持锚链方向在艇首 30 度范围以内,防止锚链压在龙骨下方或摩擦艏柱。

4. 在起锚过程中,如果锚机负荷异常,可能是锚或链被水底障碍物卡住,此时不得强绞,可倒出一点锚链,再操纵游艇向锚链方向运动或左右摆动,配合试绞。

5. 锚离底后要及时用车、舵控制艇位,防止游艇被风、流压向险区。锚出水后才能开车前进。

6. 绞锚入孔时应注意落位。锚出水后应降下锚泊信号。

三、实操训练

（一）抛锚的操作

单锚泊是锚泊方式中最常用的方式,其抛法有后退抛锚法和前进抛锚法。

1. 后退抛锚法

游艇顶流或顶风驶向锚地,在即将到达锚位时停车,利用余速到达锚位;当游艇稳住略开倒车,开始有后退的趋势时停车抛锚,锚到底后即刹住。控制游艇继续后退,锚在游艇的拉力下抓住水底,并徐徐松链,车、舵配合,时松时刹,直至松出所需的长度;确定锚已抓牢后,做好固定工作。

2. 前进抛锚法

前进抛锚法是指在抛锚过程中,游艇保持微速前进,边抛锚边使游艇缓慢前移,即在前进的惯性中松出锚链而进行锚泊的操纵方法。

前进抛锚法能稳定艇首方向,抛锚所需要的时间短,操纵便利,能比较准确地在预定位置上抛锚。但在前进中抛锚,锚链被拉向后方在锚孔或艏柱处弯曲,产生的应力很集中,使锚链与船体摩擦受损,同时抛锚地点与锚抓牢处之间的拖锚距离大,泊位前方还必须有相当充裕的水域。

前进抛锚法通常用于风流和缓或顺流的情况下,操纵游艇掉头、系浮筒或靠码头。在游艇航行中因紧急避碰,也常用此法抛锚。

(二)起锚的操作

1. 做好起锚准备,接通电源。

2. 试验锚机,合上离合器。

3. 松开锚链掣链器及锚机刹车。

4. 开动锚机,绞锚并随时注意锚链的方向及受力情况。

5. 准确判断锚是否离底,在锚离底瞬间,应及时用车、舵控制游艇;降下锚球或关闭锚灯。

6. 将锚收进锚链筒,锚爪贴紧船舷后扣上掣链器,倒出部分锚链,使锚链受力,将刹车刹牢,脱开离合器,切断电源。

7. 罩上锚机帆布罩,起锚作业完毕。

第八节　风浪中的游艇操纵

一、风浪中航行

(一)游艇在风浪中航行应做好下列工作

1. 将艇上一切会移动的物品收好。

2. 如舱底有积水,要将积水抽干。

3. 在海图上确定船舶位置,并拟订周详的航行计划。

4. 避开浅滩及急流地带,这些地带在恶劣天气中将会非常危险。

5. 检查艇上安全设备,包括手持式火焰信号、救生衣及救生圈等。关闭石油气罐的开关并亮起航行灯。

6. 检查油箱,如有需要,将其加满。检查机器,准备随时开动。电池周围加垫以固定位置。

7. 在热水瓶里加满饮水。

8. 给艇员分派雨衣,切记受寒足以致命。

9. 预先服用晕浪药,非执行任务的船员应尽量休息。

10. 保持正规的瞭望。

(二)风浪中的航行方法

1. 尽早了解风情,选好避风锚地。

2. 选择上风岸和风、流较小的水域航行。

3. 顶浪航行,应适当调整航向、船速,可使航向与波浪推进方向成 20~40 度角做斜向慢速航行,既能抑制横摇又可减少纵摇,减少波浪对船首的冲击。

4. 顺浪航行,一般采取调整船速的措施,使船速略高于波速有比较平稳的效果。

5.横浪航行,要特别注意,尽量避免横浪航行。万一处于横浪状态,应调整航向,切忌横风和大舵角,以避免翻船危险。

二、风浪中掉头

游艇在大风浪中进行180度掉头时,在操纵过程中要经过横浪阶段,船舶横摇加大,而风浪又阻碍转向操纵,降低了游艇的操纵性能,有一定的困难和危险。实践证明,波浪受风的影响,其大小是不均匀的,在一组较大的浪过后,常常接着一组较小的浪。因此,在大风浪中掉头,主要是选择开始转向的时机,正确运用车、舵,使游艇横浪时不受大浪的作用并迅速越过横浪阶段。

三、应急操舵

舵失灵是指舵设备系统临时发生故障使航行中的游艇失去控制能力的现象。舵设备系统发生故障或舵叶受损,船舶将失去方向性,导致碰撞、触礁、搁浅等事故发生。

1.游艇发生舵失灵时,首先应立即启用应急舵操舵系统,减速停车。

2.悬挂失控信号。

3.双车游艇可利用主机进、倒车短时间操纵。

4.在情况危急或航行条件受到限制时,应立即停车,并抛锚稳住艇位。

四、洪水期、枯水期、雾航、浅窄航段安全航行注意事项

(一)洪水期安全航行注意事项

1.水位升高,部分河岸可能被淹没,岸形发生变化,航行条件、定位目标发生明显变化。

2.航标可能发生移动,应正确识别航标灯质,避免远近灯光混淆。

3.跨河建筑物的净空高度变小,通过跨河建筑物前应核实实际通航净空高度能否保证本艇安全通过。

4.不正常水流增多,流速变大,应及时修正流压差,挂高艇位,抑制游艇偏移,确保艇位正确。

(二)枯水期安全航行注意事项

1.枯水期,水深变浅,应注意航行水域水深,防止搁浅。

2.枯水期,航道变狭窄,航道尺度变小,通航密度变大,应注意做好避让。

(三)雾中安全航行注意事项

1.应切实掌握各航段雾季的分布、特点、征兆及变化规律,随时注意雾情变化。

2.减速行驶,按章鸣笛。抓岸形、航标和显著物标,正确运用罗经,稳住航向,摆正船位,勤测勤算,做好应变的准备。

3.加强瞭望。

4.开启雷达,进行雷达连续观测。

5.运用 VHF 加强与附近船舶的联系,做好避让。

6.发现雾级有向浓雾转化的趋势时,及早做好锚泊扎雾。

(四)浅窄航段安全航行注意事项

1.浅窄航段一般水深较小,流态复杂、有横流,航道弯曲,水深多变,对航行不利,操作人员应熟悉航道的航行条件,因势利导,谨慎操作。

2.水深不足,船舶通过时都要减速甚至停车淌航、连续测深。

3.若航道弯曲,应将艇位置于高水势一侧,为防止偏转或漂移,必要时需加车助舵。

4.若发生"跑舵"现象,在航道条件、水深许可的情况下,可让其向深水一侧偏转,再调整艇位。

五、模拟实操训练

(一)顶浪航行的操作

一般以减速为宜,这既减小了游艇纵摇,也缓和了波浪的冲击力。

(二)顺浪航行的操作

一般采取调速措施,使艇速稍大于波浪的速度,这既避免了淹尾,也保持了舵效。

(三)横浪航行的操作

一般情况下尽可能避免横浪航行。横浪航行中改变艇速不能改善游艇的摇摆,只有改变航向才能奏效。

(四)偏浪航行的操作

偏浪航行是游艇的航向与风浪的方向成 20~40 度角,斜着波浪传播的方向行驶的方法(如图 8-8-1 所示)。为了防止偏离航线太远、艇体两舷受力不均,一般采用左、右两舷轮换受浪。偏浪航行,应注意风、流压的影响,保持一定的前进速度以保证舵效,使游艇维持在计划航线上。

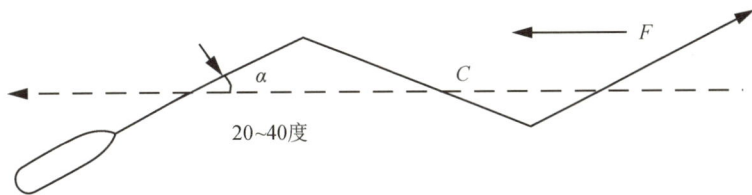

图 8-8-1　偏浪航行
F—风浪方向;C—航向

(五)滞航的操作

以能保持舵效的最小速度,将风浪置于船首 2 或 3 个罗经点的方位上顶浪前进的方法,称为滞航。这时的游艇实际上处于缓进或不进,甚至微退的状态。而航向将随着风向的改变不断地调整。

这种方法可以减轻波浪对艇首的冲击和甲板上浪,使游艇滞留在原地附近,待风浪较小后继续航行。滞航中要根据风浪的情况选择最佳的风浪舷角,以减轻游艇的摇摆,并根据风浪的变化及时调整航速,保证有足够的舵效,以免游艇被打成横浪。

(六)漂航的操作

游艇在大风浪中无法有效航行时,采取停车随风浪漂流的现象,称为漂航。漂航时波浪对艇体的冲击力大为减小,甲板上浪不多。只要游艇保持水密、有足够的稳性,就可以渡过大风浪。

(七)大风浪中的掉头操作

游艇在大风浪中进行 180 度掉头时,转向前适当降低车速,在最大的一组浪过后、比较平静的浪组即将到达之前开始操舵转向,在艇转至横浪时加大舵角,双车艇外舷车增至全速,使游艇迅速越过横浪阶段,转过横浪后适当减小车速和舵角,即完成掉头转向。

第九章　应急管理

第一节　游艇救生安全知识

一、水上生存技能知识

水上生存技能知识包括熟悉救生设备及其使用方法、熟练掌握自救与救人的知识与技能，以及在紧急情况下懂得采取有效的应对措施。

无论是施救还是自救，切忌慌乱。施救者应在保持自身安全的前提下行动，充分预计营救的困难与危险，并尽量争取更多人协助施救；落水者则应在避开即时的危险后尽快准确判断自己的处境，寻找漂浮物以保持浮力，想办法呼救，尽快让人知道自己落水并能找到自己的位置，切忌盲目挣扎。

1.救助溺水者

1）救溺法

（1）叫，就是呼叫，发现有人溺水，不可贸然下水，先大声呼叫，并打电话报警（如图9-1-1所示）。

图 9-1-1　呼叫救溺

（2）伸，延伸法，首先确认救援者站立地点安全，姿势稳固（如图 9-1-2 所示）。

可使用的延伸物种类很多，例如，硬质：木棍、竹竿、救生钩、树枝；软质：衣裤、毛巾、水管等。

不可将坚硬延伸物直接伸向溺水者，应从侧面横向移动交给溺水者。拉溺水者靠岸时要注意控制速度，同时留意不要误伤身后围观者。溺水者靠近岸边时注意保护其头部，避免撞伤。没有可用延伸物和绳索时，可将漂浮物（水桶、篮球、塑料袋）直接抛给溺水者，帮助其漂浮等待救援。

图 9-1-2　延伸救溺

（3）划，划救生板或划船救援（如图 9-1-3 所示）。

图 9-1-3　划救生板或划船救援

（4）游，下水游泳救援（如图 9-1-4 所示）。

2）游泳救生注意事项

（1）下水游泳救援必须携带浮具。

（2）浮具的浮力要足够浮起两个成年人。

（3）下水救援需要有同伴做保障。

（4）下水救援十分危险，要经过专业技能培训。

3）水上救生基本原则

（1）救援者自身安全最重要。

（2）岸上救生优于下水救生。

（3）器材救生优于徒手救生。

（4）团队救生优于单人救生。

图 9-1-4　下水游泳救援

4）岸上急救（如图 9-1-5 所示）

（1）通畅气道：将溺水者救上岸后，将其头偏向一侧，清除口、鼻腔内的泥沙、杂草等污物，使其保持呼吸道通畅，检查其呼吸、心跳。

（2）无心跳、呼吸时，立即做心肺复苏术。

（3）控水：如尚有心跳、呼吸，将溺水者置于救护者屈膝的大腿上，头部朝下，按压其背部使其呼吸道和胃里的吸入物排出。要注意不可一味倒水而延误抢救时间。

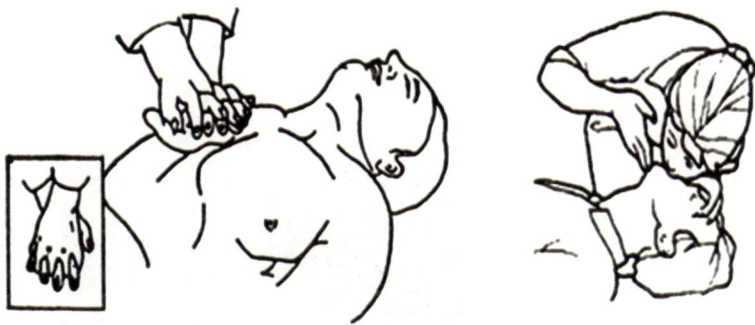

图 9-1-5　岸上急救

2. 水上求生与自救

1）借物漂浮

利用水中任何可以利用的漂浮物，如木板、水桶、塑料袋等，延长溺水者在水面漂浮的时间，增加其获救机会。

2）利用衣裤漂浮

（1）上衣利用法（如图 9-1-6 所示）

吹气法：在水面吸气后低头将气由衣襟吹入衣内，可在衣服肩背部形成气囊，双手抓紧衣襟，防止空气外泄，以帮助漂浮。

打水充气法：将拉链、扣子完全扣上，一只手将衣服下角拉出水面，另一只手将水花拍打至衣服内充气。

（2）长裤利用法（如图 9-1-7 所示）

打水充气法：保持漂浮姿势，用拉裤脚或双腿摆动法，将裤子脱下，两只裤管末端绑在一起，一只手将裤腰提出水面，另一只手向裤管内拍打水花，将空气充满裤管做成气囊，帮助

图 9-1-6　上衣利用法

漂浮。

前扑法：入水前将长裤脱下，将两只裤管末端绑在一起，套在颈部，入水时上臂靠紧身体，双手将裤腰撑开再跳入水中，裤管会充气，形成救生气囊。

图 9-1-7　长裤利用法

3）漂浮技术

（1）浮漂（如图 9-1-8 所示）

浮漂又称为水母漂，吸气后全身放松，四肢自然下垂，如同水母般俯漂于水面，待需要呼吸时，双手缓慢向上抬至下颌处向下、向外压划水，顺势抬头吐气、吸气，随即低头闭气恢复漂浮姿势。

（2）仰漂（如图 9-1-9 所示）

全身肌肉放松，四肢展开、手臂上举、挺腰、扩胸吸气，仰面漂浮在水上，呼吸要领为吸气慢且长，吐气快且短。

图 9-1-8　浮漂

图 9-1-9　仰漂

（3）抽筋自解（如图 9-1-10 所示）
向抽筋的相反方向拉伸。

(a)小腿抽筋自解

(b)大腿抽筋自解

图 9-1-10　抽筋自解

（4）保温（如图 9-1-11 所示）
水的导热能力是空气的 25 倍,因此水中求生要注意保温,防止因低温而丧生。
将衣服的纽扣扣紧或将拉链拉紧,使衣服内层贴身,减少水在体表的对流作用,双手肘于胸前交叉叠起,保护心脏,双手压住衣领,保护颈动脉,身体团缩,双脚交叉盘起,缩小面积,尽量仰面使头、手、脚都浮在水面上。

有多人共同在水中求生,可相互拥抱保温,同时也可使目标扩大,以容易被救援者发现。

(a)单人保温姿势   (b)多人保温姿势

图 9-1-11　保温姿势

3. 沉船逃生与跳水逃生

1)沉船逃生的注意事项

(1)乘船遇险时要保持镇静,不可盲目乱跑。

(2)听从船上工作人员指挥,迅速穿好救生衣。

(3)弃船信号:七短一长,重复连放一分钟。

(4)撤离顺序:妇女儿童→老弱病残→普通乘客→船员→船长。

(5)撤离方法优先顺序:上救生艇→利用救生绳索下水→跳水离开。

(6)利用救生绳索下水时要两手交替下移,不可直接下滑。

2)跳水逃生要领(如图9-1-12所示)

(1)尽量避免从高处(3米以上)跳入水中。

(2)不可从高处直接跳向救生艇或其他救生浮具。

图 9-1-12　跳水姿势

（3）船未倾斜时选择从上风舷跳水,并远离破损处。

（4）船倾斜时选择在低舷一侧跳水。

（5）深吸气,一只手捂住口鼻,另一只手抓住救生衣上端,肘部尽量靠近身体。

（6）双眼向前平视,不要向下看,否则会造成身体前倾向前迈一大步,后脚跟并拢夹紧,头上脚下垂直入水。

二、人员急救知识

由于船舶是在水上航行,与陆地相比船上医疗设施和条件明显不足,当船员生病或发生意外事故时,如果得不到及时的救护和治疗,往往会引起病情恶化,危及生命。如果船员掌握了一定的急救知识和技能,就能在最短的时间内开展自救或互救,从而迅速、有效地挽救船员的生命。

（一）现场急救的目的和重要意义

1. 现场急救的目的

1）挽救和延续伤病员的生命。

2）改善病情,减少伤病员的痛苦。

3）防止病情恶化,预防并发症和后遗症的发生。

2. 现场急救的重要意义

时间就是生命,及时抢救至关重要。对于心搏骤停的伤病员,4分钟内进行心肺复苏,其存活率约为50%,每延迟1分钟,存活率就会下降7%~10%。

正确的急救技术是救护成功的关键,掌握常见的急救知识与技术,包括现场心肺复苏、止血、包扎、固定和搬运等自救互救的方法,在日后的工作和生活中一旦出现紧急情况,可以有效地抢救伤病员的生命,从而发挥重要作用。

（二）现场急救前的判断和思考

1. 自身的安全性,不要使自己成为新的受害者。

2. 如果独自一人,要及时大声呼救,寻求救援。

3. 根据现场情况,将伤病员移出危险区(如火灾现场、空气中含有潜在危险气体的区域等),或消除引起危害的因素。

4. 对众多不同表现的伤病员,要评估伤病情,重点评估有无威胁生命的伤势或病情,对伤病员进行分级处理;对于昏迷或出血者,应优先救治。

5. 当伤病员处于封闭处所时,应立即呼救,并迅速报告有关人员。进入封闭处所救人,必须有安全防范措施,而且只有训练有素和装备完善的人员才可以在封闭处所内从事救援工作,要尽快将伤病员转移至安全地带进行救治。

（三）现场急救的原则

现场急救时要掌握好急救原则,明确急救的基本要求,以提高救治效果,应严格遵循以下五项基本原则。

1. 先复后固：伤病员心跳、呼吸骤停同时又伴有骨折时，先施行心肺复苏术，直至心跳、呼吸恢复后，再固定骨折。

2. 先止后包：在伤病员出血又有伤口的情况下，先止血后包扎。

3. 先重后轻：有大量伤病员时，先抢救危重者，后处理轻伤者。

4. 先救后送：对危重伤病员要先在现场抢救，待病情稳定后再送到医院进一步救治。切忌未经任何处理，抬起伤病员就跑。

5. 边救边呼：在遇有大量伤病员的现场，在对心搏骤停和大出血等伤病员进行救护的同时，要及时呼救周围的人来协助，并拨打电话求助。

（四）现场急救的基本要求

1. 急救人员

急救人员应做到当发生意外伤害时，第一时间到达现场，在争分夺秒地展开抢救工作的同时，及时进行无线电咨询，向急救指挥中心求助。

2. 急救操作

在现场缺乏急救器材的情况下，要采用徒手操作的方式并就地取材，如将衣服撕成布条用于包扎，木板、木棍用于固定，门板、木梯用作担架等进行救护处理。

3. 急救知识

现场急救人员应掌握的主要知识有：生命体征的监测，伤情的判断，心肺复苏技术，伤口的止血、包扎技术，骨折的固定技术和伤病员的搬运技术等。

（五）常用的生命体征

生命体征表明身体主要机能的运转情况，它也是及时了解伤病员病情变化的重要指标，其主要包括：体温、脉搏、呼吸、血压、瞳孔、意识水平。

1. 体温

1）目前常见的测温工具

（1）水银温度计

水银温度计（如图 9-1-13 所示）是最传统的测量工具，目前被内河船舶船员常备和使用。其适用于测量腋窝、舌下、直肠的温度，因容易断裂而发生水银泄漏中毒，故使用时要格外小心。

（2）电子测温计

电子测温计（如图 9-1-14 所示）适用于测量腋窝、舌下、直肠的温度，它具有安全、经济、温度波动小、性价比非常高等优点，是替代水银温度计的首选。

图 9-1-13　水银温度计

图 9-1-14　电子测温计

（3）红外测温仪（额温枪、耳温枪）

额温枪（如图 9-1-15 所示）适用于测量前额的温度,测量方便、快捷,无身体接触,推荐使用。其缺点是存在测量误差,可以取多次测量的平均值来提高其准确性。

耳温枪（如图 9-1-16 所示）适用于测量鼓膜（耳膜）的温度,测量方便、快捷,推荐使用。其缺点是测量受方向、手法和耳内耵聍影响,存在测量误差,多次测量后,取平均值可以提高其准确性。

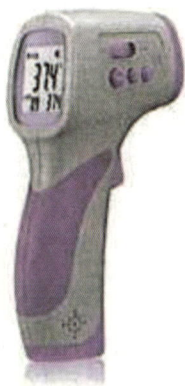

图 9-1-15　红外测温仪（额温枪）

图 9-1-16　红外测温仪（耳温枪）

2）水银温度计测量体温方法

（1）口测法

口腔测温时,将消毒后的温度计放于伤病员舌下,叮嘱伤病员紧闭口唇,3 分钟后取出读数。进食后应隔 30 分钟再测量。正常值为 36.3~37.2 摄氏度。使用该法时应叮嘱伤病员不能用口腔呼吸。口测法测量结果较准确,但神志不清者慎用。

（2）肛测法

肛门测温时应在温度计头部涂些润滑剂,测温时要让伤病员侧卧,将温度计徐徐插入肛门内达体温计长度的一半,3 分钟后取出,正常值为 36.5~37.7 摄氏度。肛测法较口测法读数高 0.3~0.5 摄氏度。该法测值稳定,多用于神志不清者及某些特殊情况下的测温。

（3）腋测法

用纱布擦干腋下汗液,将温度计放于伤病员腋窝深处,叮嘱伤病员用上臂将温度计夹紧,测量 10 分钟后取出。读取体温数并准确记录。正常值为 36~37 摄氏度。腋测法安全、方便,不易发生交叉感染,为最常用的体温测量方法。

3）注意事项

（1）如使用水银温度计或电子测温计，应将体温计消毒后使用。

（2）注意检查温度计是否完好，如使用水银温度计，测量前应将水银柱甩至 35 摄氏度以下，否则测量结果有可能高于实际体温（如图 9-1-17 所示）。

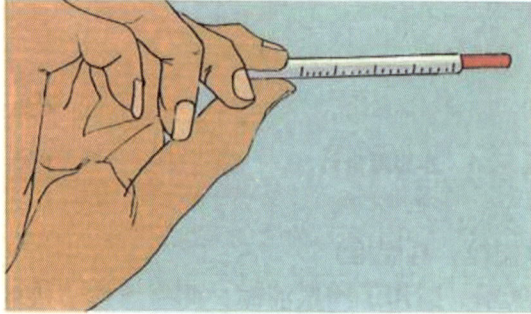

图 9-1-17　测体温

（3）使用体温图或其他方式记录测量结果，标注测量时间。

（4）每日两次尽量在同一时间测量。如果病情严重，需增加测量体温的次数。

（5）清晨体温稍低，傍晚稍高。有些严重传染病患者的体温常表现正常。剧烈运动、洗浴后应隔 30 分钟再测体温，以免测量结果不准确。

（6）体温升高表示发热。发热经常由传染导致，许多其他疾病也会导致发热。

（7）临床上习惯参考腋温，按腋下的测量温度，把发热程度分为低度热（37.3～38 摄氏度）、中度热（38.1～39 摄氏度）、高热（39.1～41 摄氏度）和超高热（41 摄氏度以上）。

2.脉搏

1）脉搏介绍

脉搏（每分钟的心跳次数）通常以触摸桡动脉搏动来测量（如图 9-1-18 所示），应注意其频率、节律、强弱以及呼吸对它的影响等。脉搏可因年龄、性别、活动、情绪状态等不同而有所波动，还常常随体温的升高而增加——体温超过 38 摄氏度后每增加 0.5 摄氏度，脉搏每分钟增加 10 次。

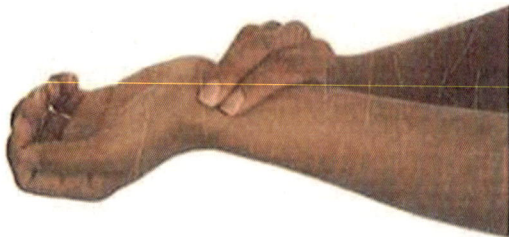

图 9-1-18　测脉搏

正常成人在安静状态下脉搏为 60～100 次/分钟，平均为 72 次/分钟。

紧急情况时，判断伤病员是否心跳停止的方法是触摸颈动脉检查有无搏动（如图 9-1-19 所示）。

2）脉搏测量方法

图 9-1-19　触摸颈动脉

将手指放在伤病员手腕拇指侧的桡动脉上,以能清楚地触摸到搏动为宜。一般情况下测30秒,将所测脉搏数值乘以2,即为每分钟的脉搏次数。心脏病患者或异常脉搏者应测1分钟。计数1分钟的脉搏数,记录结果。

注意并记录脉搏跳动是否正常,如果脉搏跳动不规律,计数腕部的脉搏跳动次数,并倾听1分钟的心跳(因为手腕和心脏的脉搏率可能不一致)。

3. 呼吸

1)呼吸率

呼吸率即每分钟呼吸的次数,根据年龄、性别、身体状况和机体活动而异。正常成人在安静状态下呼吸频率为12~20次/分钟。呼吸与脉搏的比例一般为1∶4。

2)呼吸率测量方法

观察伤病员,并且暗自计数1分钟(在测量脉搏时),如果伤病员意识到在计数,呼吸可能不规律。呼吸微弱不易观察时,用少许棉丝置于伤病员鼻孔前,观察棉丝被吹动次数,计数1分钟(如图9-1-20所示)。

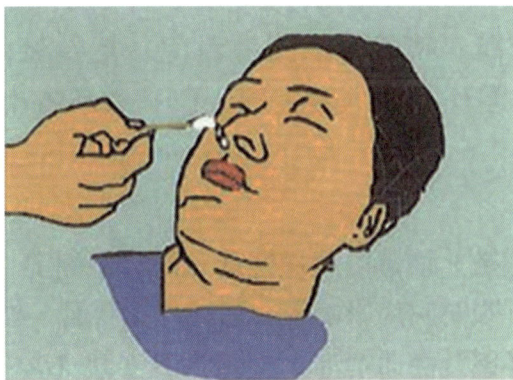

图 9-1-20　危重伤病员呼吸观察

呼吸率是许多胸部疾病和机体损伤严重程度的指标,通常成人呼吸率大于40次/分钟则表明呼吸系统遭受严重损伤。

4. 血压

1)血压是血液在动脉血管内流动时对血管壁的侧压力,是重要的生命体征。正常成人在安静状态下的血压范围是:收缩压为90~139毫米汞柱,舒张压为60~89毫米汞柱。

健康人的血压受很多因素影响,包括:情绪、身体活动、饮酒、吸烟等。血压下降多见于剧烈运动、长期卧床(2~3天)、失血(受伤或内出血)、休克等。血压升高多见于饮酒、吸烟、测量血压时说话等。

2)目前常见的测量血压的工具

(1)汞柱血压计

汞柱血压计是传统的血压测量工具,用这种血压计需要使用听诊器确定柯氏音的第一音(即开始音,收缩压)和第五音(即消失音,舒张压),需要专门训练才能分辨清楚,所以不建议使用汞柱血压计(如图9-1-21所示)。

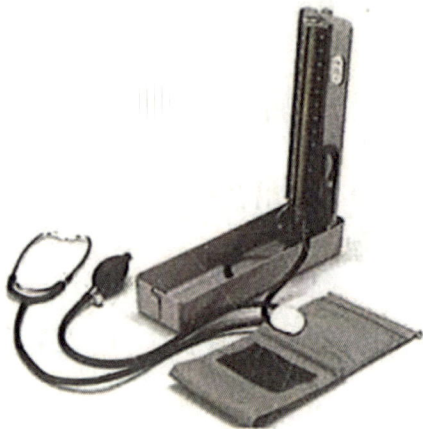

图9-1-21 汞柱血压计

(2)电子血压计

①上臂式全自动血压计

这种血压计是血压测量的优先选择,准确性和重复性较好,简单易学(如图9-1-22所示)。

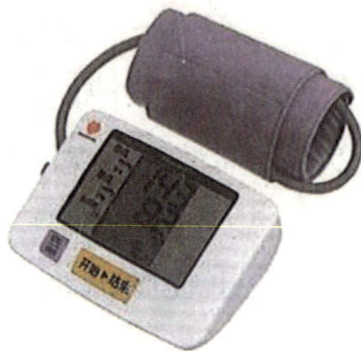

图9-1-22 上臂式全自动血压计

②腕式血压计

这种血压计使用时不需要暴露上臂,对于寒冷地区的人或脱衣服不方便的人(残疾人)来说较为方便。腕式血压计(如图9-1-23所示)使用方法比较复杂,不同血压计之间差别较大,使用前需要进行很多培训,一般情况下不推荐使用。

图 9-1-23　腕式血压计

3）汞柱血压计测量血压的具体方法

（1）伤病员躺下或坐立，在安静环境下休息至少 5 分钟，若有运动、抽烟、情绪激动等情况，应休息 30 分钟后再测量。

（2）暴露被测量的手臂，伸直并外展，使伤病员肘部与心脏在同一水平。

（3）检查者将汞柱血压计开关打开，汞柱凸面水平线应在零位。

（4）将血压计袖带缚于上臂，袖带里的气囊中央须位于肱动脉上方，袖带松紧程度以恰能插入 1~2 个手指为宜，袖带下缘在肘窝上 2~3 厘米处（如图 9-1-24 所示）。

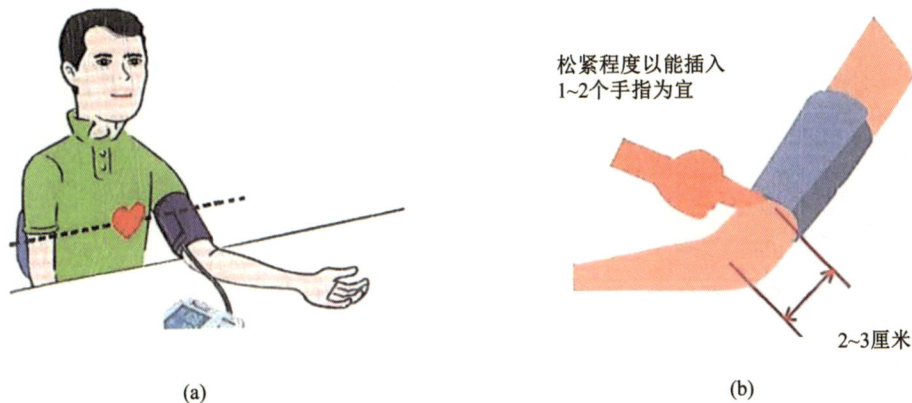

（a）

（b）

图 9-1-24　汞柱血压计测量血压注意事项

（5）检查者触及肱动脉搏动后（如图 9-1-25 所示），戴上听诊器（听筒轻微前倾），把听诊器体件放置于肱动脉搏动处，轻轻加压，用手固定，听诊器体件不应塞于袖带与上臂之间（如图 9-1-26 所示）。

（6）关上气球小开关，向袖带内充气，边充气边听诊，待肱动脉搏动音消失后使水银柱再升高 30 毫米汞柱。

（7）缓慢放气，让压力缓慢下降（不快于 2~6 毫米汞柱/秒），在放气过程中仔细倾听柯氏音，观察第一音和消失音水银柱凸面的垂直高度。根据听诊结果读出血压值。收缩压读数取第一音，舒张压读数取消失音。血压至少应测两次，间隔 1~2 分钟，取两次读数的平均值记录。如收缩压或舒张压两次读数相差 5 毫米汞柱以上，应再次测量，取后两次读数的平均值作为测量结果并记录。收缩压与舒张压之差值为脉压差。

图 9-1-25　肱动脉

图 9-1-26　听诊器位置

（8）血压检测完毕，将气囊排气，把水银降至"0"点处，卷好气袖并平整地放入血压计中，待玻璃管中汞柱完全进入水银槽后，关闭汞柱开关和血压计。

4）注意事项

（1）定期检查测量血压的仪器，要通过专业标准认证或符合计量标准。电子血压计首选上臂式，能保证量血压的胳膊与心脏平行。

（2）血压计的袖带大小应适合伤病员的上臂臂围，至少应包裹 80% 的上臂。

（3）血压可随季节、昼夜、环境、情绪等影响而有较大波动，有时相差甚大，因此连续观察血压升高幅度、波动范围、变化趋势才有较大意义。

（4）健康人右上肢血压较左上肢高，可能存在 5~10 毫米汞柱的差异。权威的《诊断学》标准推荐测右手手臂血压；2018 年欧洲心脏学会高血压指南推荐，第一次测量血压时，应测量双上肢的血压，当两侧数值不一样时，选择血压较高的一侧上肢，作为日后测量的固定手臂。

5.瞳孔

瞳孔的正常直径是 3~4 毫米（如图 9-1-27 所示）。瞳孔的检查应注意瞳孔的形状、大小、位置；双侧是否等圆、等大小；对光反射是否存在等（如图 9-1-28 所示）。

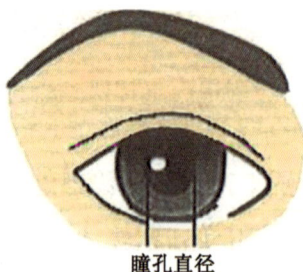

瞳孔直径

图 9-1-27　瞳孔的测量

(a)亮光　　　　　　　　　　　　　　(b)暗光

图 9-1-28　瞳孔对光反射

　　双侧瞳孔不等大,在脑卒中、颅脑损伤时出现,表明发生了脑水肿、脑疝,病情危重,需要立即抢救。双侧瞳孔缩小呈针尖大小时,可见于中毒(如有机磷农药中毒);双侧瞳孔散大,直径为 4~5 毫米,则表明伤病员濒临死亡或已经死亡(如图 9-1-29 所示)。

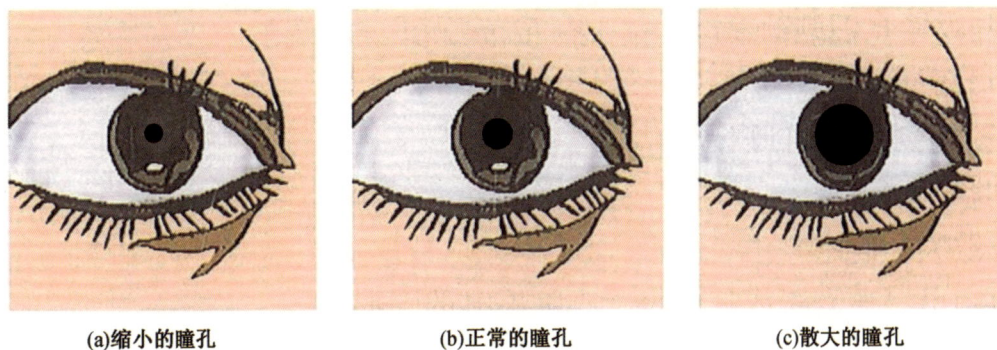

(a)缩小的瞳孔　　　　　　(b)正常的瞳孔　　　　　　(c)散大的瞳孔

图 9-1-29　瞳孔的变化

6. 意识水平

1)意识

　　意识是指人对周围环境和自身的识别能力及清晰程度,是大脑功能活动的综合表现。正常人的意识清晰,对答正确,能够正确地识别时间、地点、人物,能对环境的刺激做出相应的反应。

　　意识的判断方法为轻拍伤病员的肩部或面部,并大声叫喊:"喂,你怎么了?"也可大声呼唤其名字,同时拍打或用力摇晃其肩部,如伤病员毫无反应,说明伤病员意识丧失(如图 9-1-30 所示)。

2)意识障碍

　　意识障碍是指人对周围环境及自身状态的识别和觉察能力出现障碍。意识障碍多由高级神经中枢功能活动(意识、感觉和运动)受损所引起,根据严重程度可分为嗜睡、意识模糊、昏睡、昏迷等。

　　通过观察伤病员的意识状态,可以判断其病情的严重程度,以便采取合适的方法处理。

7. 病情的判定

1)病情判定的步骤

　　当伤病员突然发病时,最先观察的是意识,其次依次为呼吸、脉搏(心跳)、瞳孔。具体步

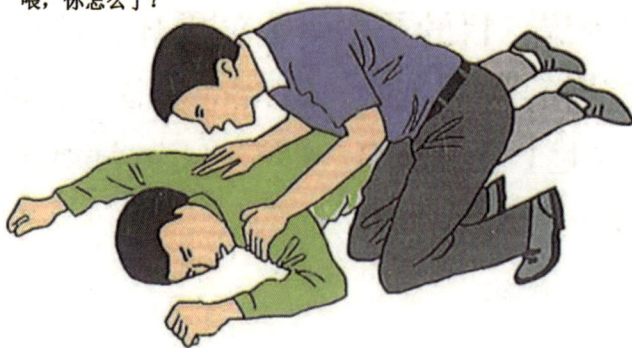

喂，你怎么了？

图 9-1-30　判断意识

骤如下：

（1）轻轻拍打伤病员的双肩或呼唤伤病员，判断其有无反应、是否清醒。

（2）对不省人事的伤病员，可用仰头抬颏的方法使其呼吸道畅通。

（3）靠近伤病员口鼻，判断其是否有呼吸。

（4）触摸伤病员颈部，判断其是否有颈动脉搏动。

2）心跳、呼吸停止的判断标准

（1）意识突然丧失。

（2）呼吸停止或抽搐样呼吸。

（3）大动脉搏动消失。

（4）瞳孔散大、固定。

（5）心电图呈一条直线或其他表示心脏停搏的图形。

（六）急救技术

1. 心肺复苏术

心肺复苏术（CPR）是针对心跳、呼吸骤停者所采取的生命抢救技术，主要步骤是 C、A、B，即 C（circulation）胸外心脏按压；A（airway）畅通气道；B（breathing）人工呼吸。其目的是促进血液循环，使血液可以携带氧到人体重要脏器（尤其是脑），保障重要脏器的基本功能，以维持生命，为进一步复苏创造条件。

1）心肺复苏术的步骤

（1）评估环境安全

评估环境是否安全，确保现场对施救者和伤病员均是安全的，方可现场进行心肺复苏术。

（2）判断伤病员意识并呼救

施救者双手同时拍打伤病员的双肩（禁止摇动伤病员头部，防止损伤颈椎），在伤病员两耳旁分别高声呼唤（如"喂，你怎么了？"）。

如果没有反应，为意识丧失，立即高声呼救："快来人哪！"请求拨打求救电话并协助进行心肺复苏术。

将伤病员放置于心肺复苏体位：仰卧于坚实平面如木板上或地面上，双手放于躯干两侧，解开衣物、领带等（如图 9-1-31 所示）。

喂，你怎么了？　　　　　快来人哪！

(a)　　　　　　　　　　(b)　　　　　　　　　　(c)

图 9-1-31　判断伤病员意识并呼救

（3）判断呼吸和心跳

①检查呼吸

观察伤病员胸腹部起伏 5～10 秒，看是否无呼吸或喘息（呼吸不正常）（如图 9-1-32 所示）。

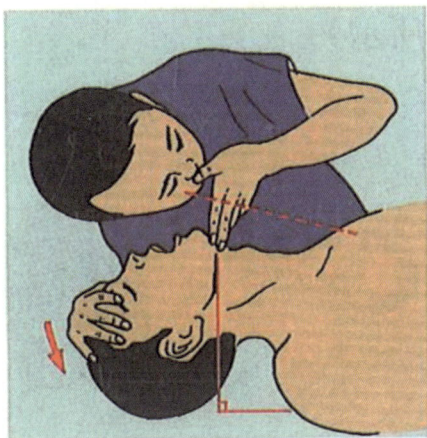

图 9-1-32　呼吸评估

②判断心跳（触摸颈动脉）

通过触摸颈动脉检查有无搏动的方法判断是否心搏骤停，具体操作方法如下：食指与中指先触及气管正中部位（男性在喉结），再旁开下移 2～3 厘米的软组织深处（在气管与颈部肌肉之间的凹陷里），触摸颈动脉检查有无搏动（如图 9-1-33 所示）。

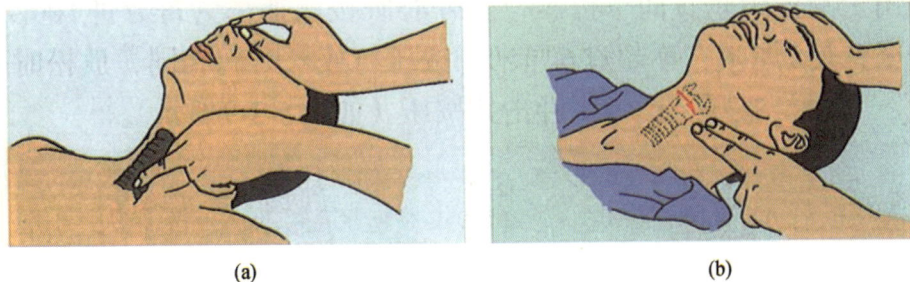

(a)　　　　　　　　　　　　　　(b)

图 9-1-33　触摸颈动脉

275

判断心跳、呼吸可同时进行,在5~10秒内完成。

通过以上方法判断伤病员无意识,若10秒内没有明确触摸到脉搏,无呼吸,则应立即开始心肺复苏,先按压30次,再开放气道和做人工呼吸。

注意:触摸颈动脉的时候一定不要太过用力,而且不能同时触摸两侧的颈部动脉,不然会影响到伤病员的血液循环;也不能够压迫到伤病员的气管,否则会造成呼吸道的阻塞。检查时间也不能太长,最好不要超过10秒。

(4)胸外心脏按压

①胸外心脏按压部位

a.胸骨下半部,胸部正中央,两乳头连线中点(如图9-1-34所示)。

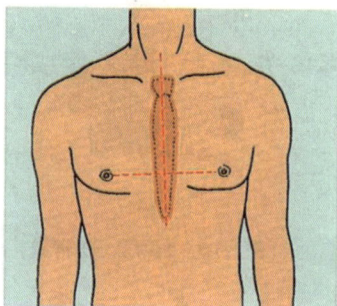

图9-1-34 胸外心脏按压部位定位方法(1)

b.剑突上缘两横指:沿肋弓下缘向上滑找到剑突,在剑突尖上两横指处,将另一只手的掌根放在两横指上方(如图9-1-35所示)。

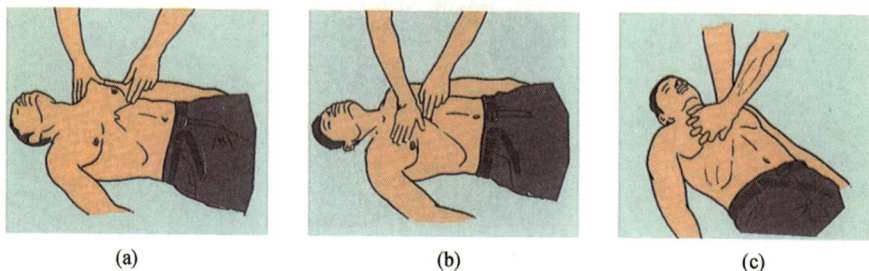

(a)　　　　　　　　(b)　　　　　　　　(c)

图9-1-35 胸外心脏按压部位定位方法(2)

②胸外心脏按压方法

救护者站立或跪在伤病员一侧,双手掌根着力,平行重叠,双手指交叉紧扣,并翘起,以保证压力不施加在胸壁上(如图9-1-36所示)。救护者身体前倾,两臂伸直,与伤病员身体平面垂直。救护者利用上身重力垂直向下按压,胸外心脏按压速率为每分钟100~120次,胸外心脏按压幅度至少是5厘米,不超过6厘米。按压与放松时间相同,放松时手掌不离开胸壁。应用力、快速按压,但不得进行冲击式按压(如图9-1-37所示)。

(5)开放气道

检查伤病员呼吸道是否通畅,如呼吸道阻塞,应立即清理。因为伤病员昏迷后会舌根后坠,或伤病员的口腔被血块、泥土或呕吐物等堵塞均可造成窒息,严重者在几分钟内就会危及生命(如图9-1-38、图9-1-39所示)。

图 9-1-36　胸外心脏按压掌位

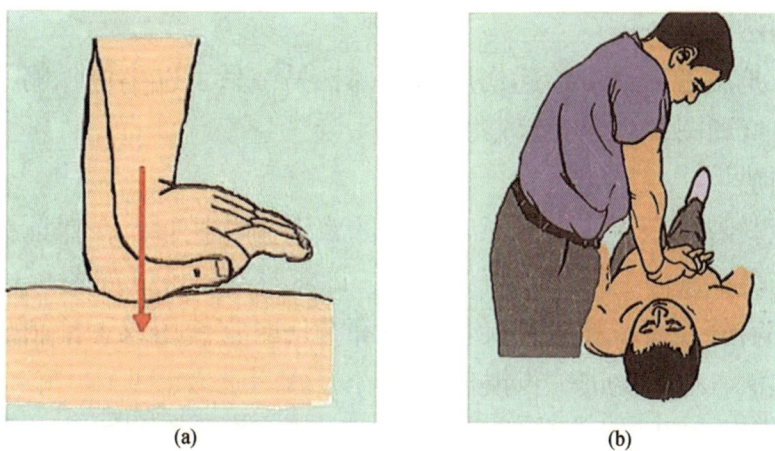

图 9-1-37　胸外心脏按压手法

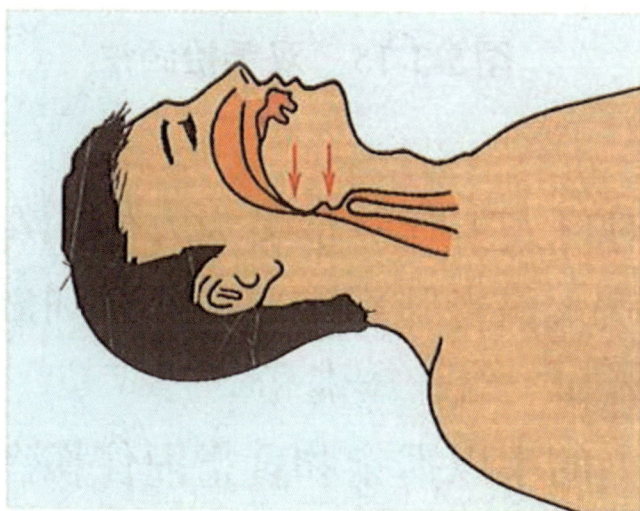

图 9-1-38　舌根后坠阻塞呼吸道

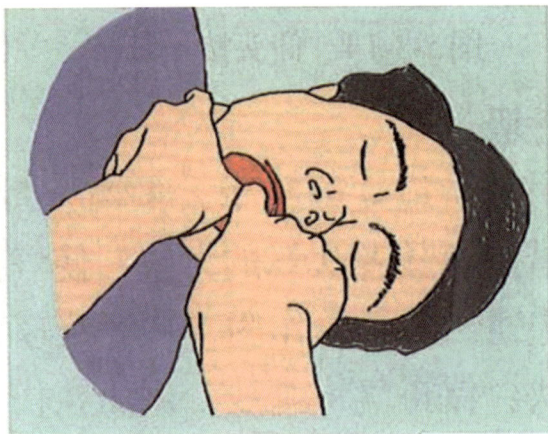

图 9-1-39　清理口腔

心肺复苏时必须设法开放气道,要在 3~5 秒内完成,而且在心肺复苏全过程中,自始至终要保持气道通畅。

开放气道有以下几种方法:

①仰头抬颌法

如果伤病员无明显头、颈部受伤,可使用此方法,此法最为常用。

救护者将一只手掌小鱼际(小拇指侧)放在伤病员前额,下压使其头部后仰;另一只手的食指和中指放在颌部的下颌骨下方,向上抬起下颌,让下颌角与耳垂连线和地面呈垂直状态,使伤病员口张开,舌根离开咽后壁,避免舌根后坠,以畅通气道(如图 9-1-40 所示)。

注意:不宜用力压迫下颌部软组织,否则有可能造成气道梗阻(如图 9-1-41 所示);不宜过度上举下颌,以免口腔闭合。

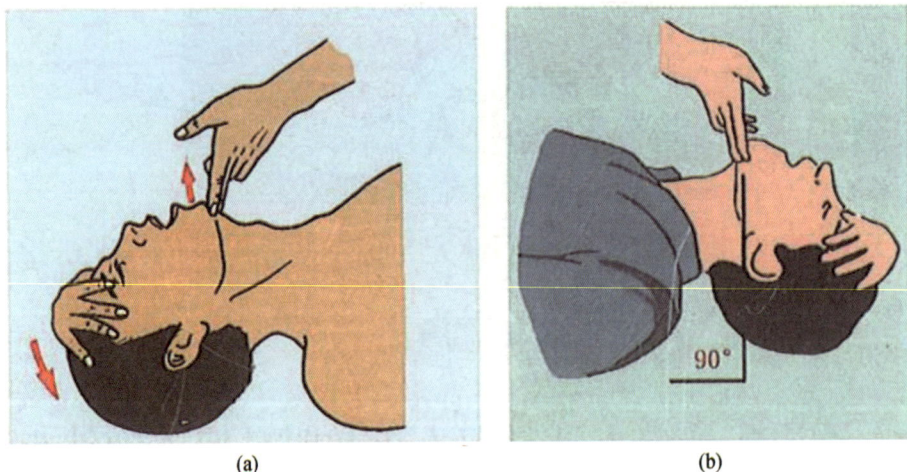

(a)　　　　　　　　　　　　　　　　　(b)

图 9-1-40　仰头抬颌法开放气道(正确)

②仰头抬颈法

伤病员仰卧,救护者一只手抬起伤病员颈部,另一只手以小鱼际侧下压其前额,使其头后仰,气道开放(如图9-1-42所示)。

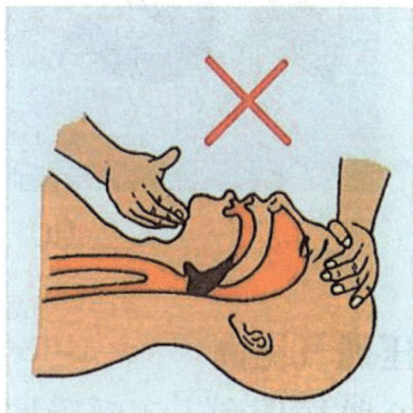

图9-1-41 仰头抬颌法开放气道(错误)

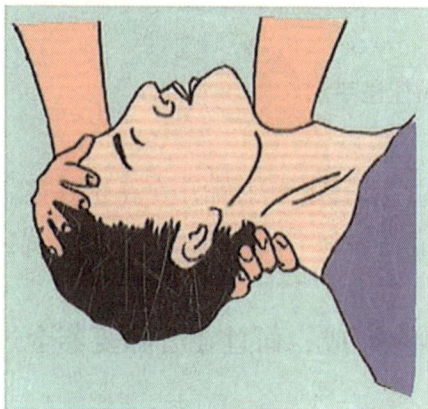

图9-1-42 仰头抬颈法

③双手抬颌法

伤病员平卧,救护者用双手从两侧抓紧伤病员的双下颌并托起,在保证头部和颈部固定的前提下,用力将伤病员下颌向上抬起,使头后仰,即可打开气道(如图9-1-43所示)。

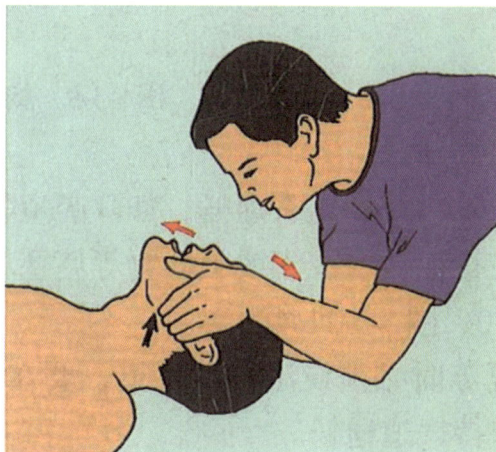

图9-1-43 双手抬颌法

注意:当伤病员颈部有外伤或高度怀疑伤病员颈部受伤时宜使用双手抬颌法,不宜采用仰头抬颌法和仰头抬颈法,以避免进一步损伤脊柱。

(6)人工呼吸

开放气道后,应立即给予人工呼吸2次。口对口人工呼吸是最为方便和有效的人工呼吸方法,是借助救护者吹气的力量,使气体被动吹入伤病员肺部,通过肺的间歇性膨胀,以达到维持肺泡通气和氧合的作用,从而减轻伤病员组织缺氧和二氧化碳滞留。

操作方法:保持气道开放,用压在伤病员额头上的手以拇指和食指捏住伤病员的鼻孔,救护者用嘴唇包住伤病员的口,平稳地向伤病员口中吹气,超过1秒,以胸廓膨起为有效;吹完后立即松开捏鼻孔的手,让伤病员的胸廓及肺依靠其弹性自主回缩呼气,气体呼出时看到胸廓回落,如此反复进行(如图9-1-44所示)。

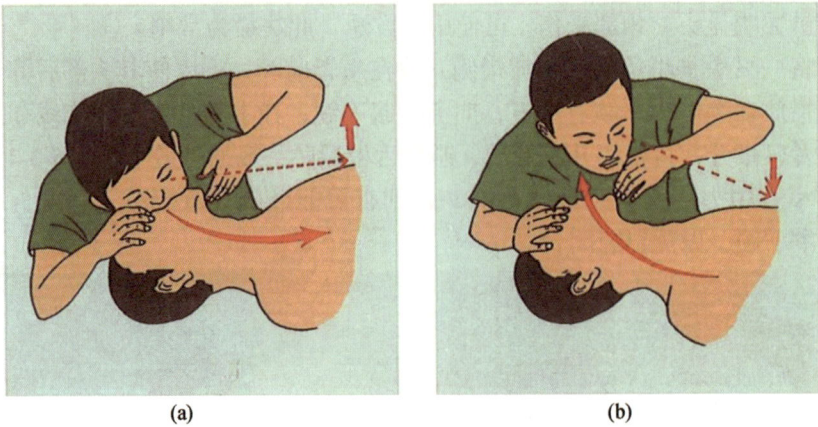

(a) (b)

图9-1-44 口对口人工呼吸法

(7)按压通气比例

胸外心脏按压和人工呼吸按顺序进行,不论实施单人抢救还是双人抢救,成人胸外心脏按压和人工呼吸比例为30:2。即胸外心脏按压30次后给予2次人工呼吸,此为1个循环。1个周期至少进行5个循环(约2分钟)。然后进行复苏效果评估,要求迅速,时间为5~10秒(如图9-1-45、图9-1-46所示)。

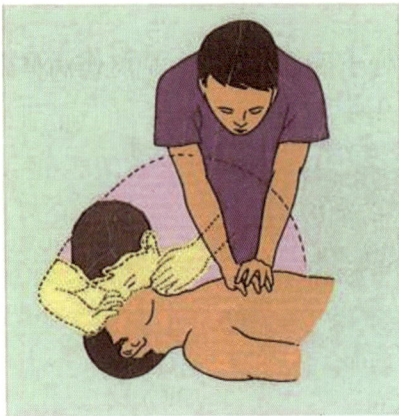

图9-1-45 单人实施胸外心脏按压与人工呼吸

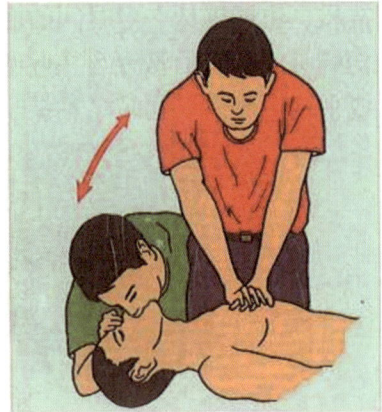

图9-1-46 双人实施胸外心脏按压与人工呼吸

2.心肺复苏术的效果评估和终止情形

1)心肺复苏术的效果评估

(1)昏迷程度变浅,出现各种反射。

(2)肢体出现无意识动作、发出呻吟声等。

(3)自主呼吸逐渐恢复。

(4)触摸到规律的颈动脉搏动。

(5)面色、口唇、指甲等色泽转红润。

（6）双侧散大的瞳孔缩小，对光反射恢复。

（7）心电图证实恢复窦性心律。

2）终止心肺复苏术的情形

（1）自主呼吸和心跳已有效恢复或有其他专业人员接替抢救。

（2）开始进行心肺复苏前，能确定心跳停止达 15 分钟以上者。

（3）持续进行心肺复苏 30 分钟以上仍无心跳和自主呼吸，现场无进一步救治和送治条件。但要注意一些特殊情况，如溺水、触电等，轻易不要放弃，需要延长心肺复苏时间。

（4）发现有不同意进行心肺复苏术的有效遗嘱。

（5）救护者因疲惫、周围环境危险、持续复苏可造成自身或其他人员危险而不得不终止。

3. 心肺复苏术的注意事项

（1）每次按压后应保证胸廓充分回弹，因此施救者必须避免在按压间隙倚靠在伤病员胸部。

（2）尽量减少胸外心脏按压中的停顿。

（3）胸外心脏按压的位置必须准确，不准确容易损伤其他脏器。

（4）要有足够的速率和按压幅度，按压过度会出现胸骨和肋骨骨折，同时施救者也会消耗大量体力，无法保证接下来的按压质量。

（5）给予伤病员足够的通气，吹气量为 500~600 毫升，避免给予过量通气。

（6）2010 年美国心脏协会（AHA）《心肺复苏指南》指出，那些不愿意实施人工呼吸的施救者或不能实施传统的心肺复苏的普通施救者在目击心搏骤停事件时，可采用单纯胸外按压，也称"hands-only CPR"。在心源性猝死的早期血液中氧含量还比较高，即使只进行按压，也能维持一定时间的血氧供应。

（7）伤病员经抢救后恢复自主呼吸及心跳但仍处于昏迷状态时，应将伤病员放置于侧卧的体位或平卧头侧位，同时注意保暖（如图 9-1-47 所示）。

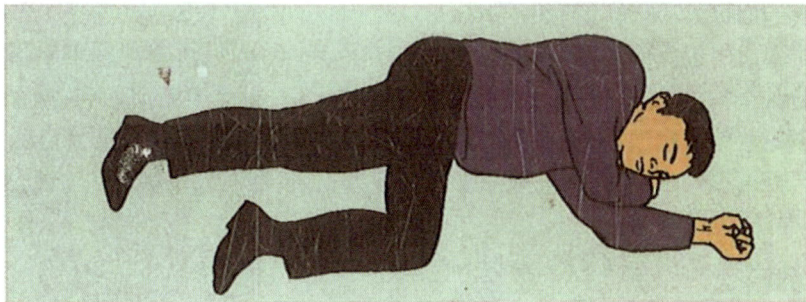

图 9-1-47　恢复体位

4. 外伤性出血与止血技术

血液是在血管中流动的液体，成年人的总血量占体重的 7%~8%，为 4 000~5 000 毫升。急性出血时，当失血量为总血量的 10%（400~500 毫升）时，人体通过自身调节功能可以代偿；当失血量达总血量的 20%（800~1 000 毫升）时，会出现头晕、脉搏增快、血压下降、出冷汗、肤色苍白、尿少等症状；当失血量达总血量的 30%（1 200~1 500 毫升）以上时，就会有生命危险，因此对于出血的伤病员，必须立即采取有效的止血措施。

1）外伤性出血的类型

（1）根据出血部位的不同分类

①内出血：深部组织和内脏损伤，血液由破裂的血管流入组织内或进入体腔（腹腔、胸腔），称为内出血，可发生于体内任何部位，从体表看不见出血。

②外出血：外伤后血液经皮肤创口向体外流出，称为外出血，能够看见出血情况。

（2）根据受损伤的血管性质分类（如图 9-1-48 所示）

①动脉出血：血液为鲜红色，可见随心跳节律呈搏动性喷射而出，出血速度快，出血量大。如果是中等动脉或较大动脉出血，没有及时止血，伤病员数分钟即可出现失血性休克或死亡。

②静脉出血：血液为暗红色，呈持续性涌出，出血速度及出血量不及动脉。如果出血的是大静脉，出血量达到一定时，不及时处理也可能危及生命。

③毛细血管出血：血色鲜红，血液从整个创面外渗，创面上出现许多细小血滴，不易找到出血点，常能自行凝固，危险性较小。

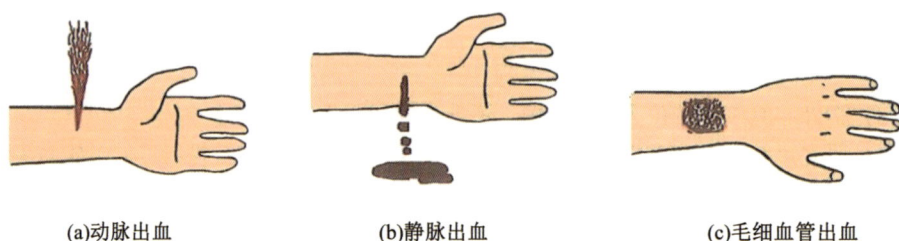

(a)动脉出血　　　　　　(b)静脉出血　　　　　　(c)毛细血管出血

图 9-1-48　不同血管的出血特点

2）常用的止血方法

止血的目的是控制出血，保存有效的血容量，防止休克，挽救生命。为更加及时、有效地抢救外伤出血的伤病员，介绍以下几种简便可行、有效的止血方法。

（1）指压止血法

指压止血法适用于头部和四肢动脉（如图 9-1-49 所示）的出血情况。用手指或手掌紧压伤口近心端的血管（靠近心脏一端的血管），使血管被压扁、血流中断而达到止血的目的，通常是将体表的中等动脉或较大动脉压迫闭合在骨面上。此法是现场急救最简捷的临时止血措施，但因操作时较费力，难以持久，一般用于现场应急止血，继而改用其他止血法。

①颞浅动脉压迫法

颞浅动脉压迫法适用于同侧头顶部出血。

操作方法：先在同侧外耳门的前上方、颧弓根部摸到颞浅动脉搏动点，然后用拇指或食指将其压向下颌关节面（如图 9-1-50 所示）。

②面动脉压迫法

面动脉压迫法适用于同侧面部出血。

操作方法：先在同侧咬肌（当咬紧牙齿时，在面颊后部可触到一条呈带状绷紧了的肌肉）前缘绕下颌骨下缘处摸到面动脉的搏动，然后用拇指或食指将其压向下颌骨面（如图 9-1-51 所示）。

图 9-1-49 人体主要动脉

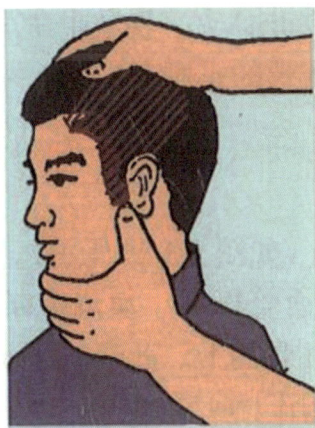

颞动脉
颈动脉
锁骨下动脉
肱动脉
桡动脉
尺动脉
股动脉
腘动脉
胫后动脉
足背动脉

图 9-1-50 颞浅动脉压迫法

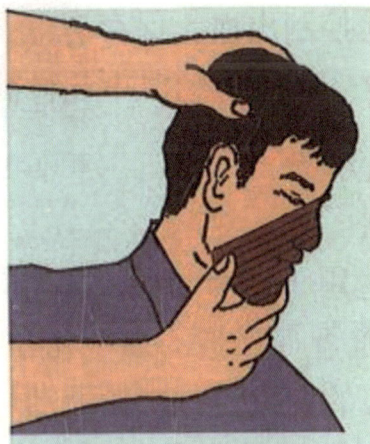

图 9-1-51 面动脉压迫法

③颈总动脉压迫法

颈总动脉压迫法适用于同侧头面部的较多出血。

操作方法:先在颈根部,同侧气管与胸锁乳头肌之间摸到颈总动脉的搏动,然后用拇指或其他四指将其压向颈椎(如图 9-1-52 所示)。压迫颈总动脉时,容易引起伤病员昏厥,一般不宜使用。切忌同时压迫两侧颈总动脉,以免造成脑部的血液供应中断,而损伤脑组织。

图 9-1-52　颈总动脉压迫法

④锁骨下动脉压迫法

锁骨下动脉压迫法适用于肩部、腋部及上肢的出血。

操作方法:先在同侧锁骨中点上方的锁骨上窝处摸到该动脉的搏动,然后用拇指压向后下方的第一肋骨面(如图 9-1-53 所示)。

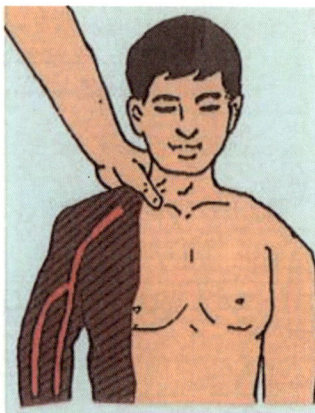

图 9-1-53　锁骨下动脉压迫法

⑤肱动脉压迫法

肱动脉压迫法适用于上臂、前臂的出血。

操作方法:先在上臂内侧中部的肱二头肌内侧沟处摸到肱动脉的搏动,然后用拇指或其他四指将其压向肱骨干(如图 9-1-54 所示)。

图 9-1-54　肱动脉压迫法

⑥尺、桡动脉压迫法

尺、桡动脉压迫法适用于手部的出血。

操作方法:先在手腕横纹稍上处的内、外两侧摸到尺、桡动脉的搏动,然后用两手拇指分别将其压向尺、桡骨面(如图9-1-55所示)。

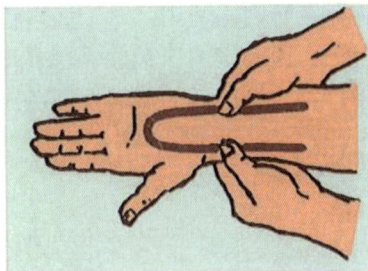

图9-1-55 尺、桡动脉压迫法

⑦股动脉压迫法

股动脉压迫法适用于大腿以下的出血。

操作方法:在腹股沟韧带稍下方处摸到股动脉的搏动,然后用双手拇指重叠用力将其压向耻骨下支(如图9-1-56所示)。

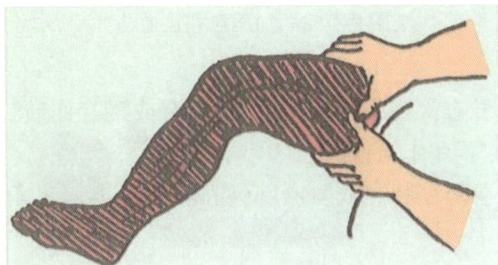

图9-1-56 股动脉压迫法

⑧足背、胫后动脉压迫法

足背、胫后动脉压迫法适用于足部的出血。

操作方法:先摸到足背皮肤横纹中点的足背动脉和跟骨与内踝之间的胫后动脉,然后分别将其压向趾骨和跟骨(如图9-1-57所示)。

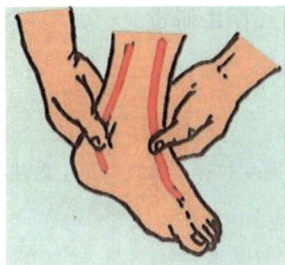

图9-1-57 足背、胫后动脉压迫法

（2）加压包扎止血法

加压包扎止血法是最常用的止血方法,适用于体表的小动脉、静脉和毛细血管出血。用无菌敷料覆盖伤口,然后用纱布、棉垫或绷带、布类做成垫子放在无菌敷料上,再用绷带或三角巾加压包扎。加压力量以既能止血而肢体远端又有血液循环为度（如图9-1-58所示）。

该方法对伤处有骨折或异物存在时则不适用。对于伤口较深且无法判断伤口深部情况的出血,可先将无菌敷料填塞入伤口,再用绷带加压包扎。包扎时严禁将止血中草药、泥土或其他粉末撒在伤口上,以免加重伤口污染,给以后的清创处理造成困难。

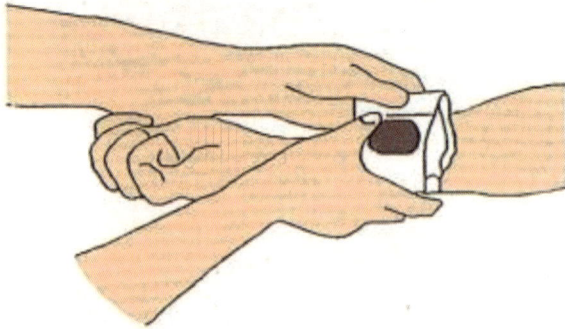

图9-1-58　加压包扎止血法

（3）屈肢加垫止血法

屈肢加垫止血法适用于前臂和小腿的出血,对已有或疑有伤肢骨、关节损伤者禁用。因其对伤病员造成的痛苦较大,不宜作为首选。

将一个厚棉垫或绷带卷塞在膝窝或肘窝部,屈腿或臂,再用三角巾或绷带紧紧缚住（如图9-1-59所示）。

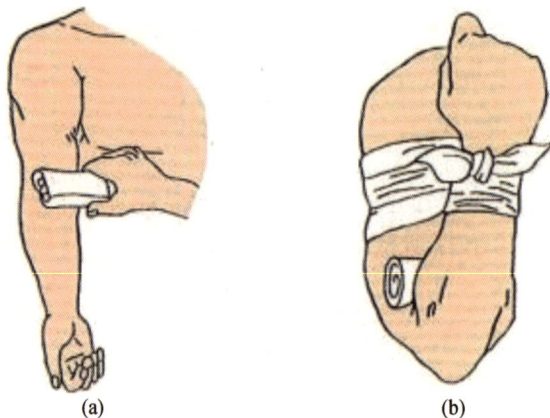

(a)　　　　　　　　　(b)

图9-1-59　屈肢加垫止血法

（4）止血带止血法

止血带止血法主要用于用其他止血方法暂不能控制的四肢动脉出血。该方法使用恰当可挽救一些大出血伤病员的生命,使用不当则可带来严重并发症,以至引起肢体坏死、急性肾功能衰竭等并发症。

①常用止血带种类

止血带有传统的橡胶管止血带、局部气压式止血带(如图 9-1-60、图 9-1-61 所示),还有方便的卡扣式止血带和较先进的旋压式止血带(如图 9-1-62、图 9-1-63 所示)。紧急情况下也可使用三角巾、绷带、手帕等物品代替,严禁使用铁丝、电线、绳索等细小且无弹性的物品充作止血带。

图 9-1-60　橡胶管止血带

图 9-1-61　局部气压式止血带

图 9-1-62　卡扣式止血带

图 9-1-63　旋压式止血带

②使用止血带的部位

止血带的绑扎部位应尽可能接近伤口,上肢大出血时应扎在上臂的上 1/3 处(如图 9-1-64 所示);下肢出血时应扎在大腿的中下 1/3 处(如图 9-1-65 所示)。

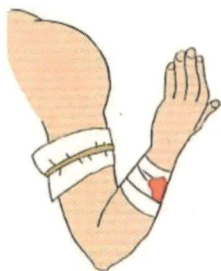

图 9-1-64　上肢止血带止血

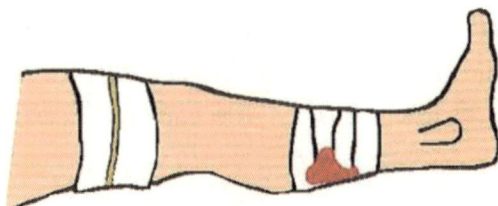

图 9-1-65　下肢止血带止血

③橡皮管止血带止血方法

a. 扎止血带前要用衣服、纱布、棉布或毛巾等物作为衬垫,以免勒伤皮肤。

b. 用一只手的拇指、食指、中指持止血带的头端,将长的尾端绕肢体一圈后压住头端,再绕肢体一圈,然后用食指、中指夹住尾端后,将其尾端从止血带下拉过,由另一侧边缘牵出,系成一个活结(如图 9-1-66 所示)。

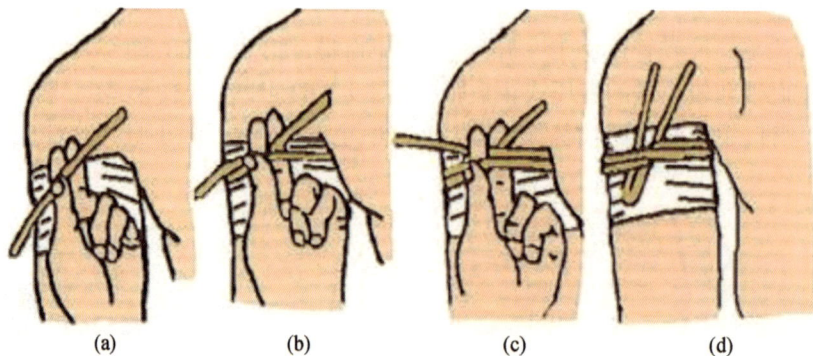

(a)　　　　　　(b)　　　　　　(c)　　　　　　(d)

图 9-1-66　止血带绑扎法

c.扎止血带松紧要适度,以出血停止、远端摸不到脉搏搏动为准。止血带过松会达不到止血的效果,过紧容易造成肢体的坏死(如图 9-1-67 所示)。

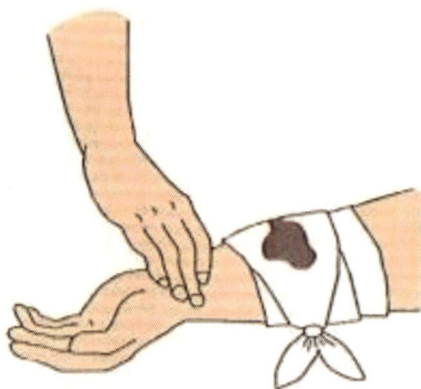

图 9-1-67　判断扎止血带松紧度

④绞紧止血法

如无橡皮管止血带,可根据当时情况,就地取材,如三角巾、绷带、领带、布条等均可,折叠成条带状,即可当作止血带使用。上止血带的部位加好衬垫后,用止血带缠绕,然后打一个活结,再用一根短棒、筷子或铅笔等的一端插入活结一侧的止血带下,并旋转绞紧至停止出血,再将短棒、筷子或铅笔的另一端插入活结套内,将活结拉紧即可(如图 9-1-68 所示)。

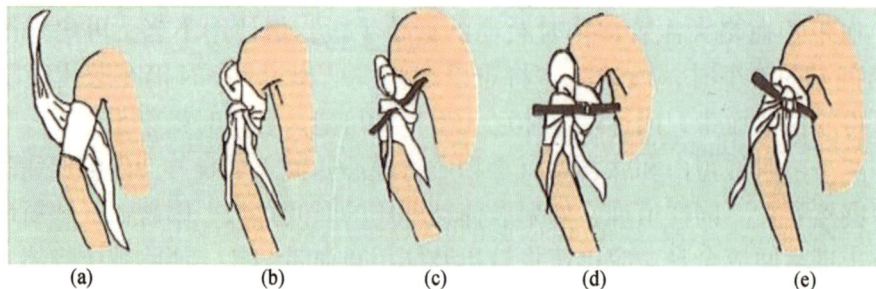

(a)　　　　(b)　　　　(c)　　　　(d)　　　　(e)

图 9-1-68　绞紧止血法

⑤注意事项

a.使用止血带时,应先用三角巾、毛巾等做成平整的衬垫缠绕在要绑扎止血带的部位,然后再上止血带,避免直接勒扎皮肤。

b.扎止血带之前将患肢抬高 2~3 分钟,以促进血液回流。

c.止血带应扎在出血伤口的近心端;前臂和小腿不宜扎止血带,因为有两根骨头,骨间有动脉穿过,扎止血带效果不好(如图 9-1-69、图 9-1-70 所示)。

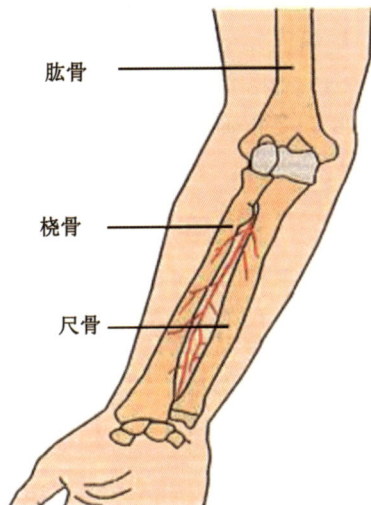

图 9-1-69　前臂骨骼

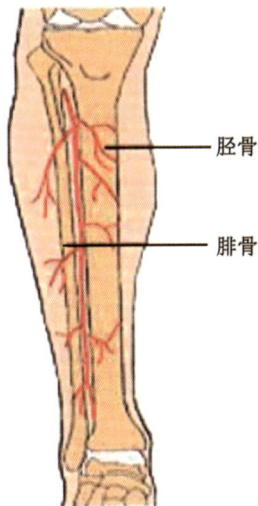

图 9-1-70　小腿骨骼

d.上肢出血,止血带切忌扎在上臂的中部,因此处有桡神经紧贴骨面,以免损伤桡神经(如图 9-1-71、图 9-1-72 所示)。

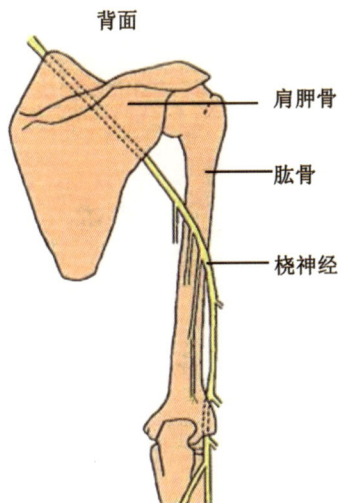

图 9-1-71　桡神经位置

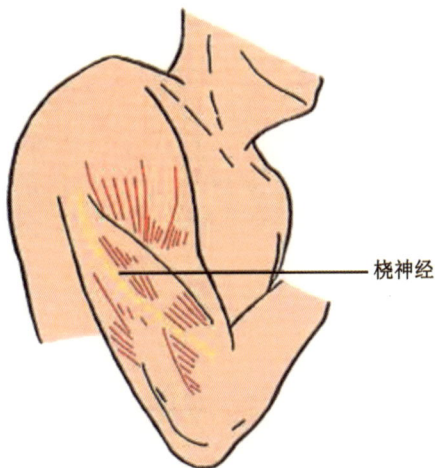

图 9-1-72　桡神经走行

e.扎好止血带后,在明显部位加上标记,注明绑扎止血带的时间和放松时间。

f.为防止远端肢体缺血坏死,原则上应尽量缩短使用止血带的时间。止血带连续阻断血流的时间一般不得超过 4 小时,且应在 1 小时后放松 1~2 分钟;继续延长时则每隔 0.5 小时放松一次。如条件允许,要尽快将伤病员转送到能彻底止血的医院进行治疗。

g.需要断肢再植者不宜扎止血带,动脉粥样硬化、糖尿病及慢性肾病者慎用止血带。

采用止血带止血是大血管损伤时救命的重要手段,但使用不当,可出现严重的并发症。如总时间超过 5 小时,远端肢体将难以存活。对于已超过 9 小时仍在送往医院途中的伤病员,则不可再放松止血带,因远端肢体已无生存的可能。若此时松解止血带,坏死细胞释放出来的钾离子、肌红蛋白和肽类等有毒物质将随静脉流入全身并产生中毒症状,可导致心搏骤停而突然死亡。同样道理,如果肢体被埋压的时间过长,因缺血、缺氧已发生组织坏死,为防止毒素回流全身,应迅速将被压肢体用止血带结扎,清除被压物体,然后送医院做进一步处理。

止血带的使用方法比较简单,但使用原则较复杂。我们要正确使用止血带止血,不要让救治造成新的伤害。

5. 包扎

1)包扎的目的

(1)保护伤口免受再次污染。

(2)固定骨折处、关节、伤口的敷料和夹板的位置。

(3)包扎时施加压力,以起到止血作用,为伤口愈合创造良好条件。

(4)扶拖受伤的肢体,使其稳定,减轻疼痛等(如图 9-1-73 所示)。

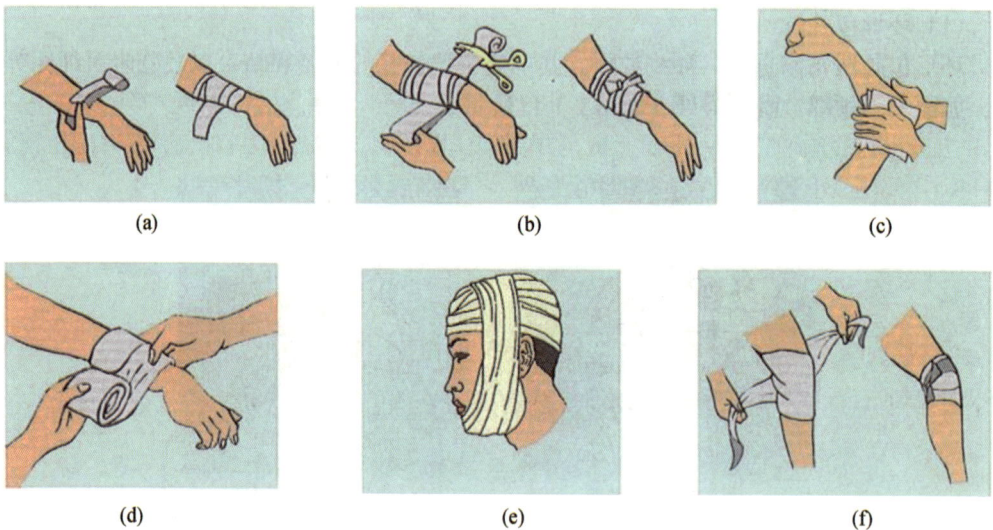

| (a) | (b) | (c) |

| (d) | (e) | (f) |

图 9-1-73　包扎

2)包扎的要求

(1)包扎前要妥善处理伤口,尽可能先用无菌敷料覆盖伤口,包扎敷料应超过伤口边缘 5~10 厘米。

(2)包扎伤口时,动作要迅速、敏捷、谨慎,不要碰撞和污染伤口,以免引起疼痛、出血或污染。

(3)包扎时要注意松紧适度,既要防止过松滑脱,也要防止过紧压迫神经血管而影响远端血液循环。

（4）用绷带包扎四肢时,一般从远心端向近心端包扎,即从细端向粗端包扎,以促进静脉血回流。要暴露指(趾)末端,以便随时观察血液循环。

（5）包扎打结或用别针固定的位置,应在肢体的外侧或前面,避免在伤口处或坐卧受压的地方。

3）包扎方法

最常用的包扎材料有绷带、三角巾,具有较强弹性的网状弹力绷带也被广泛应用。急救时也可就地取材,如衣裤、毛巾等。无论是采用哪种包扎方法,都要求牢固、舒适、整齐(如图 9-1-74 所示)。以下主要介绍绷带和三角巾这两种材料的基本用法。

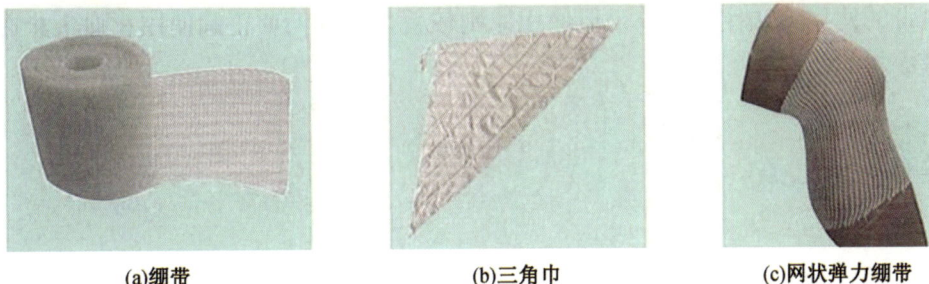

| (a)绷带 | (b)三角巾 | (c)网状弹力绷带 |

图 9-1-74　包扎材料

（1）绷带包扎法

①环形包扎法

环形包扎法是每圈重叠,环绕数圈。其主要用于包扎的开始和结束以及肢体粗细相等的部位,如额头、颈部、腕部等处(如图 9-1-75 所示)。

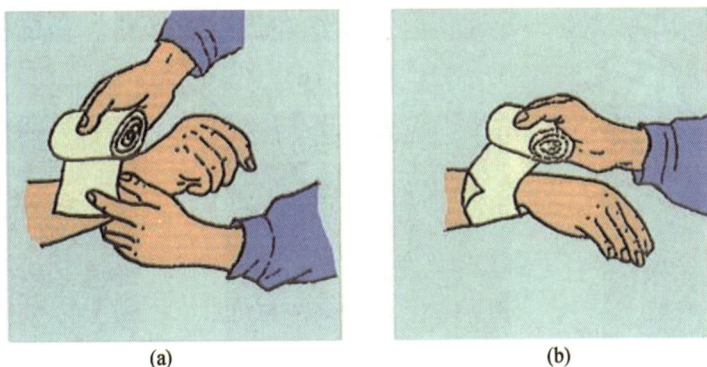

| (a) | (b) |

图 9-1-75　环形包扎法

②蛇形包扎法

蛇形包扎法是斜形延伸,各周互不遮盖。其主要用于需由一处迅速伸至另一处时,或做简单的固定(如图 9-1-76 所示)。

③螺旋形包扎法

螺旋形包扎法是先用环形包扎法固定开始端,再斜向上绕,后圈盖前圈的一半或大半。其主要用于包扎身体直径基本相同的部位,如上臂、手指、躯干、大腿等(如图 9-1-77 所示)。

④螺旋形反折包扎法

螺旋形反折包扎法是先用环行包扎法固定开始端,再用螺旋上升缠绕,每圈反折一次,但

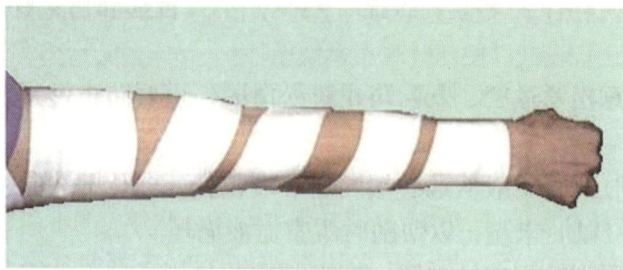

图 9-1-76　蛇形包扎法

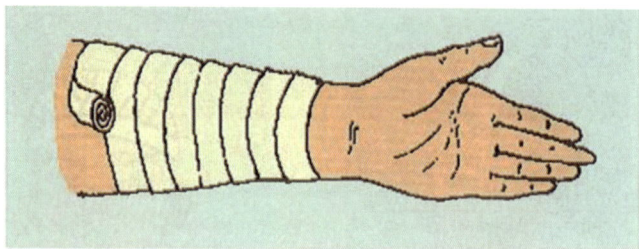

图 9-1-77　螺旋形包扎法

注意不可在伤口或骨骼隆突处回折,而且回折应成一直线。其主要用于肢体粗细不等的部位,如小腿、前臂的包扎(如图 9-1-78 所示)。

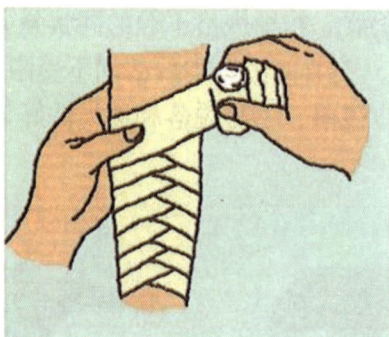
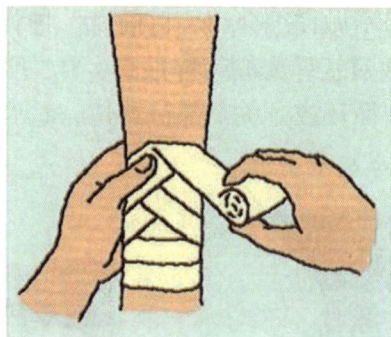

(a)　　　　　　　　　　(b)

图 9-1-78　螺旋形反折包扎法

⑤"8"字形包扎法

"8"字形包扎法是一圈向上、一圈向下包扎,每圈在中间和前圈先相交,并根据需要把前圈重叠或压盖一半。其多用于包扎屈曲的关节,如肩、肘、腕、膝等关节部位(如图 9-1-79 所示)。

⑥回返包扎法

此法为一系列的反折,第一周常在中央,以后各周分向左右,直到伤口全部包盖后,再做环形包扎固定。其常用于头部和断肢包扎(如图 9-1-80 所示)。

⑦网状弹力绷带包扎法

网状弹力绷带弹性高、压力适宜,关节部位使用后活动不受限制,不缩水、不会妨碍血液循环或令关节部位移位,具有操作简单、不易脱落和透气性好等优点(如图 9-1-81 所示)。

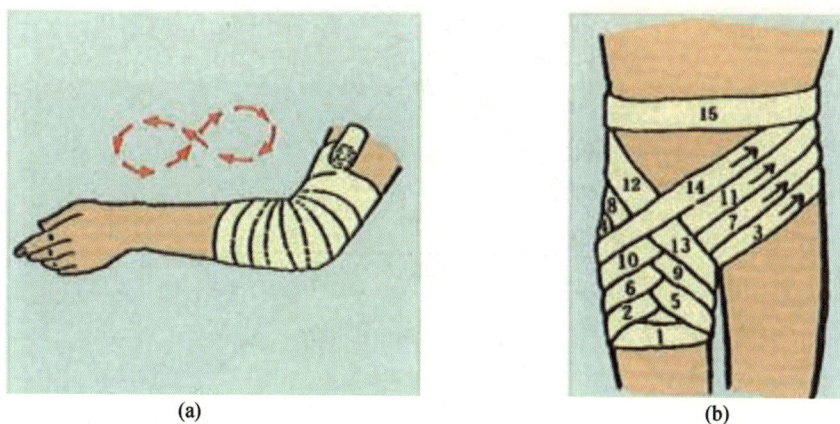

图 9-1-79 "8"字形包扎法

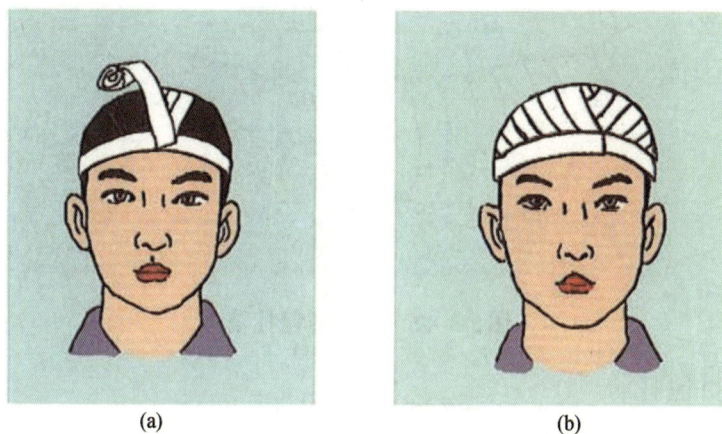

图 9-1-80 回返包扎法

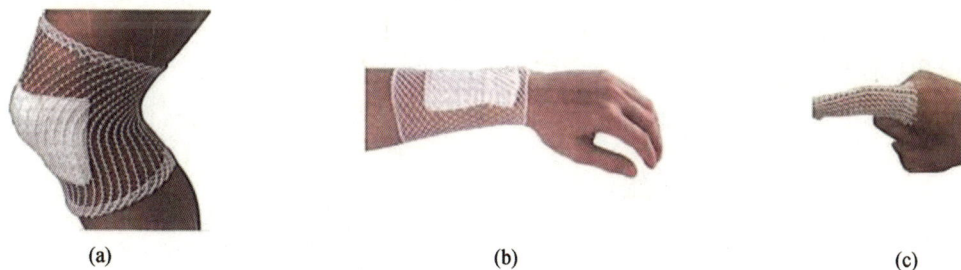

图 9-1-81 网状弹力绷带包扎法

（2）三角巾包扎法

三角巾包扎法适用于身体各个部位的包扎，操作简便，包扎面积大，还可用于固定夹板、敷料和代替止血带（如图 9-1-82 所示）。使用时要求边缘固定、角拉紧、中心伸展、敷料贴实。

①头部包扎法

头部包扎法是将三角巾底边的正中点放在前额眉弓上部，顶角经头顶拉到枕后，然后将底边经耳上向后扎紧压住顶角，在枕后交叉，再经耳上到额部拉紧打结，将顶角向上反折嵌入底边或用胶布、别针固定（如图 9-1-83 所示）。

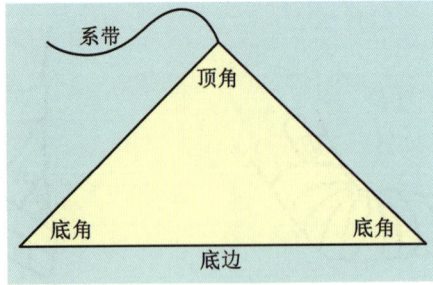

图 9-1-82　三角巾包扎法

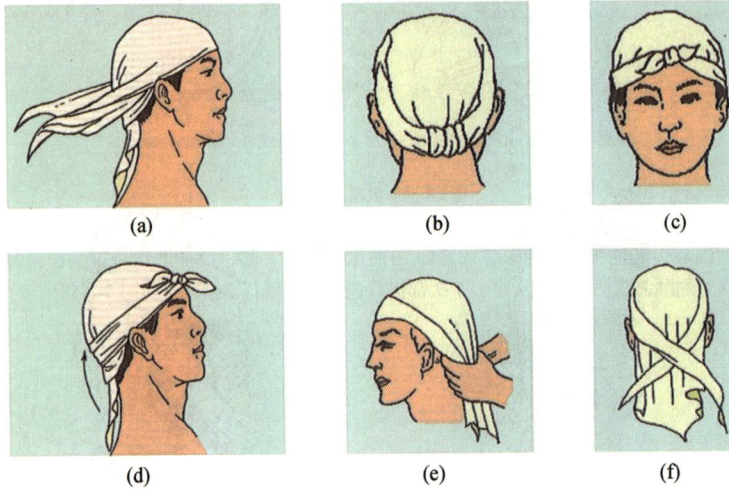

图 9-1-83　头部包扎法

②面部包扎法

面部包扎法是将三角巾的顶部打结后套在下颌部,罩住面部及头部拉到枕后,将底边两端交叉拉紧后到额部打结,然后在口、鼻、眼部剪孔开窗。面部包扎法用于广泛的面部损伤或烧伤(如图 9-1-84 所示)。

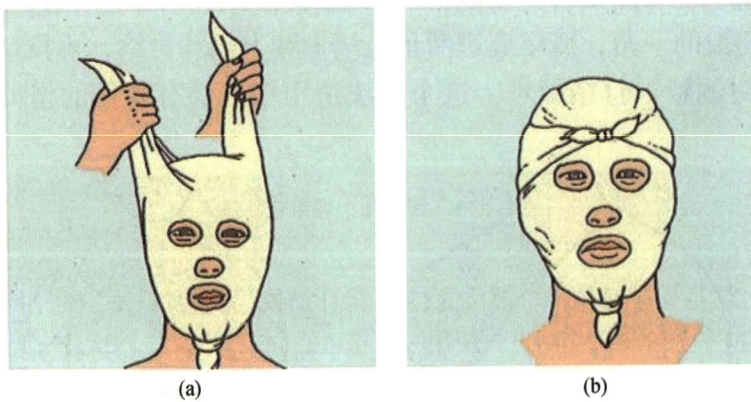

图 9-1-84　面部包扎法

③风帽式包扎法

风帽式包扎法是将三角巾顶角和底边中央各打一个结,将顶角结放在额前,底边结放在枕骨节下方,包住头部,然后将底边两端拉紧向外反折再绕向下颌包住,最后绕到枕后打结(如图 9-1-85 所示)。

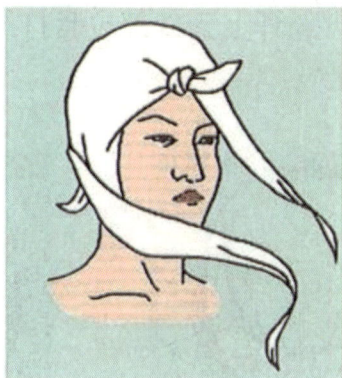
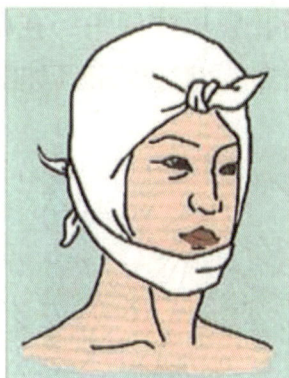

(a)　　　　　　　　　　　　　　　(b)

图 9-1-85　风帽式包扎法

④面颌部包扎法

面颌部包扎法是将三角巾叠成宽约 10 厘米的长带,将下颌兜起,绕过头顶到对侧,然后在对侧颞部将两头绞成十字,于头部横行包扎至对侧打结固定(如图 9-1-86 所示)。

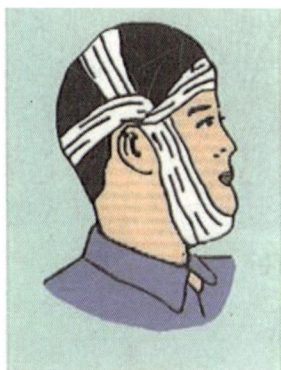
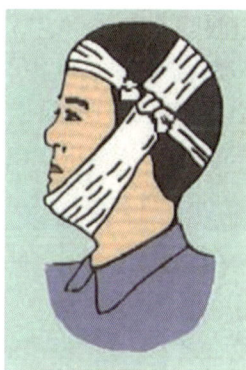

(a)　　　　　　　　　　　　　　　(b)

图 9-1-86　面颌部包扎法

⑤肩部包扎法

a. 单肩燕尾三角巾包扎法

单肩燕尾三角巾包扎法是先将三角巾折成燕尾式,夹角朝上,放在伤侧肩上,向后的一角压住并稍大于向前的一角,燕尾底边两角包绕上臂上部并打结,再拉紧两个燕尾角,分别经胸、背拉到对侧腋下打结即可。这个方法适用于肩部有外伤的伤病员(如图 9-1-87 所示)。

b. 双肩包扎法

双肩包扎法将三角巾折成燕尾式,夹角约 120 度并放在颈后部,两个燕尾角分别置于肩背部并分别包绕肩部,于腋前转入腋窝,再与底边打结固定(如图 9-1-88 所示)。

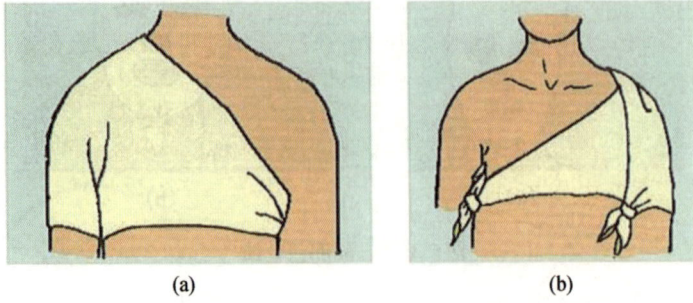

图 9-1-87　单肩燕尾三角巾包扎法

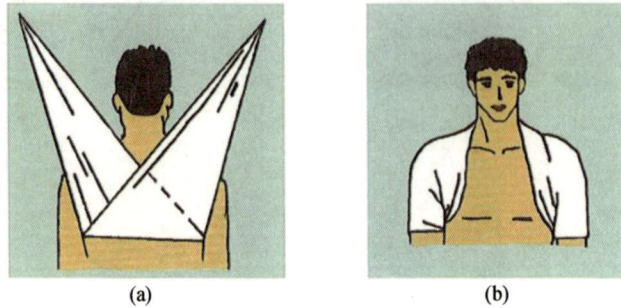

图 9-1-88　双肩包扎法

⑥胸部包扎法

a.胸部燕尾式(全胸部)包扎法

将三角巾顶角折叠成燕尾式巾,其夹角根据需要而定,包扎胸部时,燕尾角对准胸骨上窝置于胸前,然后将燕尾底边围胸于背后打结,将打结头向上与两个燕尾角在肩上打结即可(如图 9-1-89 所示)。此方法适用于前胸有外伤的伤病员。

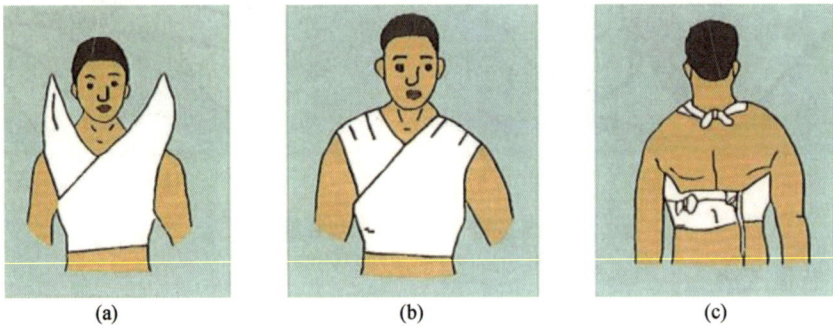

图 9-1-89　胸部燕尾式(全胸部)包扎法

b.一侧胸部包扎法

将二角巾反折约 10 厘米,将二角巾盖在伤侧,两底角由胸前拉到背后打结,顶角过伤侧肩部到背部与底角余头打结。包扎背部时,三角巾放于背部,到胸前打结(如图 9-1-90 所示)。

⑦下腹部包扎法

三角巾顶角向下,底边横放于腹部,两底角在腰后打结,顶角经两腿间至臀后再与底角打结(如图 9-1-91 所示)。

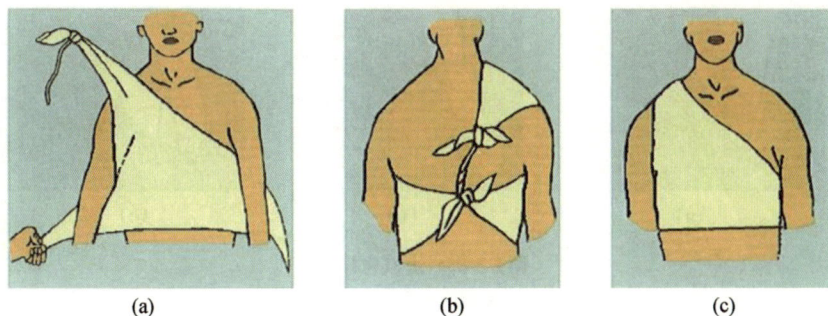

图 9-1-90　一侧胸部包扎法

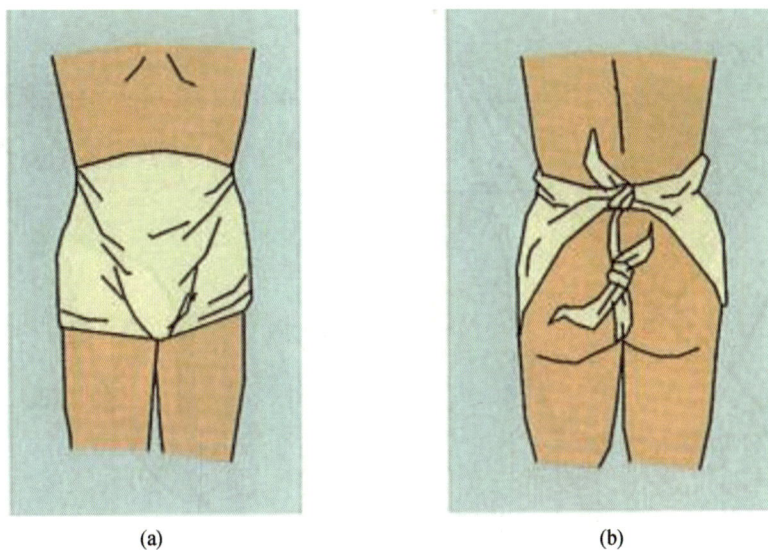

图 9-1-91　下腹部包扎法

⑧手、足部包扎法

将伤手(足)平放在三角巾中央,手指(脚趾)指向顶角,底边横于腕(踝)部,再把顶角折回拉到手(足)背上面,然后把左右两底角在手(足)背交叉地向上拉到手腕(脚踝)的左右两侧缠绕打结(如图 9-1-92 所示)。

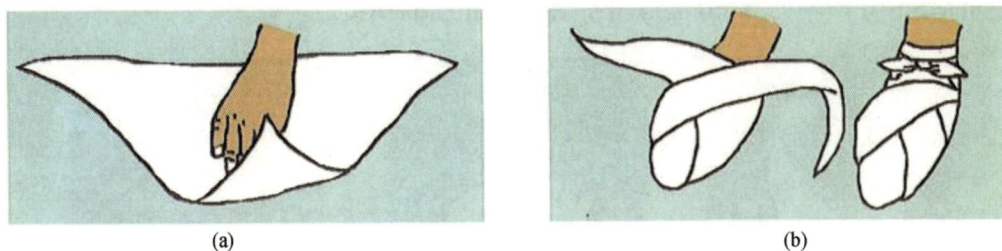

图 9-1-92　手、足部包扎法

⑨上肢包扎法

三角巾一底角打结后套在伤手上,另一底角经后背拉到对侧肩上,顶角包绕上肢,前臂屈至胸前,两底角相遇打结(如图 9-1-93 所示)。

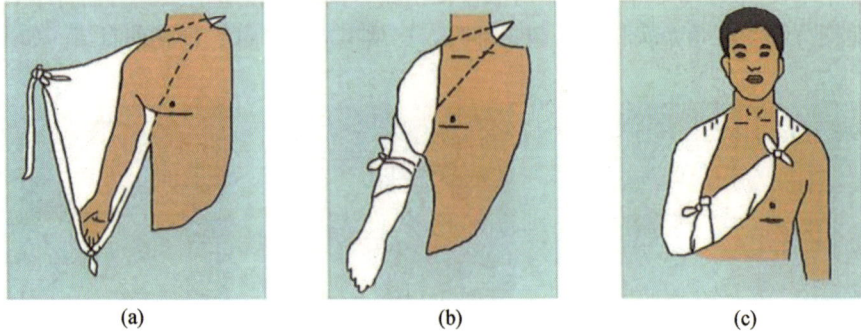

图 9-1-93　上肢包扎法

6.骨折固定术

骨的完整性遭到破坏或连续性中断时称为骨折(如图 9-1-94 所示)。骨折由创伤和骨骼疾病(如骨髓炎、骨肿瘤)所致。船上以创伤性骨折多见。

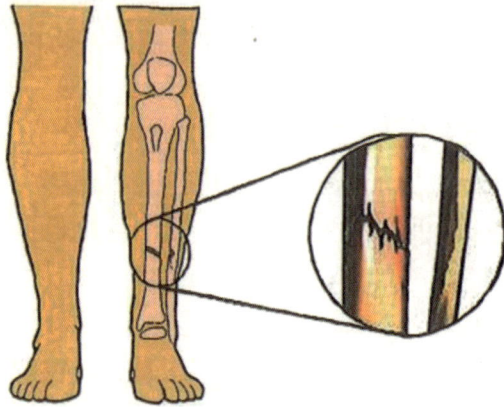

图 9-1-94　骨折

1)骨折的类型(见图 9-1-95)

根据骨折处皮肤、黏膜的完整性,分为闭合性骨折(骨折端不与外界相通)和开放性骨折(骨折端穿破皮肤,直接与外界相通)。

根据骨折的完整性,分为不完全骨折和完全骨折。

根据骨折的程度和形态(骨折线的方向和形态),分为横形骨折、斜形骨折、螺旋形骨折、粉碎性骨折和嵌插骨折等。

根据骨折端的稳定程度,分为稳定性骨折和不稳定性骨折。

2)骨折的临床表现

大多数骨折一般只引起局部症状,严重骨折和多发性骨折可导致全身性反应。

(1)骨折的局部表现

①骨折的一般表现为局部疼痛、肿胀和功能障碍。

②骨折的特有体征为畸形、异常活动和骨擦音或骨擦感。具有以上三个骨折特有体征之一者,即可诊断为骨折。有些骨折(如裂缝骨折、脊柱骨折等)没有上述三个典型的骨折特有体征,须做进一步检查。

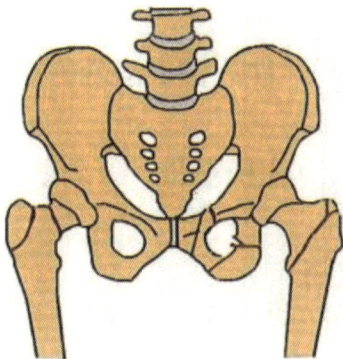

(a)闭合性骨折　　(b)开放性骨折　　(c)不完全骨折　　(d)完全骨折

(e)不稳定性骨折
——斜形骨折　　(f)不稳定性骨折
——螺旋形骨折　　(g)不稳定性骨折
——粉碎性骨折　　(h)稳定性骨折
——嵌插骨折

图 9-1-95　骨折的类型

（2）骨折的全身表现

①骨折后一般体温正常,出血量较大的骨折(如股骨骨折、骨盆骨折等)血肿吸收时可能出现低热;开放性骨折合并感染时可能出现高热。

②骨盆骨折、多发性骨折、严重的开放性骨折等或并发重要内脏器官损伤时可导致休克,甚至死亡(如图 9-1-96、图 9-1-97 所示)。

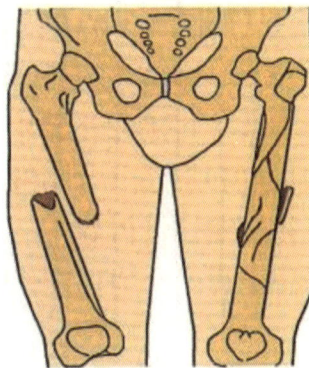

图 9-1-96　骨盆骨折

图 9-1-97　多发性骨折

3)骨折的现场急救原则

骨折急救的目的是用最为简单而有效的方法抢救生命、保护伤肢、减少伤病员痛苦,迅速转运,以便尽快妥善处理。

（1）抢救伤病员

首先检查伤病员全身情况，如处于休克状态，应注意保温，尽量减少搬动，有条件的应立即进行输液、输血。如伤病员处于昏迷状态，应注意保持其呼吸道通畅。

（2）包扎伤口

开放性骨折伤口出血时可用加压包扎止血，当有大血管出血时可采用止血带止血，无止血带时可用布条等代替。创口用无菌敷料或清洁布类予以包扎，以减少再污染。若骨折端已戳出伤口，并已污染，又未压迫重要血管、神经，不要将其复位，以免将污物带到伤口深处；应将其送至医院经清创处理后，再行复位。

（3）妥善固定

固定是骨折急救的重要措施。凡怀疑有骨折者，均应按骨折处理。

骨折固定的目的：

①避免骨折端在搬运过程中对周围重要组织，如血管、神经、内脏的损伤。

②减少骨折端的活动，以减轻疼痛。

③便于运送。

固定可以用特制的夹板（如图9-1-98所示），或就地取材选用树枝、木板、竹竿、硬纸板、硬塑料片等代替。固定用的夹板长度，除能固定骨折部上下两端外，还必须能固定骨折相邻的上下两个关节，并要求露出指（趾）端以便观察血液循环变化，如发现指（趾）端苍白、麻木、青紫、剧烈疼痛，应松开重新固定。

当无任何可利用的材料时，上肢骨折可将患肢固定于胸部，下肢骨折可将患肢与对侧健肢捆绑固定。

固定材料不能与皮肤直接接触，必须用绷带、棉花、毛巾、衣物等包住才能使用。在皮肤与夹板之间，尤其在夹板两端、骨突起和空隙部位要用棉花或其他代替品垫好，防止皮肤受压，组织坏死。

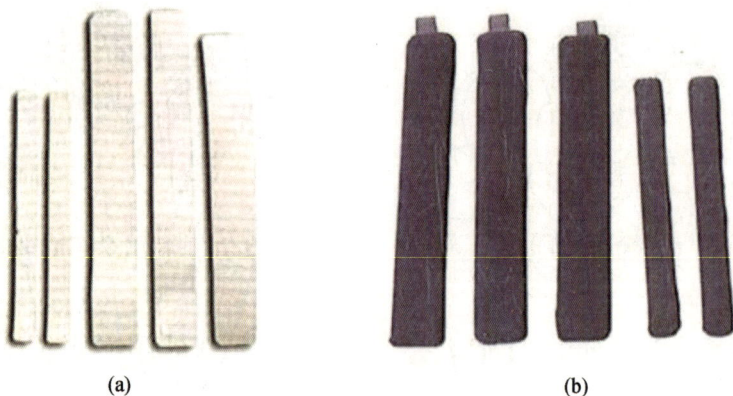

(a)　　　　　　　　　　　(b)

图9-1-98　骨折固定夹板

（4）迅速转送

伤病员经妥善固定后，应立即转送医院。

4）常见的骨折固定方法

（1）上臂骨折的固定

①伤病员手臂屈肘90度，用两块夹板固定伤处，一块放在上臂内侧，另一块放在外侧，然后用绷带固定。

②如果只有一块夹板，则将夹板放在外侧加以固定（如图9-1-99所示）。

③固定好后，用绷带或三角巾悬吊伤肢。

④如果没有夹板，可先用三角巾悬吊，再用三角巾把上臂固定在身体上（如图9-1-100所示）。

图9-1-99　上臂骨折夹板固定

图9-1-100　上臂骨折无夹板固定

（2）前臂骨折的固定

①伤病员手臂屈肘90度，用两块夹板固定伤处，分别放在前臂内外侧，再用绷带缠绕固定。

②固定好后，用绷带或三角巾悬吊伤肢（如图9-1-101所示）。

③如果没有夹板，可利用三角巾加以固定。三角巾上放杂志或书本，前臂置于书本上即可（如图9-1-102所示）。

图9-1-101　前臂骨折固定

杂志或书本

图9-1-102　利用杂志或书本固定

（3）大腿骨折的固定

①将伤腿伸直,两块夹板分别放在大腿内外侧,外侧夹板长度上至腋窝,下至足跟,内侧夹板长度上至腹股沟,同样下至足跟,再用绷带或三角巾固定[如图 9-1-103(a)所示]。

②如无夹板,可利用对侧的健肢进行固定[如图 9-1-103(b)所示]。

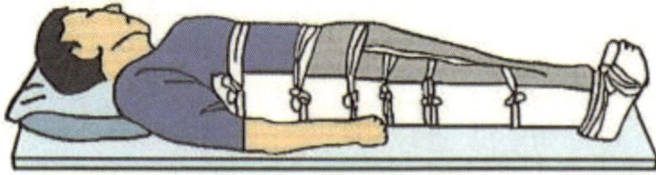

(a)夹板固定

(b)无夹板固定

图 9-1-103　大腿骨折的固定

(4)小腿骨折的固定

①将伤腿伸直,夹板长度上过膝关节,下过足跟,两块夹板分别放在小腿内外侧,再用绷带或三角巾固定[如图 9-1-104(a)所示]。

②如无夹板,可利用对侧的健肢进行固定[如图 9-1-104(b)所示]。

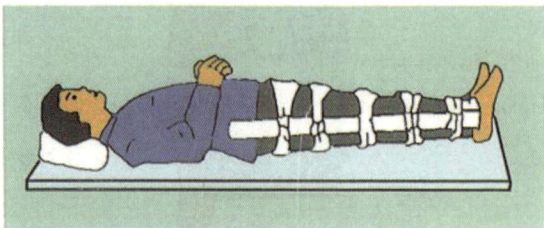

(a)夹板固定

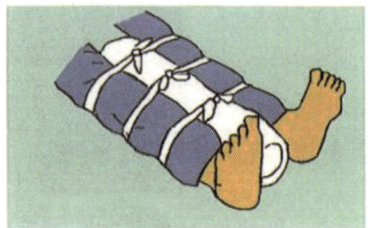

(b)无夹板固定

图 9-1-104　小腿骨折的固定

(5)肋骨骨折的固定

肋骨骨折的固定常采用弹性胸带或胶布固定胸廓的方法。伤病员取坐位或侧卧位,取宽为 7~8 厘米的胶布条,在伤病员深呼气后屏气时,紧贴胸壁,后端起自健侧脊柱旁,前端越过胸骨;从胸廓下缘开始,依次向上粘贴胶布条到腋窝下方,上下胶布互叠 1/2 或 1/3。此法适用于单根一处和多根一处肋骨骨折的固定(如图 9-1-105 所示)。

7. 伤病员的搬运

伤病员经过初步处理后,需从现场送到医院做进一步的检查和治疗。正确的搬运可减少伤病员痛苦,避免继发损伤,是创伤救护中的重要环节,多采用徒手搬运或担架搬运。

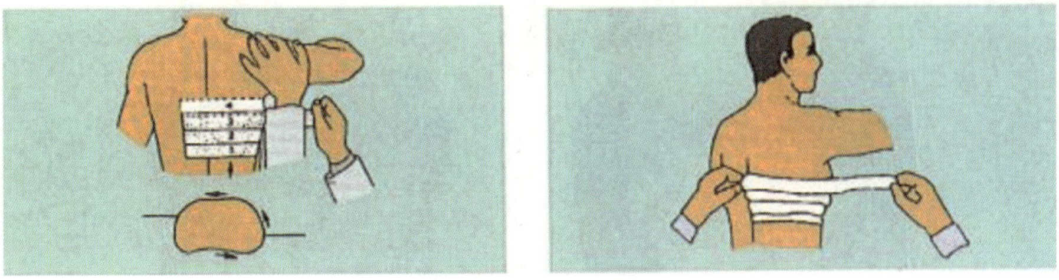

图 9-1-105　肋骨骨折的固定

1）单人搬运法

（1）扶正法

扶正法用于伤情较轻、清醒、无骨折、能站立行走的伤病员。救护者立于伤病员一侧,使伤病员靠近救护者,伤病员的一臂揽着救护者的颈部,救护者用外侧手牵住伤病员手腕,另一只手伸过伤病员背部,扶持伤病员腰部行走（如图 9-1-106 所示）。

（2）抱持法

抱持法是短距离搬运的最佳方法,对脊柱、大腿骨折的伤病员禁用此法。该方法适用于体重较轻的伤病员,对能站立的伤病员,救护者站于伤病员一侧,一手托其背部,另一手托其大腿,将其抱起,对清醒的伤病员可让其一手抱着救护者的颈项部（如图 9-1-107 所示）。

图 9-1-106　扶正法

图 9-1-107　抱持法

（3）背负法

背负法适用于身体轻、清醒的伤病员,对胸部损伤,四肢、脊柱骨折的伤病员禁用此法。救护者站在伤病员前面,面向同一方向,微屈膝弯背,将伤病员背起（如图 9-1-108 所示）。

2）双人搬运法

（1）椅托式

椅托式适用于清醒的伤病员。两名救护者在伤病员两侧对立,各将一只手搭于对方肩部,其余两只手交叉紧握形似椅状,伤病员坐于其上（如图 9-1-109 所示）。

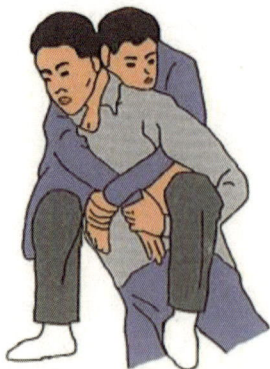

图 9-1-108　背负法

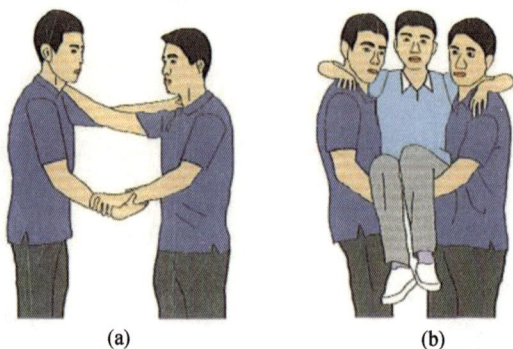

(a)　　　　　　　　(b)

图 9-1-109　椅托式

（2）轿扛式

轿扛式适用于清醒、能合作的一般伤病员。两名救护者四只手交叉紧握形似"七"状，伤病员坐于其上（如图 9-1-110 所示）。

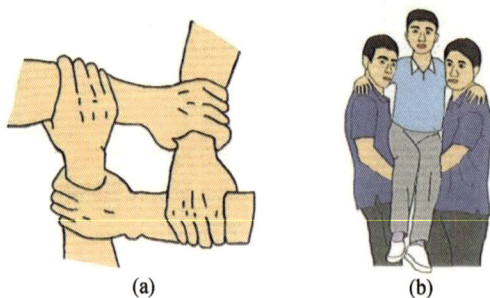

(a)　　　　　　　　(b)

图 9-1-110　轿扛式

（3）拉车式

拉车式适用于意识不清的伤病员，对前臂、肩部受伤伤病员禁用此法。两名救护者中一人面向伤病员站于伤病员的头部后面，两手插到伤病员腋下，将其抱入怀内；另一人背向伤病员站在其脚部，蹲在伤病员的两腿中间，将伤病员抬起（如图 9-1-111 所示）。

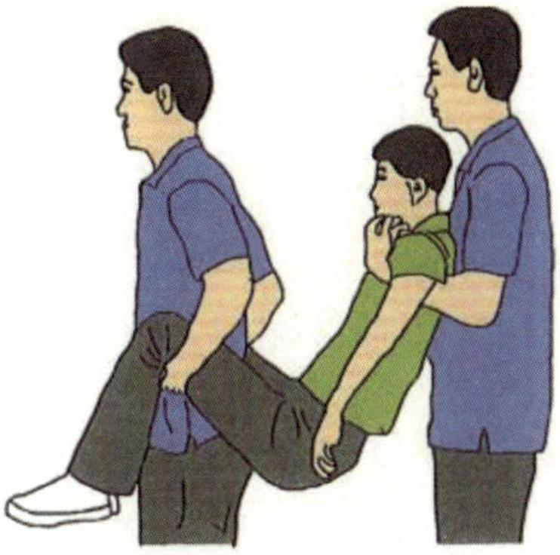

图 9-1-111　拉车式

3）担架搬运方法

担架搬运方法适用于躯干、下肢骨折伤病员，危急重症伤病员和路程较远伤病员的转运。担架的类型主要有以下几种（如图 9-1-112 所示）。

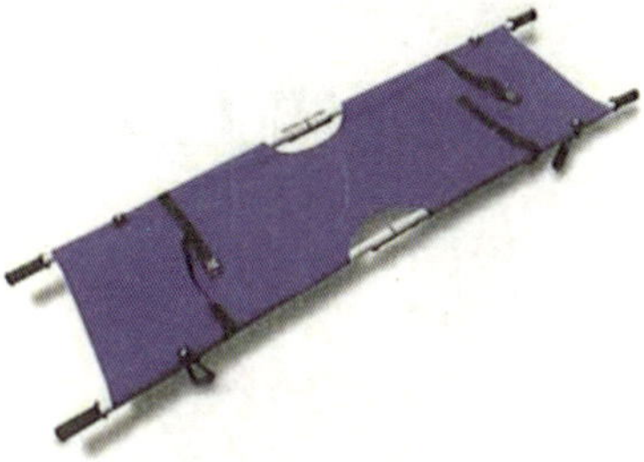

(a)帆布折叠式担架 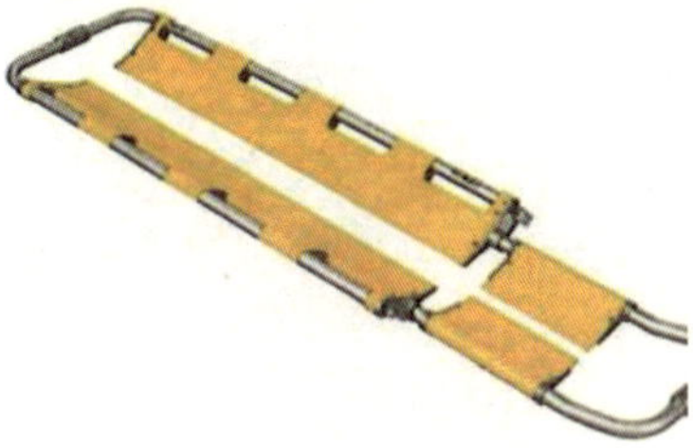　　　　　　　　(b)铲式担架

(c)负压充气垫式固定担架 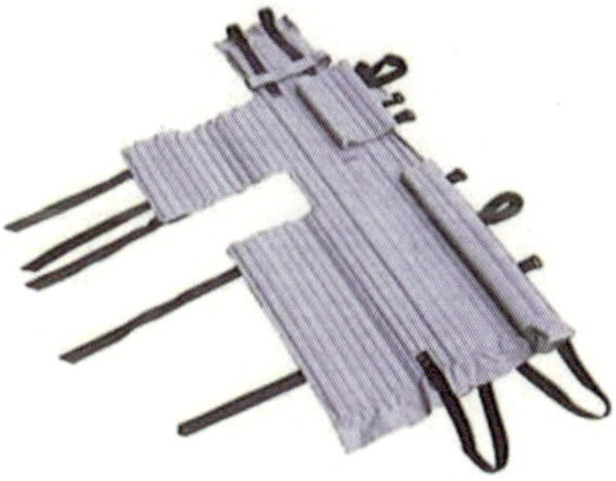　　　　　(d)罗伯逊担架

图 9-1-112　担架的类型

①帆布折叠式担架

帆布折叠式担架适用于一般伤病员的搬运，不宜转运脊柱损伤的伤病员。

②铲式担架

铲式担架适用于脊柱损伤等不宜随意翻动、搬运的危重伤病员。它不需要翻动伤病员，不改变伤病员的体位，从伤病员的两侧夹入，避免再次损伤伤病员，并能固定伤病员颈部。

③负压充气垫式固定担架

负压充气垫式固定担架适用于搬运多发骨折及脊柱损伤的伤病员。充气垫可以适当地固定伤病员的全身。使用时先将垫子充气后铺平,将伤病员放在垫内,抽出袋内空气,气垫即可变硬,同时伤病员就被牢靠固定在其中,并可在搬运途中始终保持稳定。

④罗伯逊担架

罗伯逊担架构造有一定的灵活性和特殊性,适合空中或海上救援。担架上附有固定伤病员头、躯干和四肢的安全带,能将伤病员牢固地包裹起来,且能与飞机上的挂钩连接,可安全灵活地进行抬、拖、吊等搬运,实现海上直升机救援。另外,它体积小、软硬适中、可折叠,便于携带。

现场无担架时,也可用折椅、毯子、床单等临时代替担架使用。

(1)一般伤病员的搬运方法

救护人员在伤病员一侧,将伤病员抱上担架,并将伤病员固定在担架上,头部向后,足部向前,以便观察伤病员病情变化。病情如有变化,应立即停下抢救,先放脚,后放头(如图9-1-113所示)。

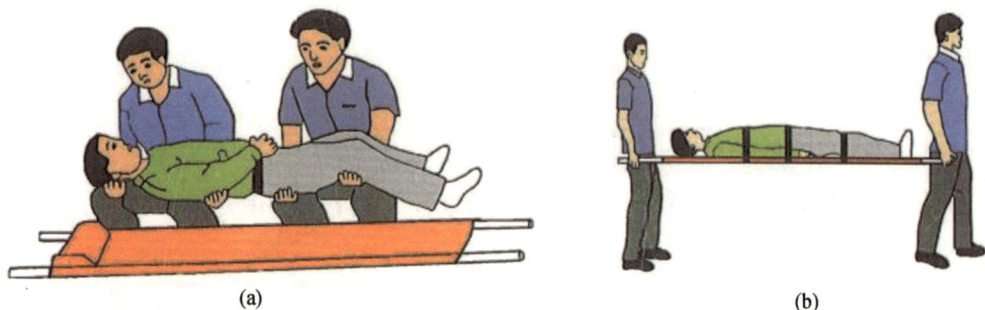

图9-1-113　一般伤病员的搬运方法

(2)脊柱损伤伤病员的搬运方法

救护者三人并排单腿跪在伤病员身体一侧,同时分别把手臂伸到伤病员的肩背部、腹臀部、双下肢的下面,然后同时起立,始终使伤病员的身体保持水平位置,不得使伤病员身体扭曲。三人同时迈步,并同时将伤病员放在硬板担架上。

对于发生或怀疑颈椎损伤者,应再有一人专门负责牵引、固定伤病员的头颈部,不得使伤病员头颈部前屈后伸、左右摇摆或旋转。四人动作必须一致,同时平托起伤病员,再同时放在硬板担架上(如图9-1-114所示)。

将伤病员放在硬板担架上以后,必须将其身体与担架一起固定牢固,尤其是颈椎损伤者,头颈部两侧必须用颈托[如图9-1-115(a)所示]固定或放置沙袋、枕头、衣物等进行固定[如图9-1-115(b)所示],限制颈椎向各方向的活动。起立、行走、放下等搬运过程,要由1人发出指令,其他救护者统一动作。

4)伤病员搬运的注意事项

(1)搬运前要迅速检查伤病员的生命体征和受伤部位以判断伤情,做好伤病员的现场救护,首先要保持伤病员的呼吸道的通畅,如有外伤,应先止血、包扎、固定后再搬运,不要无目的地移动伤病员。

(2)搬运过程中,抬担架人员脚步要一致,平稳行进,上、下坡或楼梯时尽量保持担架水平。在人员、担架等未准备妥当时,切忌搬运。搬运体重过重和神志不清的伤病员时,要考虑全面,防止搬运途中发生坠落、摔伤等意外(如图9-1-116所示)。搬运途中,救护人员应边走

图 9-1-114 脊柱损伤伤病员的搬运方法

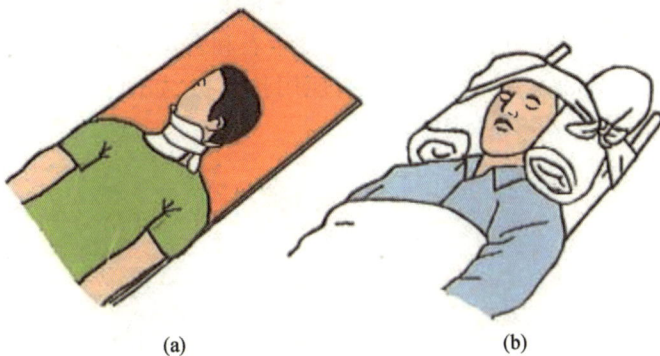

(a)   (b)

图 9-1-115 颈椎损伤固定

边观察伤病员的生命体征,如有变化,应立即停下抢救。

图 9-1-116 伤病员的担架搬运

(3)伤病员体位要适宜。搬运昏迷伤病员,应将其头偏向一侧,或取侧卧或半俯卧位,以保持呼吸道通畅;对于外伤出血处于休克状态的伤病员,可将其头部适当放低些;怀疑肋骨骨折的伤病员不能背运;脊髓损伤的伤病员须用硬担架搬运,切忌弯曲或扭动伤病员,防止加重其损伤。

(4)在特殊的现场,应按特殊的方法进行搬运。如在火灾现场,在浓烟中搬运伤病员,救护者应弯腰或匍匐前进;在有毒气泄漏的现场,救护者应先用湿毛巾掩住口鼻或使用防毒面具,以免被毒气熏倒。

(5)搬运动作要轻巧、迅速,避免不必要的振动。

三、救生设备的正确使用

（一）救生衣

1.救生衣的种类

救生衣的种类很多,船舶配备的救生衣应具备规定的浮力与一定的防火能力,以及长时间浸泡损失的浮力不能超过规定额度,而且要满足国家相关标准或 IMO/MSC 的要求。

船上使用的救生衣按结构分,主要有背心式救生衣和套头式救生衣;按浮力形式分,有固有浮力式救生衣和气胀式救生衣;按用途分,有船用救生衣(如图 9-1-117 所示)、船用工作救生衣、儿童救生衣(如图 9-1-118 所示)。

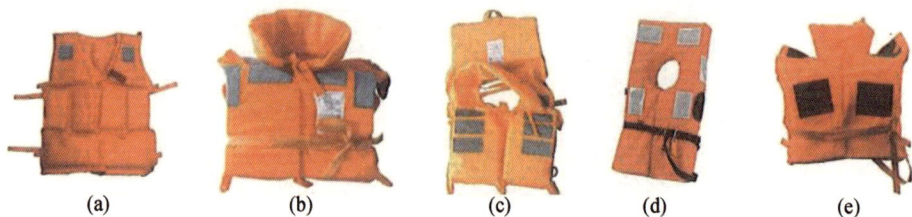

(a)   (b)   (c)   (d)   (e)

图 9-1-117 不同款式的船用救生衣

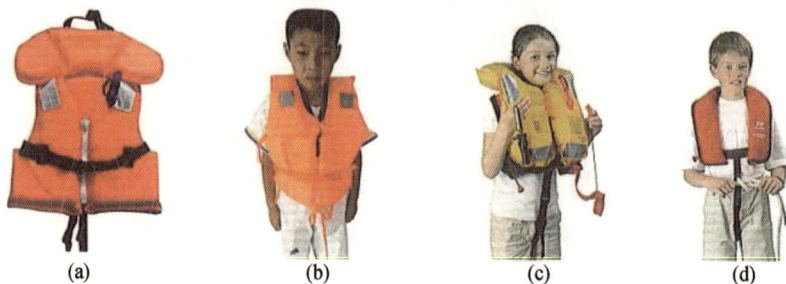

(a)   (b)   (c)   (d)

图 9-1-118 不同款式的儿童救生衣

2.救生衣的穿着方法

在应急时,应先穿上较厚的衣服,再穿救生衣;穿救生衣要做到紧紧贴住身体,在实际求生行动中应将救生衣绳用平结系紧。

1)穿着固有浮力式救生衣

穿着前,应先检查浮力袋、领口带、腰带等,不能有损坏。翻好领子,从头顶套入穿妥后,把腰带分别从左右两端穿过塑料环绕到身后,再绕到前面一周,在胸前穿过胸带用力收紧打一平结系牢,然后将领口系牢,最后整理好哨笛等,其步骤如图 9-1-119 所示。

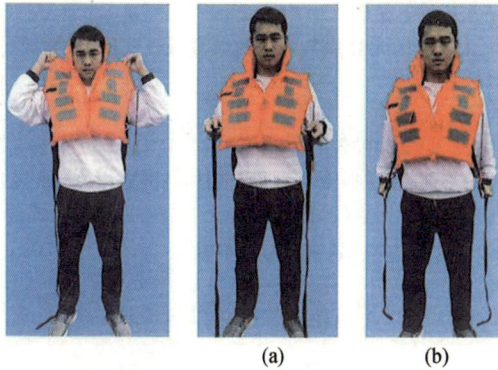

步骤1—套上救生衣　　步骤2—腰带穿过塑料环并向后拉紧

步骤3—腰带在背后交叉　步骤4—向前时最好穿过塑料环或环上方带内

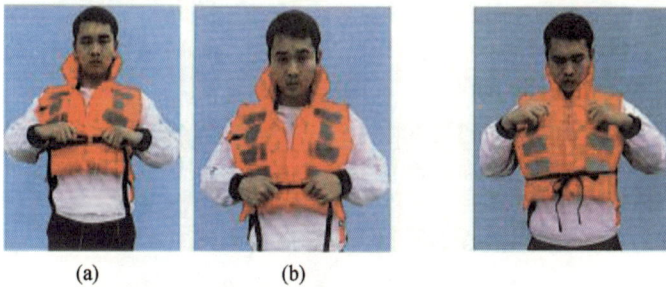

步骤5—腰带穿过胸环打平结系紧　　步骤6—系好领口带

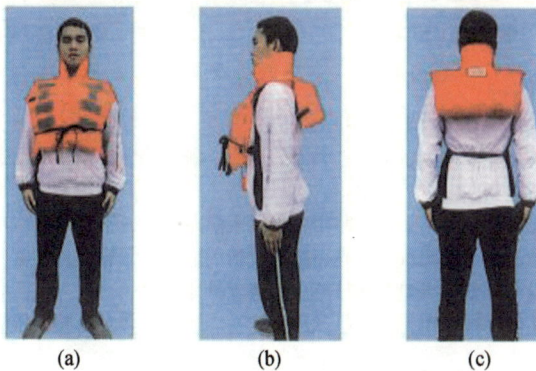

步骤7—救生衣穿戴完成后自我进行检查

图 9-1-119　固有浮力式救生衣穿着方法步骤图

2)穿着气胀式救生衣

穿着前,应检查气嘴和通气管、胸带、腰带、跨带等,确认完整无损,确认两个独立的气室互不连通、不漏气。穿着方法十分简便,但注意要分前后。穿好后,系紧胸带和跨带,拉二氧化碳充气瓶拉绳,使救生衣充气成型或用牙齿将气嘴向前顶紧吹气(松开即自动关闭),并交替往左、右气嘴吹气,使前后左右平衡,以增大浮力,如图9-1-120所示。

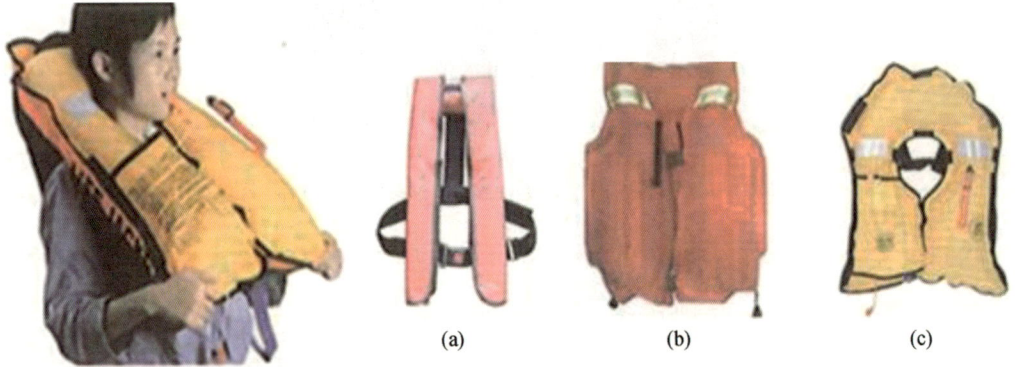

(a)　　　　　　　(b)　　　　　　　(c)

图9-1-120　气胀式救生衣

3. 救生衣的使用

救生衣的主要作用是遇险落水时漂浮待救(如图9-1-121所示),或穿着救生衣游泳(如图9-1-122所示)、营救落水者,舷外作业、临边作业、在风浪中或其他有可能落水的环境中工作时也应提前穿好救生衣。

图9-1-121　穿着救生衣漂浮待救

图9-1-122　穿着救生衣游泳

（二）救生圈

1.救生圈的配备要求

根据船长不同,会配备不同数量的救生圈(船越大,要求配备的救生圈数量越多)。其中,部分救生圈应配备长度不小于 30 米的可浮救生索,如图 9-1-123 所示;部分救生圈应配备自亮浮灯,如图 9-1-124、图 9-1-125 所示。按规定,配有自亮浮灯的救生圈不应同时配备可浮救生索。救生圈上应标注船名、船籍港等信息。

图 9-1-123　配备可浮救生索的救生圈　　　图 9-1-124　自亮浮灯　　　图 9-1-125　配备自亮浮灯的救生圈

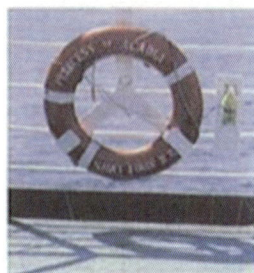

2.救生圈的使用方法

1)抛投救生圈营救落水者

游艇在停泊时,如有人落水,若游艇距离落水者较近,抛投者应一只手握住救生索,另一只手将救生圈抛在落水者的下游方向,无流而有风时应抛于上风,以便于落水者靠近获取。也可以先将救生索系在栏杆上,两手同时抛投救生圈。若游艇与落水者有一定距离,应将救生索一头系好后,将救生圈连绳索一起用力抛出,这样抛出的距离较远(如图 9-1-126 所示)。营救落水者时,待落水者穿妥套牢救生圈后,船上人员回收浮索,将落水者拉至游艇边后将其救上游艇,回收时应防止落水者从救生圈内溜出(如图 9-1-127 所示)。

图 9-1-126　正确抛投救生圈

一般不要正对着落水者投掷救生圈,救生圈打到落水者身上可能导致其受伤害,也要避免救生索缠绕游艇螺旋桨。但如果落水者距离较远,应将救生圈尽力朝着落水者的方向抛去,而不必过多考虑砸到落水者或流向的问题。

(a)

(b)

图 9-1-127　抛投救生圈救助落水者

2）水中迅速正确使用救生圈

在水中穿入救生圈的方法：落水者先抓住把索，用两手压住救生圈的一边，水的浮力会使救生圈竖立起来，然后双手和头部乘势套入圈内，使救生圈夹在两腋下面，将手穿入把索中，浮于水中待救或游泳（如图 9-1-128 所示）。

图 9-1-128　穿入救生圈待救或游泳

不穿入救生圈的使用方法：穿着救生衣下水救人时也可以采用一只手抓住救生圈，另一只手做划水动作（如图 9-1-129 所示）；游泳时也可双手扶救生圈在前浮起头部、腿部，做游泳动作向前游。

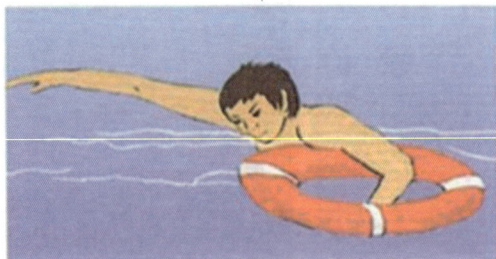

图 9-1-129　单手持救生圈游泳

（三）个人用救生浮具

1. 个人用救生浮具是指可支持一个人在水中漂浮待救或游泳的救生器具。内河救生浮具可分为睡垫式救生浮具（如图 9-1-130 所示）、枕头式救生浮具（如图 9-1-131 所示）、坐垫式救生浮具（如图 9-1-132 所示）。

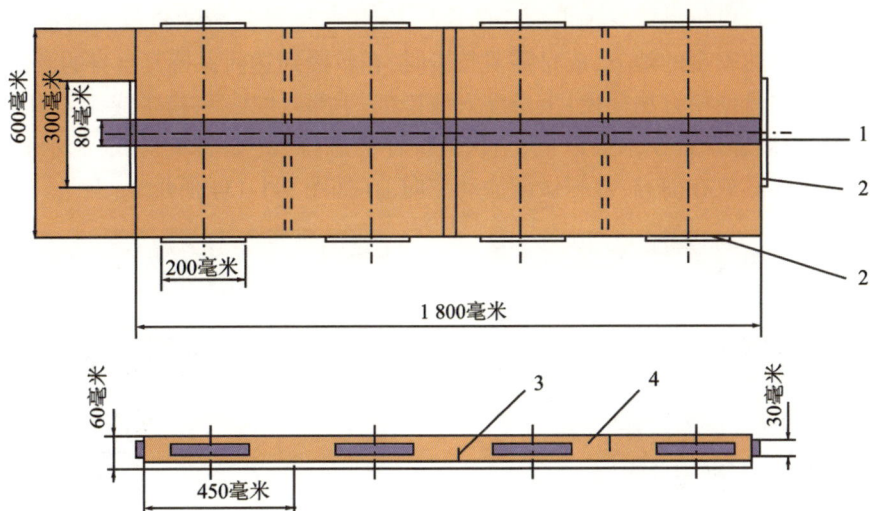

图 9-1-130   睡垫式救生浮具

1—中间平面手拉带;2—四周攀拉手带;3—胶连带;4—浮本体

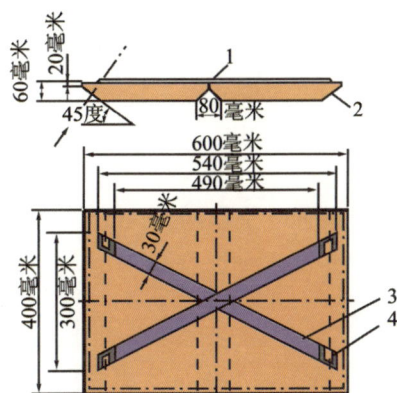

图 9-1-131   枕头式救生浮具

1—胶连带;2—边拉带;3—交叉手扶带;4—尼龙搭扣

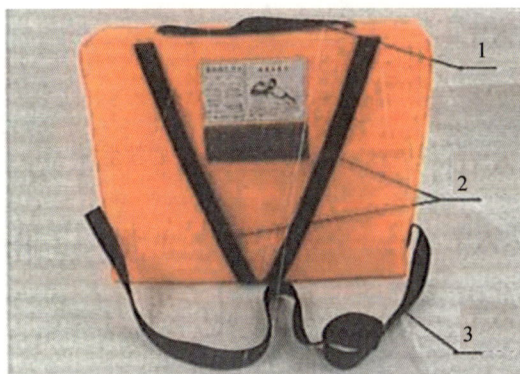

图 9-1-132   坐垫式救生浮具

1—前手带;2—"人"字挎带;3—肩挎带

2. 个人救生浮具仅仅是能够辅助漂浮的物品,使用救生浮具游泳自救的前提是使用者有能力借助其浮力到达安全的地方,或是需要救援时,在救援到达前保持其自身的漂浮状态。

3. 个人救生浮具使用方法简便:上身穿入肩挎带,手穿入"人"字挎带或抓紧边手带,将浮具抱紧在胸前,使颌部暴露在水面以上,呈伏泳漂浮姿态待救(如图9-1-133所示);也可以双手穿过挎带抓紧浮具放在前方,双腿做游泳动作向前(如图9-1-134所示)。

图9-1-133　抱救生浮具漂浮的待救者

图9-1-134　持救生浮具游泳

4. 个人救生浮具应存放在干燥、易取、不受挤压、有明显标志的处所,且浸水时能自行漂浮。

(四)气胀式救生筏

气胀式救生筏系指依靠非刚性的充气室作浮力,在准备使用前通常保持不充气状态的救生筏(如图9-1-135所示)。

图9-1-135　不充气状态存放的救生筏

1. 救生筏的施放

1)抛投式施放救生筏

抛投式施放是目前常用的救生筏施放方法,在船舶发生紧急情况时,操作手动施放装置,解开固定索具,借助人力抬起救生筏,将其抛出舷外,落入水中漂浮。如筏存放甲板距水面高度较小或由于其他原因而导致筏抛入水中不能自动充气成型,需手动继续拉出艏缆,直至打开充气钢瓶的阀门,使筏充胀成型浮于水面。救生筏充胀成型后,船上求生人员登乘(如图9-1-136所示)。

图 9-1-136 抛投施放气胀式救生筏

1—救生筏;2—解开施放钩;3—固定艏缆,抛出救生筏;4—拉动艏缆;5—充气成型后登筏;6—割开艏缆离开难船

2)自由漂浮式施放救生筏

在救生筏存放装置上配有静水压力释放器、薄弱环或易断绳,当救生筏在存放位置上随着船舶的下沉而沉入水下一定深度时,静水压力释放器产生压力作用,自动解脱救生筏的固定索具,救生筏充胀成型向水上浮起,通过拉断易断绳,救生筏脱离难船漂浮于水上,落水人员登乘救生筏(如图9-1-137所示)。

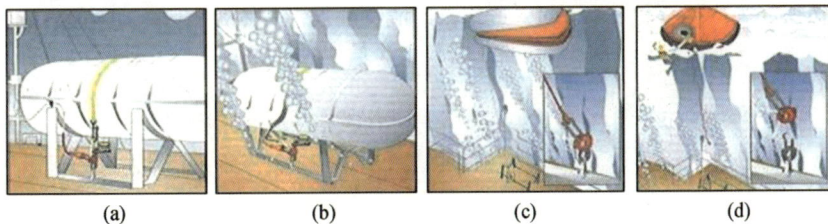

图 9-1-137 救生筏自由漂浮过程

2. 扶正与登入救生筏

1)扶正倾覆的救生筏

抛投式救生筏在抛投施放时,有可能在充胀成型的过程中,筏体是倾覆的。出现这种状况后,需要人员穿着救生衣下水,接近救生筏,手拉浮胎外侧的扶手绳,将有充气钢瓶的一侧拉至下风,人从配有钢瓶的一侧(筏体偏低的一侧)爬上筏底,两脚蹬在浮胎上,身体尽量向前拉住筏底的扶正带,整个身体向后仰坐,同时脚下用力蹬住浮胎,利用个人身体的力量和风力的协助,将倾覆的救生筏扶正(如图9-1-138所示)。

2)登入救生筏

救生筏扶正后,水中人员游到登筏口,找到并用脚登上绳梯或登筏平台,手扶筏边或拉紧

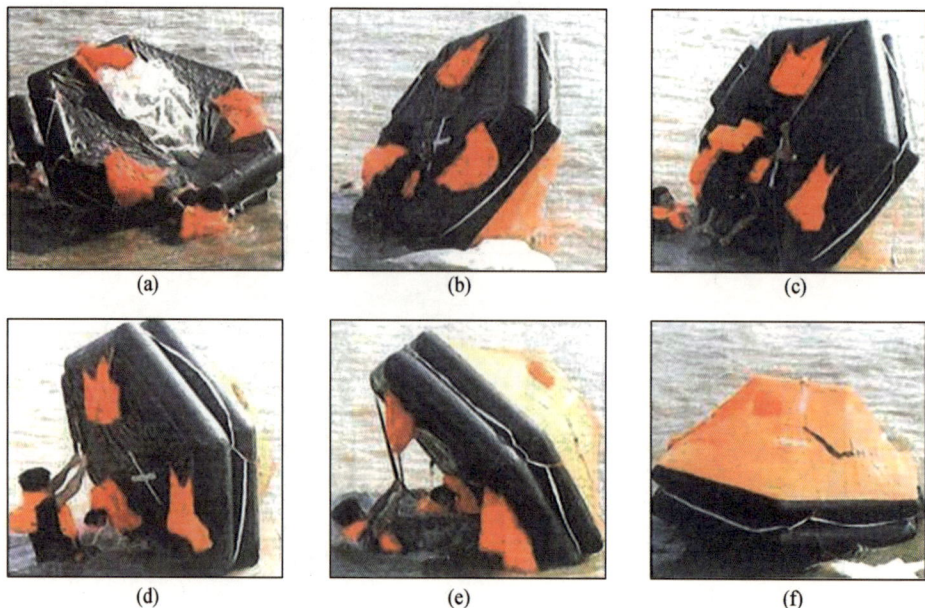

图 9-1-138　扶正倾覆的救生筏

筏内的绳缆,重新向前爬上筏口,进而身体向内移动,进入筏内（如图 9-1-139 所示）。如有多人,应互相协助登筏。

图 9-1-139　登入救生筏

（五）多人用救生浮具

多人用救生浮具一般采用整体塑料发泡成型,或者外壳采用塑料成型、内部充填闭孔型发泡材料,或由其他经认可的材料制成,呈长方形或椭圆形。多人用救生浮具在其四周或表面上装设可浮把索、拉手带或交叉挎带等其他使人员落水后能保持一定浮态的抓取物,供若干个落水者抓扶等待获救。其内部用绳索或木格编成脚踏板,供体弱的遇险者乘坐。它是一个简易的救生筏（如图 9-1-140 所示）。

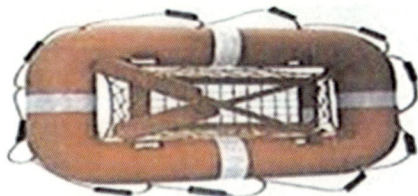

图 9-1-140　多人用救生浮具

四、实操训练

（一）救生设备的正确使用

1. 正确穿着救生衣

(1) 救生衣及其属具的检查。

(2) 穿着方法。

2. 穿着救生衣跳水求生的方法

(1) 穿妥救生衣。

(2) 深吸气后里侧手将鼻和口压紧。

(3) 外侧手紧握里侧手上臂的救生衣。

(4) 双脚并拢,身体保持垂直,两眼向前平视。

(5) 入水时保持脚在下、头在上,两脚伸直夹紧,双手不能松开,直到重新浮于水面才可放松。

3. "HELP"姿势的操作

(1) 穿妥救生衣。

(2) 在水中两腿弯曲并拢,两肘紧贴身旁,两臂交叉抱在救生衣前面,保持脸部朝上。

4. 穿着救生衣扶正救生筏

(1) 穿妥救生衣。

(2) 根据当时的环境因素(风向)确定扶正时的最佳位置。

(3) 选择筏底舷侧(有钢瓶一侧)扶正。

(4) 筏扶正后能迅速游开或安全地从筏底脱离开。

5. 穿着救生衣从水中登上救生筏

(1) 气胀式救生筏在入口处下方设有登筏绳梯,先用一只手抓住登筏绳梯,再用另一只手抓住浮胎上的攀拉索带。

(2) 双手用力弯曲双臂,双脚登梯向后曲双腿。

(3) 当上身越过上浮胎时,头向前倾使上身倒向筏内。

6. 正确使用救生圈

(1) 正确抛投救生圈营救落水者。

(2) 水中正确使用救生圈(水中穿入救生圈,带着救生圈游泳)。

（二）心肺复苏术的操作

1. 评估环境安全：左右观察周围环境，确定安全，看表，记录开始时间。

2. 判断意识：拍伤病员双肩，分别对双耳呼叫，呼叫声响有效。

3. 发求救信息：发音清晰，响亮。

4. 体位：取仰卧位，身体平直无扭曲，双手沿躯干放平，下肢伸直，并松衣解带。

5. 判断心跳、呼吸（5~10秒）：按压同侧颈动脉，同时将耳部靠近模型口鼻处，眼望胸廓，耳听呼吸音，面部感觉有无呼出气流。

6. 人工呼吸

（1）取异物和开放气道：将头偏向一侧，清理口腔异物；一只手的小鱼际（手掌外侧缘）部位置于伤病员的前额，另一只手中指置于下颏将下颌骨上提，开放气道。

（2）人工呼吸：保持开放气道手法，用压住额头的手以拇指、食指捏住伤病员鼻孔，张口罩紧伤病员口唇吹气1.5~2秒；吹气后松开鼻翼，离开嘴，转头，判断有无气流；待胸廓下降后，再吹第二口气，胸廓起伏为有效。

7. 胸外心脏按压

（1）按压定位：一只手中指沿从肋骨下缘向上滑找到剑突头端起向上两指幅处，以另一只手之掌根放两指上方为按压位置，双手掌根重叠，手指互扣翘起。

（2）按压姿势：双肩前倾在模型胸部正上方，腰挺直，以髋关节为支点，用整个上半身的重量垂直下压，以掌根按压，手肘挺直，手臂与地面垂直。

（3）按压频率：按压30次（要求数），频率大于100次/分。

（4）按压幅度：使胸骨向脊柱方向下陷不少于5厘米。

8. 循环周期和效果判断

（1）按压通气比和周期：两次人工呼吸后立即胸外心脏按压，进入下一个循环，按压、通气比为30∶2，一个周期共进行5个循环。

（2）判断心肺复苏术的效果：一只手按前额，一只手食指及中指按压观察颈动脉。同时将耳部靠近模型口鼻处，眼望胸廓，耳听呼吸音，面部感觉有无呼出气流，观察瞳孔、口唇。报告：伤病员昏迷变浅，自主呼吸恢复，触摸到颈动脉搏动，瞳孔由大缩小，口唇转红润，心肺复苏成功。

9. 整理器材，解释操作

收拾好模型衣物，摆好体位，平卧头偏一侧，酒精消毒口唇，纱布覆盖。看表，记录复苏时间，操作完毕。

（三）求救信号的正确使用

1. 拨打12395报警电话

内河船舶通过甚高频与手机报警是最直接的方式。中国海上搜救中心在中国沿海和长江、珠江、黑龙江沿线主要城市都开通了水上搜救专用报警电话12395，可直接拨打，不用区号。

2. 正确操作使用甚高频双向无线电话。

3. 正确操作使用视觉信号

（1）降落伞红火焰信号操作使用及注意事项。

（2）手持红火焰信号操作使用及注意事项。

（3）烟雾信号操作使用及注意事项。

（4）日光信号镜操作使用及注意事项。

第二节　消防基础知识

一、火的基本知识

"火"就是燃烧。燃烧是一种以发热、发光为特征的剧烈的化学（氧化）反应。

（一）燃烧的基本条件

任何物质发生燃烧，都有一个由未燃烧状态转向燃烧状态的过程。燃烧过程的发生和发展，必须同时具备三个基本条件（或叫三要素），缺一不可。其可以简单地表述为：可燃物质、助燃物质（空气中的氧气）、着火源（温度）。通常把这三个要素组成一个等边三角（燃烧三角，如图 9-2-1 所示）。

图 9-2-1　燃烧三角

1. 可燃物质

能在空气或其他氧化剂中发生燃烧反应的物质称为可燃物质（如图 9-2-2 所示）。

可燃物质按其所处的状态分为固体可燃物、液体可燃物和气体可燃物。在这三种状态的可燃物质中，气体可燃物最容易燃烧；液体可燃物燃烧后的产物是气体（蒸气），液体可燃物释放出气体（蒸气）的数量直接和温度有关。固体可燃物，如木材、煤炭等是在其受热分解出水汽、气体和碳之后才燃烧；有些固体必须经过熔解汽化才能燃烧；当固体可燃物被研磨成粉状后，易于燃烧。

图 9-2-2 可燃物质

2. 助燃物质

能帮助和支持可燃物质燃烧的物质都叫助燃物质。氧气本身不会燃烧,所以不是可燃物质,但没有它就不能引起剧烈的氧化反应,也就是没有燃烧,所以氧气是起到帮助燃烧作用的,人们把氧气称为助燃物质。此外,氯气、氯酸钾、高锰酸钾等氧化剂也是助燃物质。

3. 着火源(温度)

凡能引起可燃物质燃烧的热能源都叫着火源。最常见的有明火焰、赤热体、火星和电火花、化学能以及聚焦日光等。

在某些情况下,虽具备了燃烧的三个条件,但不一定能发生燃烧。要燃烧,第一,必须使可燃物质与氧气具有一定数量的比例。第二,着火源必须有一定温度和足够的热量,否则燃烧也不能发生。第三,必须使燃烧的三个条件相互结合作用在一起,燃烧才会发生。例如,在船员房间里有桌椅、门窗、纤维织物等可燃物,房间也充满空气,也有火源及电源,具备了燃烧的三个条件,可是并没有发生燃烧,这是因为这些条件没有结合在一起互相作用。

(二)燃烧类型

所谓燃烧类型,是指具有共同特征但表现形式不同的燃烧现象。燃烧按其形成的条件和瞬间发生的特点,一般分为闪燃、着火、自燃和爆炸四种。

1. 闪燃

闪燃是指一定温度下易燃或可燃液体(包括可溶化的少量固体,如石蜡、樟脑、萘等)蒸气与空气混合后,达到一定浓度时,遇明火源产生一闪即灭(5 秒以内)的燃烧现象(如图 9-2-3 所示)。

图 9-2-3 闪燃

2.着火

着火是指可燃物在一定的温度条件下遇明火源能产生一种持续(5 秒以上)燃烧的现象(如图9-2-4 所示)。

图 9-2-4　着火

3.自燃

自燃是指可燃物质在空气中未接触明火源,在一定条件下自行燃烧的现象(如图9-2-5 所示)。其通常包含本身(自热)自燃和受热自燃两种情形。

图 9-2-5　自燃

4.爆炸

从消防角度来说,凡是发生瞬间的燃烧,同时生成大量的热和气体,并以很大的压力向周围扩散,或是气体、蒸气在瞬间发生剧烈膨胀的现象,就叫爆炸。爆炸有核爆炸、化学爆炸、物理爆炸三种(如图9-2-6 所示)。

(三)火的种类

不同的物质具有不同的物理特性和化学特性,所以经过燃烧后也具有各自的特点。我国根据可燃物质的类型和燃烧特性将火分为 A、B、C、D、E、F 六类。

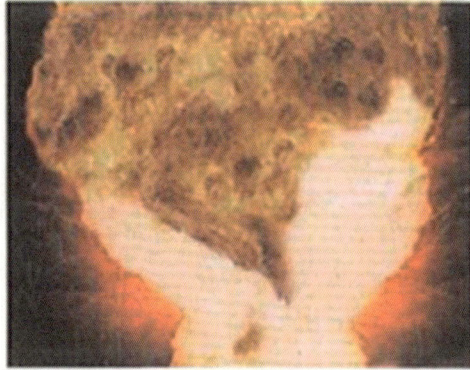

图 9-2-6 爆炸

1. A 类火

普通可燃固体着火称为 A 类火,如木材、棉花、绳索、衣服和煤炭等的着火。这类火的特点是不仅在物体表面燃烧,而且能深入内部。灭火时,如果只将其表面火熄灭,而内部还有余燃,一旦条件具备又会复燃。对于这类火,主要是用水来施救(如图 9-2-7 所示)。

(a)   (b)

图 9-2-7 A 类火主要用水施救

2. B 类火

可燃液体或可熔化的固体着火称为 B 类火,如石油、油漆、酒精和动植物油脂等的着火。这类火只限于表面燃烧,燃烧速度很快,温度也高,易引起爆炸。扑救 B 类火灾,最合适的灭火剂是泡沫。油类密度比水小,会在水面漂浮而使火灾扩散,不可用直流水柱来扑救 B 类火(如图 9-2-8 所示)。

3. C 类火

可燃气体着火称为 C 类火,如液化石油气、天然气及各种可燃性气体所引起的火灾。这类火燃烧速度更快,温度更高,爆炸危险更大。扑救 C 类火较适宜的灭火剂为干粉(如图 9-2-9 所示)。

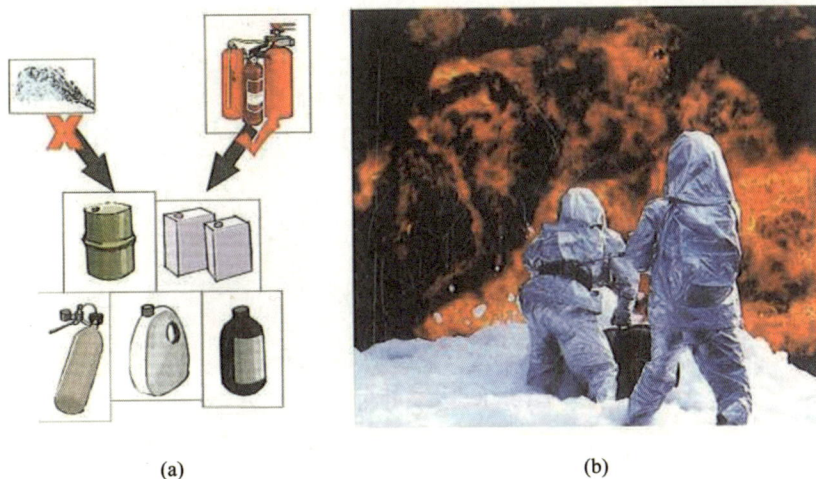

(a)   (b)

图 9-2-8 扑救 B 类火最合适的灭火剂是泡沫

图 9-2-9 干粉适用于扑救 C 类火

4. D 类火

可燃金属引起的火灾称为 D 类火,如轻金属中的钾、钠、锂等所引起的火灾。这类火的特点是燃烧温度极高,不可用水扑救,可用特殊金属干粉或沙土扑救(如图 9-2-10 所示)。

图 9-2-10 扑救 D 类火

5. E 类火

物体带电燃烧的火灾称为 E 类火,即电气火灾。其一般是由于电气线路、用电设备、电热器具以及供配电设备出现故障而释放出高温电弧、电火花或电热器具的炽热表面导致的火灾。

在船上,由于电线或电气设备老化、短路,船员违章使用大功率电器都可能导致 E 类火灾的发生。

由于其带电特性,在扑救时要首先切断电源,如果由于火势紧急一时无法断电,在进入火场前一定要注意与带电体保持适当的安全距离,采用不导电的干粉和二氧化碳等灭火剂进行扑救(如图 9-2-11 所示)。

图 9-2-11　E 类火扑救时要首先切断电源

6. F 类火

烹饪器具内的动植物油脂燃烧所产生的火灾称为 F 类火。由于动植物油脂在燃烧时会产生极高的温度,如使用水灭火反而会助长火势,起不到灭火效果。一般可以使用 B、C 类干粉灭火器进行扑灭,火势不大时也可以用二氧化碳灭火器进行扑灭。该类火灾常见于客船及水上营业餐饮船的厨房。由于其用油量大,可能会产生该类火灾,或由该类火灾引发其他火灾。

二、灭火的基本方法

燃烧必须具备三要素,并且使三要素相互结合、相互作用。而灭火方法就是使这三个要素不同时存在或不相互发生作用。

1. 隔离法

如果不存在可燃物质,就肯定燃烧不起来。

隔离法就是将可燃物质从燃烧的地方移走,将火与可燃物质隔开;或迅速将燃烧物转移到安全地点或投入水中;或拆除火场附近的易燃物质;或关闭可燃气体或可燃液体的阀门等(如图 9-2-12 所示)。

2. 窒息法

使可燃物质与空气隔绝,火因缺氧而窒息,以达到灭火的目的,这种方法称为窒息法(如图 9-2-13 所示)。

比如用不燃的石棉毯、泡沫、干粉、沙子等覆盖在燃烧物表面,使空气中的氧气起不了助燃作用;或向燃烧的舱室、容器灌入二氧化碳等惰性气体,来降低空气中的含氧量;或关闭火场的门窗、通气筒、舱盖、人孔等,以停止或减小空气中氧气供应,使空气中的氧气迅速减少。

(a)　　　　　　　　　　　(b)

图 9-2-12　隔离法

可燃物发生燃烧有一个最低氧气含量要求,低于这一浓度,燃烧就不会发生。可燃物质不同,燃烧所需的氧气含量也不同。当火灾区域中空气的氧气含量降到 11% 以下时,对大多数普通可燃物质来说,会因缺少氧气而使火熄灭。

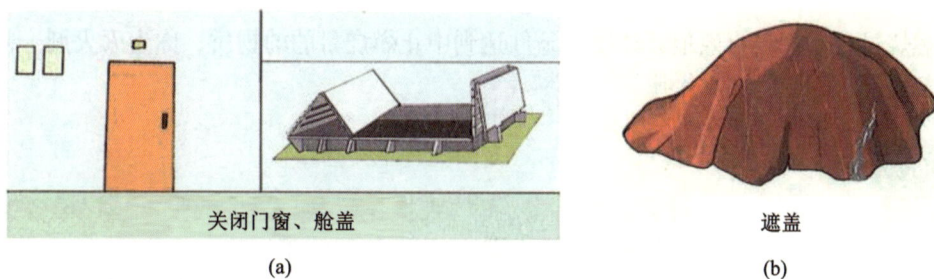

关闭门窗、舱盖　　　　　　　　　　遮盖

(a)　　　　　　　　　　　　(b)

图 9-2-13　窒息法

3.冷却法

通过降低燃烧物的温度,使燃烧温度低于燃烧物质的燃点温度时,火因失去热量而熄灭,这种方法称为冷却法。

用水冷却灭火,是扑救火灾的常用方法。用二氧化碳直接喷洒在燃烧物上灭火效果更好,二氧化碳在迅速汽化时吸收大量的热,能很快降低燃烧区的温度,使燃烧终止。也可用水对火源附近的可燃物进行喷射降低温度,以阻止火灾的蔓延(如图 9-2-14 所示)。

4.抑制法

抑制法又称化学中断法,就是将灭火剂渗入反应中去,使助燃的游离基消失,从而形成稳定的或活动性很低的游离基,使燃烧反应终止,如使用干粉灭火剂扑灭可燃气体火灾就属于此种灭火方法。

在实际的灭火中,应根据火灾的具体情况、可燃物质的性质和燃烧特点以及消防技术装备的性能等情况,选择不同的灭火方法。在同时使用几种灭火方法、采用多种灭火剂扑救火灾时,要做好协同配合,充分发挥各种灭火剂的应有效能,以达到扑灭火灾的目的。

图 9-2-14　冷却法

三、常用灭火剂

在燃烧过程中,能有效地破坏燃烧条件达到中止燃烧目的的物质,称为灭火剂。常用的灭火剂有水、泡沫、二氧化碳、干粉等。

（一）水

水是常用灭火剂,在船舶灭火中广泛应用。

1.灭火对象

（1）对于一般固体物质火灾（A 类火）,可以直接扑救,如木材、纸张、粮草、棉麻等火灾。由于直流水能够冲击、渗透到可燃物质的内部,可用来控制物质的深位(阴燃)火灾。

（2）对于可燃液体火灾（B 类火）,用水扑救时应注意:对非水溶性可燃液体火灾,当可燃液体的密度比水大、闪点比较高时,可用水来扑救;对于闪点较低的 B 类火灾,建议用水冷却周边的舱壁和甲板,不宜用水直接扑救。

（3）对于可燃气体火灾（C 类火）,不能用水直接扑救,只可用水从外围冷却周边的舱壁和甲板。

（4）对于金属火灾（D 类火）,不能用水直接扑救。

（5）没有良好接地设施或没有切断电源的带电设备火灾一般不能用直流水来扑救。

（6）水不能扑救烹饪火灾（F 类火）。

2.注意事项

（1）对于橡胶、褐煤等货物的火灾,不宜用直流水直接扑救。由于水不能浸透或者很难浸透燃烧介质,所以其灭火效率很低。

（2）不能用直流水直接扑救可燃粉尘（面粉、铝粉、糖粉、煤粉、锌粉等）聚集处的火灾。因为沉积粉尘被水流冲击后,会悬浮在空气中,容易与空气形成爆炸性混合物。

（3）存有大量浓硫酸、浓硝酸的场所发生火灾时,不能用直流水扑救。因为水与酸液接触会引起发热飞溅。

（4）轻于水且不溶于水的可燃液体火灾不能用直流水扑救。当用水扑救比水轻的可燃液体火灾时,由于它可漂浮在水面上随水流散,可能助长火势扩大,促使火灾蔓延,给灭火工作带来困难。如扑救方法得当,水仍能控制和扑灭此类火灾(例如使用喷雾水)。

(5)不能用水扑救碳化钙(电石)的火灾,因为碳化钙遇水会生成易燃气体乙炔并放热,易发生爆炸。绝对不允许用水对带电设备进行扑救。

(6)对于金属化合物火灾,扑救前,一定要确认可不可以用水进行扑救。

(二)泡沫

泡沫灭火剂是指能够与水混溶,并可通过化学反应或机械方法产生灭火泡沫的灭火药剂。泡沫是一种体积较小、表面被液体所包围的气泡群。火场中所使用的灭火泡沫是由泡沫灭火剂的水溶液,通过物理、化学作用,填充大量气体(二氧化碳或者空气)后形成的。

1.灭火对象

(1)泡沫可以控制普通固体火灾(A类火),如木材、纸张、粮草、棉麻等火灾。

(2)泡沫适用于扑救可燃液体火灾(B类火)。对于非极性可燃液体火灾,普通泡沫可以扑救;而对于可溶性可燃液体火灾,只能用抗溶性泡沫扑救。

(3)泡沫不可用于扑救带压可燃气体火灾(C类火),但可以扑救非带压气体火灾。

(4)泡沫不可用于扑救碱性金属火灾(D类火)。

(5)泡沫不可用于扑救带电设备火灾(E类火)。

2.注意事项

(1)使用泡沫灭火剂时,不能同时使用水。

(2)泡沫灭火剂不能扑救普通固体内部的火灾,彻底扑救固体火灾必须辅以喷水。

(3)泡沫灭火剂施放于可燃物的表面应具有一定的厚度。

(三)二氧化碳

二氧化碳是一种稳定的化合物,是一种无色无味的惰性气体,与空气的密度比约为1:1.5,比空气重。其本身不燃、不助燃、易于液化、制造方便,且便于储存。使用二氧化碳灭火时,不腐蚀金属,不损伤机械和货物,对电气绝缘没有破坏作用。所以,目前二氧化碳在消防上仍是常用的有效灭火剂。

1.灭火对象

(1)二氧化碳扑救可燃液体火灾时,能起冷却和窒息作用。

(2)二氧化碳扑救电气火灾效果较好。

(3)二氧化碳对A类火能起控制作用,但是由于不能扑救固体内部存在的阴燃火灾,所以必须尽快喷水,才能见效。

2.注意事项

(1)扑救可燃气体时灭火效果较差,一般不使用。

(2)能自行分解的化学物质火灾(如某些过氧化物等),不能用二氧化碳扑救。

(3)纤维物内部的阴燃火灾,不能用二氧化碳扑救。

(4)液态二氧化碳与人体接触时,由于迅速汽化吸热,有可能对皮肤造成冷灼伤。

(5)二氧化碳能使人窒息,当吸入量为5%时,会使人呼吸困难;吸入量超过10%时,人就会窒息死亡。使用二氧化碳灭火前,必须报警,通知人员撤离。

（四）干粉

干粉灭火剂（又称粉末灭火剂），是一种干燥的、易于流动的微细固体粉末。其具有灭火效力大、速度快、无毒、不腐蚀、不导电、久储不变质等优点。

1. 灭火对象

（1）干粉扑救可燃液体火灾，效果较好。

（2）干粉扑救可燃气体火灾，效果也较好。

（3）干粉对一般电器火灾，可以使用，但对一些精密仪器火灾，谨慎使用。

（4）干粉对可燃固体，只能起控制火灾作用，必须辅以喷水，才能见效。

2. 注意事项

（1）对轻金属火灾，不能使用普通干粉扑救，应采用金属型干粉扑救。

（2）喷射时，应防止干粉飞扬损伤人体呼吸道。

（3）干粉不适于扑救燃烧时能够自身供氧或施放氧的化合物的火灾，如硝酸纤维、过氧化物等的火灾。

四、消防设备的种类

（一）二氧化碳灭火器

1. 适用的火灾类型

二氧化碳灭火器用于扑救 B、C 类火，主要用于扑灭贵重设备、档案资料、仪器仪表、600 伏以下的电器及油脂等火灾（如图 9-2-15 所示）。

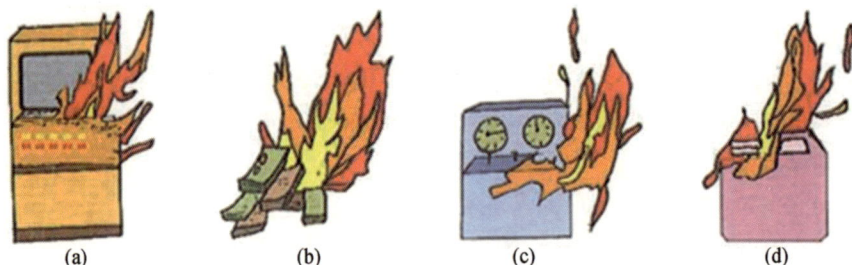

| (a) | (b) | (c) | (d) |

图 9-2-15　二氧化碳灭火器适用的火灾类型

2. 二氧化碳灭火器的使用方法

（1）在发生火灾而使用二氧化碳灭火器时，应竖直提着其手柄（如图 9-2-16 所示），先将灭火器提到距燃烧物 5 米左右的地方，然后放下灭火器。对没有喷射软管的二氧化碳灭火器，应翘起喷筒，将喷管口对准燃烧物质。

（2）拆下铅封，拔下安全销。

（3）尽可能站在上风位置，喷筒对准火焰根部。

（4）一只手握住喇叭筒根部的手柄，另一只手紧握启闭阀的压把，打开开关压下压把后，高压的二氧化碳气体即自行喷出。

(5)喷口距火焰应保持适宜距离,一般为2~3米。

(6)手握喷管手柄即可调整喷射方向。

(7)如果燃烧面积较大,应当左右摆动喷筒,直至火被彻底扑灭。

(8)停用时,将手放松,即自行关闭。

(a) (b)

图 9-2-16　二氧化碳灭火器的使用方法

3.灭火注意事项

(1)灭火器在喷射过程中应保持直立状态,切不可横卧或颠倒使用。

(2)当不戴防护手套时,不要用裸手直接握喷筒或金属管,以防冻伤。

(3)室外使用时,应选择在上风方向喷射,否则会因喷射出的二氧化碳被风吹散,导致灭火效果差。

(4)在狭小的室内空间使用时,灭火后操作者应迅速撤离,以防因二氧化碳浓度过高而窒息,发生意外。

(5)用二氧化碳扑灭室内火灾后,进入舱室前应先打开门窗通风,然后再进入。

(6)不能用来扑灭金属火。

4.主要安放位置

(1)厨房。

(2)无线电室。

(3)电气设备处所(如图 9-2-17 所示)。无线电室和配电板处所配置的二氧化碳气体灭火器至少为 2 千克容量。每只气体灭火器亦可用适当容量的干粉灭火器代替。

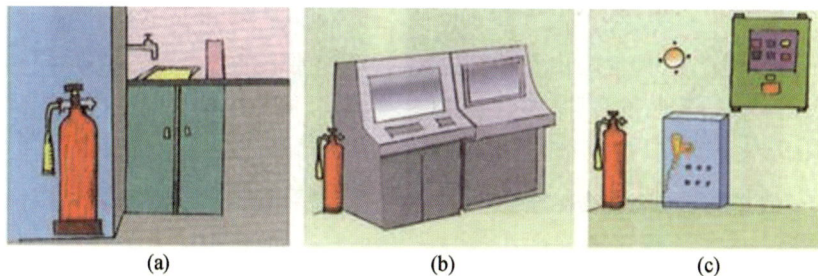

(a) (b) (c)

图 9-2-17　二氧化碳灭火器主要安放位置

（二）泡沫灭火器

1.适用的火灾类型

船用机械泡沫灭火器又称空气泡沫灭火器,依靠驱动气体(二氧化碳、氮气)驱动并搅动空气泡沫灭火剂喷射灭火,它主要用于扑救 B 类火灾,也可以用于扑救 A 类初期火灾。其中,抗溶空气泡沫灭火器能够扑救极性溶剂,如甲醇、乙醚、丙酮等溶剂的火灾。空气泡沫灭火器不能扑救带电设备火灾和轻金属火灾。泡沫灭火器的结构如图 9-2-18 所示。

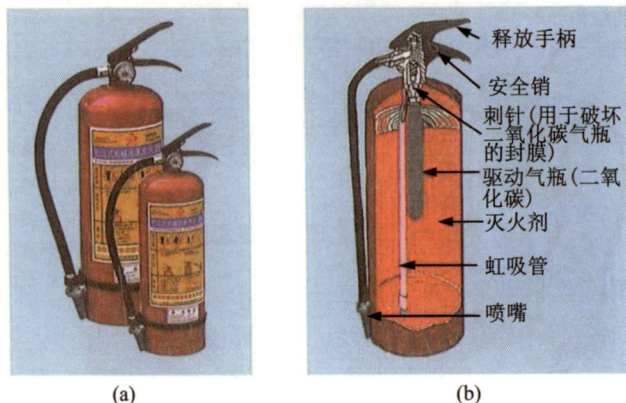

释放手柄
安全销
刺针(用于破坏二氧化碳气瓶的封膜)
驱动气瓶(二氧化碳)
灭火剂
虹吸管
喷嘴

(a)　　　　　　　(b)

图 9-2-18　泡沫灭火器的结构

2.泡沫灭火器的使用方法(如图 9-2-19 所示)

使用泡沫灭火器时,应手提灭火器提把迅速赶到火场,在距离燃烧物 6 米左右处,先拔出保险销,一只手握住开启压把,另一只手握住喷管,压下压把,泡沫即从喷嘴喷出。在扑救固体物质火灾时,应对准燃烧最猛烈处喷射。

3.灭火注意事项

(1)灭火器安放位置应保持干燥、通风,应避免阳光暴晒及强辐射热,以免影响灭火器正常使用。

(2)灭火器存放环境温度应保持在 5~55 摄氏度。

(3)灭火器应按制造厂规定的要求和检查周期进行定期检查,且检查应由经过训练的专业人员进行。

(4)灭火器一经开启,即使喷出不多,也必须按规定要求进行再充装。

(5)灭火器每次再充装前,其主要受压部件,如器头、筒体应按规定进行水压试验,合格后方可继续使用。水压试验不合格时,不准用焊接等方法修复使用。

4.主要安放位置

(1)厨房。

(2)机器处所。

(3)锅炉处所。

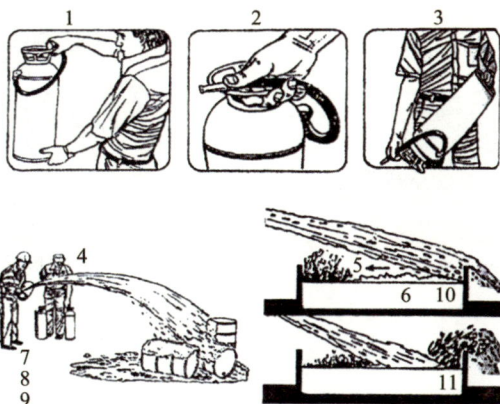

图 9-2-19　泡沫灭火器的使用方法

1—抓住软管和环,提起挂钩;2—垂直搬到失火现场;3—倒
置操作;4—露天喷射;5—易燃液体失火;6—在容器内;
7—往后站,朝后形成弧形喷射;8—泡沫应轻缓地落在燃烧
面上;9—覆盖整个表面;10—把泡沫对准容器内后侧壁喷
射;11—泡沫对准液体会引起飞溅

（三）干粉灭火器

1. 适用的火灾类型

干粉灭火器主要用于易燃及可燃液体、气体、电气火灾的扑救。

2. 干粉灭火器的使用方法

（1）如图 9-2-20 所示,使用时应把干粉灭火器取下,检查压力表,确定压力正常后,将其提到火场距离燃烧处 5 米左右,站在上风处。

（2）拔去瓶头阀处的保险销。

（3）一只手握住喷嘴胶管,另一只手压下手柄,对准火焰根部扫射,直至火焰熄灭。

3. 灭火注意事项

（1）灭火过程中,灭火器应始终保持直立状态,不能横卧或颠倒使用,否则不能喷粉。

（2）扑救流散液体火灾时,应从火焰侧面,对准火焰根部水平喷射,并由近及远, 左右扫射,快速推进,直至把火焰全部扑灭。

（3）在扑救容器内可燃液体火灾时,应从侧面对准火焰根部左右扫射,当火焰被赶出容器时,应快速向前,将余火全部扑灭。

（4）在扑救容器内火灾时,应注意不要把喷嘴直接对准液面喷射,以防止干粉气流的冲击力使油液飞溅,引起火势扩大,造成灭火困难。

（5）使用磷酸干粉扑救固体物质火灾时,应使喷嘴对准燃烧最猛烈处,左右扫射。应尽量使干粉灭火剂均匀地喷洒在燃烧物表面上,直至把火全部扑灭。

（6）扑救 A 类火时,灭火后应注意防止复燃。

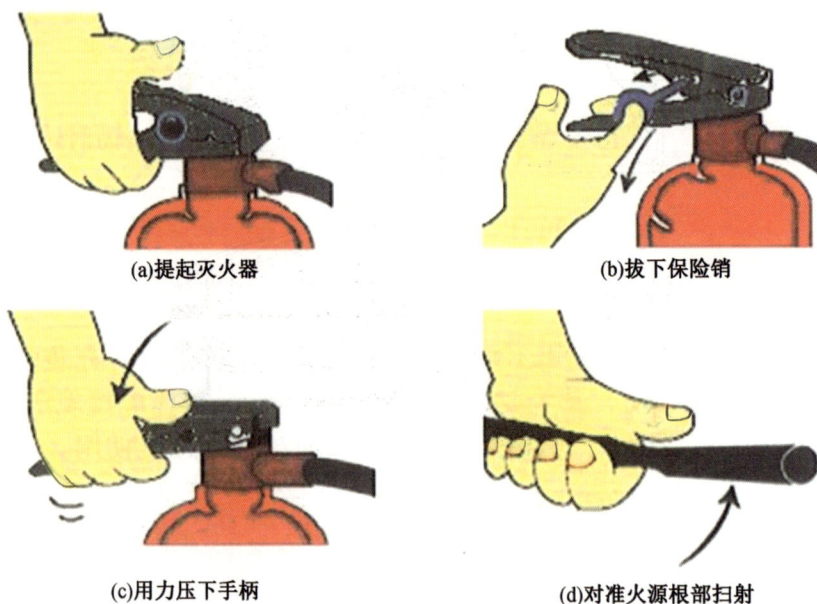

(a)提起灭火器   (b)拔下保险销

(c)用力压下手柄   (d)对准火源根部扫射

图 9-2-20　干粉灭火器的使用方法

4.主要安放位置

（1）起居处所。

（2）厨房。

（3）无线电室。

（4）机器处所。

（5）电气设备处所。

（四）清水灭火器

1.适用的火灾类型

清水灭火器充装的是清洁的水并加入适量的添加剂。其适用于扑灭可燃固体物质火灾，即 A 类火灾。能喷雾的灭火器也可用于扑救可燃液体的初期火灾。

2.清水灭火器的使用方法

（1）提清水灭火器至火场，在距燃烧物大约 10 米处，将灭火器直立放稳，摘下保险帽或安全销，如图 9-2-21（a）所示。

（2）打开开启机构，这时二氧化碳储气瓶的密封膜片被刺破，二氧化碳气体进入筒体内，迫使清水从喷嘴喷出。

（3）此时应立即用手提起灭火器，将喷射的水流对准燃烧最猛烈处喷射，如图 9-2-21（b）所示。

（4）随着灭火器喷射距离的缩短，操作者应逐渐向燃烧物靠近，使水流始终喷射在燃烧处，直至将火扑灭。

(a)   (b)

图 9-2-21　清水灭火器的使用方法

3. 主要安放位置

起居处所。

五、船舶常用消防器材及其使用

（一）消防桶

消防桶（如图 9-2-22 所示）应以铁质或木质制成，并应配有一条长度适当的系索，它的作用是浇灭初期火。

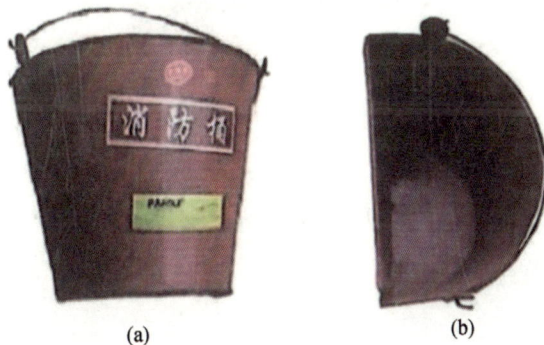

(a)   (b)

图 9-2-22　消防桶

（二）沙箱

沙箱（如图 9-2-23 所示）是储存消防沙（黄沙）的木箱或金属箱。沙箱的外壳漆红色并写明"消防沙箱"字样，黄沙必须干燥，应三个月检查一次。使用时将其覆盖在燃烧物体表面，以隔绝氧气并吸收一部分热量，使火熄灭。

图 9-2-23　沙箱

（三）铁铤和铁钩

消防铁铤和铁钩（如图 9-2-24 所示）主要用于破拆，也可用来翻动着火物品，查看是否还有未熄灭的火源。

图 9-2-24　铁铤和铁钩

（四）防火毯

防火毯（如图 9-2-25 所示）是用耐火材料制成或经防燃浸渍处理的专用毯。防火毯平时放在包装袋内，使用时，只要将其展开覆盖于小型燃烧物上，就能达到窒息灭火的目的。用帆布或毛毯制成的毯子，也可临时用作消防毯，但使用时须先用水浸湿。

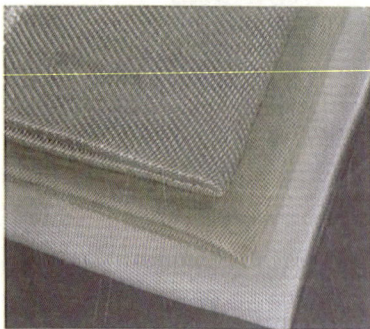

(a)

(b)

图 9-2-25　防火毯

（五）消防斧

消防斧(如图 9-2-26 所示)也称太平斧,手柄能提供高压绝缘保护,用来割断电缆,撬开锁头、舱门等。

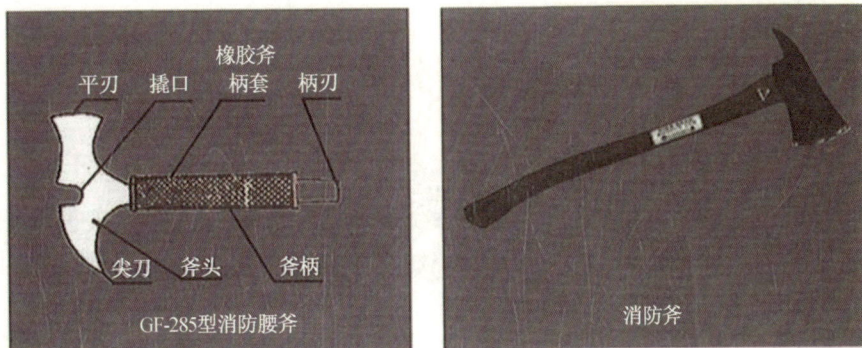

图 9-2-26　消防斧

六、实操训练

（一）根据火灾类型选择合适的灭火器

1.选择灭火器

根据火灾类型,选择适用灭火器。

2.选定后对灭火器检查

根据灭火器类型,检查压力是否有效,再检查喷枪、软管及接口是否完好无损,保险装置是否完好等。

3.使用手提式灭火器灭火

(1)提着灭火器快速到火场上风安全地点。

(2)拔掉保险装置。

(3)到达灭火器有效灭火距离,将喷管对准火焰根部(如是乙类火,使用泡沫时应对准容器壁面或物体垂直面),释放灭火剂灭火。

(4)由远及近不断向前推进,保持灭火剂始终对准有效灭火位置。

(5)灭火剂释放完毕后安全撤离。

4.灭火器灭火注意事项

灭火器在喷射过程中应始终保持直立状态,不可将灭火器颠倒使用;喷管口禁止对人,以防使人受到伤害;使用二氧化碳灭火器时不要用手直接握喷桶金属管,以防冻伤;在室内窄小空间使用时,灭火后操作者应迅速离开,以防窒息。

第三节　应急应变

一、游艇碰撞前、后的应急要求

（一）游艇碰撞前的应急要求

1. 立即停车、倒车，必要时抛锚制动；在可能条件下放下靠把，通知无关人员避开险区。

2. 两船迎面相遇，船位已经逼近，应先操外舵使船首避开，再向来船一侧操舵，以避开船尾。交叉相遇应避免一船船首对着另一船腰部。

3. 在紧迫危险时，应以减少损失为原则，避重就轻，有时为了避免碰撞，甚至可不惜冒着自己搁浅的危险驶出航道外避让。

（二）游艇碰撞后的应急要求

1. 本船撞入他船船体时的应急操船

在撞入前不论是进车还是已采取倒车措施，撞入后，在不影响本船安全的情况下，都应首先开微速进车顶住被撞船，待被撞船采取防水应急措施，并征得同意之后方可倒车脱出。脱离后，应滞留在附近，一方面检查本船受损情况，另一方面随时准备给予对方各方面的救援，当确信对方已脱离险境可以继续航行时，本船方可离去。

2. 他船撞入本船船体时的应急操船

应尽可能使本船停住，避免前进或后退，以减少进水量。关闭破洞舱室前后的水密装置，当各项堵漏器材准备妥善后，方可同意对方倒车脱出。应现场检查船体破损程度及邻近舱室受损情况。为保护破损部位及便于进行防水堵漏作业，应操纵船舶使破损位置处于下风侧。

万一损害严重，有沉没可能，如果在近岸地区，应设法抢滩搁浅，并做好防沉的工作。

二、各种情况下的应急程序

（一）碰撞的应急程序

1. 游艇临近碰撞和发生碰撞，应迅速发出警报，召集全体船员。

2. 迅速确定碰撞部位，碰撞发生的时间与地点，双方大概的危险程度与人员伤亡情况，是否发生污染，对方的船名、呼号、船籍港、始发港与目的港、载货情况，船东名称及地址，当时的潮汐与能见度等情况。

3. 将上述情况迅速报告附近主管机关，并与他们保持有效的联系。

4. 针对碰撞损失的情况迅速组织自救，判断是否需要外援救助。当碰撞导致人员伤亡、机械设备损坏、船舶搁浅/触礁、进水下沉、污染、倾覆等紧急情况时，应转入相应的应急操作。

5. 当一船撞进另一船，造成被撞船主水线以下船壳损坏时，一般不应迅速倒车使两船分离,以免加速进水,可采取慢车顶推,并使被撞船破洞处处于下风侧。如被撞船损坏严重,有沉没危险,应迅速撤离对方所有人员后脱离,避免其沉没时压住本船船头而祸及本船。如附近有浅滩,应根据需要将被撞船推顶离开主航道/深水水域至浅水水域抢滩。如不满足抢滩条件,被撞船船长应及时宣布弃船。

6. 碰撞的任何一方或附近船舶都应当在不危及自身安全的情况下,积极救助遇险船,全力抢救落水及伤亡人员,并在现场附近守候和搜寻,直至双方人员及船舶已脱离危险或无救助必要,并要在接到港口主管机关指示后方可离开现场。

7. 如实慎重记录航行日志等法律文件。

(二)搁浅的应急程序

游艇搁浅后如果脱浅过程处理不当,还可能会出现艇体破裂、断裂、倾覆、沉没、燃油泄漏,甚至人员伤亡等安全事故。因此,在发生游艇搁浅事故后,要尽快调查清楚情况,做好应急处理。

1. 搁浅时的应急措施

航行中发现游艇即将搁浅时应立即停车,并尽可能抛锚。抛锚可以减缓船速、固定艇位,并可利用收绞锚链配合倒车脱浅。

2. 人员和游艇信息的了解

立即了解人员和游艇状况信息,迅速判断决策,以便采取相应措施。

1)人员状况信息

(1)确认船舶搁浅时发生的冲击是否造成艇上人员伤亡,做好应急救助准备。

(2)确认搁浅后在艇人员是否齐全并做好救生防护准备,避免产生恐慌心理。

2)游艇状况信息

(1)游艇搁浅状况:了解游艇搁浅前后吃水和吃水变化,确定游艇倾斜情况。

(2)游艇受损状况:查找游艇的搁浅部位,判断破损程度,确定进水情况,检查操舵装置和推进器的受损状况。

(3)游艇搁浅位置地形地貌和气象状况:了解搁浅河段是否属于内河潮汐河段,涨、落潮时间和潮高,游艇周围水深变化;流向、流速;天气、风向、风速等情况。

3. 应急处理步骤

应急处理应遵循"能自救才自救"的原则,切忌盲目采取行动,并且须第一时间向主管部门报告。

(1)按《中华人民共和国内河避碰规则》显示号灯、号型,加强瞭望,注意气象、潮汐变化等情况。

(2)检查主机、舵机和辅助机械,注意确定螺旋桨和舵有无损害。

(3)测量淡水舱、压载舱、油舱、污水沟等处的液位,判定搁浅位置、程度,发现游艇进水时,应立即按进水应急计划组织排水、水密隔离和堵漏,同时判断可否立即自力脱浅。

(三)进水的应急程序

内河游艇尺度小、隔舱少、储备浮力不大,一旦进水来不及堵漏可能会面临沉没的危险,因此,根据内河航道的特点,多采取就近择地抢滩的原则。为防止游艇倾覆或沉没,艇员需积极采取正确措施自救,按下列程序应急。

（1）发现游艇漏损进水,应立即发出警报,召集全体艇员。

（2）艇员应携带规定的器材,迅速赶到现场,做好堵漏准备。

（3）迅速查明漏损部位、损坏情况和进水量,确定施救方案。

（4）发现艇体破损进水后,应立即对破损舱室进行排水。

（5）实施有效的堵漏措施。

（6）若进水严重,应请求第三方援助,如有必要,尽可能择地抢滩。抢滩后,继续进行排水、堵漏、抢救人员等工作。

（四）抢滩的应急程序

1. 抢滩应考虑的条件

（1）选择尽可能不损坏船底的沙滩。

（2）如果游艇已发生漏油,应选择不产生或少产生污染损害的地点。

（3）选择受风、浪、水流影响较小的地点。

（4）选择应急修理、临时卸货以及陆地交通、通信方便的地点。

（5）选择使用拖船易于拖下的地点。

2. 抢滩应急处理

（1）尽量以艇首与浅滩垂直。

（2）抢滩时,应根据游艇的冲程,估计停车的时机。

（3）如果停车后游艇冲势仍很猛,可开短暂倒车减慢冲势,以控制艇速,使艇首能轻轻搭靠浅滩。

（五）全艇失电的应急程序

全艇发生失电情况时,游艇可以采取下列应变措施:

（1）游艇失电后,应显示失控信号。

（2）报告附近主管机关,同时通知周围船舶注意,远离本艇。

（3）尽量靠岸或航道边,选择安全地点抛锚或搁浅。

（六）主机失灵的应急程序

1. 主机失灵,立即悬挂失控信号,报告主管机关,用 VHF 发布失控信息,通知周围船舶远离本艇。

2. 利用淌航速度用舵控制好航向,尽可能操纵游艇于航道边沿较浅的水域或缓流区。

3. 选择安全地点抛锚。

（七）紧急伤病的应急程序

游艇上一旦发生紧急伤病的情况,应进行如下处理:

（1）发生人员重伤、重病时,无论情况如何,首先应立即采取抢救措施。

（2）视人员病情及游艇所在位置,向就近的港口主管机关或海上搜救中心报告,请求医疗咨询或支援。

（3）当情况紧急时,除进行抢救外,还要采用最快的方式送岸治疗。

（八）触电的应急程序

如果遇到触电情况,要沉着冷静、迅速果断地采取应急措施。针对不同的伤情,采取相应的急救方法,争分夺秒地抢救,直到医护人员到来。

触电急救的要点是动作迅速,救护得法。发现有人触电,首先要使触电者尽快脱离电源,然后根据具体情况,进行相应的救治。

（九）电气灾害的应急程序

由于电气或其他方面的原因(如过载、短路、漏电、电火花及电弧等)产生火源引起的电气火灾,其特点是火能沿着电线燃烧,蔓延速度快,比较猛烈,极易引燃可燃物,并且能产生有毒气体和容易造成人员触电事故或引起爆炸。电气灾害的应急处理措施主要是切断电源,然后根据引起火灾的种类采取相应的灭火方法。

1. 首先要防止人员触电事故,即切断电源。

2. 为了防止开关受潮、烟透、绝缘能力下降,应使用绝缘工具。

3. 当情况紧急,而又不知道开关位置时,可采用电线绞断方法,即用断电钳等绝缘工具在靠近电源方向有支持物附近剪断电线。

（十）弃船的应急程序

由于内河水道不宽、游艇离岸和港口较近、通航密度大,一方发出呼救、八方响应,所以弃船的可能性不是很大。

1. 当游艇遇到严重危险时,艇员应利用艇上的各种设备尽最大努力抢救,减小财产损失和人员伤亡。如果经竭尽全力抢救仍然无法挽救游艇,人员生命面临巨大威胁,所有人员应主动撤离游艇。

2. 全体艇员切勿惊慌混乱,应保持良好秩序。

3. 弃艇前个人准备工作

（1）加穿适当的衣服,以防止身体表面失热过快。尤其是在寒冷水域遇险,更应多穿几层保暖性能好的衣服,延长人员在水中的待救时间。

（2）穿妥救生衣。人员穿好衣服后,外面一定要穿着一件救生衣,按要求系紧领口带、胸带和腰带。

三、遇险报警设备的正确使用

（一）内河游艇常见的遇险报警设备

内河游艇常见的遇险报警设备有移动电话、VHF、声响信号(号笛、号钟、号锣等,如图9-3-1所示)。

(a)号笛　　　　　　　(b)号钟　　　　　　　(c)号锣

图 9-3-1　声响信号(号笛、号钟、号锣等)

（二）报警信号

当游艇出现安全情况时,可通过警铃、号笛等声响信号发出报警信号。

表 9-3-1　常用报警信号

警报类型	信号类型	持续时间
消防	警铃和号笛急促短声	连续 1 分钟
弃船	警铃和号笛七短一长声	连续 1 分钟
堵漏	警铃和号笛两长一短声	连续 1 分钟
人员落水	警铃和号笛三长声	连续 1 分钟
溢油	警铃和号笛一短两长一短声	连续 1 分钟
解除警报	警铃和号笛一长声	连续 6 秒或口头宣布

为指明火警部位,在消防警报信号之后,鸣一长声,表示艇首;鸣两长声,表示艇中;鸣三长声,表示艇尾;鸣四长声,表示机舱;鸣五长声,表示艇上层甲板。

警铃或号笛三长声,加一短声或两短声分别表示右舷或左舷有人落水。

短声一般历时 1~2 秒,长声一般历时 4~6 秒。

（三）报警方法

发生紧急情况时,发现者应大声呼叫,打电话给驾驶台或按下就近的手动报警按钮。游艇通过 VHF、移动电话拨打 12395 向主管机关报警(如图 9-3-2 所示)。如误报警,应及时取消报警。恶意报警将承担相应的法律和经济责任。

1. 拨打 12395 报警

中国海上搜救中心在中国沿海和长江、珠江、黑龙江沿线的主要城市都开通了水上搜救专用报警电话 12395,可直接拨打,不需加区号。

2. 拨打水上值班电话报警

当地水上搜救机构或海事机构均实行 24 小时值守制度,值班电话通过网站或其他方式对外公布。

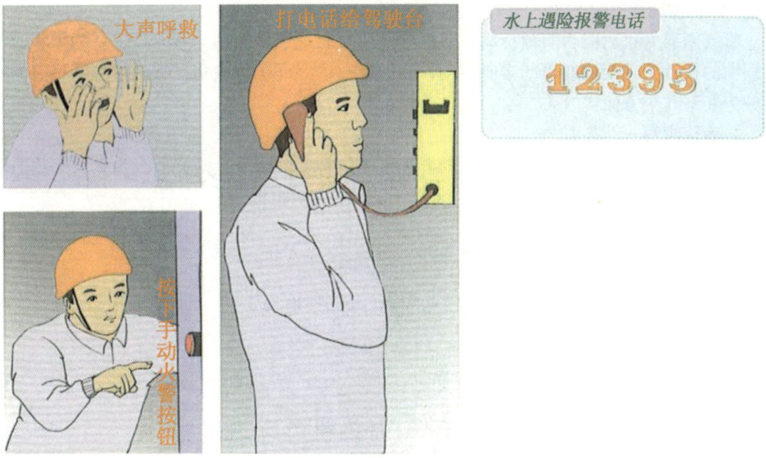

图 9-3-2　报警方法

（四）水上报警的主要内容

遇险游艇向水上搜救中心报警时,尽可能说明下列内容:

(1)艇名,联系方式和求助需求。

(2)险情种类,险情发生的时间和地点。

(3)遇险人数及伤亡情况。

(4)事故原因,已采取的措施和求助请求。

(5)游艇主要尺度。

(6)水域气象情况。

(7)碍航情况。

(8)污染情况。

四、模拟实操训练

（一）救助落水人员应急操作

1.教练站开始运行训练方案,设置水域内通航密度,设置人员落水危险;发生人员落水时的紧急操艇。

2.落水的紧急操艇

(1)停车,并向落水者一侧操舵,避开后控制住艇位。

(2)在航道条件允许的情况下,游艇应及时调头,驶回落水位置,尽力搜救落水者。

(3)选择适当方式接近落水者。

3.发出人员落水信号

(1)右舷有人落水,三长声一短声;左舷有人落水,三长声两短声。

(2)用广播播发某舷有人落水,安排人员密切注意落水者的动态。

4.对外用 VHF 发布安全警告信息:本艇何时、何地发现人员落水事故,请过往船舶加强瞭望,注意避让。

5.向主管机关报告事故时间、地点及人员落水救援情况等。

6.人员落水的施救措施

（1）扔下救生圈或木板等漂浮物，以便落水者攀附。

（2）通知周围船舶注意避让。

7.落水者被救起，游艇恢复正常后向主管机关报告，申请续航。

（二）游艇进水及抢滩时的应急

1.教练站开始运行训练方案，设置水域内通航密度，设置本船进水危险；发生游艇进水时的紧急操艇。

2.发现者应立即向驾驶台报告。

3.驾驶台迅速发出漏损（堵漏）警报信号，召集艇员应急。

4.驾驶员应停车或减速，将漏损部位置于下风侧，立即关闭与进水舱室相邻舱室的水密门及其他水密装置，采取排水措施，加固邻近舱壁。

5.游艇发生进水时间、艇位、海况等情况，应如实地填入航海日志。

6.不断观察和记录船舶稳性及浮力变化情况，根据应变行动的效果评估风险，并采取相应的应变措施。

7.若进水严重，应请求第三方援助，如有必要，尽可能择地抢滩。抢滩后，继续进行排水、堵漏、抢救人员等工作。

8.抢滩要考虑以下几个条件：

（1）选择尽可能不损坏船底的沙滩。

（2）如果游艇已发生漏油，应选择不产生或少产生污染损害的地点。

（3）选择受风、浪、水流影响较小的地点。

（4）选择应急修理、临时卸货以及陆地交通、通信方便的地点。

（5）选择使用拖船易于拖下的地点。

（6）进水严重时，游艇应请求第三方援助。面临沉没时，应宣布弃艇。

（三）游艇碰撞前、后的应急

1.教练站开始运行训练方案，设置水域内通航密度，设置本艇与目标船发生碰撞危险。

2.发生碰撞时的紧急操艇

（1）发现左前方来船，与本艇存在碰撞危险，立即采取停车和倒车，发出警告声号。

（2）用一切办法避免碰撞或最大程度减小碰撞损失。

3.游艇碰撞后的应急措施

（1）碰撞发生后，若本艇撞入他船，应采取适当的停车、进车措施减少被撞船进水量，征得对方同意后方可倒车退出，倒车退出后应滞留在附近。

（2）若他船撞入本艇，应尽可能使本艇停住，避免前进或后退，以减少进水量；避免二次碰撞。

（3）通知人员到现场查看有无人员伤亡和检查碰撞部位有无破损，了解对方船名等相关信息。

（4）若本艇碰撞破损进水，应立即鸣放艇进水警报信号（两长声一短声），并采取措施进行堵漏,关闭相关水密门窗,命令机舱排水,注意船舶稳性。

4.向海事主管机关报告本艇在何时、何地,从哪里开往哪里的途中,与某某船发生碰撞。

5.利用VHF发布安全警告信息:本艇何时、何地与某某船发生碰撞,请过往船舶加强瞭望,注意避让。

6.若游艇进水严重,艇上无能力控制,应择机驶离主航道,抢滩或弃艇。

(四)游艇发生火灾时的应急

1.教练站开始运行训练方案,设置水域内通航密度,设置本艇火灾危险。

2.发现本艇火灾危险,发出船舶火灾信号(乱钟一分钟,根据发生火灾的部位加长声),对内用全艇广播发出火灾警报:全体艇员请注意,本艇发生火灾,大家按照应变部署表采取行动。

3.通知艇员到艇头备锚。

4.减速,必要时停艇,操纵游艇驶离航道。

5.对外用VHF发布安全警告信息:本艇何时、何地发生火灾事故,请过往船舶加强瞭望,注意避让。

6.向主管机关报告事故时间及地点、火灾部位、火势情况等。

7.组织与实施灭火,了解火的种类,选择适当灭火器/剂,开展灭火。

8.灭火后解除警报(一长声),向主管机关报告游艇火灾已扑灭,申请续航。

(五)游艇发生舵机失灵及损坏时的应急

1.教练站开始运行训练方案,设置水域内通航密度,设置本艇舵机失灵及损坏危险。

2.发生舵机失灵及损坏时的紧急操艇

(1)发现本艇舵机失灵及损坏危险,启用应急操舵系统,必要时减速停车。

(2)通知艇员到艇头备锚。

(3)按规定显示信号,白天显示垂直两个黑球,晚上显示垂直两盏红灯。

(4)对外用VHF发布安全警告信息:本艇何时、何地发生舵机失灵及损坏事故,请过往船舶加强瞭望,注意避让。

(5)向主管机关报告事故时间及地点、舵机失灵及损坏情况等。

(6)舵机失灵及损坏失控后的其他紧急措施:使用应急舵减速慢车驶离主航道,向主管机关申请锚地抛锚修理舵机。如果应急舵也发生故障,应采取紧急抛锚措施。

3.锚泊、故障排查,舵机恢复正常后向主管机关报告,申请续航。

(六)游艇发生主机损坏时的应急

1.教练站开始运行训练方案,设置水域内通航密度,设置本艇主机损坏危险。

2.发生主机损坏时的紧急操艇

(1)发现本艇主机损坏危险,减速停车,采用游艇余速控制航向和艇位。

(2)通知艇员到艇头备锚。

(3)按规定显示信号,白天显示垂直两个黑球,晚上显示垂直两盏红灯。

(4)对外用VHF发布安全警告信息:本艇何时、何地发生主机损坏事故,请过往船舶加强瞭望,注意避让。

(5)向主管机关报告事故时间及地点、主机损坏情况等。

(6)游艇失控后的其他紧急措施:使用余速驶离主航道,实时观测水深,选择锚地抛锚。

(7)锚泊、故障排查,向主管机关报告,申请续航。

（七）遇险报警设备的正确使用

1.用移动电话拨打 12395 报警。

2.拨打水上搜救值班电话报警。

3.正确使用甚高频双向无线电话。

4.视觉信号的操作使用

(1)降落伞红火焰信号操作使用及注意事项。

(2)手持红火焰信号操作使用及注意事项。

(3)烟雾信号操作使用及注意事项。

第十章　驾帆技术

第一节　帆船基本知识

一、起步知识

很少有运动像帆船运动一样能提供给你如此多的自由和选择。驾驶帆船迎风破浪，会带给你终生的享受和无比的成就感。

对于所有帆船初学者来说，首先应该培养对风、水流以及它们之间变化的高度敏感性。观察环境意味着时刻关注风向、天气、波浪、水流和距离岸边的距离。通过体会这些环境因素并且预测周围的变化，你将会不依靠他人在各种不同环境中自信地航行。

一个很好的建议：留心观察。

（一）航行着装

海上的天气要比岸上更容易变化，所以正确的穿着和装备在这项运动中非常重要。你不必在装备上花很多钱，下面对基本装备做一些简单的指导：

1. 穿着宽松的衣服。操作帆船需要很多动作，所以应穿着能给你足够运动空间的衣服。

2. 在行李袋里携带多余的衣服，以便在冷的时候添加衣服或被水弄湿以后可以换干衣服。

3. 热天穿轻而透气的衣服。最好穿浅色衣服，带领的衣服可以保护你脖子后面免受暴晒，长袖的衣服可以保护你的胳膊免受暴晒。

4. 使用防晒霜（SPF50 或更高）保护你的皮肤，甚至在阴天也应如此，最好经常涂抹。戴帽子以便保护你的眼睛，并使头部免受阳光照射。在冷天里，戴帽子可使头部保持温暖。

5. 戴防紫外线（至少90%）的太阳镜。偏光镜能极大地降低水的眩目感。

6. 必须穿防滑鞋，以便能够在湿滑摇晃的甲板上站稳。航海专用鞋是最好的选择，因为鞋底的摩擦力很大，而且干得非常快。不要穿凉鞋或其他露脚趾头的鞋，因为它们迟早会弄伤你的脚趾。

7. 防水航海长靴将使你的脚在冷天里保持温暖和干燥。

8. 戴航海手套可以防止你的手被擦破,并增大摩擦力。在冷天里最好戴防水手套。

9. 救生衣是航海必备装备。救生衣应该合身,且有质量保证。

10. 在冷天里,多穿几层。当你感觉冷的时候,你的操作技巧会受到极大的影响,所以多穿几件衣服是一个明智的选择。避免穿棉质衣物,穿弄湿之后仍能保暖的衣服,如皮质或聚酯纤维的衣物。

（二）专用防寒服

专用防寒服能使你在坏天气里保持温暖干燥。有几种样式可供选择:

1. 标准的两件套,包括一件带帽兜的防水夹克和一件独立的吊带裤。

2. 连体服将使你更加干燥,但是不能单独脱掉上衣或裤子以适应温度的变化。

3. 在一些特别潮湿的船上,船员经常穿类似于潜水员所穿的湿式保暖服。

4. 干式保暖服是一种可让你隔离水的套装,它们会将你的脖子、手腕和脚踝紧紧地密封住。它们可以防水并保暖。

（三）身体状况

健壮的身体能增加你航海的乐趣。调帆、压舷、调整帆船的航行状态都会消耗你大量的体力。最好的准备运动是有氧运动和无氧运动。运动安排应该符合你的年龄、身体状况,并做热身运动。柔韧性练习也有益处,因为航海需要用到很多复杂的动作。航行前后的伸展运动将最大程度地帮助你缓解肌肉的僵硬,降低你身体的不适感。

平衡的食谱也有助你完成水上的运动。耐力与注意力跟营养的摄入有直接关系。一个帆船运动员每天需要超过 3 000 卡路里的热量,所以不要吃得不好。好的食品应是蛋白质、碳水化合物、脂肪、维生素、微量元素和大量水的合理搭配。为防止脱水,建议在出海前和航行时饮用大量的水。

二、基本安全知识

大海不只属于我们,也属于那些喜欢驾驶游艇、钓鱼、游泳、冲浪运动的人,以及任何以船舶运输和捕鱼为生的人。相互尊重和体谅对帆船运动员来说非常重要。这对所有优秀船员都是一个基本的良好素质。以下是一些船员的基本行为规范:

（一）一直使你的船处于完全控制状态。看到需要帮助的船一定去援助她们。

（二）注意观察游泳区和潜水区,远离渔网,远离商业航线。

（三）通常来说帆船比动力艇具有优先航行权,但是出于礼貌和安全的考虑,在拥挤的港口,帆船应该避让大的动力艇。

（四）救生衣,也称个人漂浮装置,无疑是你最重要的海上安全装备。在海上所有时间内,都应该穿着你的救生衣。在一段时间后,你会发现穿救生衣变得很自然。确保救生衣是可靠的,而且大小合身,不会在你落水时被冲跑。黄色和橙色在波浪里是最醒目的颜色。

永远不要低估救生衣的价值:它可能会挽救你的生命。

（五）低温症和中暑:如果你穿着不当的话,水温过低或气温过高都可能对你造成威胁。身体如果长时间受凉,则有可能发生低温症。低温症最普遍的原因是在冷水中待得过久,也有可能是气温较低。在热天里也要小心,因为你可能中暑。在烈日里你应该大量地喝水,在烈日炎炎、微风不起的时候,可以跳到水里游泳降温。

三、帆船的部件

与多数体育项目相似,帆船也有它自己独特的语言。这种语言初看起来可能很复杂,可当你熟悉了相关的词汇后,你就能很快掌握它。先让我们看看帆船有哪些主要部件。

（一）船体

帆船主要有两种船体:单体(如图 10-1-1 所示)和多体(如图 10-1-2 所示)。一般而言,多体船的速度要比单体船快。船体的前部称作船首。船首一般较尖,然而小于 10 英尺长的帆船会有一个方形的船首,比如 OP 级的帆船(如图 10-1-3 所示)。船体的后部称作船尾。船尾一般较宽,并有一个平而垂直的面,叫作船尾肋板。帆船的左舷一般用红色标志,右舷用绿色标志。初学者往往把红色和绿色胶带分别贴在帆船左右舷的显著位置。

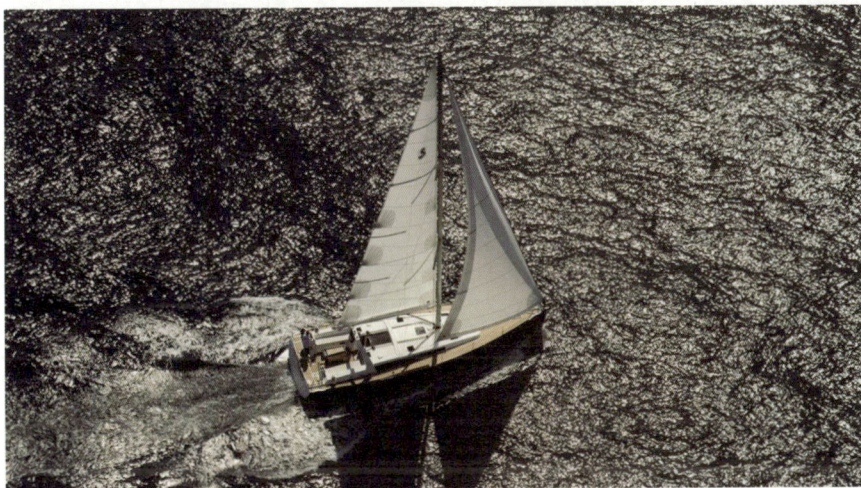

图 10-1-1　单体帆船

当帆船漂浮时,它的自身重量等于它排开水的重量,因此帆船的重量又称作排水量。水与船体的接触线被称作吃水线,一般有明显的标志。为了防止被风吹离航线,多数的帆船船体都配备有龙骨或者稳向板。稳向板可以通过枢轴升起或降下,也可以抽起或者降下;龙骨是固定的,并且具有一定重量,可以作为压舱物来平衡风的偏移推力。在具有稳向板的帆船上,有一定体重的运动员可以作为平衡船体的压舱物。船舵可以用来保持和改变航向。舵手通过操纵舵柄和副舵柄来把握航向。帆船的实际航行方向与推拉舵柄的方向相反。

（二）帆船器材

在帆船船体之上的器材主要包括帆、桅杆和索具,帆船器材详见图 10-1-4。帆船一般具有单帆或多帆。多帆单桅帆船比较常见,一般包括主帆和前三角形帆。桅杆起到支持船帆的作用。部分小帆船不需要支持桅杆的索具,而多数帆船种类则需要索具。桅杆与船体的连接索称作支桅索。桅杆与船首的连接索称作前桅支索,桅杆与船尾的连接索称作后桅支索。用来

图 10-1-2　多体帆船

图 10-1-3　OP 级的帆船

操作帆的索具称作操作索具,它们包括主缭索、前缭索、后角索、主帆升降索、前角索,以及斜拉器等。

绞盘用来固定和盘绕索具。系缆角(夹绳器、羊角、条形夹绳器)内有齿,用来加强固定索具。

四、帆船动力的工作原理

很多初学者对于帆船能够迎风行驶感到惊异。事实上,风对帆有两种主要的作用。一种作用称为拉。在航行时,帆面是弯曲的。当风从弯曲的帆面两侧滑过时会对帆产生一个向前或者侧向的拉力。由于稳向板或龙骨能抵消风力向帆船正侧方向的分力,所以帆船在迎风状

图 10-1-4 帆船器材

态下也能够以一定迎风角度向前(如图 10-1-5 所示)。

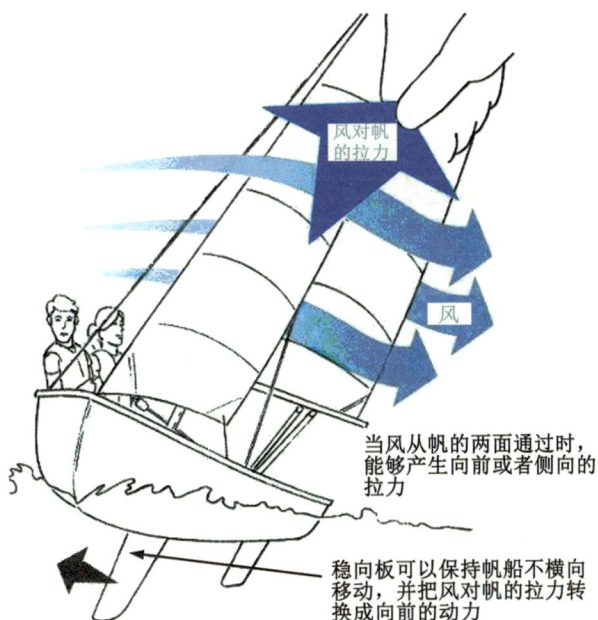

图 10-1-5 帆船动力的工作原理(1)

另一种作用称为推。帆船在正尾风航行时,帆阻碍了风的流动,从而使风"推着"帆船向前运动(如图 10-1-6 所示)。

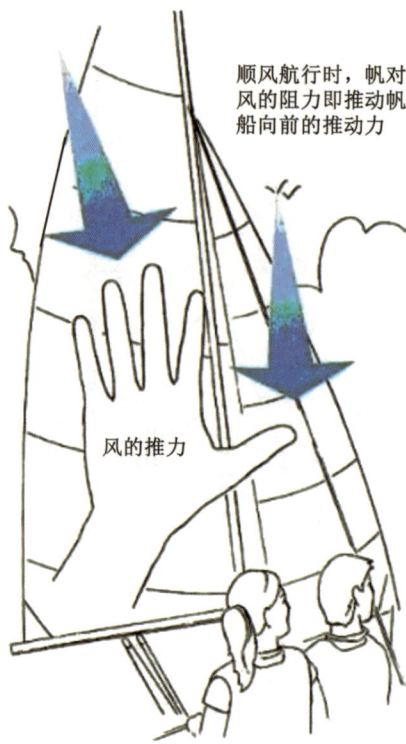

图 10-1-6　帆船动力的工作原理（2）

帆船航行的动能由风提供，所以改变风与帆的相互作用可以改变帆船的运行状态。一般而言，当风平稳地从帆的迎风面和背风面顺利流动时，帆船可以获得最大的动力；相反，帆船则会失去动力并且减速。为了获得最大的动力，船员和舵手需要保持帆与风处于最佳的角度。

想要了解为什么帆船可以迎风前进，首先我们要来学习一下科学家伯努利的实验发现。

伯努利效应

18 世纪的瑞士科学家伯努利通过实验发现：流体速度加快时，物体与流体接触的界面上的压力会减小，反之压力会增大。伯努利效应适用于包括气体在内的一切流体。

为了更好地理解，我们可以先以飞机机翼为例做说明。空气遇上机翼阻隔时被迫分开从两面通过，如图 10-1-7 所示。通过机翼上方的气流速度必须比通过机翼下方的气流速度快，两者才能及时在机翼尾端会合，机翼上方因而产生低压，这使得飞机向上飞。

帆船能逆风前进与机翼同理，把机翼立起来就可以看到，帆不是一个硬邦邦的平面，在受风时，它是三度空间形状。这种弧形使得吹过帆下风面的气流与吹过帆上风面的气流有压强差，从而产生推力（如图 10-1-8 所示）。

下面我们来分析一下浮升力是如何推动帆船前进的（如图 10-1-9 所示），帆所受的浮升力并不能全部用来推动帆船前进，真正用来推动帆船前进的是其沿船头的分力——前进力，而前进力的值是小于横向力的。尽管横向力较大，但是实际行驶过程中，很少看到船横向移动，有一个重要的因素就是船底龙骨和它的流线型所起到的作用。

一方面，帆船浸入水中部分的横向截面积远大于纵向截面积，向前力虽然比横向力小，但船在水里前进时所受的阻力要比船横向移动所受的阻力小很多，所以前进力推船前进的效果

350

气流

低压

机翼

浮力

高压

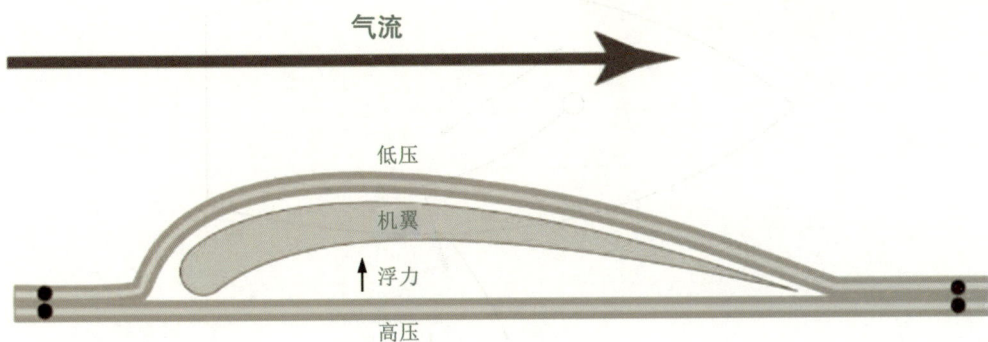

图 10-1-7　机翼原理图

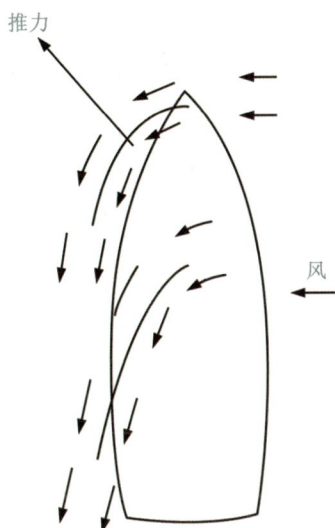

推力

风

图 10-1-8　帆船推力原理

相当显著。另一方面,侧向力同时也产生使船身倾斜的力量,但是这种力量可以由船上人员的体重或船底的压铅平衡。这就要求船员随时用自己的身体来调节船的重心(常称为压舷)。由于风力的大小随时会变化,侧向力的作用也随之变化,所以压舷是要随时灵活变化的。

五、风向风速

　　航行时你需要知道风向的变化。你如何知道风是从哪个方向吹来的呢? 转一圈,用脸、手、脖子感觉一下风的方向。朝水面看,观察一下波浪或波纹。风向经常是与波纹垂直的。环顾岸边,观察旗帜、烟、树木、风向线或拍打的帆。注意,不要被其他快速行驶船只上的旗帜所迷惑,它们的旗帜的方向不能表明真实的风向。风向指的是风是从哪个方向吹来的。风向可以用地理位置来描述:东、南、西、北,或通过罗盘的度数来描述:0 度、90 度、180 度、270 度等。如果你的船上配有罗盘,你就可以将船调到与风一样的方向,并通过读出罗盘上的数字来确定风向。

　　了解帆船的运动是如何影响帆船所受之风的,对你了解帆船和风之间的相互作用会很有

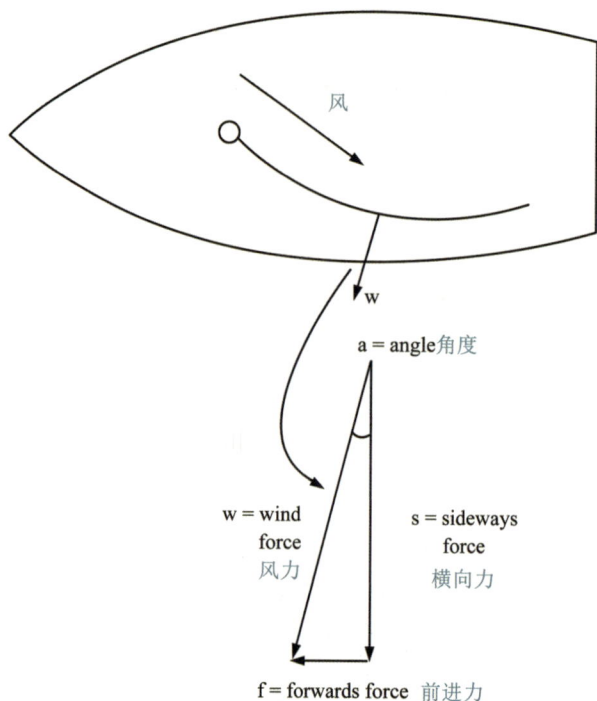

图 10-1-9　下浮升力推动帆船前进原理

帮助。如果你的船没有行驶,你对风的感受和在陆地上一样。但当帆船运动时,根据你的航向,风将会略强或略弱。顺风航行,你几乎感觉不到风;逆风航行,风会更强。驾驶比单体船更快的多体船,风的作用将会极其显著。

六、帆缆索具的使用

(一)绳索的使用

绳索在船上有不同的用途,同时,绳索的尺寸和质量也不尽相同。绳索的力量取决于它是如何制成的、它的直径长度以及它的材质。

(二)不同种类的绳索

所有的绳索,不论是天然的还是合成的,都是由纤维束捻合或者编织而成的。

编织绳的中心有一束绳芯,外面被套子保护起来。这样的设计使绳索的力量、延展力和轻巧度得到了最佳的融合。编织绳广泛用于控制帆缆、升降索以及帆脚索。

多股绳或六股七丝钢索是由三股或者更多股涤纶材料螺旋缠绕而成的。预拉钢索比起用编织绳做的帆脚索和升降索要便宜得多,而且广泛用于系泊缆绳。

(三)夹绳器

大多数帆船都装有夹绳器以控制绳索(如图 10-1-10 所示)。将绳索拉过夹绳器并使杠杆保持向下的状态,绳索就会被锁住。要想松开负重的绳索,首先要确保绳索松弛部分已放到绞盘上,把重量转移过去。将夹绳器的杠杆向上推就能松开绳索,同时保证绞盘处于绷紧状态。

图 10-1-10　夹绳器

（四）绞盘（如图 10-1-11 所示）

一定要按顺时针方向将绳索绕在绞车绕索筒上。要想增加摩擦力,就多绕上几圈。千万不要将手指和拇指放在绳索和滚筒之间。从滚筒上水平拉动绳索,而不是向上拉,可以做出一圈缠扎绳,即一个绳圈,慢慢向上拱然后卡住。

图 10-1-11　绞盘

（五）打绳捆

要一直保持物品整洁。绳索应该被打成整齐的绳捆,这样在几秒钟之内就能解开并使用。如果你把绳索松散地扔在地上,就一定会缠绕在一起,给自己制造麻烦。

绳索打捆时,一只手握住绳捆,另一手按顺时针方向打绳圈。务必放出相同长度的绳索,使每一圈的大小相同。由于构造的关系,绳索打好捆后容易拧在一起。你可以在做绳圈的时候用拇指和食指搓动绳索来解决这个问题。有些绳索很容易卷成"8"字形绳圈。

在给很长的绳索打捆时,一只手可能握不住那么多绳圈。你可以把它放在甲板上进行,或者找其他人帮忙。要妥善保管绳捆,就得用绳索末端在整捆绳索的上部绕上3圈。将一个绳圈推出,穿过整个绳圈的中心,然后将这个绳圈套在绳捆上部,最后将绳索末端拉紧。

(六)绳索的检测

绳索负重时要保证它固定得很结实。绳索没有负重时要注意抓牢它,比如当帆脚索从绞盘上滑脱时。负重的绳索会产生摩擦力,如果没有防护措施,手掌会被严重搓伤。

由于经常滑过导缆孔、滑轮或者滚轴,绳索会磨损,外部的绳套会损坏,绳股也可能开始断裂。应该经常检查绳索是否磨损,如果已经损坏,要及时更换。

合成纤维索应该用热封刀来切断,这样能保证绳索的末端不会散开,绳芯和绳套也不会分离。这种刀在杂货铺就可以买到。

(七)绳结的打法及使用

在船上绳结的运用随处可见,比如系缚工具、绑连靠岸船只、救助遇难渔船拖带等。

这些绳结大多简便、易结、易解,既牢固又实用。在实际应用的过程中,由于场合的不同,需将绳索打成各式各样的结,以满足不同的需要。

1.八字结

八字结主要用于防止绳索滑出滑轮。

八字结(如图10-1-12所示)以它结成之后像"8"的外形而得名。八字结多使用在防滑性强的场合。将绳端先行交叉,绳头绕过主绳穿过绳圈,缠绕两圈后拉紧完成。八字结打法简单,结成之后又相当牢固,是一款经典的绳结打法。

图10-1-12　八字结

2. 平结

平结(如图10-1-13所示)也叫方结或瓶口结,是生活中用得最广泛的一种结,在两绳连接或捆缚物体时我们都会经常使用。不过我们连接两绳的时候,最好选择材质、粗细差不多的绳结,这样能让平结的威力发挥到最大。有时候打得过紧解不开也不要着急,双手握住绳头,朝两边用力一拉,就可轻松解开。平结适合于绑定器材,如捆主帆、绑帆套等。

图 10-1-13　平结

3. 缩帆结

缩帆结(如图 10-1-14 所示)用在经常解开的两根粗细相似的短绳相接的地方。它具有易解开、使用方便,但不如平结牢固的特点。缩帆结要求在绳结打好后留出的活头不应太短,以防松散。

图 10-1-14　缩帆结

4. 单套结

单套结(如图 10-1-15 所示)是系泊时使用的经典绳结,也用于将帆索连接至帆。

单套结又名称人结,是所有绳结中的王者,也是全世界最受喜爱的一种绳结。它是将绳索的一端打成一个固定圈,牢固性最好,系法也并不复杂,因此单套结也成了各行各业的宠儿,尤其是在航海和登山业中使用最为频繁,所以又被叫作帆绳结或船缆结。例如,其用于连接主帆/前帆升帆索与帆顶(head)、前帆缭绳/球缭和前帆/球帆尾角(clew),等等。

由于单套结不会滑脱或夹挤,绳圈不会缩小,是一种相当安全的结法,所以在救助落水、空中作业、救援抢险中,都会被经常用到。"绳结之王"宜结宜解、安全性高、用途广泛,真不愧是称人心意的结。

5. 双套结

双套结(如图 10-1-16 所示)又称丁香结,主要用于临时固定,简单易结。例如,一般用这种结将防撞球系到安全索上,快捷便利。

双套结的历史相当悠久,不仅在海上,甚至在露营、登山时都是户外人士爱用的绳结。双套结的目的是将绳索卷绕在其他物品上,金属等易滑物品也相当适用。双套结的打法和拆解都很容易,它的特征是具备极高的安全性;而且双套结的打法可以视不同情况分开使用,就这点而言,它是个非常实用的绳结。不过,如果只在绳索的一端使力的话,双套结可能会乱掉或

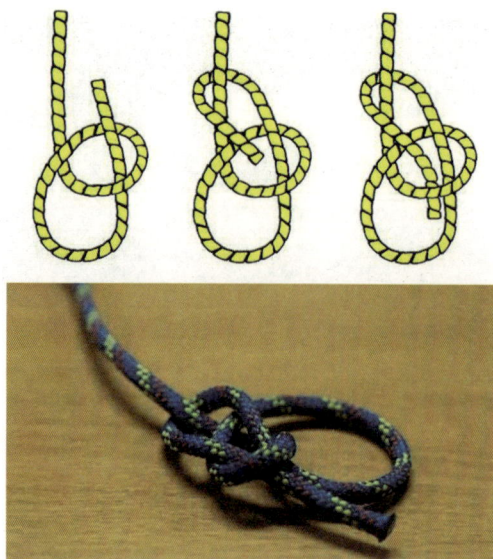

图 10-1-15　单套结

松开;为了避免这个缺点,双套结通常应用在两端施力均等的物品上。

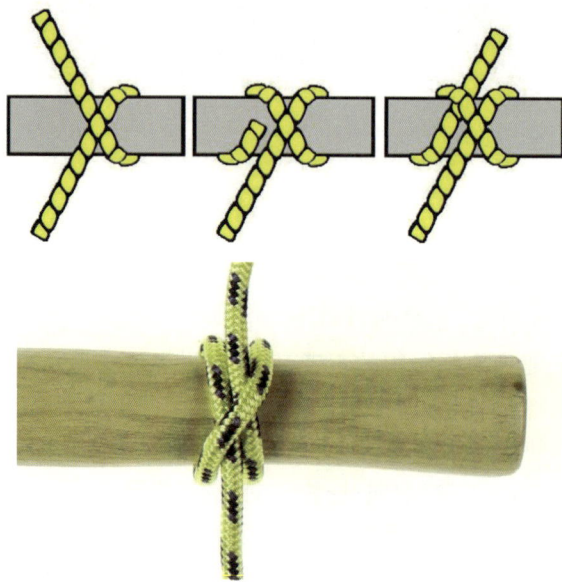

图 10-1-16　双套结

6. 系缆结

系缆结(如图 10-1-17 所示)又称羊角结,主要用于船只靠岸停泊时连接系缆桩(羊角)。这种打法简单方便,不易脱落,可以十分快速地解开。

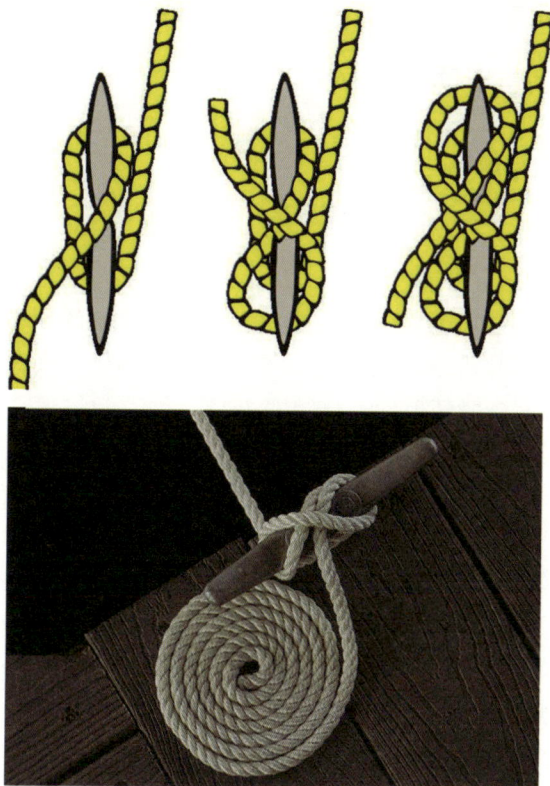

图 10-1-17　系缆结

第二节　帆船驾驶技术

一、扬帆起航前的准备

（一）前帆准备

依风况选用合适的前帆,微风时使用大前帆,强风时使用 100% 或 65% 前帆。首先将前帆放置于船首,连接前帆前缘角于前支索下端扣环内,用手沿帆底摸至帆尾角,确定没有任何扭曲,以称人结将两条前帆控帆索连接于帆尾索环内,两条前帆控帆索各沿两弦侧支索之外,经前帆滑轮到达驾驶舱,前帆控帆索尾端应以八字结收尾。然后再由下而上依次将前帆扣在前支索上。最后系上前帆升帆索(一般用称人结),并将前帆暂时固定在前甲板的护栏上(防止人员不慎踩到前帆滑倒受伤及损伤到前帆)。

（二）主帆准备

移除帆套,依序卷妥并收到船舱内。小心解开主帆帆底,将帆底由帆尾角至帆前缘角方向依次小心导入横杆的固定槽内,并随时检查主帆是否与其他帆索具缠绕在一起。

二、首次航行的注意事项

（一）升帆——主帆与前帆

1.升主帆

升主帆前必须将船首正对来风。

（1）甲板手至桅杆旁将主帆升帆索顶端用单套结固定主帆的顶端扣环,将主帆顶端小心导入桅杆的固定槽内,主帆升帆索尾端适当收紧并固定在桅杆的夹绳扣上,尾端用八字结收尾,注意不要让主帆升帆索缠绕住桅杆。

（2）松开主帆控帆索及松开横杆下拉索。

（3）甲板手小心升起主帆,注意要让帆前缘正确地导入桅杆的主帆固定槽内,直至无法再将主帆升高时再用绞盘收紧。妥善缠好并固定好升帆索。

（4）适当收紧主帆控帆索并将船转向迎风前侧风行驶,将主帆"喂饱"风,适当收紧横杆下拉索。

2.升前帆

（1）甲板手将临时固定前帆索松开并整理好。

（2）甲板手将前帆升帆索尾端适当收紧并固定在夹绳扣上,前帆控帆手同时将前帆控帆索尾端按顺时针方向缠绕一圈于下风舷的绞盘上,准备好但不可收紧。

（3）升起前帆,视风况将前帆升帆索收紧,妥善缠好并固定好升帆索。

（4）将下风的前帆控帆索适当收紧,并将前帆"喂饱"风。

（5）停止引擎。

升帆的顺序是先升主帆后升前帆。控帆的顺序是先松后紧,直至帆后缘不再有响声为佳。

（二）降帆

首先降下前帆,前帆可以在大部分的航向降下,特别是在后侧风行使的航向,前帆降下后暂时固定在前甲板护栏钢缆上。接着降下主帆,此时应发动引擎,航向转为前侧风行使,再转为正迎风降下主帆。主帆降下后暂时固定在横杆上,但不可取下升帆索,以便万一引擎失去动力时还能立即升帆行驶。

三、航行的方向

帆船能使你免费借助风力,朝任何方向航行。不同于早期只能顺风行驶的横帆船,稳向板船和游艇甚至可以向着风吹来的方向行驶。

（一）逆风而行

尽可能地迎着风的方向行驶就是所谓的逆风行驶。尽管经历了数百年的发展,帆船仍然不能,也永远不可能正对着风行驶,这个角度就是禁区(图10-2-1中的A区域)。穿过禁区的唯一方法就是抢风行驶,即穿过风以改变方向,使风从船帆的另一侧吹过。连续的抢风行驶最终会带你进入完全的逆风位置。

船型和帆具将决定船只究竟能多贴近风行驶。与风向呈 30 度角的逆风行驶最适合竞速船,而对于效率较低的帆船来说行驶角度则要大于 45 度(图 10-2-1 中的 B 区域)。

(二)横风而行

当你使船头远离风向时,风便吹向船体侧面,这就是所谓的改变航道。风从船的侧面吹来称为横风行驶(图 10-2-1 中的 C 区域)。当部分风从前方吹来时叫作前舷侧风行驶,风完全从侧面吹来叫正横风行驶,部分风从后面吹来叫后舷风行驶。

对于所有船型来说,横风行驶可以算是速度最快且最有乐趣的行驶方式了。风的方向能够使船以最大速度和最舒适的角度向前行驶。

(三)顺风而行

当你使船头远离风(即改变航道)时,风就会从船的后面吹来,此时叫作顺风行驶(图 10-2-1 中的 D 区域)。假若风径直从后方吹来,则称作绝对顺风行驶(图 10-2-1 中的 E 区域)。

与你所预期的不同,这种行驶方式并不是很有趣。风仅吹打在风帆迎风(最贴近风)的一面上,像推动老式横帆船一样使船向前行驶。由于没有额外的顺风帆,就是通常所说的大三角帆(一种大型轻帆),船只不能很好地利用风力,将会行驶得非常缓慢。你还会感到船只不稳,因为当风从后面吹来,特别是有浪的时候,想要保持船只平衡、避免摇摆是相当困难的。

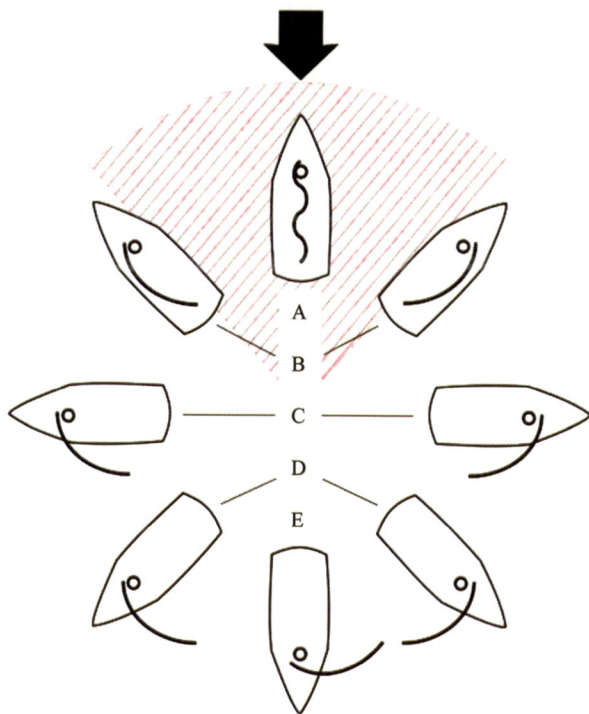

图 10-2-1 顺风而行

（四）当心顺风换舷

若你使船转向下风，那么风将从船后另一侧吹来，船只将依靠顺风行驶。你要当心，风有可能突然落后于主帆并推动张帆杆（顺风换舷）。你必须保证换舷是有目的的，并且每个人都意识到了。安全的顺风换舷中，主帆会以可控制的方式横挂于船上。

（五）船首线向上

当船首线向上至迎风方向时，船先后进入后舷风行驶、正横风行驶、前舷侧风行驶，然后迎着风行驶，紧接着抢风穿过禁区完成一个完整的 360 度航行圈。

四、迎风行驶的技术

驾驶帆船迎风行驶是一项技能，你不能凭着驾驶稳向板船的感觉去驾驶一艘帆船，但二者的基本原则是一致的，即正确张帆和保持船只平衡。

（一）观察风

大多数帆船在船桅顶部都装有风向标，但你不可能一直仰头盯着它却不感到脖子痛。安装在艇尾座上的电子风向仪器会显示真风和相对风从哪个方向吹来，不过它只能提供一个二维的图像，显示船只有多接近风、正以什么效率向风行驶。

能够精确测量性能的方法恰恰是最简单的方法：观察前帆上的风向指示器。风向指示器是羊毛线，装在靠近船帆前缘的地方，显示风如何吹过风帆。假如风向指示器在船帆两边都向后飘动，那么一切进展顺利。假如在向风一侧的风向指示器向上飘动，那么试着拉紧控帆索或者远离风向几度。假如风向指示器向上飘动，试着松开控帆索并朝向风方向调整几度。

（二）张帆迎风行驶

在主帆停止飘动之前要一直拉紧主帆控帆索。但千万不要过度拉紧控帆索，因为那样会减少动力。拉紧前帆控帆索，直至前桅帆不再飘动且风向指示器向后飘动。风会汇集到前帆和主帆之间的缝隙中去，引起主帆向逆风转向。这很正常，把主帆拉得更紧只会减少驱动力。

（三）究竟能多贴近风行驶

抢风行驶时，你会希望尽可能地贴近风行驶，但你也会希望能舒服且快速地航行。

你可以预期到的离风最近的角度大约是 30 度。现实地讲，45～50 度的角度也是可能的。深的鳍形龙骨和细长的船帆使船更好地逆风行驶，较浅的鳍形龙骨和部分卷起的前帆则会改变航向成逆风行驶。

（四）张帆逆横风行驶

当向风抢风行驶时，应该拉紧船帆，但不要太紧，否则会使船的动力下降。主帆控帆索最好处于中间位置。拉紧前帆更为关键。注意观察顺风横撑杆的末端。大部分帆具中，前帆应该离横撑杆的末端很近，但两者并无接触。如果碰到了（很可能是因为风力不够），就松开控帆索。如果距离超过几厘米或几英寸（很可能因为船员在强风时没有继续卷动），那就将控帆索再拉紧一些。

如果风向指示器在向风一侧开始飞高,就要准备稍微改变航向。利用较低的风向指示器作为最准确的反馈。要使前帆或主帆的帆缘(后缘)从上到下保持一条垂直的线是不太可能的。船帆会很自然地旋转朝上端打开,并且更加斜向向风处。这就是为什么船帆上较高的风向指示器与较低的风向指示器会飘向不同方向。

(五)逆风驾驶

由于重量较小的上风舵具有一定优势,舵杆或舵轮应该感觉相对较轻。如果上风舵感觉很重,说明船只失去了平衡,你需要放松主帆控帆索或收缩主帆。下风舵表示来自前帆上的动力很足。

(六)保持船只移动

向风行驶的部分技能是保持船只以稳定的速度移动,并且在速度和方向上保持平衡。船首向着波浪前进会减慢船的速度。如果浪涛很大,保持速度的唯一办法就是改变航道,与风呈更大的角度行驶。

五、迎风换舷——之字形曲折行驶

帆船径直迎风行驶时,是无法前进的。如果太贴近风向,就会飘帆,无法全速航行,且意味着你可能已经处于顶风区。如果要到达位于逆风的地点,必须之字航行。每一段的角度约45度(起点和目的地之间的直线与实际航向之间的角度)。想象一下爬山的情景,路径往往是之字形。这就意味着船必须进行之字形曲折前进,从一个航向偏转到另一个航向(无法航行区的另一边)。

(一)迎风换舷的定义

让船偏转方向,船首穿过风向,即穿过无法航行区,这就叫作迎风换舷或抢风行驶。

如果风对着右舷面吹,则为右舷受风;如果风对着左舷面吹,则为左舷受风。要到达位于逆风方向的地点,你必须运用已经学过的操舵技巧,右舷受风近迎风行驶一段路程,然后左舷受风近迎风行驶一段路程;要从右舷受风转为左舷受风,船首必须穿过无法航行区,也就是必须迎风换舷。

(二)迎风换舷的操作

迎风换舷需要所有船员一起合作,船必须有足够的冲力穿过无法航行区,这样才不会减速,被困在顶风区。整个换舷的过程都要全速行驶,而且转向要稳。

首先确保船是在近迎风行驶下调整两面帆,让船全速航行。

1.舵手坐在迎风面,才能有一个宽阔的视野,观察船及其周围,尤其是前方以及上风面船侧,查看转向的航道上是否有障碍物或其他船只。当舵手确认有足够的空间进行抢风时,他就会对其他船员下命令:"准备迎风换舷!"

2.每根前帆缭绳处都要安排船员,确保绳索尾端已经解开了。

3.操作下风侧前帆缭绳的船员准备放松绳索。如果绳索绕在绞盘上,则把绳索解下,但必须抓紧绳索不要放松。

4.操作上风侧前帆缭绳的船员拉紧绳索,在绞盘上绕一到三圈(取决于风速和绞盘尺寸)。

5.等所有船员回答"准备完毕!"后,舵手宣布"迎风换舷!"或"下风喽!"然后把舵柄顺畅地推向下风面,开始转向。

6.观察前帆。当船转入顶风区后,前帆抖动得越来越厉害,最终风从帆的反面灌进去。当它开始抖动时,缭绳承受的负荷会减轻。此时,要快速地完全放松缭绳,那么这根缭绳就位于上风侧了。同时,随着船首穿过风眼,位于原来上风侧缭绳处的船员应迅速拉紧缭绳。

7.转向后,船的上风面改变了,舵手把舵柄或舵轮回正,停止转向,此时船以新的方向近迎风行驶。

8.根据新的航向调节下风侧前帆缭绳,如果风很大,就需要使用绞盘手柄。主帆也需要根据新的航向进行微调。

9.位于船舱的人员把绳索盘起来,拆下绞盘手柄,并保存好。舵手集中精力让船加速。

迎风换舷时,除了操作缭绳的两个船员,其他所有人都得从原来的上风面转移到新的上风面。至于具体什么时候移动,则取决于驾驶舱的布局,但是迎风换舷完毕之前,每个人都要转移到新位置上。船员移动位置时,不要妨碍到舵手和控帆手,并且不要接近横杆和主帆缭绳。

在前帆和主帆都升起的船上,迎风换舷需要所有船员的协调和计划。船帆摆动时会非常吵,船会左右侧倾,好像一切都很混乱。通过训练,船员都可以提高控帆的技巧,甚至可以本能地根据航向正确地调整船帆。迎风换舷可以大大提高团队的合作能力。

六、顺风行驶的技术

航行时风在船横梁后面,这是大部分水手最享受的事情。游艇在侧顺风行驶的时候速度最快,此时移动变得轻松,会感到相对风温暖轻柔。

(一)观察风

当风在船尾时顺着风航行,时刻检查船桅顶端的风向标和船尾座上的电子风向仪器,以避免意外地顺风换舷(船尾突然地穿入风中)。风向指示器在侧顺风行驶时用来检查前帆很管用,但是在下风时就不那么有效了。

(二)当顺风换舷安全时

如果你正好顺着风行驶(绝对顺风航行),不要错误地顺风换舷,在强风下不受控制地换舷会非常危险。

安装辅助索。将一根绳子(与前帆控帆索的直径和力量相同)连接到横杆的末端。向前牵引绳子并将它固定住,这样绳子就能使张帆杆停留在一个固定的位置。比如,可以将辅助索穿过顺风一侧船首的护脚栏杆上的导缆孔,然后将它拴在最近的甲板系缆墩上。如果船舵一不留神使得船只开始顺风换舷,就需要用辅助索拉住横杆。辅助索的捆绑方式很重要,它在承受压力的情况下也应该能被松开。

注意航行时的"受逆风状态",也就是风从顺风(错误)的一边吹过船尾。如果船只摇摆,在大潮中改变航线或者驾驶不当,主帆和张横杆会在意外的顺风换舷中发生猛烈碰撞。

如果犹豫不决,就将船首向上几度,这样船只就开始侧顺风行驶。此时船的速度更快,船身更加平稳,对舵手来说控制也更容易些。尽管你并没有按完全准确的方向前进,但通过换舷(沿曲折航线航行)来到达目的地可能更容易。

(三)张帆顺横风行驶

横风行驶或侧顺风行驶时,主帆操控索在主帆开始飘动前都应该是松开的,然后略微拉紧一些。航线越顺风,越应该放松主帆操控索,不过要注意避免主帆碰到侧支索。确认吊斜拉器被拉下,垂直地固定住横杆。

调整前帆,使得两侧的风向指示器都向后飘动。如果向风一侧的指示器升高,则卷紧控帆索。如果顺风一侧的指示器升高,则松开控帆索。

帆船在侧顺风行驶时速度最快,但如果船只倾侧得太厉害,导致斜向一边,船就会慢下来。减小船帆面积(收缩主帆和卷起前帆)会使航行更舒适,并且使船以合适的速度航行。

(四)顺风驾驶

逆风驾驶时只需略微调整方向,但顺风驾驶时舵手有更多的事情要做。如果风很强劲,波浪会跟着船只行进(波浪会和船只以相同的方向移动),实际上浪花会推动船尾左右摇摆。舵手必须提前预计并行动起来,通过不断地调整航线,尽可能保持船只以直线航行。这对舵手来说很耗体力,所以最好让每个船员掌一会儿舵。

(五)蝴蝶帆

绝对顺风时,最有效的航行方法就是将前帆拉成"蝴蝶帆",即在向风一侧将前帆拉出。如果有系在船桅和帆耳上的支撑杆撑出船帆,就最有效了。如果没有这根支撑杆,舵手必须在不换舷的情况下受逆风行驶,这时要求舵手的注意力高度集中并且技巧熟练。主张帆杆上必须系上辅助索,以防意外的顺风换舷。

(六)顺风安全

当心横杆。船尾座上的船员要保持身体略低的状态,以防意外的换舷。往甲板上走动时更要注意。另外,要用一只手抓紧船,因为船可能会突然摇晃起来。

(七)顺风换舷——从另一个方向换舷

如果风从船尾吹来,根据风向角图示,船朝着6点钟的方向行驶,就是正顺风行驶。侧顺风行驶和正顺风行驶之间并没有明确的分界线:帆船到达两者临界点时,前帆开始完全不受风,并被主帆遮挡着。

正顺风行驶时,舵手要比在其他任何航向上都更小心,一时疏忽就会导致意外顺风换舷。如果当时风很大的话,容易对船造成损坏,甚至伤到船员。正因为如此,许多船员都尽量避免正顺风行驶,而是偏转10度左右,侧顺风行驶,从而避免意外顺风换舷。所以,我们在正顺风行驶之前,一直要保持侧顺风行驶。

如果一直以同一种侧顺风航向行驶,我们可能无法到达终点,有时候,我们必须换舷。同时要确保顺风换舷是提前计划好的,并且在掌控之中,我们期望每个顺风换舷都是这样的。

1.顺风换舷的定义

和迎风换舷一样,顺风也需要换舷(受风面)。顺风换舷时,船偏离风向——在风向角图示中的下风区域,从5点转向7点(或从7点转向5点)。船不会受到无法航行区的限制,可以转一个小小的弧度,整个过程都由风力驱动着前进。在顺风行驶时,风从船尾吹向主帆,往往很突然,且风力巨大。为了顺利操作,舵手和船员必须紧密协作。

2.主帆和前帆的顺风换舷

顺风换舷时,你要把精力集中在调整主帆上。由于此时部分前帆被主帆遮挡着,所以操作比较简单。顺风换舷的操作完成后,主帆已经调整好了,你就可以全力操纵前帆了。适宜风力下,驾驶小型龙骨船侧顺风换舷,操作步骤如下:

(1)先侧顺风行驶,把两面帆都调整好。每根前帆缭绳和主帆缭绳处各安排一名船员。

(2)确认前方水域毫无障碍之后,舵手下"准备顺风换舷!"或者意思类似的命令。

(3)控制下风面前帆缭绳的船员准备放松缭绳,就像抢风时的操作一样,不同的是现在绳索承受的负荷很小。控制上风侧前帆缭绳的船员(在小型龙骨船上,这两根前帆缭绳可能由同一个人控制)收紧缭绳,并把绳索往绞盘上绕一两圈。准备好之后,控制缭绳的所有船员回答:"准备完毕!"

(4)船上所有人员都要避开主帆缭绳和横杆的运动轨迹。

(5)舵手仍然坐在上风面,宣布"顺风换舷喽!"把舵柄拉向自己(或者把舵轮顺着船要转的方向转动),慢慢地让船偏离风向。

(6)控制主帆缭绳的船员快速拉紧缭绳,并且保证绳索尾端可以自由收放,以方便在顺风换舷之后放松缭绳。前帆一旦不受风,位于新的下风侧前帆缭绳处的船员拉紧缭绳,放松位于新的上风侧的前帆缭绳。

(7)船转过正顺风航向之后,强大的风力从船尾吹向主帆,并把它推向一边。船员必须迅速且小心地放松主帆缭绳,直到主帆能够适应新的侧顺风航向。

(8)到达新的侧顺风航向后,舵手转移到新的上风面,并把舵柄回正。船员根据新的航向来调整船帆。

顺风换舷时,帆船转向的最佳船速及最佳时间,都是因船而异的,而且还取决于当时的具体情况。我们若要从一个侧顺风航向转到另一个侧顺风航向,就要转向30度左右。虽然理论上可以从一个正横风航向转到另一个正横风航向,即180度转弯,但是在顺风换舷时,转向角度越大,操作越难。顺风换舷完毕后,你可以再贴近风向行驶(作为附加步骤)。

强风下行驶时,应该放弃顺风换舷(因为这样操作很危险),而用另一种更容易的方式:迎风换舷。

七、倾覆扶正的技术

(一)控制侧倾

强风下航行,帆船会侧倾得更厉害,尤其是在近迎风行驶——船侧倾最厉害的风向角,以及远迎风和正横风行驶的时候。侧倾多少度才算合适呢?在稳向板船上,侧倾最好不要超过10度(船员须站在上风面压舷来控制侧倾)。在龙骨船上,侧倾角度取决于船本身,但一般来说,如果船侧倾超过15度到20度,就很难笔直前行,因为风力和侧倾结合,会产生一种转向力,而这种力量往往会让船迎风偏转。此时你就感觉到了上风舵,转动舵柄(或舵轮)让船偏离风向非常困难。

带一点上风舵是有利的,这样舵手的手感会更好,他也可以离开一会儿去做别的事情,船就会迎风偏转然后减速。若是下风舵的话,帆船常转向顺风,甚至可能造成意外顺风换舷,所以是无利的。

1.风力增强时控制侧倾的步骤

(1)让船员都移到船的上风面。

(2)拉紧主帆后拉索,增加(主帆和前帆的)帆前缘的张力。

(3)在近迎风行驶时,把船稍微贴近风向,让船帆处于"调整不够"的状态(让气流线舞动)。

(4)减小主帆受到的风力。一般是从后往前,所以要先放松主帆缭绳或滑轨。

要点:在持续强风下与在偶然强风下航行是不一样的。以上方法有助于应付偶然袭来的强风。最好在主帆缭绳或滑轨处安排一名船员,强风袭来时,迅速放松主帆缭绳,强风一过,马上拉紧主帆缭绳。

(5)采取以上所有步骤之后,若船仍侧倾,就应该采取更复杂的方法,即减少船帆受风面积,最简单的途径是放下前帆(如果有卷帆器,就把前帆卷起来),因为龙骨船只使用主帆比只使用前帆效果更好。

(6)如果可能的话,换一面更小的前帆。有些帆船配备有不同尺寸的前帆,以应付不同的风况。

(7)通过缩帆(reefing),减少主帆面积。

2.缩帆

缩帆可减少船帆展开面积,以减小风作用在帆上的力量。

缩主帆时,先降一部分主帆,重新装帆前角和帆后角,比正常的位置要高。缩主帆有几种不同的方法,若想在强风中顺利缩帆,你就要多加练习。

如果有卷帆器,就可以把前帆卷起来;如果没有卷帆器,则前帆没有固定的缩帆方法,风力增大时,你可以放下当前的前帆,然后升一面更小的前帆。

要点:强风下要避免顺风行驶,因为操舵困难,且易出现意外顺风换舷。此时,要迎风偏转到侧顺风行驶,才能更好地操舵。

(二)扶正技术

(1)传统扶正

在传统扶正方法中,没有人在船里。因此,帆船在大风状况下可能很快再度倾覆。因此,在扶正前先将船首顶风。这就要求船员在水中旋转帆船,这对船员来说可能十分艰巨。一旦旋转完毕,一名船员就待在船首保持顶风状态,而另外一名船员爬上船并控制帆船。由于传统扶正法较难操作,所以应优先采用铲式扶正法,使帆船能更快地恢复航行。

(2)轻松扶正

针对即将倾覆的翻船状况,可采用轻松扶正法来恢复平衡(这种方法需要船员具备熟练的操船技术和敏捷的反应）。当船开始倾覆时，帆桁经常被拖到水中，这能减缓帆船倾覆的速度。如果行动迅速，在帆船完全倾覆前，船员可以跨过离水的舷边跳到抬出水面的中央板上。如果船员犹豫太久，帆船将全部倾覆。

一旦爬到了露出水的船底，船员应该将体重尽量压在中央板上，并紧抓船缘或侧支索等。船员身体向后仰，帆船将逐渐扶正恢复到正常的姿态，船员即可重新爬回驾驶舱。

所有这些动作应迅速、流畅地完成。在好天气、水温较高的季节，可刻意操练使船倾覆，并用这种方式来恢复船的平衡。

八、落水救援的技术

（一）船员落水

不管在任何时候、任何船上，你最不想听到的就是："有人落水!"意外落水听起来可能很滑稽，但是必须严肃对待，即使是在风平浪静的环境下也不能掉以轻心。冰冷的海水、较低的气温、有限的能见度、夜晚、狂风大浪，这些因素都会减小成功救人的概率。任何拖延都会降低落水人员生还的机会。最好的做法是预防落水，然而万一发生了，就要立即做好救人准备。

（二）全力救人

一旦有人落水，其他所有船员必须目的集中：把落水人员救回船上。必须尽快做4件事，同时也要避免威胁到其他船员的安全。

1. 不要让落水船员脱离视线。
2. 给他抛一个救生圈或其他漂浮设备。
3. 船员准备好救人，让船回到远迎风航向，在落水人员上风面停船，并且离他足够近。
4. 把他拉上船。

有多种方法可以把船驶回落水人员附近，要选择哪种方法，则取决于船员的经验和能力、船上的船员人数、船的类型、天气情况以及其他一些因素。所有的救人方法都是相似的，都包括以上介绍的4个重要环节。

不管采取哪种救人方法，初步的行动都是一样的。

（三）救人的行动

1. 第一反应

看到船员落水了，要立即呼喊："有人落水!"舵手指派一名船员紧盯住落水人员，离落水人员最近的船员赶紧朝他抛出漂浮设备。任何能漂浮的东西，如防碰球、坐垫都能在这个紧要关头发挥作用，但是最好船上有Ⅳ类可抛型个人漂浮设备，并确保能快速地抛向落水人员。在恶劣的天气下，落水人员几秒钟内就可能从视线中消失，若他周围有一些漂浮设备的话，有利于船上的人员盯住他，而且这些设备能帮助落水人员浮在水面上，尤其是当他穿着很多衣服的时候。

同时，另一名船员找一根结实的长绳，绳索一端打上单套结，绳圈要足够大，能够围住落水人员的身体。

在整个救人的过程中，都要指定一名船员紧紧盯着落水人员，千万不要转移视线，时刻指着落水人员的位置,并且和舵手沟通,向他描述落水人员的方位(距离,比如三条船的长度;方向,比如在船尾)。

2."8"字救人法(如图 10-2-2 所示)

这种策略首先需要把船驶离落水人员,你可能觉得不对,但是船员需要一定的时间,准备救人设备,拉出足够的航行距离,并以合适的风向角朝落水人员行驶,船速要慢,而且要在掌控之中,装备齐全地去救人。一名船员在绳索上打个单套结,另一名船员准备好其他救人设备,比如登船梯。

(1)让船正横风行驶,继续驶离落水人员。距离他大概为 4 到 6 条船的长度(20 到 30 秒的航程)就足够了,风较小,距离较近;风较大,距离较远。船在正横风行驶时,舵手根据船员(紧盯落水人员的船员)的指引,准备换舷时要回头两三次,查看落水人员的位置。

(2)迎风换舷,然后侧顺风朝落水人员下风面行驶,距离他要有几条船的长度。放松前帆缭绳以减小动力。

(3)迎风偏转,然后远迎风朝落水人员上风面行驶,略微超过他。你要经过长期的训练之后,才能准确地判断何时转向。在远迎风行驶时,需要驶开足够的距离,从而能在接近落水人员之前让船速降下来。

要点:把船行驶到落水人员的上风面,在大多数情况下,这是最安全的方法。船可以给落水人员挡住风浪,而且容易向他抛出绳索。如果船离落水人员太远,你就要调整船帆,让船顺着风朝着落水人员驶去。但是要格外小心,千万别撞到落水人员。

(4)和减速朝浮筒行驶一样,远迎风行驶,让主帆抖动以减慢船速,如果还没到达目标点就停下来了,你就要重新调整船帆,加快速度。

(5)以不超过一节的船速(相当于步行的速度)朝落水人员行驶。

要点:船不能停下来,船一旦停下来,你就完全失去了操舵的能力。

(6)船一接近落水人员,当务之急就是用绳子把他拉住。用单套结的绳环套住他的身体。千万不要让船远离落水人员,因为再做一个"8"字形行驶会浪费很多时间。

(7)用绳子拉住落水人员后,让船朝向风以降低船速,但是要避免撞到落水人员。此时,船较难控制。船上可能会很混乱,但是一定要集中精力把落水人员救上船。

(四)营救落水人员

快速的反应、密切的注意、良好的团队合作、反复的练习才能保证你在最短的时间内驶回落水人员的位置。当你靠近落水人员后,就不能让船再前进了。

落水人员被绳子拉住之后,船长或经验最丰富的船员留在船上,由他决定如何把落水人员救上船,并协调船员的行动。如何完成这一步,关键在于落水者本人,即他自己是否能够上船,同时还受船的类型、尺寸和船员的能力等因素的影响,这些将影响救人策略的选择。

(五)帮助落水人员爬上船

如果落水人员意识清醒,自己能够上船,则指示他从登船梯爬上船。这种方法取决于海面情况和落水人员自己是否有能力爬上来。

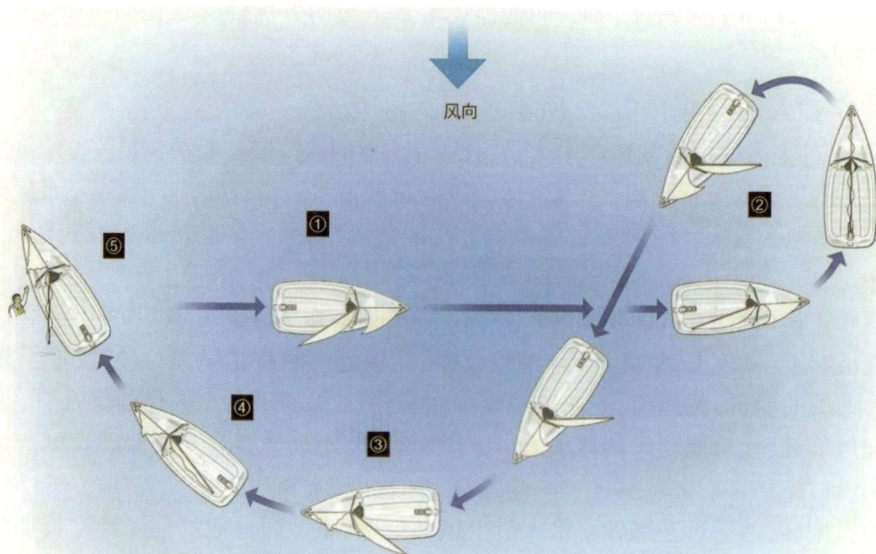

图 10-2-2 "8"字救人法

（六）用手拉落水人员上船

如果船员的联合力量足够大、落水人员足够轻,最快速的方法就是用救生绳、衣服、手臂直接把他拉上船。这种方法适用于干舷较低的小帆船,而且船上要有足够多的人员。

（七）使用绞盘

如果落水人员很重,自己无法爬上船,而且船员的力量不够大,那么可以使用(驾驶舱/桅杆)绞盘,它能提供足够的拉力。如果落水人员在右舷边,则使用左舷的绞盘,反之亦然,以避免救生绳的绳圈在关键时刻绞缠到绞盘上。

不管在什么时候使用绞盘,都要小心地缠绕绳索,避免交叉重叠。

要点:要小心安全地把落水人员拉上船,不要太猛,免得他撞到船上,造成更大的伤害。

如果船上有一根备用的起帆索,你可以用它把落水人员提到一定的高度,然后解下救生绳。这可能需要一点时间和一定的技术,但是落水人员提上来的角度越垂直,就越容易操作。

九、出航与返航的技巧

大多数航海经历的开始和结束都是最具挑战性的部分。离开和返回码头需要掌握时机、判断速度和距离,并根据需要利用风力保持或降低船的速度。只需知道一些简单的原理,就能很容易地掌握它。

（一）从码头出发

从下风侧码头出海很容易,因为风会推着帆船离开。出发前,降低稳向板,升起帆并使帆船处于禁止区,然后轻推船头使之离开码头,松帆,横风行驶。离开上风侧码头需要一些技巧。

你需要掌握时机,做好出发后立刻迎风行驶的准备。如果没有做好准备,帆船可能被吹回码头。如有可能,将船移到下风侧码头位置,然后出发。

(二)返回码头或抛锚处

当你返回码头的时候,你应该使你的船安全地滑到停泊处。帆船滑到停泊处的距离称为滑行带。滑行带的长度取决于船的速度、重量和风力的大小。更快的速度或更沉的重量意味着更长的滑行距离。强风将使一条船更快地停止。当你需要抛锚时,了解帆船在不同条件下的滑行带是很重要的。

(三)停到抛锚处

停到抛锚处最好的方法就是使船进入禁止区,滑到停泊处。判断不同条件下的滑行带是一个挑战,所以不要指望你的停靠每次都很完美。即使是很有经验的水手,有时也要停靠多次才能将船停至抛锚处。

如果对这种停靠方式有疑问,你可以向上风处驾驶帆船,将船驶到停止区,降低帆的高度,漂到或用桨划到抛锚处。

(四)抵达码头——下风侧

对于初学者而言,最简单的返回码头的方式即以横风方向慢慢抵达码头。更好的方式是掉转船头到禁止区,再缓缓滑靠码头。

每次都要计划好一条逃避线路,以防风向突变或判断滑行带错误。

如果抵达码头速度过快,你可以利用主帆来迅速地降低船速,帆船将开始向后航行。在开放水域练习这种技术,避开障碍物,有助于你更灵活地掌握技巧。

(五)抵达码头——上风侧

与从上风侧离开码头一样,将帆船停靠在码头的上风侧也具有挑战性。如有可能,尽量在下风侧停靠码头。

要点:当返回码头时,经常会发现风向与出发时不一样,所以你可能不得不在另外的地方停靠。基于以上原因,你应该提前想好,并对如何以不同的方向安全地离开和抵达码头有一个严密的计划。计划一条逃离线路,以防第一次停靠没有成功,同时设想你的滑行区。记住,慢速靠岸比快速靠岸要好,好的判断和计划是很必要的。

十、实操训练

(一)扬帆起航前的准备工作训练

完整说出有关气象、海况、船况、个人装备等具体检查或准备的内容。

(二)首次航行的注意事项训练

完整说出首次出航的注意事项。

（三）迎风航行（逆风航行）训练

1. 艇长操舵控制帆艇航向,使右(左)舷艇首迎风,风向角为 30~45 度。

2. 同时指令前帆缭手将前帆固定在下风舷,主帆缭手调整缭绳使主帆帆面与艇首尾线平行或者向下风侧轻微偏转。

3. 其间,评估员可向艇长询问航向、风向、风力的大小以及判断方法。

4. 评估员择机指令艇长做加速或减速操作。

5. 艇长指令缭手调整帆面的迎风角或用舵调整航向做加速或减速航行。

（四）迎风换舷（迎风转向）训练

1. 教练员发出"迎风换舷(迎风转向)"指令。

2. 艇长复述指令后,向队员发出准备换舷的口令(如:"注意右前方水域是否安全""前帆缭手注意,准备松左前缭、收右前缭""主帆缭手保持主缭绳受力")。

3. 各队员准备就绪,并向艇长报告。

4. 艇长向右舷操舵使艇首迎风转向,待艇首正迎风时,发出"前帆换舷"的口令。

5. 前帆左右缭手迅速做出换舷操作,主帆缭手调整缭绳,使主帆受风,并防止主帆向下风过度偏转。

6. 艇长操舵稳定航向,使左舷艇首迎风(风向角为 30~45 度)。

7. 继续保持以上航向航行约 2 分钟。

（五）顺风偏转训练

1. 教练员发出"顺风偏转"指令。

2. 艇长复述指令后,向队员发出准备顺风偏转的口令(如:"注意周围水域是否安全""各缭手准备松缭绳")。

3. 各队员准备就绪,并向艇长报告。

4. 艇长向下风舷操舵,待艇首向下风偏转时,发出"逐渐松缭绳"的口令。

5. 主帆缭手逐渐松缭绳,让主帆慢慢向下风侧偏转;前帆缭手逐渐松缭绳,缓解帆面的张力。

6. 艇长操舵稳定航向,使左舷艇尾受风(风向角为 135~150 度)。

7. 继续保持以上航向航行约 2 分钟。

（六）顺风换舷（顺风转向）训练

1. 教练员发出"顺风换舷(顺风转向)"指令。

2. 艇长复述指令后,向队员发出准备换舷的口令(如:"注意周围水域是否安全""主帆缭手和前帆缭手准备换舷")。

3. 各队员准备就绪,并向艇长报告。

4. 艇长向下风舷操舵至艇尾正顺风并把定航向,然后发出"主帆换舷"的口令。

5. 主帆缭手迅速调整缭绳和横杆,使主帆偏转至另外一舷(此时形成蝴蝶帆)。

6. 艇长继续操舵调整航向至右舷艇尾迎风(风向角为 135~150 度),同时发出"前帆换舷"的口令。

7. 前帆缭手迅速操作前帆换舷。

8. 继续保持以上航向航行约 2 分钟。

（七）迎风偏转训练

1. 教练员发出"迎风偏转"指令。

2. 艇长复述指令后,向队员发出准备迎风偏转的口令（如:"注意周围水域是否安全""主帆缭手准备收缭绳""左前缭手准备收缭绳"）。

3. 各队员准备就绪,并向艇长报告。

4. 艇长向上风舷迅速操舵,待艇开始偏转时,向缭手发出"收缭绳"的口令。

5. 主帆缭手逐渐收缭绳,让主帆慢慢向帆艇首尾线回转,前帆缭手逐渐收缭绳调整前帆受风。

6. 艇长操舵稳定航向,使右舷艇首受风（风向角为 30～45 度）。

（八）帆船倾覆扶正训练

假定在开阔水域,帆船在航行过程中倾覆,能熟练、准确地口述帆船倾覆扶正方法。

（九）人员落水救援训练

1. 在开阔水域,帆船正常航行,考生担任艇长。

2. 发现某舷有人员落水。

3. 艇长立即向队员发出向落水者一舷扔出救生圈的指令,并守望落水人员。

4. 队员迅速向落水者扔出救生圈。

5. 艇长能迅速启动主机和调整缭绳,改变帆艇的航向、航速,接近落水者。

6. 艇长同时用 VHF 发布航行警告。

7. 队员配合将落水人员（用救生圈模拟）捞起。

内河游艇操作与管理练习资源

第一章　游艇基本知识

第一节　游艇的术语及分类

1. 主轴承用来支撑曲轴并保持曲轴轴线正确,使曲轴能平稳运转。
   A. 对　　　　　　　　　　　　B. 错

2. 除特殊情况外,禁止高速运转时按熄火开关停机。
   A. 对　　　　　　　　　　　　B. 错

3. 发动机禁止突然猛加油门。
   A. 对　　　　　　　　　　　　B. 错

4. 在发动机运行中要做到四勤,即勤看、勤听、勤摸、勤嗅。
   A. 对　　　　　　　　　　　　B. 错

5. 在发动机运行中勤嗅是嗅有无不正常的焦煳味。
   A. 对　　　　　　　　　　　　B. 错

6. 船舶转弯、调头时用大舵角,船舶搁浅或遇大风浪都有可能使发动机转速不稳定。
   A. 对　　　　　　　　　　　　B. 错

7. 发动机超速自行停车是指外界负荷突卸后发动机超速(飞车),超速保护装置起作用断油停车。
   A. 对　　　　　　　　　　　　B. 错

8. 发动机冷却水断水会造成活塞和缸套咬死。
   A. 对　　　　　　　　　　　　B. 错

9. 发动机的正常排烟应该是黑色的。
   A. 对　　　　　　　　　　　　B. 错

10. 水泵不良、吸口有异物堵塞、节温器失灵等都会引起发动机温度过高。
    A. 对　　　　　　　　　　　　B. 错

11. 曲轴箱内润滑过多、不足都会产生发动机润滑油压力低的现象。

    A. 对   B. 错

12. 可以在发动机慢速时,调换传动皮带。

    A. 对   B. 错

第二节　车、舵、侧推器的作用

1. 在螺旋桨转速不变时,船速越快推力越大。

    A. 对   B. 错

2. 螺旋桨在进车时做逆时针方向旋转的称左旋单车船。

    A. 对   B. 错

3. 舷外机是利用改变螺旋桨排出流方向来保持或改变航向的。

    A. 对   B. 错

4. 有关游艇螺旋桨的作用,以下说法不正确的是_____。

    A. 螺旋桨旋转,水对螺旋桨叶片的作用力提供了使游艇前进或后退的推力

    B. 水对螺旋桨的作用力的方向完全与艇首尾线方向一致

    C. 螺旋桨的推力与艇受到的阻力平衡时,游艇保持匀速直线运动

    D. 对于有舵叶艇,螺旋桨排出流增加了舵处来流的速度,从而提高了舵力

5. 右旋单桨游艇指的是_____。

    A. 当螺旋桨正车旋转时,从艇尾往前看,顺时针旋转

    B. 当螺旋桨倒车旋转时,从艇尾往前看,顺时针旋转

    C. 当螺旋桨正车旋转时,从艇尾往前看,逆时针旋转

    D. 当螺旋桨倒车旋转时,从艇尾往后看,逆时针旋转

6. 外旋式双桨游艇是指_____。

    A. 进车时,从后往前看,左旋螺旋桨左转,右旋螺旋桨右转

    B. 进车时,从后往前看,左旋螺旋桨左转,右旋螺旋桨也左转

    C. 进车时,从后往前看,左旋螺旋桨右转,右旋螺旋桨也右转

    D. 进车时,从后往前看,左旋螺旋桨右转,右旋螺旋桨左转

7. 游艇在高速航行时,操大舵角,易造成倾覆。

    A. 对   B. 错

8. 舵设备是用来保持游艇航向及改变航向的。

    A. 对   B. 错

9. 游艇高速航行时应用小舵角,低速时才可用大舵角甚至满舵。

    A. 对   B. 错

10. 舵设备是船艇在航行中保持航向和改变航向的设备。

    A. 对   B. 错

11. 增大舵角、加速旋回、增加艉倾都可取得较好舵效。

    A. 对   B. 错

12. 关于游艇侧推器的推力和效率,以下说法错误的是_____。

A. 通过侧推器导管的水流速度越大,侧推力越大

B. 侧推器螺旋桨的直径越大,侧推力越大

C. 艇空载时侧推器的效率比满载时高

D. 艇速越低,侧推器的效率越高

13. 侧推器在游艇处于_____情况下才能发挥其效用,一般速度在_____效果最好。

A. 低速;4 节以下   B. 低速;6 节以下

C. 高速;4 节以上   D. 高速;6 节以上

14. 游艇侧推器一般装设在艇的_____。

A. 首部   B. 尾部

C. 中部   D. 舷侧部分

第三节　推进装置的类型、结构

1. 关于双车艇的说法,以下错误的是_____。

A. 按进车时螺旋桨旋转方向的不同,双车艇有内旋车和外旋车两种形式

B. 如不受外力影响,双车艇两台车以相同转速由静止中进车,艇基本不会偏转

C. 如不受外力影响,双车艇两台车以相同转速由静止中倒车,艇首向右偏转

D. 在艇速低的情况下,双车艇即使不用舵,也可以通过调整两车的转向和/或转速来控制艇首向

2. 在狭窄航道中靠右航行的双车艇,由于岸壁效应艇首开始向左偏转,以下纠正措施中正确的是_____。

A. 停右车,操右舵   B. 停左车,操左舵

C. 停右车,倒左车   D. 停双车,再进右车

3. 双车游艇航行中舵机发生故障,可_____进行临时操纵。

A. 调整双车工况   B. 调整双车的横向力

C. 调整双螺旋桨的距离   D. 操纵困难,应抛锚修理

4. 以下关于无舵叶艇的说法错误的是_____。

A. 除小型外挂机直接以手柄操纵外,无舵叶艇装有操舵装置

B. 无舵叶艇操左或右舵角时,推进器产生的推力方向不再与艇首尾面平行

C. 无舵叶艇进车时操右舵,推进器排出流方向将偏右

D. 无舵叶艇倒车时操左舵,推进器排出流方向将偏左

5. 以下关于无舵叶艇操作注意事项的说法错误的是_____。

A. 无舵叶艇后退时,高速旋转的螺旋桨直接面对障碍物,如果触碰可能产生严重损坏,因此后退之前必须先看清水下状况

B. 无舵叶艇高速航行中转舵,由于推力的横向分力较大,艇体可能出现较大幅度的横倾,因此应当避免高速行驶中急操大舵角

C. 外挂机形式的无舵叶艇,开航前应将抬起的舷外挂机落位,并用锁紧装置固定牢靠

D. 无舵叶艇倒车时也有良好的舵效,倒车中操舵时艇首向操舵同一侧旋转,应注意勿操反舵

第五节　船舶动力装置的构成

1. 航行中经常检查仪表读数是否正常,发现异常应在保证航行安全的前提下停车处理。
   A. 对　　　　　　　　　　　　B. 错
2. 电启动发动机时,如启动困难,应连续启动。
   A. 对　　　　　　　　　　　　B. 错
3. 燃油系统中混入大量的水分或空气时会导致发动机突然自行停车。
   A. 对　　　　　　　　　　　　B. 错
4. 发动机故障排除后,不必盘车检查,供油后就可直接启动。
   A. 对　　　　　　　　　　　　B. 错
5. 发动机在运转中,突然机油压力降到零,应该_____。
   A. 先迅速停车,后查明原因　　　　B. 先迅速查明原因,再停车处理
   C. 降低转速继续运行　　　　　　　D. 迅速加车,看机油压力是否恢复

第六节　动力装置的种类及优缺点

1. 四冲程柴油机四个冲程的先后次序是_____。
   A. 进气—压缩—膨胀—排气　　　　B. 进气—膨胀—压缩—排气
   C. 进气—膨胀—排气—压缩　　　　D. 进气—排气—压缩—膨胀
2. 游艇配备的发动机按工作原理分不外乎两种,即_____。
   A. 单冲程发动机和二冲程发动机　　B. 二冲程发动机和三冲程发动机
   C. 三冲程发动机和四冲程发动机　　D. 四冲程发动机和二冲程发动机
3. 在二冲程汽油摩托艇水域周围经常能看到泛着光泽的滑油,其原因是_____。
   A. 摩托艇泄漏了大量的滑油
   B. 摩托艇泄漏了少量的汽油
   C. 二冲程汽油机排气中含有未经燃烧的滑油
   D. 摩托艇倾倒了大量食物垃圾
4. 舷外机的游艇,控制航向靠的是_____。
   A. 操艇　　　　　　　　　　　　B. 螺旋桨推力方向的改变
   C. 螺旋桨的不同旋转方向　　　　　D. 螺旋桨螺距的改变
5. 关于喷射推进器的主要特点,以下错误的是_____。
   A. 推进效率较低　　　　　　　　B. 操作性能和动力定位性能优异
   C. 日常维护和保养简单　　　　　　D. 工作平稳,噪声小
6. 以下不属于喷射推进器组成部分的是_____。
   A. 水泵　　　　　　　　　　　　B. 螺旋桨
   C. 吸口　　　　　　　　　　　　D. 管道

第二章　游艇仪表

1. 游艇在航行时发动机发出警报,这时应采取的行动是_____。

    A. 不要理睬,继续航行

    B. 按下警报确认键,暂时不做处理

    C. 迅速查看警报项目,及时处理

    D. 敲打警报板直至警报消失

2. 对由微机控制的如沃尔沃–遍达(Volvo Penta)IPS 发动机系统,当出现电脑警报且无法自行处理时,应_____。

    A. 询问是否有电脑爱好者在艇上,以便请他处理

    B. 将电脑板拆下

    C. 先自己将 IPS 系统拆开看看,然后报修

    D. 报专业服务工程师到现场处理,切勿自行随意拆卸

第三章　游艇助航仪器

第一节　磁罗经的使用和维护保养

1. 用罗经点划分方向,相邻两罗经点之间的角度为_____。

    A. 11 度 15 分　　　　　　　　　　B. 22 度 30 分

    C. 25 度　　　　　　　　　　　　　D. 45 度

2. 左舷、右舷是人站在船首向后看确定的。

    A. 对　　　　　　　　　　　　　　B. 错

3. 罗经液中酒精的作用主要是使混合液的冰点降低。

    A. 对　　　　　　　　　　　　　　B. 错

4. 真北与罗北之间的夹角为_____。

    A. 磁差　　　　　　　　　　　　　B. 自差

    C. 罗经差　　　　　　　　　　　　D. 陀罗差

5. 航海上划分方向的方法中最常用的是_____。

    A. 半圆周法　　　　　　　　　　　B. 圆周法

    C. 罗经点法　　　　　　　　　　　D. 四点方位法

6. 真北与磁北之间的夹角称为_____。

    A. 磁差　　　　　　　　　　　　　B. 自差

    C. 罗经差　　　　　　　　　　　　D. 陀罗差

7. 舷角是_____。

    A. 航向线至物标方位线的夹角

    B. 物标的方向

C. 真航向减去真方位

D. 从真北方向线顺时针至物标方位线的夹角

8. 航海上常用罗经测定物标的方位。

A. 对 B. 错

9. 磁罗经罗盆内混合液体中放入酒精,其作用是降低冰点。

A. 对 B. 错

10. 真方位是船首尾线至物标方位线的夹角。

A. 对 B. 错

11. 用罗经点划分方向,相邻两罗经点间的夹角为 11 度 15 分。

A. 对 B. 错

12. 罗经的作用为指示航行的方向。

A. 对 B. 错

第二节 VHF 设备的使用

1. 严禁在 VHF 上讲私话,通话要简明扼要,仅限于船舶安全生产等业务。

A. 对 B. 错

2. 游艇船员可以利用游艇所配备的 VHF 16 频道与公司或家人、亲友通信联络。

A. 对 B. 错

3. _____频道是公共频道,是遇险与呼叫的专用频道,在日常业务通信中,只能用于建立通信联系的呼叫。

A. 06 B. 08

C. 16 D. 24

第三节 电子导航设备的功能及使用

1. 在雷达荧光屏局部区域上出现的一片疏松的棉絮状的干扰波是_____。

A. 雨雪干扰 B. 噪声干扰

C. 海浪干扰 D. 同频干扰

2. 影响 GPS 卫星导航系统的定位精度的主要因素有_____。

①控制 GPS 的国家可以人为控制民用定位精度;②卫星定位系统自身的技术状况;③用户当时当地能够观测到的卫星的数量和卫星的仰角;④卫星定位系统与海图测绘所用的大地坐标系不同而引入的误差

A. ①②③ B. ②③④

C. ①③④ D. ①②③④

3. GPS 卫星导航系统属于_____导航系统。

A. 近距离 B. 中距离

C. 全球 D. 远距离

4. AIS 设备动态数据主要有_____。

①船名;②呼号;③航行状态;④吃水;⑤本航次目的港、预计抵达时间;⑥海员数等

A.①②③④　　　　　　　　　　　　B.③④⑤⑥

C.①②⑤⑥　　　　　　　　　　　　D.③④⑤

5. 在雷达荧光屏上,有碰撞危险的回波信号是_____。

　　A. 舷角增大,距离增大　　　　　　B. 舷角减小,距离增大

　　C. 舷角减小,距离减小　　　　　　D. 舷角不变,距离减小

6. 游艇在能见度不良水域使用雷达避让来船,按照《1972 年国际海上避碰规则》的要求,以下说法错误的是_____。

　　A. 避让行动应更加体现积极、及早、大幅度、宽裕让清他船的要求

　　B. 如果通过转向避让,除对被追越船外,对于正横前的船应当避免向左转向。此时游艇通常采取的措施是大幅度右转,直到来船位于本艇左舷 30~90 度

　　C. 如果通过转向避让,对于正横或正横后的船应当朝着它转向。此时通常根据来船的方位转向,直到来船处于本艇正后方

　　D. 如果游艇驾驶员对转向避让没有把握,或者与他船正在形成紧迫局面,应尽快减速或把艇停住,鸣放声号,并通过 VHF 向周围船舶通报

第四章　动力装置的日常检查与保养

第一节　机舱设施设备的名称及功用

1. 关于游艇发动机上的水分离器,说法正确的是_____。

　　A. 水分离器是燃油系统内过滤杂质和去除水分的一个滤过性元件

　　B. 水分离器是一种防污染设备

　　C. 水分离器就是分油机

　　D. 水分离器是一种净水器

第二节　日常电路及蓄电池的检查保养

1. 下列对游艇上电瓶的日常养护应注意的事项中,正确的是_____。

①保持电瓶接线清洁;②保持电瓶接线绝缘和接头处稳固;③防止短路或电弧引起爆炸;④经常用水清洗

A.①②③④　　　　　　　　　　　　B.①③④

C.①②④　　　　　　　　　　　　　D.①②③

2. 下列对电路系统停止工作的故障排除方法中,正确的是_____。

①首先检查总配电板上相关的保险丝或电路断路器;②关掉点火装置和其他所有开关,包括电路断路器;③检查任何烧断了的保险丝,一经发现,马上将其更换;④如果同一处的保险丝再次烧断或断路器关闭,可找其他导线代替继续使用该电路

A.①②③　　　　　　　　　　　　　B.①②③④

C. ①②④   D. ①③④

3. 对于使用酸铅蓄电池的老式游艇,对蓄电池要定期测定电解质溶液的比重。其目的是_____。

  A. 判断蓄电池电量是否充满

  B. 判断蓄电池是否漏电

  C. 判断蓄电池重量是否足够

  D. 判断电解质浓度是否符合规定要求

第三节　经常性检查保养项目

1. 游艇抵达码头应停稳系牢、放好靠垫,并_____。
①怠速数分钟后停机;②关闭油箱阀门;③关闭海底阀阀门;④关闭电源总开关;⑤冬天要放尽发动机内存水;⑥关闭门窗
A. ②③④   B. ①②③
C. ④⑤⑥   D. ①②③④⑤⑥

2. 游艇靠泊时我们需要注意的是_____。
①当时的风向及风速;②靠泊时的流向及流速;③动力装置运转情况;④靠泊时的潮高
A. ①②③④   B. ①③④
C. ①②④   D. ②③④

3. 我们在决定靠泊方案时要考虑哪些环境因素?
①风力的大小;②人为因素;③泊位前后是否清爽;④流向和流速
A. ①②③④   B. ①③④
C. ②③④   D. ①②④

4. 游艇回港靠泊妥当后,人员离艇前需要检查确保哪些工作?
①检查前后缆绳是否妥当;②关闭动力装置;③关闭助航仪器;④关闭所有水密门窗
A. ①②③④   B. ①②③
C. ②③④   D. ①②④

5. 游艇发动机的飞车是指_____。

  A. 发动机全速运行时的转速

  B. 游艇全速运行时的转速

  C. 发动机的转速超过标定转速110%以上

  D. 发动机发生共振时的转速

6. 在游艇的起航和加速过程中,应_____。

  A. 立即大幅加大或减小油门,以体现本游艇优良的加速特性

  B. 立即加速至共振转速区,使游艇产生抖动,增加娱乐性

  C. 随艇速的逐渐增加慢慢加大油门,以免发动机超负荷

  D. 立即开启所有娱乐设备

第五章　动力装置常见的故障及其辨别与排除

1. 游艇启动马达不能启动的原因可能是＿＿＿＿＿＿。
   ①调挡杆未放在空挡位置；②电瓶与接线松脱或腐蚀；③保险丝熔断；④没有加满燃油
   A.①②③④　　　　　　　　　　B.①②③
   C.①②④　　　　　　　　　　　D.①③④

2. 游艇发动机运转但艇只能前进少许或停滞不前的原因是＿＿＿＿＿＿。
   ①螺旋桨松动、打滑；②螺旋桨轴弯曲；③螺旋桨弯曲、断裂、失修或受阻；④油箱燃油不足
   A.①②③④　　　　　　　　　　B.①②④
   C.①③④　　　　　　　　　　　D.①②③

3. 发动机失掉功率或不能加速的原因可能有＿＿＿＿＿＿。
   ①火花塞损坏或型号不正确；②燃油泵过滤器阻塞；③燃油系统内有水或污物；④进水口阻塞及冷却水系统不能正常工作；⑤过热限速警报系统开动；⑥蓄电池电流不足
   A.①②③④⑤⑥　　　　　　　　B.①②③④⑤
   C.①②③④⑥　　　　　　　　　D.①③④⑤⑥

4. 游艇发动机启动困难，关于驾驶人员可采取的排除措施，下列说法错误的是＿＿＿＿＿＿。
   A. 检查燃油油位、更换燃油滤器、油柜放残等，以确保燃油供应顺畅
   B. 检查清洁蓄电池接头并充电，确保电力启动系统电量充足
   C. 检查操纵手柄是否放在空挡以及离合器是否脱排，防止启动时阻力矩过大
   D. 如果艇机有离合装置，还应考虑螺旋桨是否有渔网等外物缠绕

5. 游艇发动机出现某些异常现象时，驾驶人员可采取减速航行的方法，慢速坚持开回港后修理，而出现以下哪种情况时则必须立即停车？
   A. 发动机排气温度偏高　　　　　B. 发动机高速运转时产生较强振动
   C. 发动机排气颜色不正常　　　　D. 发动机运转时，气缸发出敲击声

6. 发现游艇发动机排气颜色不正常时，应适当减速回港修理。正常的排气颜色应该是
   ＿＿＿＿＿＿。
   A. 白色　　　　　　　　　　　　B. 蓝色
   C. 黑色　　　　　　　　　　　　D. 淡灰色

7. 游艇动力装置突然停止，下列做法错误的是＿＿＿＿＿＿。
   A. 检查排气口积炭，清除积炭　　B. 检查燃油是否充足
   C. 检查舵机是否故障报警　　　　D. 检查机器是否超负荷

8. 发现游艇机器过热，下列做法错误的是＿＿＿＿＿＿。
   A. 检查冷却水循环系统是否堵塞　B. 检查排气口是否堵塞
   C. 检查冷却水水温表是否正常　　D. 检查循环系统各入口是否正常

9. 若发动机无法启动，下列做法错误的是＿＿＿＿＿＿。
   A. 检查报警装置是否正常　　　　B. 检查是否使用了不正确的启动方式
   C. 检查油管是否接通或折堵　　　D. 检查油箱是否有燃油

10. 游艇动力装置运转不稳定的主要原因有_____。

　　①负荷不稳定；②燃油供给不均匀；③进气量不足；④排气系统堵塞

　　A. ②③④　　　　　　　　　　　　　B. ①②③④

　　C. ①③④　　　　　　　　　　　　　D. ①②③

11. 表明发动机燃油不完全燃烧的现象是_____。

　　A. 排烟呈蓝色　　　　　　　　　　　B. 排烟呈浓黑色

　　C. 排烟呈白色　　　　　　　　　　　D. 排烟呈无色

12. 游艇航行中要经常留意发动机的排烟情况，这是因为_____。

　　A. 通过排烟可以判断风向

　　B. 排烟颜色能反映气缸内燃烧情况

　　C. 排烟类似古代的烽火，是一种求救信号

　　D. 排烟有推动船舶的功能

第六章　航行规则及相关安全管理法规

第一节　内河水域航行规则概述

1. 下列叙述正确的是_____。

　　①游艇驾驶人员不得酒后驾驶；②游艇驾驶人员不得疲劳驾驶；③冬天游艇出海航行，驾驶人员为御寒可以适当少量饮酒驾驶

　　A. ①②③　　　　　　　　　　　　　B. ①③

　　C. ①②　　　　　　　　　　　　　　D. ②③

2. 以下哪种法规对船舶交通安全管理水域的具体区域做出了规定？

　　A.《中华人民共和国海上交通安全法》

　　B.《中华人民共和国船舶交通管理系统安全监督管理规则》

　　C.《游艇安全管理规定》

　　D. 当地海事管理机构为所辖水域制定的航行规则

第二节　游艇交通管理系统有关规定

1. 制定《中华人民共和国船舶交通管理系统安全监督管理规则》的目的是_____。

　　①加强船舶交通管理；②保障船舶交通安全；③提高船舶交通效率；④保护水域环境

　　A. ①②③④　　　　　　　　　　　　B. ①②③

　　C. ①②④　　　　　　　　　　　　　D. ①③④

2. 船舶交通管理系统的简称是_____。

　　A. VDR　　　　　　　　　　　　　　B. VTS

　　C. VRT　　　　　　　　　　　　　　D. VST

3. 全国船舶交通管理系统安全监督的主管机关是_____。

A. 海事局   B. 海洋局

C. 渔业局   D. 环保局

4. 船舶、设施发现_____时,应当迅速报告主管机关。

  A. 有碍航行安全的异常情况   B. 风力增强

  C. 气温下降   D. 雷暴天气

第三节　游艇安全管理规定

1. 游艇,是指仅限于游艇所有人自身用于_____等活动的具备机械推进动力装置的船舶。

  A. 经营   B. 垂钓

  C. 航行   D. 游览观光、休闲娱乐

2. 下列叙述正确的是_____。

①游艇驾驶人员及其他乘员对在航行、停泊时发现的水上交通和污染事故、求救信息或者违法行为应当及时向海事管理机构报告;②对需要救助的,在不严重危及自身安全的情况下给予救助;③遇到与自己无关的水上交通和污染事故,应尽快离开现场,以免惹是生非

  A. ①②③   B. ①③

  C. ①②   D. ②③

3. 临时船舶国籍证书的有效期一般不超过_____年。

  A. 5   B. 3

  C. 2   D. 1

4. 船舶国籍证书的有效期不能超过_____年。

  A. 1   B. 2

  C. 5   D. 8

5. 制定《游艇安全管理规定》的目的是_____。

①规范游艇安全管理;②保障水上人命和财产安全;③防治游艇污染水域环境;④促进游艇业的健康发展;⑤控制游艇业的盲目发展

  A. ①②③④⑤   B. ①②③⑤

  C. ①②④⑤   D. ①②③④

6. 游艇操作人员在中华人民共和国管辖水域内驾驶游艇,应持有_____。

  A. 海事管理机构签发的游艇驾驶证

  B. 海事管理机构签发的机动船驾驶员适任证书

  C. 海事管理机构签发的海船驾驶员适任证书

  D. 海事管理机构签发的渔船驾驶员适任证书

7. 中华人民共和国海事局统一实施全国游艇水上交通安全和防治污染水域环境的监督管理。

  A. 对   B. 错

8. 游艇乘员额定_____人以上,按照客船进行安全监督管理。

A. 10   B. 12

C. 6   D. 8

9.《游艇安全管理规定》的宗旨是_____。

①规范游艇安全管理;②保障水上人命和财产安全;③防治游艇污染水域环境;④促进游艇业的健康发展;⑤提高游艇操作和管理人员的技能水平

A. ①③⑤   B. ①②③④

C. ②④⑤   D. ②③④⑤

10. 统一实施全国游艇水上交通安全和防治污染水域环境的监督管理的主管机关是_____。

A. 中华人民共和国海事局   B. 中华人民共和国海洋局

C. 中华人民共和国渔业局   D. 中华人民共和国边防派出所

11. 游艇俱乐部是指为加入游艇俱乐部的会员提供游艇保管及使用服务的依法成立的组织。

A. 对   B. 错

12. 游艇操作人员不得酒后驾驶、疲劳驾驶。

A. 对   B. 错

13. 开航前,驾驶员应向随航人员简述安全注意事项。

A. 对   B. 错

14. 小型敞开式游艇上的所有人员都应穿着救生衣,高速航行时尽量不站立或走动,拉好座位附近的拉手,不向舷外的水中捞取物品,以免失稳落水。

A. 对   B. 错

15. 小型船舶的安全检查,一般在船舶停泊或作业期间进行。

A. 对   B. 错

16. 在敞开式艇上的人员,都必须穿着救生衣。

A. 对   B. 错

17. 按照《游艇安全管理规定》对游艇的定义,下列说法错误的是_____。

A. 游艇的使用仅限于游艇所有人自身的游览观光、休闲娱乐等活动

B. 游艇从事营业性运输,应当按照国家有关营运船舶的管理规定,办理必要的手续

C. 游艇必须具备机械推进动力装置

D. 游艇的长度应不小于5米

18. 游艇上岸存放的方法之一是_____。

A. 吊上岸   B. 吊上岸并放置在专用支架上

C. 艇首端搁上岸   D. 艇尾端搁上岸

19. 游艇外部应定期用去污粉、肥皂粉清洗。

A. 对   B. 错

20. 根据《游艇安全管理规定》,游艇俱乐部除了应具备为游艇进行日常检修、维护、保养的设施和能力,还应具备_____。

A. 回收游艇废弃物、残油和垃圾的能力

B. 广告宣传的能力

C.培训游艇驾驶员的能力

D.游艇买卖、租赁的能力

21.补办游艇驾照有效截止日期比原证书_____。

A.一样　　　　　　　　　　B.延长

C.缩短　　　　　　　　　　D.无法比较

22.游艇操作人员适任证书有效期为_____年,应在期满前_____个月内或届满后12个月内申请再有效。

A.5;6　　　　　　　　　　B.6;5

C.5;5　　　　　　　　　　D.6;6

23.申请游艇操作人员适任证书,应当符合下列哪些条件?

①年满18周岁,未满60周岁;②视力、色觉、听力、口头表达、肢体健康等符合航行安全的要求;③通过规定的游艇操作人员培训,并经考试合格;④具备良好的英语水平

A.①③④　　　　　　　　　B.②③④

C.①②③　　　　　　　　　D.①②③④

24.下列叙述正确的是_____。

①游艇驾驶员驾驶游艇时,应当携带相应的船员适任证书、游艇驾驶证书;②游艇在开航之前,游艇驾驶人员或者游艇俱乐部应当做好安全检查,确保游艇适航;③游艇在海上航行时,只要不影响安全,可以由无证人员驾驶游艇

A.①②③　　　　　　　　　B.①③

C.②③　　　　　　　　　　D.①②

25.游艇操作人员应当经过专门的培训、考试,_____。

A.仅要求具备与驾驶的游艇、航行的水域相适应的专业知识和技能

B.仅要求掌握水上消防、救生和应急反应的基本要求

C.只要会开游艇就可取得游艇操作人员适任证书

D.具备与驾驶的游艇、航行的水域相适应的专业知识和技能,掌握水上消防、救生和应急反应的基本要求,取得海事管理机构颁发的游艇操作人员适任证书

26.持证人超过65周岁,如仍需操作游艇,应在游艇驾驶证截止日期前_____时间内,向原发证机构提交合格的身体条件证明,换发有效期为_____的游艇驾驶证。

A.一个月;半年　　　　　　B.三个月;一年

C.六个月;一年　　　　　　D.三个月;半年

27.游艇无论在停泊或航行期间,始终应该悬挂国旗;但遇有恶劣天气时可以不升挂国旗。

A.对　　　　　　　　　　B.错

28.游艇的续航能力是指游艇携带额定燃料,中途不再补给,以一定的速度连续航行所能达到的最大航程。

A.对　　　　　　　　　　B.错

29.游艇强度是指游艇船体结构抵抗船体发生极度变形和损坏的能力。

A.对　　　　　　　　　　B.错

30.游艇的前方称为"艏",后方称为"艉"。

A.对　　　　　　　　　　B.错

31. 吃水表示船体在水面以下的深度。

    A. 对   B. 错

32. 下列叙述正确的是_____。

    ①游艇应当在其船舶检验证书或者游艇合格证书所确定的适航范围内或者海事管理机构核定的活动水域内航行;②不得在禁航区航行;③不得在安全作业区航行;④只要具备各种游艇相关证书,就可以在我国沿海任何水域航行

    A. ①②③④   B. ①②③

    C. ①③④   D. ①②④

33. 某长度为 7 米的游艇购入时附有游艇制造商的检验合格证书和发票,该游艇就可以投入航行。

    A. 对   B. 错

34. 从船舶最前端量至最后端不包括两端永久性突出物的水平距离是船舶的最大长度。

    A. 对   B. 错

35. 排水量就是载重量。

    A. 对   B. 错

36. 游艇在购置后应向船舶检验机构申请检验。

    A. 对   B. 错

37. 游艇有_____情况,应当向船舶检验机构申请附加检验。

    ①发生事故,影响游艇适航性能的;②改变游艇检验证书所限定类别的;③船舶检验机构签发的证书失效的;④游艇所有人变更、船名变更或者船籍港变更的;⑤游艇结构或者重要的安全、防污染设施、设备发生改变的

    A. ①②③   B. ②③

    C. ②③④   D. ①②③④⑤

38. 游艇只要已检验,就不必将相关证件携带在船上。

    A. 对   B. 错

39. 船舶的所有人或者经营人应保持船舶检验证书的有效性,检验证书的有效期期满前应申请重新检验。

    A. 对   B. 错

40. 船舶检验是国家对船舶的技术状态进行监督和鉴定的一项重要措施。

    A. 对   B. 错

41. 申请游艇驾驶员证书需要接受_____并考试合格。

    A. 游艇船体制造工艺培训   B. 游艇发动机制造技术培训

    C. 游艇驾驶技术培训   D. 身体检查,然后直接申请考试

42. 按照《游艇法定检验暂行规定》的要求,以下不需要申请附加检验的情况是_____。

    A. 游艇发生触碰事故,造成艇体轻微渗漏,但已自行修补恢复完好状态

    B. 游艇上搭载的水上摩托损毁

    C. 游艇所有人、船名未变更,仅船籍港变更

    D. 游艇厨房炉具由电灶变更为普通液化石油气炉灶

43. 按照《游艇法定检验暂行规定》,以下说法正确的是_____。

A.游艇的检验种类包括初次检验、换证检验、年度检验、中间检验和附加检验等

B.游艇适航证书的有效期为 5 年

C.艇长为 24 米及以上的所有游艇,在证书有效期内还应进行年度检验和一次中间检验

D.为换发新的游艇适航证书,换证检验应在证书到期前 3 个月内完成

44.游艇在什么情形下,应当向船舶检验机构申请附加检验?

A.船舶检验机构签发的证书污损

B.游艇娱乐设备发生变化

C.游艇航行区域发生变化

D.游艇所有人变更、船名变更或者船籍港变更

第四节　中华人民共和国内河交通安全管理条例

1.内河交通事故的调查处理机关是_____。

A.公安机关　　　　　　　　　　B.海事机构

C.航道管理机构　　　　　　　　D.交通厅

2.根据《中华人民共和国内河交通安全管理条例》的规定,任何船舶均不得擅自进入或穿越海事管理机构公布的_____。

①锚地;②停泊区;③禁航区;④交通管制区

A.③　　　　　　　　　　　　　B.③④

C.②③④　　　　　　　　　　　D.①②③④

3.根据《中华人民共和国内河交通安全管理条例》的规定,船舶应当在_____停泊,遇有紧急情况需要在其他水域停泊的,应当向海事管理机构报告。

①码头;②泊位;③依法公布的停泊区;④依法公布的锚地

A.①②③　　　　　　　　　　　B.①②③④

C.①②④　　　　　　　　　　　D.②③④

4.根据《中华人民共和国内河交通安全管理条例》的规定,船舶在内河航行时,对来船动态不明、声号不统一或者遇有紧迫情况时,应当_____。

A.减速、停车或者倒车　　　　　B.减速

C.停车或者倒车　　　　　　　　D.减速、停车

5.根据《中华人民共和国内河交通安全管理条例》的规定,船舶、浮运设施发生碰撞等事故,任何一方均应当_____积极救助遇险的他方,不得逃逸。

A.在不危及自身安全的情况下　　B.根据他方救助请求

C.无条件地　　　　　　　　　　D.根据救助的需要

6.《中华人民共和国内河交通安全管理条例》所称的"内河通航水域"是指由_____认定的可供船舶航行的江河、湖泊、水库、运河等水域。

A.国务院交通主管部门　　　　　B.省级人民政府交通主管部门

C.航道主管部门　　　　　　　　D.海事管理机构

第五节　防止船舶污染水域有关规定

1. 水中是禁止直接排放生活污水和含油污水的,但可以排放任何油物料。
    A. 对　　　　　　　　　　　　　　B. 错

2. 船舶防污管理、船舶排污监督的主管机关是_____。
    A. 环卫管理部门　　　　　　　　　B. 海事机构
    C. 环保部门　　　　　　　　　　　D. 城管部门

3. 船舶发生油污染,应立即_____。
    A. 向就近海事机构报告
    B. 使用化学药剂进行消除,并报告海事机构
    C. 采取措施控制和消除污染,向就近海事机构报告并接受调查处理
    D. 驶往最近的港口,靠泊后通知海事机构进行处理

4. 游艇发动机运转、保养中产生了残油、废油或油性混合物,艇上没有专门的处理装置时,应将这些油类物质委托污染物接收处理单位接收处理,不得任意排放。
    A. 对　　　　　　　　　　　　　　B. 错

5. 游艇的生活垃圾(食品饮料的包装物、水果皮核等)应集中在垃圾袋中丢入岸上的垃圾箱,不能丢弃在水中。
    A. 对　　　　　　　　　　　　　　B. 错

6. 游艇如在停泊或航行时发生漏油等污染水域事件,应迅速采取措施,并向当地海事管理机关报告。
    A. 对　　　　　　　　　　　　　　B. 错

7. 游艇应当配备必要的污油水回收装置、垃圾储集容器。
    A. 对　　　　　　　　　　　　　　B. 错

8. 防治船舶及其有关作业活动污染海洋环境,实行_____的原则。
    ①预防为主;②防治结合;③严格管理;④坚决打击
    A. ①②③④　　　　　　　　　　　B. ①②③
    C. ①②　　　　　　　　　　　　　D. ②③④

第六节　中华人民共和国内河海事行政处罚规定

1. 当船舶在港内发生交通事故时,应在_____小时内向主管机关提交报告书和必要的证据。
    A. 24　　　　　　　　　　　　　　B. 36
    C. 48　　　　　　　　　　　　　　D. 72

2. 游艇必须按照小型船舶安全检查通知书的要求,对存在的缺陷予以纠正,并申请复查。
    A. 对　　　　　　　　　　　　　　B. 错

3. 游艇应主动接受海事管理机构的安全检查。
    A. 对　　　　　　　　　　　　　　B. 错

4. 船舶遇有紧急情况,需要在非码头、泊位、锚地等其他水域停泊的,应当在临时停泊后立即向海事管理机构报告。

    A. 对   B. 错

5. 《中华人民共和国内河海事行政处罚规定》第十七条前款所称不遵守航行、避让和信号显示规则,包括下列哪几种情形?

    ①未采用安全航速航行;②未按照要求保持正规瞭望;③按照规定的航路或者航行规则航行;④未按照规定倒车、调头、追越;⑤未按照规定显示号灯、号型或者鸣放声号

    A. ①②③④⑤   B. ①③④⑤

    C. ①②④⑤   D. ①②③⑤

6. 《中华人民共和国内河海事行政处罚规定》第三十二条前款所称阻碍、妨碍内河交通事故调查取证,包括下列哪些情形?

    ①未按照规定立即报告事故;②事故报告内容不真实,不符合规定要求;③事故发生后,未做好现场保护,影响事故调查的进行;④在未出现危及船舶安全的情况下,未经海事管理机构的同意擅自驶离指定地点;⑤未按照海事管理机构的要求驶往指定地点,影响事故调查工作

    A. ②③④⑤   B. ①③④⑤

    C. ③④⑤   D. ①②③④⑤

第七章　内河避碰与信号

第一节　中华人民共和国内河避碰规则

1. 《中华人民共和国内河避碰规则》适用的船舶是指在中华人民共和国境内江河、湖泊、水库、运河等通航水域及其港口航行、停泊和作业的_____。

    A. 一切船舶   B. 除海船以外的一切船舶

    C. 除水上飞机以外的一切船舶   D. 一切船舶、排筏

2. 下列哪些原因,使能见度受到限制不属于能见度不良?

    A. 夜间漆黑   B. 雾

    C. 下雪   D. 暴风雪

3. 汊河口是指_____。

    A. 不与本河同出一源的支流与本河的汇合处

    B. 不与本河同出一源的支流与本河的分合处

    C. 与本河同出一源的汊河道与本河的汇合处

    D. 与本河同出一源的汊河道与本河的分合处

4. 支流与汊流的含义是_____。

    A. 相同的   B. 不同的

    C. 可能相同的   D. 视具体情况而定

5. 航路是指_____。

①航行的路线;②航道

A. ①   B. ②

C. ①②都对   D. ①②都不对

6. 特别规定和《中华人民共和国内河避碰规则》在执行上发生矛盾时,应_____。

A. 以《中华人民共和国内河避碰规则》为主

B. 以特别规定为主

C. 由当地港航监督部门裁定

D. 根据当时情况决定

7. 船舶、排筏进入某实施特别规定的区域,船员应_____。

A. 只遵守《中华人民共和国内河避碰规则》

B. 只遵守特别规定

C. 除遵守《中华人民共和国内河避碰规则》外,还遵守特别规定

D. 根据具体情况决定遵守《中华人民共和国内河避碰规则》或遵守特别规定

8. 造成能见度不良的原因除雾、霾、暴雨、大雪、沙尘暴外,还包括来自本船、他船或岸上的大量的浓烟。

A. 对   B. 错

9. 两船对驶相遇指顺航道行驶的两船来往相遇。

A. 对   B. 错

10. 一机动船从另一机动船正横后20.5度的某一方向赶上并超过该船,可能造成碰撞危险时,即认定为追越船。

A. 对   B. 错

11. 船舶穿越正顺着航道行驶的船舶的船首的行为称为横越他船。

A. 对   B. 错

12. 船舶横越航道是指其由航道一侧横向或接近横向驶向航道另一侧。

A. 对   B. 错

13. 航路是指船舶根据河流客观规律或者有关规定,在航道中所选择的航行路线。

A. 对   B. 错

14. 顺航道行驶是指船舶顺着航道方向行驶,包括顺着直航道和弯曲航道行驶。

A. 对   B. 错

15. 解脱最后一根系带在岸上缆桩的缆绳,即告系岸的结束、在航的开始。

A. 对   B. 错

16. 游艇在因发动机熄火而漂航时,应视为非自航船。

A. 对   B. 错

17. 游艇主要是用于娱乐活动的,所以不属于《中华人民共和国内河避碰规则》定义的船舶。

A. 对   B. 错

18. 牢记《中华人民共和国内河避碰规则》的宗旨,就是要对船舶避让安全高度负责。

A. 对   B. 错

19. 从避免碰撞的目的出发,《中华人民共和国内河避碰规则》条款中涉及船舶的尺度时

一律指最大尺度,如总长、总宽等。

　　A. 对　　　　　　　　　　　　B. 错

20.《中华人民共和国内河避碰规则》第六条规定瞭望的目的是_____。

　　A. 避免紧迫局面

　　B. 避免紧迫危险

　　C. 对局面和碰撞危险做出充分的估计

　　D. 避免碰撞

21. 正规瞭望的最基本手段是_____。

　　A. 视觉　　　　　　　　　　　B. 听觉

　　C. 雷达　　　　　　　　　　　D. VHF 通话

22. 游艇在高速航行时,遇到下列哪些情况应立即减速?
①接近悬挂"要求减速"信号的船舶或地点;②本船的尾浪可能危及他船或沿岸设施;
③推进或操舵系统有异常现象

　　A. ①②　　　　　　　　　　　B. ①③

　　C. ②③　　　　　　　　　　　D. ①②③

23. 安全航速的正确理解是当快则快、当慢则慢。

　　A. 对　　　　　　　　　　　　B. 错

24. 安全航速的正确理解是越慢越好。

　　A. 对　　　　　　　　　　　　B. 错

25. 避让行动要及早进行,是为了在避让的时间和空间上留有充分的余地。

　　A. 对　　　　　　　　　　　　B. 错

26. 船舶在内河使用安全航速不仅是为了船舶避碰,也是为了防止浪损事故发生。

　　A. 对　　　　　　　　　　　　B. 错

27. 所谓安全航速是指_____。

　　A. 以半速行驶　　　　　　　　B. 以微速行驶

　　C. 当快则快,当慢则慢　　　　D. 越慢越好

28. 下列说法正确的是_____。

　　A. 慢速船比快速船安全

　　B. 安全航速是主机额定转速时的速度

　　C. 某种情况下速度太低也会造成事故

　　D. 所有碰撞事故都是由速度过快引起的

29.《中华人民共和国内河避碰规则》规定在能见度不良时,安全航速是指_____。
①能维持航向操纵的最低速度;②备车的速度;③微速

　　A. ①②　　　　　　　　　　　B. ①②③

　　C. ②③　　　　　　　　　　　D. ①②③都不对

30. 保证船舶安全航行的首要做法是_____。

　　A. 保持正规的瞭望　　　　　　B. 应用安全航速

　　C. 判明碰撞危险　　　　　　　D. 采取避碰行动

31. 能见度不良时,船舶应严格控制船速,所以均是以缓速行驶。

A. 对   B. 错

32. 决定是否使用安全航速,主要考虑的是本船的动力因素。

A. 对   B. 错

33. 船舶安全航速就是通常意义上的减速、停车或倒车。

A. 对   B. 错

34. 对安全航速的大小难以做出定量的规定,所以,安全航速缺乏可操作性。

A. 对   B. 错

35. 安全航速的含义是要船舶保持较低的航速行驶。

A. 对   B. 错

36. 机动船靠、离泊的条件是无碍他船行驶,并按规定鸣放声号后,方可以行动。

A. 对   B. 错

37. 机动船尾随行驶时,前船突然发生意外情况,没有必要通知后船。

A. 对   B. 错

38. 机动船航行时,上行船应当沿缓流或者航道一侧行驶,下行船应当沿主流或航道中间行驶。

A. 对   B. 错

39. 机动船(或船队)在掉头前应_____方可调头。

①注意航道情况和周围环境;②在无碍他船行驶时;③按规定鸣放声号后

A. ①②   B. ①③

C. ②③   D. ①②③

40. "上行船应当沿缓流或者航道一侧行驶,下行船应当沿主流或者航道中间行驶"的规定适用于_____。

①任何船舶;②在航的机动船;③在航的任何船舶

A. ①   B. ②

C. ③   D. ①②③都不对

41. 在除感潮河段、湖泊、水库、平流区域以外的水域,机动船航行时,下行船应当_____。

①沿主流行驶;②沿航道中间行驶

A. ①   B. ②

C. ①②   D. ①②都不对

42. 机动船航行时,上行船应当_____。

①沿缓流行驶;②沿航道一侧行驶

A. ①   B. ②

C. ①②   D. ①②都不对

43. 机动船驶经支流河口时,应当尽可能地绕开行驶,其前提是不违背第八条航行原则的规定。

A. 对   B. 错

44. 《中华人民共和国内河避碰规则》规定机动船航行时,在感潮河段、湖泊、水库、干流区域,任何船舶均应尽可能地沿本船右舷行驶。

A. 对   B. 错

45. 良好船艺是指谨慎的、合格的航海者在长期的航海生涯中所积累的宝贵经验,所具有的优良技艺以及传统做法。

A. 对   B. 错

46. 失去控制的机动船、非自航船应当及早选择安全地点锚泊。

A. 对   B. 错

47. 快速船在航时,应当宽裕地让清所有船舶,包括两快速船相遇。

A. 对   B. 错

48. 后船尾随前船的适当距离,与船舶的类型、大小、航速、操纵性能,以及风、浪、流等因素相关。

A. 对   B. 错

49. 快速船在航时,应当宽裕地让清所有船舶。

A. 对   B. 错

50. 横越船应确保留出足够的安全通过距离让顺航道行驶的船舶通过。

A. 对   B. 错

51. "让清"一词,是指两船相遇,在采取相应的有效避让措施后,已经安全驶过,不再存在任何碰撞危险,并已进入正常航行。

A. 对   B. 错

52. "横越"一词是指船舶_____。

①由航道一侧横向或者接近横向驶向另一侧;②横向驶过顺航道行驶的船舶的船首方向

A. ①   B. ②

C. ①②   D. ①②都不对

53. 靠泊或离泊的机动船应负有_____。

①不应妨碍他船行驶的责任;②让路船的责任;③被让路船的责任

A. ①   B. ②

C. ③   D. ①②③都不是

54. 顺航道行驶的两船对驶相遇时,应遵循的避让原则是_____。

①上行船应避让下行船;②在潮流河段,逆流船应避让顺流船;③在湖泊、水库、平流区域,两船中一船为单船,另一船为船队,则单船应避让船队

A. ①②   B. ①③

C. ②③   D. ①②③

55. 在感潮河段、湖泊、水库、平流区域,船舶应当尽可能沿_____行驶。

A. 本船右舷一侧航道   B. 本船左舷一侧航道

C. 中间航道   D. 视具体情况确定

56. 采取任何防止碰撞的行动,均应当_____。

①明确、有效、及早地进行;②运用良好的驾驶技术;③直至驶过让清为止

A. ①②   B. ①③

C. ②③   D. ①②③

57. 在什么情况下,在长江干线航行的客渡船必须避让顺航道行驶的船舶?
    A. 能见度良好   B. 能见度不良
    C. 任何情况下   D. 根据当时的会遇局面

58. 船舶在航行中,所采取的任何避让行动,应明确、有效、及早地进行,并运用良好的驾驶技术,它的先决条件是_____。
    A. 无任何先决条件   B. 互见中
    C. 在当时环境许可的情况下   D. 在能见度不良的情况下

59. 被让路船也应当注意让路船的行动,并按当时情况采取行动_____避让。
    A. 协助   B. 积极
    C. 主动   D. 适当

60. 当对来船动态不明且产生怀疑时,应_____防止碰撞。
    ①立即停车;②立即减速;③必要时倒车
    A. ①②   B. ①③
    C. ②③   D. ①②③

61. 在感潮河段,船舶应当尽可能沿_____行驶。
    A. 本船右舷一侧航道   B. 本船左舷一侧航道
    C. 中间航道   D. 视具体情况而定

62. 所谓让清,就是指两船相遇_____。
    A. 采取避让措施   B. 正在驶过不存在碰撞危险
    C. 确认与相遇船让过   D. 确认与相遇船不再存在碰撞危险

63. 当两船相遇存在碰撞危险,你船对来船动态产生怀疑时,应_____。
    A. 大幅度转向   B. 立即减速、停车,必要时倒车
    C. 主动鸣放动向声号   D. 开启 VHF 与对方联系

64. 机动船经过下列哪些水域,要求减速?
    ①船舶停泊区;②施工水域;③会激起巨浪的航道
    A. ①②   B. ①③
    C. ②③   D. ①②③

65. 尾随行驶时,前船与后船不存在避让关系。
    A. 对   B. 错

66. 两快速船相遇时,因双方的操纵、避让能力相当,所以《中华人民共和国内河避碰规则》将它们视作两艘普通的机动船,按有关的规定进行避让。
    A. 对   B. 错

67. 在避让过程中,被让路船不能坐等让路船的避让,应该注意让路船的行动,并按当时情况采取行动协助避让。
    A. 对   B. 错

68. 两船的避让意图经通话商定一致后,仍应当按《中华人民共和国内河避碰规则》的规定鸣放声号。
    A. 对   B. 错

69. 两机动船相遇,双方避让意图经声号统一后,避让行动不得改变。

A. 对 　　　　　　　　　　B. 错

70. 当对来船动态不明且产生怀疑或声号不统一时,应当立即减速、停车,必要时倒车。

　　A. 对 　　　　　　　　　　B. 错

71. 在哪些航段和水域禁止追越和并列行驶?
　　①在狭窄、弯曲、滩险航段;②在桥梁水域和船闸引航道;③在通航分道内
　　A. ①② 　　　　　　　　　　B. ①③
　　C. ②③ 　　　　　　　　　　D. ①②③

72. 在设有分道通航制、船舶定线制的水域,机动船航行时,_____。
　　A. 应当按照有关规定航行和避让
　　B. 应当尽可能沿本船右舷一侧航道行驶
　　C. 上行船应当沿缓流或者航道一侧行驶
　　D. 下行船应当沿主流或者航道中间行驶

73. 在采用船舶定线制的水域,_____。
　　A. 优先执行船舶定线制规定
　　B. 执行船舶定线制规定,无须遵守《中华人民共和国内河避碰规则》
　　C. 遵守《中华人民共和国内河避碰规则》,无须执行船舶定线制规定
　　D. 优先遵守《中华人民共和国内河避碰规则》

74. 根据《中华人民共和国内河避碰规则》第八条(航行原则)(二)款规定,在设有分道通航制、船舶定线制的水域,两船对遇或者接近对遇时,除特殊情况外,应当_____。
　　A. 各自向左转向,互以右舷会船
　　B. 各自向右转向,互以左舷会船
　　C. 互以左舷或右舷会船
　　D. 双方联系后确定会船意图

75. 在设有分道通航制、船舶定线制的水域,船舶必须按照有关规定航行和避让。
　　A. 对 　　　　　　　　　　B. 错

76. 在分道通航制水域中航行的船舶,两船对遇或者接近对遇时,除特殊情况外,应互以左舷会船。
　　A. 对 　　　　　　　　　　B. 错

77. 在设有分道通航制、船舶定线制的水域,机动船应当_____。
　　A. 沿航道右侧航行 　　　　　　B. 沿航道左侧航行
　　C. 沿航道航行 　　　　　　　　D. 按有关规定航行

78. 在分道通航制水域,船舶应尽可能沿本船右舷一侧航道行驶。
　　A. 对 　　　　　　　　　　B. 错

79. 《中华人民共和国内河避碰规则》规定,在设有分道通航制、船舶定线制的水域,必须按照有关规定航行和避让。两船对遇或者接近对遇时,应当互以_____会船。
　　A. 左舷 　　　　　　　　　　B. 右舷
　　C. 任意一舷 　　　　　　　　D. 深水一侧

80. 在设有分道通航制、船舶定线制的水域,必须按照有关规定航行和避让。两船_____时,应当以左舷会船。

A. 互从左舷相遇   B. 互从右舷相遇

C. 对遇或者接近对遇   D. 在弯曲航道相遇

81. 甲船是一艘单船(机动船),乙船是一艘船队,当甲、乙两船在湖泊、水库水域交叉相遇,存在碰撞危险时,应遵守单船让船队的原则。

     A. 对   B. 错

82. 机动船掉头与过往船舶相遇,过往船舶在享有机动船掉头不应妨碍的避让责任的同时,不具有采取避让行动的义务。

     A. 对   B. 错

83. 两机动船在平流区域进出干、支流交汇水域相遇,存在碰撞危险时,其避让关系是_____。

①有他船在本船右舷者,应当给他船让路;②上行船应当避让下行船;③从支流驶出的船舶应当避让干流船

     A. ①   B. ②

     C. ③   D. ①②③都不对

84. 两机动船在汊河口相遇,存在碰撞危险时的避让关系应是_____。

①同流向行驶时,有他船在本船右舷者,应当给他船让路;②在非感潮河段,不同流向行驶时,上行船应避让下行船;③在感潮河段,逆流船应避让顺流船

     A. ①②   B. ①③

     C. ②③   D. ①②③

85. 机动船掉头与过往船舶的避让关系是_____。

①正在掉头的机动船是让路船;②机动船掉头不应妨碍过往船舶的行驶;③过往船舶是让路船

     A. ①   B. ②

     C. ③   D. ①②③都不对

86. 机动船航行中避让行动的全过程是指_____。

     A. 从发现来船判断局面开始至采取相应措施为止

     B. 从发现来船判断局面开始至避让措施结束为止

     C. 从发现来船判断局面开始至双方的意图经声号统一为止

     D. 从避让行动开始至驶过让清为止

87. 从避让上考虑,机动船靠、离泊的条件是无碍他船行驶,并按规定鸣放声号后,方可以行动。

     A. 对   B. 错

88. 机动船尾随行驶时,后船应当与前船保持一定距离,以便前船突然发生意外时,能有充分的余地采取避免碰撞的措施。

     A. 对   B. 错

89. 避让时做到"早让、宽让、让清",就能使双方在安全的距离上通过。

     A. 对   B. 错

90. 两机动船在汊河口相遇,在感潮河段,_____。

     A. 同一流向行驶时,有他船在本船右舷者,应当给他船让船

B. 不同流向行驶时,有他船在本船右舷者,应当给他船让船

C. 不同流向行驶时,上行船应当避让下行船

D. 逆流船应当避让顺流船

91. 两机动船对驶相遇,存在碰撞危险时的避让关系是_____。

①上行船应当避让下行船;②在潮流河段,逆流船应避让顺流船;③在湖泊、水库、平流区域,单船避让船队

A. ①②   B. ①③

C. ②③   D. ①②③

92. 在感潮河段、湖泊、水库、平流区域,两机动船对遇或者接近对遇时,除特殊情况外,应当_____。

①互以右舷会船;②互以左舷会船

A. ①   B. ②

C. ①②   D. ①②都不对

93. 一艘机动船与一艘快速船对驶相遇,存在碰撞危险时的避让关系是_____。

①上行船应当避让下行船;②逆流船应避让顺流船;③快速船应当避让机动船

A. ①   B. ②

C. ③   D. ①②③都不对

94. 在湖泊、水库、平流区域,两机动船对驶相遇的避让行动是_____。

A. 一律是上行船应当避让下行船   B. 应当可以右舷会让

C. 不一定是上行船应当避让下行船   D. 互以左舷会船

95. 在航的机动船与在航施工的工程船相遇,存在碰撞危险时应遵循_____。

A. 除限于吃水的海船外,其他机动船都是让路船

B. 除掉头的机动船外,其他机动船都是让路船

C. 机动船应避让在航施工的工程船

D. 除正在离泊航向尚未稳定的机动船外,其他机动船都是让路船

96. 两机动船对驶相遇的局面包括_____。

①对遇;②接近对遇;③互从左舷或右舷相遇;④在弯曲航道相遇;⑤两横越船相遇

A. ①②③④⑤   B. ①②③④

C. ②③④⑤   D. ①③⑤

97. 在感潮河段,适遇涨潮,甲船为一顺航道下行的大型船队,乙船为一上驶的大型机动船,两船对驶相遇存在碰撞危险,此时_____。

①上行船应避让下行船,故乙船应让甲船;②单船应避让船队,故乙船应避让甲船;③逆流船应避让顺流船,故甲船应避让乙船

A. ①   B. ②

C. ③   D. ①②③都不对

98. 两艘游艇相遇时,_____。

A. 由长度较大的游艇负责避让

B. 由航速较快的游艇负责避让

C. 按照《中华人民共和国内河避碰规则》的规定避让

D. 操纵方便的让操纵不便的

99. 当一船在正前方看到对方前桅灯呈一直线且看到对方红、绿灯时,应认定_____。

A. 追越　　　　　　　　　　B. 顺航道行驶

C. 横越　　　　　　　　　　D. 对驶相遇

100. 对驶相遇是指顺航道行驶的两船来往相遇,_____两横越船相遇。

A. 包括　　　　　　　　　　B. 但不包括

C. 可以包括　　　　　　　　D. 也可指

101. 对驶相遇包括哪些态势?

①对遇或接近对遇;②互从左舷或者右舷相遇;③弯曲航道相遇

A. ①②　　　　　　　　　　B. ①③

C. ②③　　　　　　　　　　D. ①②③

102. 下列说法中正确的是_____。

①对遇是对驶相遇的局面之一;②所谓对遇就是顺航道航行中的船舶夜间在本船的正前方能同时看见驶来的他船的桅灯和红、绿舷灯;③对遇局面持续下去就有碰撞危险

A. ①②　　　　　　　　　　B. ①③

C. ②③　　　　　　　　　　D. ①②③

103. 在追越过程中,追越船的责任和义务包括_____。

①给被追越船让路;②不得和被追越船过于逼近;③禁止阻拦被追越船的船头

A. ①②　　　　　　　　　　B. ①③

C. ②③　　　　　　　　　　D. ①②③

104. 在可以追越的航道中,追越船按规定鸣放追越声号,若前船未回答声号,则后船应_____。

①不得强行追越;②认为前船同意,所以可以追越;③反正都由追越船负责避让,只要认为有把握就行

A. ①　　　　　　　　　　　B. ②

C. ③　　　　　　　　　　　D. ②③

105. 认定追越的条件是_____。

①一机动船正从另一机动船正横后大于 22.5 度的某一方向驶来;②后船赶上、超过前船;③可能构成碰撞危险时

A. ①②　　　　　　　　　　B. ①③

C. ②③　　　　　　　　　　D. ①②③

106. 机动船尾随行驶时,后船应当与前船保持适当距离的目的是_____。

A. 方便前船的掉头操作

B. 方便前船的会让操作

C. 以便前船突然发生意外时,能有充分的余地采取避免碰撞的措施

D. 方便后船快速追越

107. 有关同意、不同意追越,或同意从何舷追越,_____。

A. 是由后船决定的

B. 是由前船决定的

C. 是由两船互相协商确定的

D. 同意、不同意由前船决定;根据避碰规则,应当从左舷追越

108. 同向行驶的两机动船,前船驾驶员听到后船鸣放追越声号时,应_____。

A. 立即鸣放同意声号,反正是由后船负责避让

B. 不表示任何信号,任其追越

C. 若同意追越,鸣放同意追越的声号,并采取相应的协助避让行动

D. 若不同意追越,鸣放两长声

109. 在追越过程中,被追越船采取让出部分航道和减速等协助避让行动是_____的表现。

①运用良好的驾驶技术;②遵守《中华人民共和国内河避碰规则》;③违背《中华人民共和国内河避碰规则》

A. ①   B. ①②

C. ①③   D. ③

110. 两船处于_____局面时,受到作用力的时间长,影响也大。

A. 对遇   B. 交叉相遇

C. 追越   D. 紧迫

111. 两机动船在平流区域进出干、支流交汇水域相遇时,有他船在本船右舷者,应当给他船让路。

A. 对   B. 错

112. 同流向的两横越船交叉相遇,有他船在本船右舷者,应当给他船让路。

A. 对   B. 错

113. 两机动船在湖泊、水库交叉相遇,除另有规定外,有他船在本船右舷者,应当给他船让路。

A. 对   B. 错

114. 在江河地区,同流向的两横越机动船交叉相遇,存在碰撞危险时,下列说法正确的是_____。

①有他船在本船右舷者,给他船让路;②有他船在本船左舷者,给他船让路

A. ①   B. ②

C. ①②   D. ①②都不对

115. 在干、支流交汇水域,干流船与从支流驶出的船同一流向行驶相遇时,应_____。

A. 干让支   B. 支让干

C. 逆让顺   D. 居左让居右

116. 两同为上行的横越船在平流区域,其避让原则为_____。

A. 上行让下行   B. 下行让上行

C. 居左让居右   D. 居右让居左

117. 同流向的两横越船交叉相遇,其避让原则为_____。

A. 居左让居右   B. 居右让居左

C. 逆让顺   D. 上行让下行

118. 横越船与顺航道行驶的船相遇时,其避让原则为_____。

A. 上行让下行
B. 居左让居右
C. 横越船让顺航道船
D. 逆让顺

119. 在干、支流交汇水域相遇,从干流驶进支流的船,应避让从支流驶出的船。

A. 对
B. 错

120. 两机动船在汊河口相遇,同一流向行驶时,有他船在本船右舷者,应当给他船让路。

A. 对
B. 错

121. 因《中华人民共和国内河避碰规则》对交叉相遇没有明确的解释,所以对机动船交叉相遇致有构成碰撞危险的避让关系的规定也是不明确的。

A. 对
B. 错

122. 机动船在横越前,应当注意航道情况和周围环境,在无碍他船行驶时,按规定鸣放声号后,方可以横越。

A. 对
B. 错

123. 航行中看到他船正在掉头,本船应当减速等候或者绕开正在掉头的船舶行驶。

A. 对
B. 错

124. 在湖泊、水库,两机动船交叉相遇,有他船在本船右舷者,应当给他船让路。

A. 对
B. 错

125. 不同流向的两机动船横越交叉相遇,有他船在本船右舷者,应当给他船让路。

A. 对
B. 错

126. 横越船可视情况突然在顺航道行驶船的前方强行横越。

A. 对
B. 错

127. 良好的驾驶技术包括_____。

①掌握船舶性能;②熟悉航道特点;③正确估计风、浪、流的影响

A. ①②
B. ①③
C. ②③
D. ①②③

128. 紧迫危险的含义是_____。

A. 两船距离已近,避让行动不协调
B. 两船距离接近到两船同时行动已难免发生碰撞
C. 两船接近到单凭一船的行动已不能避免碰撞
D. 两船距离接近到单凭一船的行动已不能在安全距离上驶过

129. 机动船经过要求减速的船舶、排筏、地段和其他易引起浪损的水域,应当及早控制航速,并尽可能保持较开距离驶过,其目的是_____。

A. 避免发生碰撞
B. 及时与他船取得联系
C. 避免浪损
D. 避免搁浅

130. 人力船、帆船与机动船相遇存在碰撞危险,说法正确的是_____。

A. 机动船应当避让人力船、帆船
B. 人力船、帆船应当避让机动船
C. 互为让路船
D. 机动船视情况避让人力船、帆船

131. 两艘帆船相遇,按避让规定,说法正确的是_____。

①顺风船应当避让抢风船;②若两船都是顺风船,左舷受风船应当避让右舷受风船;

③若两船都是抢风船,右舷受风船应当避让左舷受风船;④若两船同舷受风,上风船应当避让下风船

    A.①②③④   B.①②③

    C.②③④   D.①②④

132. 帆船、人力船、排筏相遇,避让关系正确的是_____。

    A. 人力船应当避让帆船

    B. 帆船、人力船都应当避让人工流放的排筏

    C. 若两帆船同舷受风,下风船应当避让上风船

    D. 帆船、人力船、排筏互为让路船

133. 人工流放的排筏顺流而下,具有_____的特点。

    ①排筏阻力大;②筏工控制十分困难;③避让操作能力极差;④避让效果不好

    A.①②③④   B.①②③

    C.②③④   D.①②④

134. 在下列原因中,_____使能见度受到限制不属于能见度不良。

    A. 夜间漆黑   B. 雾

    C. 下雪   D. 暴风雨

135. 能见度不良包括_____。

    ①在弯曲航段的两船被居间障碍物遮蔽而相互看不见的情况;②任何原因致使两船无法用视觉相互看见的情况

    A.①   B.②

    C.①②   D.①②都不对

136. 你船在雾中航行,当听到他船雾号时,在雷达上对其回波因海浪干扰而不能确定其船位时,你船应_____。

    A. 立即将航速减到能维持航向操纵的最低速度

    B. 鸣放规定的雾号,继续行驶

    C. 鸣放五短声警告他船

    D. 朝听到雾号相反的方向大幅度转向

137. 在雾航中,你船听到一阵号钟的钟声后,且事先未采取雷达探测时,你船应_____。

    ①立即将航速减到能维持航向操纵的最低速度;②必要时把船完全停住

    A.①   B.②

    C.①②   D.①②都不对

138. 在能见度不良水域航行,除已判定不存在碰撞危险外,当听到他船雾号不能避免紧迫局面时应采取哪种行动?

    A. 将航速减到能维持航向操纵的最低速度

    B. 向左转向

    C. 向右转向

    D. 立即停车

139. 船舶在能见度不良的情况下航行,应当_____。

    ①以适合当时环境和情况的安全航速行驶;②加强瞭望;③按规定发出声响信号;

④立即停车抛锚

A. ①②③④   B. ①②③

C. ②③④   D. ①②④

140.船舶在能见度不良的情况下航行时,_____。

A. 可以不遵循航行原则的规定

B. 根据本船的性能决定,不需要考虑其他

C. 仍应遵循航行原则沿规定航路行驶

D. 立即停车抛锚

141.船舶在能见度不良的水域中航行,对于装有雷达的船舶,在决定安全航速时考虑的首要因素是_____。

A. 雷达的特性、效率、局限性   B. 能见度情况

C. 航道条件   D. 通航密度

142.在能见度不良时,航行船舶需要加强瞭望,以下说法正确的是_____。

A. 只需要保持雷达瞭望和听觉瞭望

B. 保持视觉、听觉和雷达瞭望即可

C. 应当使用适合当时环境和情况的一切有效手段保持不间断的瞭望

D. 只需要指派专人守听 VHF

143.有关号型的各条规定,在_____都应当遵守。

A. 白天   B. 夜间

C. 白天和夜间   D. 任何时候

144.号灯和号型可用来表示_____。

①船舶的大小;②船舶的种类、工作性质;③船舶的动态

A. ①②   B. ①③

C. ②③   D. ①②③

145.《中华人民共和国内河避碰规则》规定组与组声号的间隔时间约为_____。

A. 十秒钟   B. 一秒钟

C. 两秒钟   D. 六秒钟

146.《中华人民共和国内河避碰规则》规定长声的历时为_____。

A. 四到六秒钟   B. 约两秒钟

C. 约一秒钟   D. 约三秒钟

147.《中华人民共和国内河避碰规则》规定尾灯的水平光弧显示范围为_____。

A. 360 度

B. 正横后

C. 正后方到每一舷正横前 22.5 度

D. 正后方到每一舷正横后 22.5 度

148.同时显示号灯、号型的时机是_____。

①晨昏蒙影期间;②白天能见度不良时;③夜间能见度不良时

A. ①   B. ②

C. ③   D. ①②

149. 两短一长声表示我已减速或者停车。

    A. 对   B. 错

150. 一长一短声——掉头时,表示"我向右掉头";进出干、支流或者汊河口时,表示"我将要或者正在向右转弯"。

    A. 对   B. 错

151. 要求减速的船舶、排筏或者地段,应当在桅杆横桁处或者地段上、下两端,夜间显示绿、红光环照灯各一盏,白天悬挂 RY 信号旗一组。

    A. 对   B. 错

152. 对于搁浅的机动船,非自航船夜间除显示停泊信号灯外,还应当显示红光环照灯两盏,白天悬挂圆球_____个。

    A. 1   B. 2

    C. 3   D. 4

153. 《中华人民共和国内河避碰规则》规定要求减速的船舶、排筏,白天悬挂_____信号旗一组。

    A. RU   B. RA

    C. RY   D. RN

154. 《中华人民共和国内河避碰规则》规定配有甚高频无线电话的船舶在航时,两船的避让意图经通话商定一致后,_____。

    A. 不用鸣放声号

    B. 仍应当按本规则的规定鸣放声号

    C. 视情况而定是否鸣放声号

    D. 在发现他船显然未按照协调意图避让时,立即鸣放声号

155. 有人落水的声号为_____。

    A. 一长声   B. 两长声

    C. 三长声   D. 一短声

156. 《中华人民共和国内河避碰规则》规定在能见度不良时,在航的机动船,应当每隔 1 分钟鸣放声号_____。

    A. 一长声   B. 两长声

    C. 一短声   D. 两短声

157. 《中华人民共和国内河避碰规则》规定三短声表示_____。

    A. 我正在向左转向

    B. 当和其他船舶对驶相遇时,表示要求从我船右舷会船

    C. 不同意你的要求

    D. 我正在倒车或者有后退倾向

158. 《中华人民共和国内河避碰规则》规定两长声表示_____。

    A. 我正在向左转向

    B. 我正在倒车或者有后退倾向

    C. 当和其他船舶对驶相遇时,表示要求从我船右舷会船

    D. 我要靠泊或者我要求通过船闸

159. 两长一短声表示_____。

    A. 追越船要求从前船左舷通过   B. 追越船要求从前船右舷通过

    C. 向左掉头   D. 向右掉头

160. 白天船舶悬挂 RY 信号旗,其含义是_____。

    A. 靠近我船   B. 减速通过

    C. 加速通过   D. 快速通过

161. 白天悬挂有 B 字旗的船舶是_____。

    A. 工程船   B. 装运危险货物的船舶

    C. 观光船   D. 游艇

162. 工程船定位作业时,其可以通航的一侧显示的号灯是_____。

    A. 绿灯   B. 白灯

    C. 红灯   D. 蓝灯

163. 快速船显示号灯的规定是_____。

    A. 白天不应显示黄色闪光灯

    B. 仅仅夜间显示黄色闪光灯

    C. 白天和夜间均显示黄色闪光灯

    D. 除显示在航机动船号灯外,白天和夜间显示黄色闪光灯

164. 发现本船有人落水时除积极施救外,还可鸣放三长声,招请附近船舶协助救人。

    A. 对   B. 错

165. 要求来船或者附近船舶注意应鸣放一长声。

    A. 对   B. 错

166. 只要开出倒车,不论是否有后退倾向,就要鸣放三短声。

    A. 对   B. 错

167. 三短声表示我正在倒车或者有后退倾向。

    A. 对   B. 错

168. 白天悬挂 RY 信号旗一组,夜间显示绿、红光环照灯各一盏的船舶,表示它已经减慢了速度。

    A. 对   B. 错

169. 搁浅的船舶夜间除显示停泊号灯外,还应当显示红光环照灯两盏,白天悬挂黑球三个。

    A. 对   B. 错

170. 白天能见度良好的情况下仍应显示的号灯是在航快速船的一盏黄闪光灯。

    A. 对   B. 错

171. 《中华人民共和国内河避碰规则》规定两机动船相遇,白天用白色号旗,夜间用红、绿闪光灯表明会让意图后,不必再鸣放会船声号。

    A. 对   B. 错

172. 快速船在航时除夜间按规定显示桅灯、舷灯和尾灯外,白天或夜间时还应当显示黄闪光灯一盏,以便他船识别。

    A. 对   B. 错

173. 听到来船鸣放一长两短声,表示_____。

①来船正在向左掉头;②来船正在向左转向;③进出干、支流交汇水域或者汊河口时,表示我将要或正在向左转弯

A.① B.②

C.③ D.①或③

174. 能见度不良时,在航的机动船应当每隔约_____鸣放声号一长声。

A.1分钟 B.2分钟

C.3分钟 D.5分钟

175. 鸣放两长声表示_____。

A.我正在向左转向

B.我正在倒车或者有后退倾向

C.当和其他船舶对驶相遇时,表示要求从我船右舷会船

D.我要靠泊或者我要求通过船闸

176. 追越船要求从前船的右舷通过,则应鸣放_____。

A.两长一短声 B.两长两短声

C.一长两短声 D.一长一短一长一短声

177. 互见中表示怀疑、提醒、警告的声号是_____。

A.一短声 B.两短声

C.三短声 D.五短声

178. 两船的避让意图经无线电话通话商定互以左舷会船后,应当_____。

A.按商定结果操纵船舶互以左舷会船

B.按商定结果操纵船舶向右转向

C.仍按《中华人民共和国内河避碰规则》的规定鸣放一短声,操船向右转向

D.仍按《中华人民共和国内河避碰规则》的规定鸣放两短声,操船向左转向

179. 以下说法正确的是_____。

A.两船的避让意图经通话商定一致后,可以不按规则的规定鸣放声号

B.一船发出呼叫后,未闻回答,应当认为另一船已经默认

C.按规则的规定一般先由让路船发出呼叫,通话时用语应当简短、明确

D.在能见度不良的情况下航行,船舶应当用无线电话周期性地通报本船船位和动态

180. 船舶在驶近_____航段时,应当用无线电话周期性地通报本船船位和动态。

A.浅滩、狭窄 B.桥区、港区

C.弯曲、狭窄 D.急流、深槽

181. 配有甚高频无线电话的船舶驶近弯曲、狭窄航段以及在能见度不良的情况下航行,应用甚高频无线电话_____通报本船船位和动态。

A.不定期地 B.经常性地

C.周期性地 D.随时

182.《中华人民共和国内河避碰规则》规定,在航船舶如用甚高频无线电话进行通话,两船的避让意图经通话商定一致后,_____按规定鸣放声号。

A.就没有必要 B.便没有义务再

C. 仍应当   D. 也可以再

183. 驾驶人员使用甚高频无线电话发出呼叫后未闻回答,应当采取的行动是_____。

    A. 对方未听到,不断与其联系

    B. 立即减速行驶,不断与其联系并通过其他信号方式(如声号)表示和统一避让意图

    C. 不用联系,注意对方就行了

    D. 等对方联系再说

184. 水上专用求救电话是_____。

    A. 12345   B. 12315

    C. 12395   D. 12399

185. 《中华人民共和国内河避碰规则》规定任何船舶如见他船遇险,代发求救信号,但应当说明_____。

    A. 遇险船舶的船名   B. 遇险船舶的位置

    C. 遇险船舶的损害情况   D. 遇险船舶的船名、位置

186. 《中华人民共和国内河避碰规则》规定夜间看到下列哪个信号不是遇险信号?

    A. 在船上燃放火焰   B. 在船上摇红光灯

    C. 垂直两盏红灯   D. 在船上摇红手电筒

187. 机动船使用的遇险信号是_____。

    ①用号笛、号钟连续发出急促短声;②用其他任何有效响器连续发出急促短声;③在船上燃放火焰

    A. ①②   B. ①③

    C. ②③   D. ①②③

188. 《中华人民共和国内河避碰规则》规定夜间发现前方航道上有一红光在乱摇,应当认定是一艘_____。

    A. 遇险的人力船或帆船   B. 在航的人力船或帆船

    C. 遇险的机动船   D. 游乐船

第八章　游艇操纵

第一节　开航前准备

1. 发动机如不暖机直接高速使用,会减少使用寿命。

    A. 对   B. 错

2. 寒冷天气下,发动机如停机时间较长,必须把发动机冷却水排尽,以防冻裂机器。

    A. 对   B. 错

3. 启动用蓄电池电量不足,不会引起发动机启动无力。

    A. 对   B. 错

4. 如启动电瓶电量不足,应再串联一只电瓶启动。

    A. 对   B. 错

5.汽油发动机启动困难时,可以堵塞化油器通风口来帮助启动。

    A. 对   B. 错

6.燃油系统中有空气或燃油中水分过多会造成发动机启动不发火。

    A. 对   B. 错

7.开航初期主机宜维持一段时间中等速度,是为了_____。

    ①使发动机缸套、活塞等高温部件的温度逐步提高,各运动部件得到充分的润滑;②检查推进系统、操舵系统的工作状态,及早发现隐藏的问题;③对航行区域做详细的观察,全面掌握情况

    A.①②   B.②③

    C.①③   D.①②③

8.游艇发动机通常出现的故障是_____。

    A. 废气温度太高

    B. 油路、水路或者点火系统和风扇出现问题

    C. 飞车

    D. 爆炸

9.在发动机的转速范围内,一般都有转速禁区。游艇在加速时正确的操纵方法是_____。

    A. 使发动机在不超负荷的前提下在转速禁区运行至少五分钟

    B. 使发动机在不超负荷的前提下迅速越过转速禁区

    C. 让发动机只在转速禁区以下的转速范围内运行,以免超负荷

    D. 让发动机在转速禁区上下来回跳跃式运行

第二节　航行基本要领

航行的基本知识

1.航道标准尺度是指在全年通航期内_____航道中必须维护的最小航道尺度。

    A. 为保证船舶安全通航

    B. 在一定通航保证率下

    C. 为保证船舶安全通航且在一定通航保证率下

    D. 为保证船舶安全通航,在根据河流通航条件而确定的通航保证率下

2. 下列航道尺度中,随水位的增大而减小的是_____。

    A. 航道深度   B. 通航高度

    C. 航道宽度   D. 航道曲率半径

3. 富余水深是指船舶在正常航行中,_____之间至少应保持的垂直距离。

    A. 船首最低点与河底

    B. 船舶实际最大吃水处的最低点与河底

    C. 船尾最低点与河底

    D. 船中最低点与河底

4. 内河航道的等级是按照通航于内河的驳船和货船的_____为标准来划分的。

    A. 船型尺度大小   B. 主机功率大小

    C. 设计载重吨大小   D. 航道弯曲半径大小

5.《内河通航标准》中内河航道等级是按照_____划分的。

    A. 船舶长度   B. 船舶吨位

    C. 船舶尺度   D. 船舶容积

6. 内河航道等级划分的依据是_____。

    A. 通航内河的水文与气象条件

    B. 通航于内河的驳船和货船的设计载重吨

    C. 通航于内河的驳船和货船的最大载重吨

    D. 通航于内河的驳船和货船的容积吨

航行的基本要领及定位技术

1. 船舶如果航路选择不当,可能会发生_____。

    A. 航速降低、引航操作被动

    B. 航速降低、触礁、搁浅

    C. 触礁、搁浅和碰撞

    D. 航速降低、引航操作被动繁杂、触礁、搁浅和碰撞

2. 下列有关航路的说法,错误的是_____。

    A. 航路就是船舶在航道中所选择的航行路线

    B. 只要能够确保安全,船舶可以在航道中自由选择航路

    C. 选择正确的航路必须符合有关规定

    D. 符合河流的客观规律也是正确选择航路的重要前提条件

3. 船舶顺流航行时应充分利用流速,以便提高航速,因此应将航路选择在_____。

    A. 主流范围内或航道中央

    B. 缓流范围内或航道中央

    C. 主流范围内或航道一侧

    D. 缓流范围内或航道一侧

4. 内河的船舶航路,可分为_____。

    ①顺、逆流航路;②过河航路;③规定航路与推荐航路

    A.①②   B.①③

    C.②③   D.①②③

5. 游艇在非感潮河段航行时,如何正确选择航线?

    ①上行船应当沿缓流或者航道一侧行驶;②下行船应当沿主流或者航道中间行驶;③上行船应当沿主流或者航道中间行驶;④下行船应当沿缓流或者航道一侧行驶

    A.①②   B.③④

    C.①④   D.②③

6. 选用转向点,应考虑_____等因素以确保转向的时机、横距、角度、速率等,保证船舶的航迹线在预定的航线上。

①航道情况;②水流情况;③船舶大小;④船舶操作性能

A.①②③④
B.②③④
C.①②④
D.①②③

7.船舶在航行中,驾驶员对_____选择的正确与否,对船舶能否落位影响较大。

A.航向
B.转向点
C.吊向点
D.雷达量程

8.船位在航行中的作用是_____。

①判断船舶是否处于预定航线上;②是判断船舶是否安全的依据;③是测算航速的依据;④是选择航线、叫舵时机、用舵多少等决策的前提

A.①②③④
B.①②③
C.①③④
D.①②④

9.影响船位的因素有_____。

①风;②流;③航速;④航向;⑤舵角

A.②③④⑤
B.①③④⑤
C.①②③④
D.①②③④⑤

10.掌握船位对于内河船舶的安全航行具有极其重要的意义。下列能够直接影响掌握船位准确与否的因素是_____。

A.对船舶操纵性能的掌握程度

B.对风力、流压综合考虑的程度

C.对航道情况熟悉的程度

D.对《中华人民共和国内河避碰规则》熟悉的程度

11.在船舶引航实践中,最重要的是要做到经常性地_____,以保证本船行驶在预定的航线上。

A.随弯转向
B.校核船位
C.核对航向
D.观察周围情况

12.真航向是_____。

A.船舶航行的方向

B.船首尾线的方向

C.船首向

D.船舶航行时真北至船首尾线的夹角

13.弯曲河段的上行航路一般选择在_____一侧的缓流处。

A.凹岸
B.凸岸
C.左岸
D.右岸

14.桥区河段航道尺度的缩减,主要表现为_____的变化。

①设标水深;②航道宽度;③通航高度

A.①②③
B.①②
C.①③
D.②③

15.河口段是指_____。

①流入海洋的入海河口;②流入干流的支流河口;③流入湖泊或水库的入湖河口

A.①②　　　　　　　　　　　　　B.①③

C.②③　　　　　　　　　　　　　D.①②③

16. 船舶过船闸时应注意_____。

①船闸河段航道情况和通航特点；②风和流对船舶的影响；③过船闸信号和有关规定

A.①②　　　　　　　　　　　　　B.①③

C.②③　　　　　　　　　　　　　D.①②③

17. 弯、窄、浅、险槽多产生于_____河段内。

A.枯水期的宽谷　　　　　　　　　B.枯水期的狭谷

C.洪水期的宽谷　　　　　　　　　D.洪水期的狭谷

18. 顶流过弯应使船舶保持在水道的_____。

A.中央　　　　　　　　　　　　　B.中央略偏凸岸一侧

C.中央略偏凹岸一侧　　　　　　　D.无须保向

19. 大风会影响游艇的安全航行，一般风力达到_____属于大风。

A.3~4级以上　　　　　　　　　　B.4~5级以上

C.5~6级以上　　　　　　　　　　D.6~8级以上

20. 关于在河道内的游艇抛锚防抗雷雨大风，以下说法错误的是_____。

A.应选择上风及河床底质好、水深适宜或遮蔽条件好的安全水域抛锚

B.抛锚时应采用顺风抛锚法，保持艇首向与风向一致，松出足够长度的锚链

C.用车、舵配合抗风时，进车应少量进行，不可用车过头

D.应加强与周边船舶的联系，通过VHF播发本艇锚泊信息，提醒他船注意

21. 游艇在雷雨大风天航行，就危害程度来看，处于哪个区域危害最大？

A.平原河流　　　　　　　　　　　B.山区河流

C.湖泊水库　　　　　　　　　　　D.长江

22. 夜间航行中容易出现的问题是_____。

①辨认不清；②感觉上的误差；③精神紧张、疲劳

A.①②　　　　　　　　　　　　　B.①③

C.②③　　　　　　　　　　　　　D.①②③

23. 船舶夜航时应随时准确测定船位，掌握好_____，使船舶始终保持在计划航线上或处于落位状态。

①转向点；②吊向点；③拐点

A.①　　　　　　　　　　　　　　B.②③

C.①②　　　　　　　　　　　　　D.①③

24. 夜间航行中避让他船时应_____，以统一会让意图。

①及早鸣笛；②显示避让方向的闪光灯；③加车行驶

A.①②③　　　　　　　　　　　　B.①③

C.②③　　　　　　　　　　　　　D.①②

25. 雾中航行，每艘船舶必须_____。

A.缓速航行　　　　　　　　　　　B.减速航行

C.以安全航速航行　　　　　　　　D.以能维持舵效的最小航速航行

26. 在航游艇即将遭遇大雾时,应尽快做好哪些雾航准备工作?

①使用适合当时环境、条件和本船特点的安全航速,机器处于随时可操纵的状态;②全面掌握其他船舶的动态、海面物标和陆标的情况,准备好避让和导航方案;③开启雷达并正确予以使用,迅速测定船位,尽可能用陆标定位复核雷达和 GPS 定位;④修改航线,尽量靠近岛屿或海岸以策安全;⑤开窗加强瞭望,开启航行灯、AIS,注意守听 VHF

A. ②③④⑤   B. ①②③④

C. ①②③⑤   D. ①②③④⑤

27. 在航游艇突遇浓雾时应采取以下哪些措施?

①减速,以安全航速行驶;②鸣放雾号,开启航行灯、雷达、VHF 及 AIS 并正确使用;③紧闭门窗,防止水汽进入艇内发生结露;④加强瞭望,保持雷达观测和标绘;⑤"早大宽清"避让来船;⑥航行在港口附近、狭水道等复杂水域的游艇,若无把握,不得盲目摸航,应择地抛锚并鸣放规定的锚泊声号

A. ①③④⑤⑥   B. ①②③④⑤

C. ①②④⑤⑥   D. ①②③④⑤⑥

28. 游艇进入雾航前,以下说法不正确的是_____。

A. 驾驶员对各种航行仪器、雾号和航行灯进行检查

B. 及时抄收天气预报、气象传真、航海警告和雾航警报

C. 当视线恶劣、渔船密集、避让困难、航道复杂时,应择地抛锚

D. 只要开启了 VHF、雷达,就可以全速通过雾区

29. 船舶如果突然遇浓雾,驾驶人员_____。

①应会熟练使用雷达定船位、选航向;②应能准确从雷达荧光屏上选择吊向点、转向点,按航道走向及时调整船位,使船舶航行在计划航线上;③应能从雷达荧光屏上区别航道内外的动、静物标,区别船舶的类型、大小、走向,有无碰撞危险;④如发现有碰撞危险,应及时用车、舵,采取紧急应变措施;⑤应尽快找到锚地抛锚扎雾

A. ①②③④   B. ②③④⑤

C. ①②③④⑤   D. ①②④⑤

30. 游艇在洪水期间航行,面临哪些威胁?

①水位上涨;②礁石岸滩被淹;③流速增大;④漂浮物满江满河地漂流;⑤助航标志易漂失、移位

A. ②③④⑤   B. ①②③④⑤

C. ①②③⑤   D. ①③④⑤

航路的选择

1. 潮流河段界限以上的船舶根据_____走缓流、_____走主流的原则,来确定航路并避免碰撞。

A. 上行;上行   B. 上行;下行

C. 下行;下行   D. 下行;上行

2. 弯曲河段的上行航路一般选择在凸岸一侧的_____处。

A. 缓流   B. 主流

C.急流　　　　　　　　　　　　D.平流

内河助航标志

1. 过河标是标示过河航道的_____的标志。
   A.起点　　　　　　　　　　　B.终点
   C.起点或终点　　　　　　　　D.方向

2. 标顶上端装有两块正方形顶标的是_____。
   A.过河标　　　　　　　　　　B.沿岸标
   C.导标　　　　　　　　　　　D.侧面标

3. 关于侧面标的灯质,下列说法哪个正确?
   ①左岸一侧为绿色,单闪或双闪光;②左岸一侧为白色,单闪或双闪光;③右岸一侧为红色,单闪或双闪光
   A.①②　　　　　　　　　　　B.①③
   C.②③　　　　　　　　　　　D.①②③

4. 设在航道中个别河心障碍物或航道分汊处,标示该标两侧都是通航航道的标志是_____。
   A.侧面标　　　　　　　　　　B.左右通航标
   C.泛滥标　　　　　　　　　　D.桥涵标

5. 过河标的形状为标杆上端有_____顶标两块,分别面向上、下方航道。
   A.正方形　　　　　　　　　　B.长方形
   C.三角锥体　　　　　　　　　D.球形

6. 导标的形状是前后两座标志的标杆上端各装_____顶标一块,顶标均面向航道方向。
   A.正方形　　　　　　　　　　B.长方形
   C.三角锥体　　　　　　　　　D.球形

航行图的使用

1. 比例尺是指_____。
   A.图上线段的长度与实际地形的长度之比
   B.实际长度与图上线段的长度之比
   C.用一定线段的长度表示实际地面的长度
   D.在图上直接量取的距离

2. 航行图中有一符号，它表示_____。
   A.测出水深的沉船　　　　　　B.性质不明的沉船
   C.性质不明的碍航物　　　　　D.深度不明的沉船

3. 航行图中有一符号，它表示_____。
   A.暗礁　　　　　　　　　　　B.适淹礁
   C.干出礁　　　　　　　　　　D.明礁

4.图中所标注的图例表示_____。

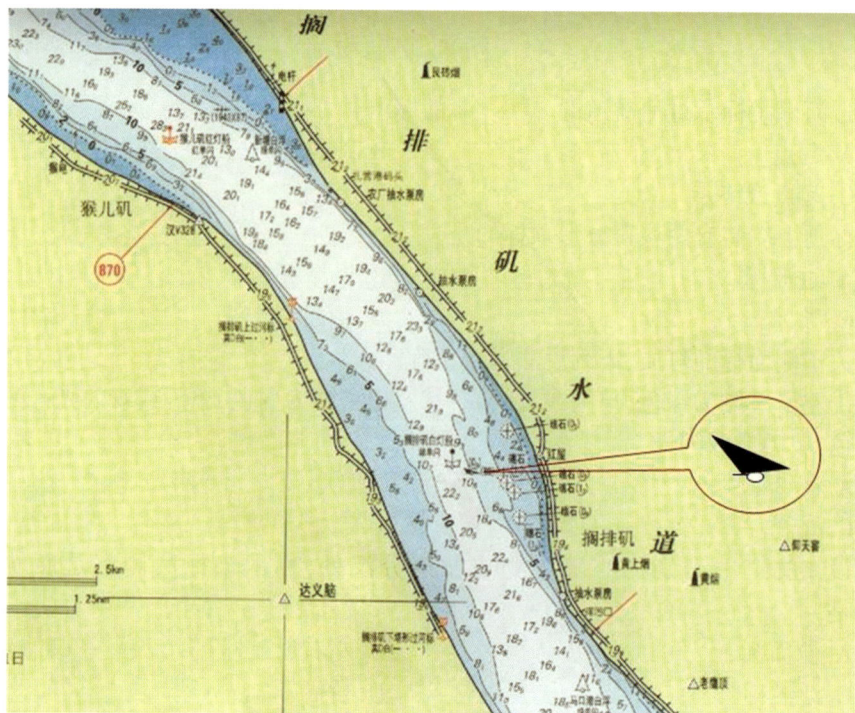

    A.部分船体露出航行基准面的船舶   B.概位沉船

    C.深于障碍物上规定深度的沉船   D.不明性质的障碍物

5.一般比例尺_____的图,资料也较详细。

    A.较小   B.适中

    C.恒定   D.较大

6.海图上也存在不够精准的地方,对它不能盲目信任。

    A.对   B.错

气象基本知识

1.表示空气冷热程度的物理量是_____。

    A.气压   B.气温

    C.气旋   D.压强

2.气温的日变化与天气状况有密切关系,在不同天气状况下,日较差_____。

    A.晴天大于阴天   B.阴天大于晴天

    C.阴天等于晴天   D.多云大于晴天

3.气压计是用来测量气压的。下列叙述正确的是_____。

①上升的气压数值说明未来天气状况良好;②下降的气压数值表明天气会转坏;③上升的气压数值说明天气会转坏;④下降的气压数值说明未来天气状况良好

    A.①②   B.③④

    C.①③   D.②④

4.预测天气的最好工具之一就是气压计,它可以反映出气压的变化。下列叙述正确的是_____。

①当气压计指数升高时,表示晴朗天气和良好的航行条件;②当气压计指数降低时,表示坏天气可能来临;③当气压计指数升高时,表示坏天气可能来临;④当气压计指数降低时,表示晴朗天气和良好的航行条件

    A.①②③④   B.①③

    C.②④   D.①②

5. 风向常用 16 方位来表示,其中 NW 代表_____。

    A.西北   B.东北

    C.东南   D.西南

6. 高压中心区域的天气特点是_____。

    A.晴朗少云,微风或无风   B.有时有降水或大风

    C.晴朗少云,大风   D.阵雨,微风或无风

7. 气压是大气压强的简称,它与天气的关系一般是_____。

    A.高气压一般对应阴雨天气   B.低气压一般对应阴雨天气

    C.高气压中心对应大风天气   D.低气压对应晴好天气

8. 气压随海拔高度的升高而_____。

    A.升高   B.降低

    C.不变   D.随天气而变

9. 露点温度是用来表示空气中什么气象要素的物理量?

    A.温度   B.湿度

    C.气压   D.密度

10. 在大气层中,通常绝对湿度随高度的增加而_____。

    A.迅速增大   B.不变

    C.迅速减小   D.缓慢增大

11. 相对湿度的大小表示_____。

    A.空气中水汽含量的多少   B.空气所容纳水汽的能力

    C.气温的高低   D.空气距离饱和状态的程度

12. 空气中的水汽含量不变且气压一定时,_____,使未饱和空气刚好达到饱和时的温度称为露点温度,简称露点。

    A.降低气温   B.升高气温

    C.保持气温   D.增加容量

13. 大气能见度是指在海面上,视力正常的人能从背景(天空或海面)中识别出具有一定大小目标物的_____距离,也称气象视程。

    A.最大   B.最小

    C.能见   D.可见

14. 平流雾常产生在冷暖海流交汇海域的_____。

    A.暖水面一侧   B.冷水面一侧

    C.冷暖水面的混合区内   D.冷暖水面的混合区两侧

15. 在水面温度远高于气温的情况下,将形成_____。

A. 锋面雾   B. 蒸汽雾

C. 平流雾   D. 辐射雾

16. 最适宜于平流雾形成的条件是_____。

    A. 无风   B. 2~4 级风

    C. 5~6 级风   D. 1~2 级风

17. 平流雾产生的时间一般在_____。

    A. 气温最低的早晨   B. 阴天有云时

    C. 黄昏气温下降时   D. 一天中任何时候

18. 陆地表面夜间降温,底层空气受其影响冷却而形成的雾,属于_____。

    A. 平流雾   B. 蒸发雾

    C. 辐射雾   D. 锋面雾

19. 平流雾出现有明显的季节变化,其特点是_____。

    A. 春秋多、冬夏少   B. 春冬多、秋夏少

    C. 春夏多、秋冬少   D. 秋冬多、春夏少

20. 风向是指_____。

    A. 风吹来的方向   B. 风吹去的方向

    C. 16 个方位   D. 360 度方位

21. 移向暖的下垫面的气团,将会出现_____。

    A. 不稳定天气,变性快   B. 稳定天气,变性快

    C. 不稳定天气,变性慢   D. 稳定天气,变性慢

22. 在哪个季节大陆冷高压活动最频繁、势力最强、影响范围最广?

    A. 春季   B. 夏季

    C. 秋季   D. 冬季

23. 我国中央气象台发布寒潮警报的规定是 24 小时内降温幅度和日最低气温分别为_____。

    A. 10 摄氏度以上、5 摄氏度以上   B. 10 摄氏度以下、5 摄氏度以上

    C. 10 摄氏度以上、5 摄氏度以下   D. 10 摄氏度以下、5 摄氏度以下

24. 在冷高压控制的地区,其天气特征为_____。

    ①晴朗少云;②降温;③中心微风;④边缘大风;⑤多云阴雨

    A. ①②③④⑤   B. ②③④⑤

    C. ①②③④   D. ①③④⑤

25. 采用国际标准后,我国将近中心附近最大风力达 10~11 级的气旋称为_____。

    A. 强热带风暴   B. 强台风

    C. 热带风暴   D. 台风

26. 龙卷风主要发生在_____。

    A. 高纬度地区   B. 中纬度地区

    C. 两极地区   D. 赤道附近

27. 龙卷风是在极不稳定天气下,由两股空气强烈对流运动而产生的一种伴随着_____的强风涡旋。

A. 低速旋转的漏斗状云柱   B. 高速旋转的漏斗状云柱

C. 高速旋转的馒头状云柱   D. 低速旋转的馒头状云柱

28. 龙卷风的水平范围_____,中心风速_____。

     A. 大;大   B. 大;小

     C. 小;大   D. 小;小

29. 热带气旋主要产生在_____。

     A. 温带海陆上   B. 热带海洋上

     C. 赤道附近   D. 副热带海陆上

30. 热带气旋重新加强的条件是_____。

     A. 热带气旋登陆移入高纬冷洋面   B. 热带气旋重新入海

     C. 冷空气侵入热带气旋   D. 热带气旋移入高纬冷洋面

31. 台风的哪一个区域天气最恶劣?

     A. 外围区   B. 涡旋区

     C. 台风眼区   D. 整个区域

32. 下列哪种情况有利于台风加强?

     A. 经过冷水面   B. 经过岛屿

     C. 冷空气进入台风   D. 经过更暖洋面

33. 南海台风发生数最多的月份在_____。

     A. 10—11 月   B. 8—9 月

     C. 5—6 月   D. 6—7 月

34. 在蒲福风级中,6 级风的风速为_____。

     A. 10.8~13.8 米/秒   B. 8.0~10.7 米/秒

     C. 5.5~7.9 米/秒   D. 3.4~5.4 米/秒

35. 波浪的基本特征具有周期性,相邻两波峰间的水平距离称为_____。

     A. 波高   B. 波速

     C. 波长   D. 波峰

36. 以下关于天气谚语的说法,错误的是_____。

     A. 天气谚语是人们长期生产生活经验的结晶,经过不断实践验证后已具有较高的可信度,能够为预测天气提供部分有用的资料

     B. 天气谚语通俗易懂,缺乏天气观测经验的人也可以根据天气谚语准确预测天气变化

     C. 大多数天气谚语只是简单地将自然界中的某些表象与天气变化相关联,尚不能提升到科学理论的高度

     D. 天气谚语有很大的地方性和季节性的限制

37. 天气谚语"泥鳅跳,雨来到""鱼儿水面游,大雨要当头"是指以下哪种因素的变化而引起的生物反应?

     A. 气温   B. 气压

     C. 湿度   D. 水质清洁程度

38. 谚语"天上钩钩云,地上雨淋淋"的天气预兆为_____。

A. 钩卷云出现,将要下雨   B. 钩卷云出现,天气晴朗

C. 毛卷云出现,将要下雨   D. 毛卷云出现,天气晴朗

39. 谚语"朝霞不出门,晚霞行千里"的天气预兆为_____。

     A. 早晨出现霞,预示天气要晴朗;傍晚出现霞,预示天气要下雨

     B. 早晨出现霞,预示天气要下雨;傍晚出现霞,预示天气要下雨

     C. 早晨出现霞,预示天气要下雨;傍晚出现霞,预示天气要晴朗

     D. 早晨出现霞,预示天气要晴朗;傍晚出现霞,预示天气要晴朗

40. 谚语"天上鲤鱼斑,明日晒谷不用翻"的天气预兆为_____。

     A. 蔽光高积云,短期内天气晴好   B. 透光高积云,短期内天气阴雨

     C. 蔽光高积云,短期内天气阴雨   D. 透光高积云,短期内天气晴好

41. 谚语"乌云接日头,半夜雨稠稠"的天气预兆为_____。

     A. 太阳下山,西边天空的乌云接住太阳,乌云自西向东移动,预示当天夜里要下雨

     B. 日出,东边天空的乌云接住太阳,乌云自东向西移动,预示当天夜里要下雨

     C. 太阳下山,西边天空的乌云接住太阳,乌云自西向东移动,预示明天天气晴朗

     D. 太阳下山,西边天空的乌云接住太阳,乌云自东向西移动,预示当天夜里要下雨

河口潮汐特点与潮汐表

1. 当潮波上溯到一定位置时,潮波消失,潮位变幅为零,河流水位不再受潮水影响而升高处称为_____。

     A. 潮流界   B. 潮区界

     C. 感潮河段   D. 过渡段

2. 潮流界是_____。

     A. 感潮河段内任意规定的一个界限

     B. 涨潮流与河流径流正好相抵,流速为零处

     C. 潮波变幅为零,河流水位不再受潮汐影响而升高处

     D. 感潮段的上界

3. 潮汐沿着河道溯流向上时,越向上游,涨潮历时_____,发生高潮的时刻_____。

     A. 越长;越落后   B. 越短;越提前

     C. 越长;越提前   D. 越短;越落后

4. 利用潮汐表可以推算_____。

     A. 潮时和潮高   B. 水位

     C. 水深   D. 流向

5. 我国潮汐表中的潮高的单位是_____。

     A. 米   B. 分米

     C. 厘米   D. 毫米

6. 在潮汐表中的数字前注"-",表示_____。

     A. 涨潮流速   B. 落潮流速

     C. 潮高在潮高基准面之下   D. 潮高在潮高基准面之上

第三节　直线航行

游艇操纵性能

1. 因向下风用舵,其舵效较好,故在大风中掉头应向下风掉。
   A. 对　　　　　　　　　　　　　　B. 错

2. 艏倾对船舶的影响有_____。
   ①使船速降低,操纵不灵;②艏甲板易上浪;③船舶纵摇时易产生飞车
   A. ①②　　　　　　　　　　　　　B. ①③
   C. ②③　　　　　　　　　　　　　D. ①②③

3. 船舶破损进水后,仍能保持必要浮性和稳性的性能称为抗沉性。
   A. 对　　　　　　　　　　　　　　B. 错

4. 船舶受到外力作用而倾斜,当外力消除后能自行恢复到原来位置的性能称为稳性。
   A. 对　　　　　　　　　　　　　　B. 错

5. 游艇在实际航行中一般均处于纵倾状态。
   A. 对　　　　　　　　　　　　　　B. 错

6. 船舶在各种载重情况下,能保持一定浮态的性能称为稳性。
   A. 对　　　　　　　　　　　　　　B. 错

7. 游艇在高速航行时易出现较大的艉倾。
   A. 对　　　　　　　　　　　　　　B. 错

8. 游艇因航速大,故在高速航行时应注意防止浪损事故的发生。
   A. 对　　　　　　　　　　　　　　B. 错

9. 艇上人员的纵向移动(前后移动),可改变游艇的横倾。
   A. 对　　　　　　　　　　　　　　B. 错

10. 游艇受外力作用发生倾斜,当外力消除后能恢复平衡的能力称为游艇的稳性。
    A. 对　　　　　　　　　　　　　　B. 错

11. 游艇核定干舷高度,是为了保证游艇的稳性。
    A. 对　　　　　　　　　　　　　　B. 错

12. 对于给定的游艇,航速相同时,转速越低,推力_____;转速相同时,航速越低,推力
    _____。
    A. 越小;越大　　　　　　　　　　B. 越小;越小
    C. 越大;越小　　　　　　　　　　D. 越大;越大

变速航行

1. 游艇冲程是测定游艇操纵性能的一个重要因素。
   A. 对　　　　　　　　　　　　　　B. 错

2. 船在旋回中发现横倾过大时,为防止船倾覆应_____。
   A. 立即减速或停车　　　　　　　　B. 立即回舵

C.加大舵角　　　　　　　　　　　D.操反舵

3. 游艇以一定转速航行,下述有关推力叙述正确的是_____。

　　A.随着航速的下降,推力下降　　　B.随着航速的提高,推力下降

　　C.航速为零时,推力为零　　　　　D.航速恒定时,推力为零

4. 在实际操作中,估计航道是否允许本船顺利掉头的重要因素是_____。

　　A.回转终径　　　　　　　　　　　B.回转初径

　　C.偏距　　　　　　　　　　　　　D.纵距

5. 游艇在不同条件下的冲程都不一样。

　　A.对　　　　　　　　　　　　　　B.错

6. 正车前进时,施右舵,艇首向右,艇尾则向左。

　　A.对　　　　　　　　　　　　　　B.错

7. 车速不变时,舵角越大,旋回圈越小。

　　A.对　　　　　　　　　　　　　　B.错

8. 游艇在大舵角下急转弯时,若突然操反舵,易发生进水、倾覆事故。

　　A.对　　　　　　　　　　　　　　B.错

9. 旋回初径用于衡量掉头所需水域的大小。

　　A.对　　　　　　　　　　　　　　B.错

10. 游艇由于航速较快,故其停车惯性冲程较大。

　　A.对　　　　　　　　　　　　　　B.错

11. 游艇高速航行时使用大舵角将造成船体严重的横向倾斜,如装载、风或流均不利,可能导致游艇倾覆沉没。

　　A.对　　　　　　　　　　　　　　B.错

12. 游艇的操纵性能主要是指_____。

　　①稳性;②航向稳定性;③旋回性;④停止性能

　　A.①②③④　　　　　　　　　　　B.①②③

　　C.①②④　　　　　　　　　　　　D.②③④

13. 游艇操舵后,在转舵阶段将_____。

　　A.出现速度降低、向转舵一侧横倾的现象

　　B.出现速度降低、向转舵相反一侧横倾的现象

　　C.出现速度增大、向转舵一侧横倾的现象

　　D.出现速度增大、向转舵相反一侧横倾的现象

14. 游艇航行中,突然发现有人落水,为了防止游艇和螺旋桨对落水者造成伤害,应立即_____。

　　A.向落水者相反一舷操满舵,并停车

　　B.向落水者相反一舷操满舵,并加速

　　C.向落水者一舷操满舵,并停车

　　D.向落水者一舷操满舵,并加速

游艇停车和倒车冲程

1. 游艇停车后的停船距离(冲程)是指_____。
   A. 在直航中停止主机至游艇对水停止移动的滑行距离
   B. 在直航中停止主机至游艇对地停止移动的滑行距离
   C. 在旋回中停止主机至游艇对水停止移动的滑行距离
   D. 在旋回中停止主机至游艇对地停止移动的滑行距离

2. 游艇倒车冲程与排水量和初始航速有关,在其他情况相同的条件下_____。
   A. 排水量越大、初始航速越小,倒车冲程越大
   B. 排水量越大、初始航速越大,倒车冲程越大
   C. 排水量越小、初始航速越小,倒车冲程越大
   D. 排水量越小、初始航速越大,倒车冲程越大

3. 游艇在各种速度情况下,停车至速度为 0 时所滑行的距离称为_____。
   A. 停车冲程
   B. 倒车冲程
   C. 紧急停船距离
   D. 最短停船距离

4. 下列说法正确的是_____。
   A. 浅水中,水阻力随着水深的减小而增大,冲程减小
   B. 浅水中,水阻力随着水深的减小而减小,冲程减小
   C. 浅水中,水阻力随着水深的减小而增大,冲程增大
   D. 浅水中,水阻力随着水深的减小而减小,冲程增大

第四节 游艇绕标操纵

游艇的旋回性能

1. 游艇在高速行驶中,使用大舵角旋回,会产生哪些危害?
   A. 使游艇产生较大的纵倾,严重时使艇速降低
   B. 使游艇产生较大的横倾,严重时使游艇倾覆
   C. 使游艇产生较小的纵倾,严重时使艇速降低
   D. 使游艇产生较小的横倾,严重时使游艇倾覆

2. 游艇旋回时发生横倾,_____外倾角越大。
   A. 旋回直径越大
   B. 稳性高度 GM 值越大
   C. 航速越快
   D. 主机功率越大

3. 游艇旋回中引起速度下降的首要原因是_____。
   A. 用舵后舵阻力增加
   B. 斜航阻力增加
   C. 推进器效率降低
   D. 船舶横倾

4. 舵效是指运动中的游艇操一定舵角后,使艇在一定时间、一定水域内所获得的转头角的大小。若能在_____时间、_____水域内取得较大的转头角,则舵效好。
   A. 较短;较小
   B. 较短;较大

C.较长;较大   D.较长;较小

5.游艇在高速航行时由于速度快,排水量小(质量轻),在用舵旋回时,可能会产生较大的_____。

A.下沉   B.纵倾

C.横倾   D.艏倾

游艇"S"形绕行浮标的方法

1.游艇在拥挤水域中航行,两艇间的相互影响是_____。
①追越时比对遇时影响大;②追越时间长要注意横距,对遇时间短要注意速度;③航速越快,排水量越大,影响越大

A.①②   B.②③

C.①②③   D.①③

第五节　游艇掉头操纵

风、流对游艇操纵的影响

1.在河道的弯段,不论涨流落流,水流的流向都向_____岸冲压,凹岸边水深流急,_____岸边水浅流缓。

A.凸;凹   B.凹;凸

C.凸;凸   D.凹;凹

2.静止中的游艇,左正横后来风,该游艇偏转的情况是_____。

A.游艇首向右偏转,直至游艇处于右正横受风状态

B.游艇首向左偏转,直至游艇处于左正横受风状态

C.游艇首向右偏转,直至游艇处于左正横受风状态

D.游艇首向左偏转,直至游艇处于右正横受风状态

3.航速越快,相同横风产生的游艇偏航角_____。

A.越大   B.越小

C.不变   D.都有可能

4.在湖面上航行的游艇可以从下述哪点掌握水流方向?
①抛锚船的船首方向;②灯浮处的水花;③鱼栅及渔网处的竹竿水花

A.①②   B.①③

C.②③   D.①②③

5.航行船舶正横前受流时,流速越_____,船速越_____,则流压差角越大。

A.快;慢   B.快;快

C.慢;快   D.慢;慢

6.在其他条件不变时,水流对船舶舵效的影响是_____。

A.逆流或顺流航行时,舵效相同   B.逆流航行舵效优于顺流航行

C.顺流航行舵效优于逆流航行   D.无法比较

7. 船舶顺流航行时,船舶对岸速度(航速)约等于_____。

    A. 船速加流速　　　　　　　　　　B. 船速减流速

    C. 船速　　　　　　　　　　　　　D. 流速

8. 船舶逆流航行时,船舶对岸速度(航速)约等于_____。

    A. 船速加流速　　　　　　　　　　B. 船速减流速

    C. 船速　　　　　　　　　　　　　D. 流速

9. 逆流而行的游艇较顺流而行的游艇_____操纵。

    A. 不易　　　　　　　　　　　　　B. 容易

    C. 一样　　　　　　　　　　　　　D. 没有可比性

10. 游艇在航行中因主机故障而停航,静止中右前方来风,则游艇将_____。

    A. 顺风向左偏转直至游艇处于顺风状态

    B. 顺风向左偏转直至游艇处于横风状态

    C. 逆风向右偏转直至游艇处于顺风状态

    D. 逆风向右偏转直至游艇处于顶风状态

11. 游艇正常航行中,左后方来风,其偏转趋势是_____。

    A. 艇尾向左,艇首向右　　　　　　B. 艇尾向右,艇首向左

    C. 艇尾向右,艇首向右　　　　　　D. 艇尾向左,艇首向左

12. 游艇航行中,艇速与风速的关系是_____。

    A. 艇速越快,风致漂移影响越大　　B. 艇速越快,风致漂移影响越小

    C. 艇速越慢,风致漂移影响越小　　D. 无法确定,看具体情况

第六节　游艇靠、离码头操纵要领

系解缆

1. 系缆时要注意将系船缆从出缆方向桩的_____绕至另一桩的_____绞收,否则不易收紧。

    A. 内舷侧;内舷侧　　　　　　　　B. 外舷侧;内舷侧

    C. 内舷侧;外舷侧　　　　　　　　D. 外舷侧;外舷侧

2. 艏倒缆的作用是_____。

    A. 防止游艇前冲　　　　　　　　　B. 防止游艇后退

    C. 防止游艇外移　　　　　　　　　D. 防止游艇下沉

靠泊操纵

1. 一般船舶的靠泊操纵要领是_____。

    ①控制速度;②选好横距,调整好靠拢角

    A. ①　　　　　　　　　　　　　　B. ②

    C. ①②　　　　　　　　　　　　　D. ①②都不对

2. 一般船舶靠码头大都采用顶流驶靠,其原因是_____。

A. 驾驶员的习惯   B. 船速易于控制且舵效好

C. 码头结构所决定的   D. 方便系缆

3. 靠码头应掌握_____。

①根据码头周围环境摆好船位;②控制余速并掌握停车时机;③按风流摆好靠拢角

A. ①②   B. ①③

C. ②③   D. ①②③

4. 游艇靠码头时要早用慢车,及时停车,略用倒车。

A. 对   B. 错

5. 游艇泊位应有足够的水深,是为了保证在低潮位情况下游艇的船体、推进系统不因搁浅或水下障碍物而受到损伤。

A. 对   B. 错

6. 浮动码头的特点是码头随潮汐的变化而自动升降,游艇停靠期间与码头的相对位置基本不变,系带的缆绳不会像停靠固定码头那样因潮位高低变化时而紧绷时而松弛。

A. 对   B. 错

7. 靠泊操纵中应控制余速,余速越慢越有利于靠泊。

A. 对   B. 错

8. 游移(小角度)驶靠码头的操作方法适合游艇在_____、码头_____的情况下使用。

A. 水流比较急;泊位上下已靠泊其他游艇

B. 水流正常;附近水域宽敞

C. 强吹拢风;区没有回转余地

D. 强吹开风;泊位上下已靠泊其他游艇

9. 水流缓、吹开风时游艇靠码头,控制抵泊余速及横距比正常情况下要_____。

A. 余速快些,横距小些   B. 余速快些,横距大些

C. 余速慢些,横距小些   D. 余速慢些,横距大些

10. 如靠泊码头有水流或风的影响,一般以_____靠泊。

A. 顺风顺流   B. 逆风逆流

C. 顺风逆流   D. 逆风顺流

离泊操纵

1. 一般船舶的离泊操纵要领是_____。

①确定是船首先离,还是船尾先离或平行离;②掌握船首或船尾的摆出角度,注意系缆受力情况;③控制船舶的进退速度

A. ①②   B. ②③

C. ①②③   D. ①③

2. 游艇离码头时使用尾离,一般情况下哪根缆绳最后解掉?

A. 艏缆   B. 艉缆

C. 艏倒缆   D. 艉倒缆

3. 游艇的离泊操纵方法是_____。

①确定开首或开尾;②掌握驶离角度,控制前后移动;③加大油门离开并防止缆绳缠到螺旋桨

A. ①②③
B. ①②
C. ②③
D. ①③

4.在软风无障碍的正常情况下,游艇离泊时的摆开距离一般为_____,摆开角约为_____。

A. 一倍艇宽;15 度
B. 一倍艇宽;25 度
C. 两倍艇宽;25 度
D. 两倍艇宽;15 度

第七节　游艇锚泊操纵

抛起锚的操纵要领

1.锚的抓力大小与_____有关。

A. 链长

B. 链长、底质

C. 锚重、链长、底质

D. 锚重、链长、底质、水深、抛锚方式

2.进入有许多船、艇锚泊的锚地时,宜选择从他船、艇的哪一侧通过?

A. 他船、艇的首部
B. 他船、艇的上风侧
C. 他船、艇的下风舷或船尾
D. 视具体情况而定

3.锚泊时如遇走锚,应_____。

①绞紧锚链;②送放锚链;③绞起锚链重抛

A. ①②
B. ①③
C. ①②③
D. ②③

第八节　风浪中的游艇操纵

1.船舶遇到大风浪,船体剧烈摇摆,拍底和甲板大量上浪,螺旋桨打空车,应采取减速的措施。

A. 对
B. 错

2.游艇在大风浪中航行,需转向时,要采用大舵角。

A. 对
B. 错

3.游艇剧烈地横摇可引起螺旋桨飞车,并可能使游艇丧失稳性而倾覆。

A. 对
B. 错

4.在风浪中为避免拍底等不良情况发生,游艇应当减速。

A. 对
B. 错

风浪中航行

1. 滞航是指以保持舵效的较低航速将风浪放在艇首左或右舷_____个罗经点方位上，斜迎浪航行的操船方法。
   A. 1~2
   B. 2~3
   C. 1~3
   D. 3~4

2. 偏顶浪航行的条件是风浪不太大，且游艇维持_____并能保持舵效，以防艇首被压向下风而造成横浪局面。
   A. 一定的前进速度
   B. 一定的后退速度
   C. 一定的漂移
   D. 停车

风浪中掉头

1. 游艇在大风浪中掉头的整个过程中应避免_____。
   A. 开快车
   B. 用满舵
   C. 操舵引起游艇横倾与波浪引起横倾同时发生在同一舷
   D. 用5度以下舵角

2. 游艇在大风浪中掉头操纵，下述_____不正确。
   A. 掉头过程中要快车满舵
   B. 利用海浪的变化规律，使游艇在风浪较平静时掉头
   C. 从顶浪转顺浪时，转向应在较平静海面到来之前开始，在较平静海面时正好转向
   D. 从顺浪转顶浪较危险，必须先降速，等待时机以求在海面较平静时掉头

洪水期、枯水期、雾航、浅窄航段安全航行注意事项

1. 船舶通过浅水区时，会出现_____的现象。
   A. 吃水增加、艏倾
   B. 吃水增加、艉倾
   C. 吃水减少
   D. 船舶严重颠簸

2. 游艇在浅水中航行时，具有_____的特点。
   ①降低了航速；②降低了舵效
   A. ①
   B. ②
   C. ①②
   D. ①②都不对

3. 游艇航行中，遇浅水处，应将传动装置翘起，避免桨叶搁浅。
   A. 对
   B. 错

4. 船舶航行于浅水区时，舵效变差。
   A. 对
   B. 错

5. 有关船舶进入浅水区航行，下列说法正确的是_____。
   A. 吃水增大，冲程增大
   B. 吃水增大，冲程减小
   C. 吃水减小，冲程增大
   D. 吃水减小，冲程减小

6. 船舶进入浅水区后，螺旋桨转速会_____。

A. 加快   B. 下降

C. 不变   D. 时快时慢

7. 船舶在浅水区航行时,通常会出现_____。

①船速下降;②船体下沉和纵倾;③舵效变差;④船首向深水一侧偏转

A. ①②③   B. ①②③④

C. ①③   D. ①②④

8. 有关船舶在浅水区航行,下述不正确的是_____。

A. 船速下降   B. 船体下沉和纵倾

C. 舵效差,转向不灵活   D. 船首向浅水一侧偏转

9. 浅水区中的跑舵现象是指_____。

A. 在水动力作用下舵自动偏离中间   B. 船首自动向较深区一侧偏转

C. 船首自动向较浅区一侧偏转   D. 舵效突然消失

10. 船舶在浅水区航行时的舵效与在深水区航行时的舵效相同。

A. 对   B. 错

11. 两船在追越过程中,若横距过近,则会产生船吸现象。

A. 对   B. 错

12. 船舶追越时,船吸作用的影响是航速越快越明显。

A. 对   B. 错

13. 船舶沿岸边航行,船速越快,岸吸、岸推力越小。

A. 对   B. 错

14. 两船对遇时,相互之间的横距限于航道条件时,双方都应以缓速行驶,原因是_____。

A. 防止船吸   B. 防止岸吸

C. 防止浪损   D. 防止船推

15. 下列不是影响船舶受岸推、岸吸作用力大小的因素是_____。

A. 离岸远近   B. 航道宽窄,航速大小

C. 水深情况,船舶宽窄   D. 船舶长度

16. 有关岸推、岸吸现象,下述说法错误的是_____。

A. 越近岸壁航行越明显   B. 船型越肥大越明显

C. 航速越快越明显   D. 水深越深越明显

17. 艇靠岸边航行,当出现岸推、岸吸现象时,应操大舵角驶离岸边。

A. 对   B. 错

18. 艇靠岸边航行时会出现岸推、岸吸现象,使艇首推离岸边。

A. 对   B. 错

19. 船吸现象的危险程度_____。

A. 与两船的航速无关,与两船间的横距有关

B. 与两船的航速有关,与两船间的横距有关

C. 与两船的航速无关,与两船间的横距无关

D. 与两船的航速有关,与两船间的横距无关

20. 游艇在沿岸航行中,距岸太近;驶离岸壁时,不宜操_____。
    A. 小舵角 　　　　　　　　　　　　B. 大舵角
    C. 慢车 　　　　　　　　　　　　　D. 快车

21. 浅水对游艇操纵的影响为_____。
    A. 航速下降、舵效变好、旋回性变好、冲程减小
    B. 航速下降、舵效变差、旋回性变差、冲程增大
    C. 航速下降、舵效变差、旋回性变差、冲程减小
    D. 航速下降、舵效变好、旋回性变好、冲程增大

第九章　应急管理

第一节　游艇救生安全知识

水上生存技能知识

1. 水中待救人员不要做无谓的游泳和激烈的活动,否则会_____。
   ①大量消耗体力;②散失体热;③缩短待救时间;④延长待救时间
   A. ①②③④ 　　　　　　　　　　　B. ①②④
   C. ①②③ 　　　　　　　　　　　　D. ②③④

2. 对于水中求生人员而言,_____是最主要的危险之一。
   A. 下雨 　　　　　　　　　　　　　B. 刮风
   C. 体热消耗 　　　　　　　　　　　D. 空气潮湿

3. HELP 姿势是_____的姿势。
   A. 增加体热 　　　　　　　　　　　B. 减少体热散失
   C. 呼叫救命 　　　　　　　　　　　D. 协助救助

4. 进入水中救助,当游近落水者时,应选择从_____接近落水者。
   A. 前面 　　　　　　　　　　　　　B. 上风
   C. 下风 　　　　　　　　　　　　　D. 背面

5. 海上求生要素包括救生设备、求生知识和_____。
   A. 救生衣 　　　　　　　　　　　　B. 救生艇
   C. 救生筏 　　　　　　　　　　　　D. 求生意识

6. _____是海上求生过程中必要的物质基础。
   A. 救生艇 　　　　　　　　　　　　B. 救生筏
   C. 救生衣 　　　　　　　　　　　　D. 救生设备

7. 海上求生的一般原则包括_____。
   ①自身保护;②合理使用淡水;③合理使用食物;④保持坚定的求生信心
   A. ①②③④ 　　　　　　　　　　　B. ①③④
   C. ①②④ 　　　　　　　　　　　　D. ①②③

8. 求生者落入水中,首先遇到的威胁是_____。
   A. 溺水
   C. 炎热
   B. 寒冷
   D. 漂流

9. 水面上有油火,水中待救人员应向游艇_____方向游进,将有助于离开浮油。
   A. 下风
   C. 横风
   B. 上风
   D. 任意方向

人员急救知识

1. 人暴露在酷热天气下会造成日光性的灼伤、人体水分的丧失或引发_____。
   A. 热射病
   C. 脱水
   B. 中暑
   D. 大量出汗

2. 腋下温度的正常值是_____。
   A. 38 摄氏度
   C. 36~37 摄氏度
   B. 37 摄氏度
   D. 36.9~37.9 摄氏度

3. 对二氧化碳窒息伤病员应首先_____。
   A. 移到空气清新场所
   C. 进行胸外按压
   B. 立即人工呼吸
   D. 在现场等待救援

4. 血色鲜红,呈喷射状,出血点在伤口近心端,该出血主要为_____。
   A. 动脉出血
   C. 毛细血管出血
   B. 静脉出血
   D. 混合出血

5. 上臂上的止血带应缚扎于_____。
   A. 上臂的上 1/3 处
   C. 上臂的下 1/3 处
   B. 上臂的中 1/3 处
   D. 手肘处

6. 昏迷伤病员可以_____。
   A. 喝酒精饮料
   C. 喝甜热饮料
   B. 喝含盐饮料
   D. 不予饮料

7. 对胸部出现严重损伤的伤病员做人工呼吸时,应选择_____。
   A. 仰卧压背法
   C. 仰卧压胸法
   B. 口对口
   D. 举臂压胸法

8. 人工呼吸有效的标志是_____。
   A. 瞳孔扩大
   C. 有尿排出
   B. 颈动脉搏动
   D. 呼吸恢复

9. 人工呼吸每分钟要进行多少次?
   A. 10~15 次
   C. 20~24 次
   B. 16~20 次
   D. 25~30 次

10. 最简便有效的人工呼吸法是_____。
    A. 口对口呼吸
    C. 腹卧压背
    B. 仰卧压胸
    D. 口对鼻呼吸

11. 做口对口人工呼吸时应将伤病员的头后仰,目的是_____。

A. 便于操作　　　　　　　　　　B. 防止呕吐

C. 打开气道　　　　　　　　　　D. 保护颈部

12. 做心肺复苏时,伤病员应仰卧在_____上最好。

A. 席梦思床垫　　　　　　　　　B. 地板

C. 沙发　　　　　　　　　　　　D. 软质床

13. 心脏按压成功的最主要的标志是_____。

A. 颈动脉搏动　　　　　　　　　B. 瞳孔扩大

C. 肤色转红　　　　　　　　　　D. 有血压

14. 做心脏按压时,成人每分钟应按压_____次。

A. 40　　　　　　　　　　　　　B. 50

C. 60　　　　　　　　　　　　　D. 100

15. 如在做人工呼吸的同时进行胸外按压(二人抢救),一般是胸外按压 30 次,人工呼吸
_____次。

A. 1　　　　　　　　　　　　　B. 2

C. 3　　　　　　　　　　　　　D. 5

16. 一人法按压时,压胸_____次,人工呼吸_____次。

A. 5;1　　　　　　　　　　　　B. 10;1

C. 30;2　　　　　　　　　　　　D. 1;1

救生设备的正确使用

1. 穿救生衣跳水时,应_____首先入水。

A. 头部　　　　　　　　　　　　B. 臀部

C. 双脚　　　　　　　　　　　　D. 背部

2. 未穿救生衣的落水人员首先遇到的问题是_____。

A. 寒冷　　　　　　　　　　　　B. 鲨鱼

C. 暴晒　　　　　　　　　　　　D. 溺水

3. 跳水时,两只眼睛应该_____。

A. 平视　　　　　　　　　　　　B. 闭上

C. 看向水面　　　　　　　　　　D. 用手捂着

4. 跳水时必须明确当前的主要任务是_____。

A. 跳得优美　　　　　　　　　　B. 尽快离开难船

C. 保暖　　　　　　　　　　　　D. 救助水中人员

5. 经示范后,每个人都应在无人帮助的情况下,在_____分钟内正确地穿好救生衣。

A. 1　　　　　　　　　　　　　B. 1.5

C. 2　　　　　　　　　　　　　D. 2.5

6. 救生衣在浸过海水后,应用淡水冲净并_____。

A. 晾干　　　　　　　　　　　　B. 晒干

C. 烘干　　　　　　　　　　　　D. 烤干

7. 每只救生圈应以印刷体大写字母表明其所属游艇的_____。

    A. 公司　　　　　　　　　　　B. 船级社

    C. 单位或个人名称　　　　　　D. 船籍港

8. 每只救生圈应以印刷体大写字母表明其所属游艇的_____。

    A. 游艇名称　　　　　　　　　　B. 游艇单位或公司

    C. 游艇俱乐部名称　　　　　　　D. 船级社

9. 每只救生圈应配有_____。

    A. 自亮灯浮　　　　　　　　　　B. 烟雾信号

    C. 逆向反光带　　　　　　　　　D. 防水手电

10. 在水中待救时,必须使用救生衣保持_____。

    A. 面部朝下　　　　　　　　　　B. 面部朝上

    C. 身体侧浮　　　　　　　　　　D. 趴在水面上

11. 救生圈应标明的标志是_____。

    A. 船名、编号　　　　　　　　　B. 船名、船籍港

    C. 船名、规格　　　　　　　　　D. 船名

12. 救生圈的外表有反光带和_____根等间距的扶手索。

    A. 3　　　　　　　　　　　　　B. 4

    C. 5　　　　　　　　　　　　　D. 6

第二节　消防基础知识

火的基本知识

1. 航行中发生火灾很可能造成人员伤亡、游艇全损,所以要重视防火。

    A. 对　　　　　　　　　　　　B. 错

2. 发生火灾的三个条件是_____。

    A. 可燃物、助燃物及电线先进经验化

    B. 可燃物、风力和助燃物

    C. 可燃物、助燃物、着火源

    D. 可燃物、着火源、石油类

3. 在燃烧中物质的温度降低到什么程度,火就熄灭?

    A. 闪点　　　　　　　　　　　B. 燃点

    C. 自燃点　　　　　　　　　　D. 沸点

4. 闪点是可燃物质产生挥发气体,遇明火_____。

    A. 一闪即灭之最高温度　　　　B. 一闪即灭之最低温度

    C. 持续燃烧之最高温度　　　　D. 持续燃烧之最低温度

5. 可燃物质按其状态不同可分为_____。

    A. 固体、刚体与液体　　　　　B. 气团、导体与物体

    C. 固体、液体与气体　　　　　D. 固体、液体与导体

6. 空气中的氧气含量约占_____。

A. 21%   B. 23%

C. 20%   D. 18%

7. 在气体、液体、固体物质中，_____的燃烧速度最快。

　　A. 液体   B. 气体

　　C. 固体   D. 流体

8. 游艇失火后，_____、危险大、损失大，是游艇火灾的特点。

　　A. 难以扑救   B. 容易扑救

　　C. 不易蔓延   D. 危险不易确定

9. 最容易燃烧、最危险的可燃物质是_____。

　　A. 可燃气体   B. 汽油

　　C. 塑料   D. 可燃液体

10. 燃烧时能深入内部，有余烟，易复燃的为_____。

　　A. A 类火   B. B 类火

　　C. C 类火   D. D 类火

11. 当空气中二氧化碳含量达到_____时，就能使人窒息而死。

　　A. 5%   B. 8%

　　C. 10%   D. 2%

12. _____往往是火警的先兆。

　　A. 闪燃   B. 燃点

　　C. 自燃点   D. 爆炸点

13. 如果含氧量不足或温度不稳定且_____燃点温度，则为不完全燃烧，其产物为一氧
　　化碳、烟、焦炭等。

　　A. 高于   B. 等于

　　C. 低于   D. 大于

灭火的基本方法

1. 火灾中甲类火是指可燃液体着火，不可用水浇。

　　A. 对   B. 错

2. 高速航行中发现艇内出现火星，应立即从舷外吊水扑救。

　　A. 对   B. 错

3. 下列火灾中，属于 A 类火灾的是_____。

　　A. 棉麻火灾   B. 酒精火灾

　　C. 液化气火灾   D. 钾、钠火灾

4. 对未切断电源的电气设备火灾，应用_____灭火剂扑救。

　　A. 化学泡沫   B. 水

　　C. 高倍膨胀泡沫   D. 二氧化碳

5. 下列哪种物质着火，属于 C 类火灾？

　　A. 棉花   B. 汽油

　　C. 液化气   D. 铝粉

6. 扑救电气设备火灾时,应先切断电源,然后可按_____扑救。
   A. A类火灾
   B. B类火灾
   C. C类火灾
   D. D类火灾

7. 灭火时,将燃烧物从火场移走,是_____灭火。
   A. 窒息法
   B. 冷却法
   C. 隔离法
   D. 抑制法

8. 灭火方法中抑制法又叫_____。
   A. 化学中断法
   B. 冷却法
   C. 窒息法
   D. 隔离法

9. 冷却灭火是将燃烧物的温度降到_____。
   A. 自燃点以下
   B. 燃点以下
   C. 闪点以下
   D. 沸点以下

10. 发生火灾后,可用强水流扑救的是_____。
    A. 碳化钙(电石)火灾
    B. 三强酸火灾
    C. 棉花火灾
    D. 油类火灾

11. 水灭火的主要作用是_____。
    A. 冷却
    B. 窒息
    C. 隔离
    D. 抑制

12. 使用二氧化碳灭火器时,不能用手直接握_____部分,以防冻伤。
    A. 提把
    B. 喷筒
    C. 钢瓶
    D. 软管

13. 从火灾现场迅速将可燃物转移到安全地点是_____。
    A. 抑制法灭火
    B. 窒息法灭火
    C. 冷却法灭火
    D. 隔离法灭火

14. 窒息法针对的是火灾三要素中的_____。
    A. 可燃物
    B. 助燃物
    C. 着火源
    D. 自由基

消防设备的种类

1. 未切断电源的电气设备的火灾可以用_____灭火。
   A. 二氧化碳
   B. 泡沫
   C. 水雾
   D. 沙土

2. 用手提式灭火器灭火的姿势是_____。
   A. 直立
   B. 弯腰
   C. 弓步
   D. 弓步低姿势

3. 扑灭电器火灾的最佳灭火剂是_____。
   A. 水
   B. 干粉
   C. 泡沫
   D. 二氧化碳

4. 扑灭大面积油类火的最佳灭火剂是_____。

    A. 二氧化碳   B. 泡沫

    C. 水雾   D. 沙子

5. 使用二氧化碳灭火器,应在火场的上风位置进行灭火。

    A. 对   B. 错

6. 用沙土将燃烧物盖住灭火,属于隔离灭火。

    A. 对   B. 错

7. 灭火顺序中,一般应从上到下,从周围到中间,从下风到上风。

    A. 对   B. 错

8. 黄沙箱内的黄沙适用于初起小范围的油类火的扑灭。

    A. 对   B. 错

9. 配电盘着火不能采用的灭火剂是_____。

    ①干粉;②二氧化碳;③泡沫

    A. ①   B. ②

    C. ③   D. ①②③都不对

10. 船舶探火和失火报警系统由探测器和报警器两部分组成。

    A. 对   B. 错

11. 游艇发生火灾的应急措施是_____。

    ①发现火灾,立即发出警报,同时用 VHF 通知俱乐部和海事部门;②利用改变航向切断燃油供应、关闭通风系统,就近使用灭火器具控制火势;③船长迅速弄清火场情况,全力实施扑救;④若火势无法控制,船长应召集船上所有人员通知弃船,并做好逃生准备

    A. ①②③④   B. ①②

    C. ②③④   D. ②④

12. 使用二氧化碳灭火器灭火时,应对准火焰的_____喷射。

    A. 周围   B. 上部

    C. 根部   D. 外部

13. 使用二氧化碳灭火器灭火时,应站在火的_____。

    A. 上风方向   B. 下风方向

    C. 横风方向   D. 任意方向

14. 使用干粉灭火器灭火时,应站在火的_____。

    A. 下风方向   B. 上风方向

    C. 横风方向   D. 任意方向

15. 使用干粉灭火器灭火时,应喷向火的_____。

    A. 根部   B. 上部

    C. 周围   D. 外焰

16. 无法断电的火灾可由_____来扑救。

    A. 泡沫和干粉   B. 水和二氧化碳

    C. 二氧化碳和干粉   D. 干粉和水

17. C 类火灾主要用_____扑救。

A. 水   B. 泡沫

C. 二氧化碳   D. 干粉

第三节　应急应变

游艇碰撞前、后的应急要求

1. 游艇发生碰撞后,应立即停车,采取自救的措施。

  A. 对   B. 错

2. 船舶发生搁浅后的首要任务是_____。

  A. 堵漏   B. 排水

  C. 弄清潮汐和水位   D. 弄清搁浅船位和姿态

3. 以船首撞入他船舷侧时应立即倒车,以防殃及本船。

  A. 对   B. 错

4. 两艇发生碰撞后,_____。

  ①首先要做的是向附近海事机构报告寻求援助;②检查艇的损坏情况;③碰撞双方应相互帮助,损失较轻的艇应留在附近进行救援

  A. ①②   B. ②③

  C. ①③   D. ①②③

5. 两游艇发生碰撞,插入他船的游艇应_____。

  ①微速顶住破损部位以利双方应急;②如损害严重,附近有浅滩,可顶向浅滩搁浅;③觉得本艇有危险时应立即倒车退出;④如有人掉入海中,应立刻救人

  A. ①②③   B. ①②④

  C. ②③④   D. ①②③④

6. 被他船撞入的游艇应_____。

  ①尽可能使本艇停住,使破损处于上风位置;②迅速关闭水密门窗进行堵漏工作;③进行排水工作并判断本艇危险情况;④检查是否有人受伤并进行救援

  A. ①②③   B. ②③④

  C. ①③④   D. ①②③④

7. 游艇碰撞后经检查可以自航进厂修理,下列说法不正确的是_____。

  A. 尽量近岸航行,及时定位

  B. 主机允许时可加速航行,并密切注意进排水情况变化

  C. 注意气象海况变化,随时选择锚地抛锚

  D. 航行中根据风浪情况调整航向,尽量使破损处处于下风位置

8. 近距离时,如果已经来不及背向他船转出,并且继续按此方向转动反而有可能加剧碰撞后果,应该向他船转向,以减轻碰撞力和避免_____与他船相撞。

  A. 船首   B. 船中

  C. 船尾   D. 生活区

各种情况下的应急程序

1. 紧急情况下旅客撤离程序为_____。
   A. 先船员，后普通旅客
   B. 先普通旅客，后船员
   C. 先儿童、妇女、老弱病残者，再普通旅客
   D. 先普通旅客，再儿童、妇女、老弱病残者

2. 游艇进水后，在排水的同时，应迅速关闭_____的全部水密门窗，并根据破口的位置、大小等具体情况采取适当的堵漏方法进行堵漏。
   A. 水线以下　　　　　　　　　B. 水线以上
   C. 主甲板以下　　　　　　　　D. 主甲板以上

3. 游艇破损进水后如发生过大的横倾或纵倾，保持船舶平衡的方法有_____。
   ①加速航行；②移载法；③对称压载法；④抛八字锚抑制
   A. ①②③④　　　　　　　　　B. ②③
   C. ①④　　　　　　　　　　　D. ①②③

4. 游艇航行中机舱突然发生火灾，应采取_____航行。
   A. 顶风　　　　　　　　　　　B. 顺风
   C. 停车　　　　　　　　　　　D. 停车、漂航

5. 发现有人落水，应立即发出_____人员落水的警报，并尽快回航，当该落水者在船舶的迎风舷时，应停止发动机救人。
   A. 三长声　　　　　　　　　　B. 两长声
   C. 一长声　　　　　　　　　　D. 五短声

6. 有人意外落水时，应立即采取向落水者舷侧操满舵，摆开艇尾以免伤及落水者，接近落水者时应慢速将游艇置于落水者的_____。
   A. 下风侧　　　　　　　　　　B. 上风侧
   C. 左侧　　　　　　　　　　　D. 右侧

遇险报警设备的正确使用

1. 船舶遇险应当采取的首要措施是_____。
   A. 弃船　　　　　　　　　　　B. 等待外界救助
   C. 组织自救　　　　　　　　　D. 停止全船设备

2. 游艇遇险，白天最好使用_____。
   A. 烟雾信号　　　　　　　　　B. 灯光信号
   C. 灯光火焰信号　　　　　　　D. 探照灯

3. 游艇遇险，夜间最好使用_____。
   A. 烟雾信号　　　　　　　　　B. 灯光信号
   C. 灯光火焰信号　　　　　　　D. 高频电话

4. _____是遇险呼救频道，不能用于聊天。
   A. VHF 12　　　　　　　　　　B. VHF 13

  C. VHF 16　　　　　　　　　　　D. VHF 18

5.双向无线电话通常存放在_____。

  A.游艇驾驶台外　　　　　　　　　B.游艇驾驶台

  C.主人房间　　　　　　　　　　　D.客人房间

6.船舶发生水上交通事故时,如无法用甚高频无线电话报警,可拨打水上统一搜救电话_____向主管机关报警。

  A.12395　　　　　　　　　　　　B.110

  C.120　　　　　　　　　　　　　D.12345

救助落水人员应急操作

1.航行中发现有人落水,应立即采取的措施是_____。

  A.立即将船拉停旋回　　　　　　　B.立即停车,向落水者一侧操满舵

  C.从落水者上风处靠近　　　　　　D.立刻停车,从落水者下风处靠近

2.本船有人落水,应立即倒车去营救他。

  A.对　　　　　　　　　　　　　　B.错

3.发现有人落水,游艇应尽快驶向落水者,以上风上流处接近救助。

  A.对　　　　　　　　　　　　　　B.错

4.救助艇在接近被救助落水者时,应在落水者_____慢慢接近。

  A.上风　　　　　　　　　　　　　B.下风

  C.侧面　　　　　　　　　　　　　D.正前方

游艇进水及抢滩时的应急

1.发现游艇船体破裂进水,不应_____。

  A.减低航速　　　　　　　　　　　B.设法堵漏

  C.使破裂处处于下风下流　　　　　D.使破裂处处于上风

2.游艇发生大量进水,有沉没危险,船长应该把艇开到浅滩搁浅,然后应该_____。

  ①继续进行排水堵漏;②继续进行抢救客人、货物的工作;③拨打12395报警求助

  A.①②　　　　　　　　　　　　　B.②③

  C.①③　　　　　　　　　　　　　D.①②③

游艇发生火灾时的应急

1.航行中发生火警,应操纵船舶_____。

  A.稳定航向　　　　　　　　　　　B.停止航行

  C.使火势处于下风　　　　　　　　D.返航

2.航行中发现船上失火,应将失火部位置于下风位置。

  A.对　　　　　　　　　　　　　　B.错

3.游艇航行中发生火灾,应_____。

  ①立即鸣七短一长声号通知船员准备灭火;②确认火源及火灾情况;③关闭火灾现场通风筒、通道,以防火势扩大;④操纵游艇使火源处于上风位置

A.①②③④   B.①②③

C.②③   D.②③④

4.游艇航行中发生火灾,应_____。

①发出火灾报警信号通知艇员进行灭火;②关闭游艇的总电源及通风筒;③根据风向操纵游艇,若起火处在艇尾,应顺风航行;④转向操艇时应适当加速以增强舵效

A.①③   B.②③

C.①②③   D.①

5.游艇发生火灾灭火时_____。

①火灾初期应选择手提灭火器灭火;②因游艇较小,注水容易发生倾覆,故一般禁止用水灭火;③应移除火源附近可燃物;④确认火势无法扑灭时应及时转移人员撤离

A.①②③④   B.②③④

C.①②④   D.①③④

6.火灾地点在艇首部,应_____。

A.顺风航行   B.迎风航行

C.傍风航行   D.顶风滞航

7.游艇发生火灾后,记入航行日志的内容有_____。

①时间;②地点;③气候条件;④采取的详细措施

A.①②③   B.①②④

C.①②③④   D.①③④

第十章　驶帆技术

第一节　帆船基本知识

起步知识

1.两艘帆船同舷受风时,_____风船应该给_____风船让路。

A.上;下   B.下;上

C.上;横   D.横;下

2.帆船与机动船相遇,机动船应_____。

A.保持航向   B.避让帆船

C.保持航速   D.加速抢帆船船头

3.机动船与逆风航行的帆船的航向呈交叉时,机动船应_____。

A.保持航向   B.从帆船尾后通过

C.从帆船首前通过   D.保持航速

4.以下四个绳结中哪个是丁香结?

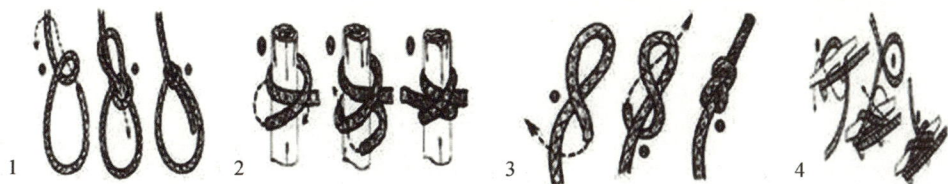

A. 1　　　　　　　　　　　　　B. 2

C. 3　　　　　　　　　　　　　D. 4

5. 以下四个绳结中哪个是∞结？

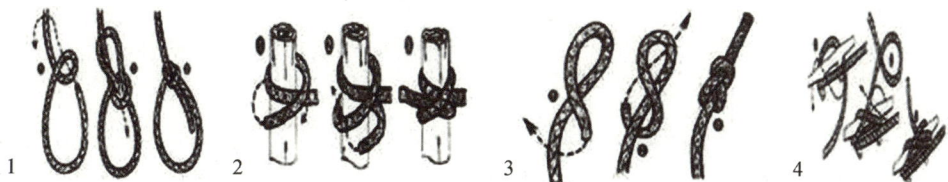

A. 1　　　　　　　　　　　　　B. 2

C. 3　　　　　　　　　　　　　D. 4

6. 以下四个绳结中哪个是羊角结？

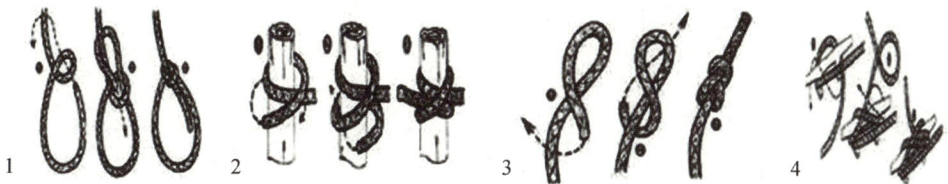

A. 1　　　　　　　　　　　　　B. 2

C. 3　　　　　　　　　　　　　D. 4

基本安全知识

1. 帆船进行高空作业,保险绳连接安全带弹簧钩、做临时带缆眼环,或把绳索系固在任何适当的物体上,可使用_____。

　　A. 单编结　　　　　　　　　　B. 双编结

　　C. 单套结　　　　　　　　　　D. 双套结

2. 帆船上应用最广泛,用于绳与环牢固连接的是_____。

　　A. 丁香结　　　　　　　　　　B. 平结

　　C. 单套结　　　　　　　　　　D. 单编结

3. 帆船高空和舷外作业时,临时代替座板的是_____。

　　A. 单套结　　　　　　　　　　B. 双套结

　　C. 单编结　　　　　　　　　　D. 双编结

4. 将绳子系于圆柱、栏杆、圆环等物体上时,可打_____。

　　A. 丁香结　　　　　　　　　　B. 平结

　　C. 单套结　　　　　　　　　　D. 单编结

5. 用途与丁香结相同但比丁香结更牢靠的是_____。

A. 鲁班结 　　　　　　　　　　　B. 缩帆结

C. 双套结 　　　　　　　　　　　D. 双编结

帆船动力的工作原理

1. 顺风是指从艇首左右 170~180 度范围内吹来的风。以该风向驶帆,艇速最快,艇横移量很大。

    A. 对 　　　　　　　　　　　B. 错

2. 游艇驶帆中,左舷受风是指左舷为上风舷,而帆张于右舷。

    A. 对 　　　　　　　　　　　B. 错

3. 风舷角是指风向与艇首尾线间的夹角,从艇首向左右两舷各为 0~180 度。

    A. 对 　　　　　　　　　　　B. 错

4. 正横受风是指从左右舷 80~100 度范围内吹来的风。

    A. 对 　　　　　　　　　　　B. 错

5. 一般来说,风从艇首左右各 10 度以上方向吹来,艇便可驶帆前进,风舷角越大,行进速度越快。

    A. 对 　　　　　　　　　　　B. 错

6. 当升帆并使帆面与真风向成一夹角时,帆面两侧的空气流动速度将会产生差异,迎风面的空气流速比背风面的空气流速_____。

    A. 一样 　　　　　　　　　　　B. 快

    C. 慢 　　　　　　　　　　　D. 不确定

7. 哪个风向角时,帆船不能使帆?

    A. 顶风 　　　　　　　　　　　B. 横风

    C. 顺风 　　　　　　　　　　　D. 偏顺风

8. 有关顶风的风向角大小,说法正确的是_____。

    A. 0~30 度 　　　　　　　　　　　B. 0~10 度

    C. 40~90 度 　　　　　　　　　　　D. 170~180 度

9. 有关顺风的风向角大小,说法正确的是_____。

    A. 0~10 度 　　　　　　　　　　　B. 10~80 度

    C. 80~100 度 　　　　　　　　　　　D. 170~180 度

10. 帆位线与艇首尾线(即首尾纵中线)的夹角称为_____。

    A. 风弦角 　　　　　　　　　　　B. 舵角

    C. 风向角 　　　　　　　　　　　D. 帆位角

帆缆索具的使用

1. 游艇系泊时,艏缆的作用是_____。

    A. 防止游艇后移、防止船首向外舷移动

    B. 防止游艇前移、防止船首向外舷移动

    C. 防止游艇后移、防止船尾向外舷移动

    D. 防止游艇前移、防止船尾向外舷移动

2. 驶帆索是一根较短的纤维绳,用来固定帆_____,使帆面沿帆杆方向_____。
   A.下梢;张开　　　　　　　　B.上梢;收缩
   C.下梢;收缩　　　　　　　　D.上梢;张开

3. 松开帆脚索使帆位角_____。
   A.增大　　　　　　　　B.减小
   C.不变　　　　　　　　D.不起作用

4. 帆船上的伸展设备主要包含以下哪几项?
   ①桅杆;②横杆;③撑杆
   A.①③　　　　　　　　B.②③
   C.①②　　　　　　　　D.①②③

5. 为了辅助升帆或控帆,帆船上会设有机械转盘,称为_____。
   A.绞盘　　　　　　　　B.绞车
   C.前支索　　　　　　　D.圆盘

第二节　帆船驾驶技术

航行的方向

1. 帆船操纵中逆风换樯的操作步骤是_____。
   A.下风满舵→松前缭→紧后缭→推前帆→松后缭→过前帆→紧前缭→过后帆→紧后缭
   B.上风满舵→松前缭→紧后缭→推前帆→松后缭→过前帆→紧前缭→过后帆→紧后缭
   C.下风满舵→松后缭→紧前缭→推前帆→松后缭→过前帆→紧前缭→过后帆→紧后缭
   D.上风满舵→紧后缭→松前缭→推前帆→松后缭→过前帆→紧前缭→过后帆→紧后缭

2. 帆船操纵中顺风换樯的特点是_____。
   ①旋回水域大;②旋回水域小;③退距大;④退距小
   A.①③　　　　　　　　B.②④
   C.①④　　　　　　　　D.②③

3. 帆船操纵中逆风换樯的特点是所用_____,所以在偏逆风航行时,通常都采用这种换樯方法。
   A.旋回水域小且退距小　　　　B.旋回水域小且退距大
   C.旋回水域大且退距小　　　　D.旋回水域大且退距大

迎风行驶的技术

1. 在大风浪中驶帆航行时,顺风换舷比逆风换舷较为危险。
   A.对　　　　　　　　B.错

2. 当帆船需从 P 地驶向位于其顶风方向的 A 地时,应采用何种航法?
   A. C 形航法   B. Z 形航法
   C. L 形航法   D. 不能航行到达

3. 在正常情况下帆船在进行迎风转向时,舵手应该_____。
   A. 先拉舵收帆   B. 先推舵收帆
   C. 先拉舵松帆   D. 先推舵松帆

4. 当帆船在迎风航行中寻找"最佳角度"时遇到困难,下列哪种说法是有用的?
   A. 稍微松开前三角帆,利用前三角帆来寻找"最佳角度"
   B. 收紧帆船的后支索
   C. 稍微调节一下主帆,利用主帆来寻找"最佳角度"
   D. 放松帆船的后支索

顺风行驶的技术

1. 受地形风的影响,风向改变致使一舷的帆被风压转至另一舷,造成人员碰伤及桅杆和帆的损坏,这种情况一般发生在_____中。
   A. 迎风驶帆   B. 横风驶帆
   C. 顺风驶帆   D. 逆风驶帆

2. 帆船在顺风航行时经常出现的风险是指_____。
   A. 缺乏舵的控制   B. 帆船缺少控制
   C. 移动缓慢   D. 意外的顺风换舷事故

倾覆扶正的技术

1. 帆船倾覆的原因可能有_____。
   ①一阵突然的强风或者风向的突然改变使船员乱了方寸,不能及时有效地操作;②帆船掉头操作不当,导致帆船失去平衡而倾覆;③舵柄或压舷带的断裂导致帆船失去控制;④释放舵柄或主帆导致帆船的倾角突然改变
   A. ②③④   B. ①②④
   C. ①②③   D. ①②③④

出航与返航的技巧

1. 有关帆船的靠、离泊,下列说法中正确的是_____。
   ①从下风侧离码头较容易;②从上风侧离码头较容易;③对初学者而言,最简单的返回码头的方式是以横风方向慢慢抵达码头
   A. ①③   B. ②③
   C. ③   D. ①②③

2. 帆船靠泊前必须充分考虑_____。
   ①风流大小;②泊位水深;③船舶长度;④船舶性能
   A. ①②③   B. ②③④
   C. ①②③④   D. ①②④

3. 帆船顺风顺流掉头靠码头的操作,应注意_____。

  A. 保证足够的提前量,宁愿掉头早点,也不能掉头过迟;与靠泊点保持适当横距

  B. 可以早点掉头,且保持与靠泊点距离小些

  C. 尽量晚点掉头,与靠泊点保持适当横距

  D. 尽量晚点掉头,与靠泊点保持较小横距

内河游艇操作与管理练习资源参考答案

第一章　游艇基本知识

第一节　游艇的术语及分类

1. A　　2. A　　3. A　　4. A　　5. A　　6. A　　7. A　　8. A　　9. B　　10. A
11. A　　12. B

第二节　车、舵、侧推器的作用

1. B　　2. A　　3. A　　4. B　　5. A　　6. A　　7. A　　8. A　　9. A　　10. A
11. A　　12. C　　13. A　　14. A

第三节　推进装置的类型、结构

1. C　　2. A　　3. A　　4. D　　5. D

第五节　船舶动力装置的构成

1. A　　2. B　　3. A　　4. B　　5. A

第六节　动力装置的种类及优缺点

1. A　　2. D　　3. C　　4. B　　5. A　　6. B

第二章　游艇仪表

1. C　　2. D

第三章　游艇助航仪器

第一节　磁罗经的使用和维护保养

1. A　　2. B　　3. A　　4. C　　5. B　　6. A　　7. A　　8. A　　9. A　　10. B
11. A　　12. A

第二节　VHF 设备的使用

1. A　　2. B　　3. C

第三节　电子导航设备的功能及使用

1. A　　2. D　　3. C　　4. B　　5. D　　6. C

第四章　动力装置的日常检查与保养

第一节　机舱设施设备的名称及功用

1. A

第二节　日常电路及蓄电池的检查保养

1. D　　2. A　　3. D

第三节　经常性检查保养项目

1. D　　2. A　　3. B　　4. A　　5. C　　6. C

第五章　动力装置常见的故障及其辨别与排除

1. B　　2. D　　3. B　　4. D　　5. D　　6. D　　7. C　　8. B　　9. A　　10. B
11. B　　12. B

第六章　航行规则及相关安全管理法规

第一节　内河水域航行规则概述

1. C　　2. D

第二节　游艇交通管理系统有关规定

1. A　　2. B　　3. A　　4. A

第三节　游艇安全管理规定

1. D	2. C	3. D	4. C	5. D	6. A	7. A	8. B	9. B	10. A
11. A	12. A	13. A	14. A	15. A	16. A	17. D	18. B	19. B	20. A
21. A	22. A	23. C	24. D	25. D	26. C	27. B	28. A	29. A	30. A
31. A	32. B	33. B	34. B	35. B	36. A	37. D	38. B	39. A	40. A
41. C	42. B	43. D	44. D						

第四节　中华人民共和国内河交通安全管理条例

1. B　　2. A　　3. B　　4. A　　5. A　　6. D

第五节　防止船舶污染水域有关规定

1. B　　2. B　　3. C　　4. A　　5. A　　6. A　　7. A　　8. C

第六节　中华人民共和国内河海事行政处罚规定

1. A　　2. A　　3. A　　4. A　　5. C　　6. D

第七章　内河避碰与信号

第一节　中华人民共和国内河避碰规则

1. D	2. A	3. D	4. B	5. A	6. B	7. C	8. A	9. A	10. B
11. A	12. A	13. A	14. A	15. A	16. B	17. B	18. A	19. A	20. C
21. A	22. D	23. A	24. B	25. A	26. A	27. C	28. C	29. D	30. A
31. B	32. B	33. B	34. B	35. B	36. A	37. B	38. A	39. D	40. B
41. C	42. C	43. A	44. A	45. A	46. A	47. B	48. A	49. A	50. A
51. A	52. C	53. A	54. D	55. A	56. A	57. C	58. C	59. A	60. D
61. A	62. D	63. B	64. D	65. B	66. A	67. A	68. A	69. A	70. A
71. A	72. A	73. A	74. B	75. A	76. A	77. D	78. B	79. A	80. C
81. A	82. B	83. A	84. D	85. B	86. D	87. A	88. A	89. A	90. A
91. D	92. B	93. C	94. D	95. C	96. A	97. C	98. C	99. D	100. B
101. D	102. D	103. D	104. A	105. D	106. C	107. B	108. C	109. B	110. C
111. A	112. A	113. A	114. A	115. B	116. C	117. A	118. C	119. A	120. A
121. B	122. A	123. A	124. B	125. B	126. B	127. D	128. C	129. C	130. A
131. D	132. B	133. A	134. A	135. D	136. A	137. D	138. A	139. B	140. C
141. B	142. C	143. A	144. D	145. D	146. A	147. D	148. D	149. B	150. A
151. A	152. C	153. C	154. B	155. A	156. A	157. D	158. C	159. A	160. B
161. B	162. B	163. D	164. A	165. A	166. A	167. A	168. B	169. A	170. A
171. B	172. A	173. D	174. A	175. D	176. A	177. A	178. C	179. D	180. C
181. C	182. C	183. B	184. C	185. D	186. C	187. D	188. A		

第八章　游艇操纵

第一节　开航前准备

1. A　2. A　3. B　4. B　5. B　6. A　7. D　8. B　9. B

第二节　航行基本要领

航行的基本知识

1. D　2. B　3. B　4. C　5. B　6. B

航行的基本要领及定位技术

1. D	2. B	3. A	4. D	5. A	6. A	7. B	8. A	9. D	10. C
11. B	12. D	13. B	14. D	15. D	16. D	17. A	18. B	19. D	20. B
21. C	22. D	23. C	24. D	25. C	26. C	27. C	28. D	29. C	30. B

航路的选择

1. B	2. A

内河助航标志

1. C	2. A	3. D	4. B	5. A	6. A

航行图的使用

1. A	2. C	3. B	4. A	5. D	6. A

气象基本知识

1. B	2. A	3. A	4. D	5. A	6. A	7. B	8. B	9. B	10. C
11. D	12. A	13. A	14. B	15. B	16. B	17. D	18. C	19. C	20. A
21. A	22. D	23. C	24. C	25. A	26. B	27. B	28. C	29. B	30. B
31. B	32. D	33. B	34. A	35. C	36. B	37. B	38. A	39. C	40. D
41. A									

河口潮汐特点与潮汐表

1. B	2. B	3. D	4. A	5. C	6. C

第三节　直线航行

游艇操纵性能

1. B	2. D	3. A	4. A	5. A	6. B	7. A	8. A	9. B	10. A
11. B	12. A								

变速航行

1. A	2. A	3. B	4. B	5. A	6. A	7. A	8. A	9. A	10. B
11. A	12. D	13. A	14. C						

游艇停车和倒车冲程

1. A	2. B	3. A	4. A

第四节　游艇绕标操纵

游艇的旋回性能

1. B　　2. C　　3. B　　4. A　　5. C

游艇"S"形绕行浮标的方法

1. C

第五节　游艇掉头操纵

风、流对游艇操纵的影响

1. B　　2. B　　3. B　　4. D　　5. A　　6. B　　7. A　　8. B　　9. B　　10. B
11. B　　12. B

第六节　游艇靠、离码头操纵要领

系解缆

1. C　　2. A

靠泊操纵

1. C　　2. B　　3. D　　4. A　　5. A　　6. A　　7. B　　8. B　　9. A　　10. B

离泊操纵

1. C　　2. C　　3. B　　4. A

第七节　游艇锚泊操纵

抛起锚的操纵要领

1. D　　2. C　　3. D

第八节　风浪中的游艇操纵

1. A　　2. B　　3. A　　4. A

风浪中航行

1. B   2. A

风浪中掉头

1. C   2. A

洪水期、枯水期、雾航、浅窄航段安全航行注意事项

1. B   2. C   3. A   4. A   5. B   6. B   7. B   8. D   9. B   10. B
11. A   12. A   13. B   14. A   15. D   16. D   17. B   18. A   19. B   20. B
21. C

第九章　应急管理

第一节　游艇救生安全知识

水上生存技能知识

1. C   2. C   3. B   4. D   5. D   6. D   7. A   8. A   9. B

人员急救知识

1. B   2. C   3. A   4. A   5. A   6. D   7. B   8. D   9. B   10. A
11. C   12. B   13. A   14. D   15. B   16. C

救生设备的正确使用

1. C   2. D   3. A   4. B   5. A   6. A   7. D   8. A   9. C   10. B
11. B   12. B

第二节　消防基础知识

火的基本知识

1. A   2. C   3. B   4. B   5. C   6. A   7. B   8. A   9. A   10. A
11. C   12. A   13. C

灭火的基本方法

1. B   2. B   3. A   4. D   5. C   6. A   7. C   8. A   9. B   10. C

11. A   12. B   13. D   14. B

消防设备的种类

1. A   2. D   3. D   4. B   5. A   6. B   7. B   8. A   9. C   10. A
11. A   12. C   13. A   14. B   15. A   16. C   17. D

第三节 应急应变

游艇碰撞前、后的应急要求

1. A   2. D   3. B   4. B   5. B   6. B   7. B   8. C

各种情况下的应急程序

1. C   2. C   3. B   4. D   5. A   6. A

遇险报警设备的正确使用

1. C   2. A   3. C   4. C   5. B   6. A

救助落水人员应急操作

1. B   2. B   3. B   4. B

游艇进水及抢滩时的应急

1. D   2. D

游艇发生火灾时的应急

1. C   2. A   3. C   4. D   5. D   6. A   7. C

第十章   驶帆技术

第一节   帆船基本知识

起步知识

1. A   2. B   3. B   4. B   5. C   6. D

基本安全知识

1. C   2. C   3. B   4. A   5. A

帆船动力的工作原理

1. B　　2. A　　3. A　　4. A　　5. B　　6. C　　7. A　　8. B　　9. D　　10. D

帆缆索具的使用

1. A　　2. A　　3. A　　4. D　　5. A

第二节　帆船驾驶技术

航行的方向

1. B　　2. A　　3. A

迎风行驶的技术

1. A　　2. B　　3. B　　4. A

顺风行驶的技术

1. C　　2. D

倾覆扶正的技术

1. D

出航与返航的技巧

1. A　　2. C　　3. A

参考文献

［1］范晓飚,黄勇亮.船舶引航.大连:大连海事大学出版社,2020.

［2］谢世平.船舶管理.大连:大连海事大学出版社,2020.

［3］邢增乐.游艇实操.青岛:中国海洋大学出版社,2019.

［4］刘毅.游艇操作实务.上海:上海交通大学出版社,2013.

［5］刘航.游艇操作技术.青岛:中国海洋大学出版社,2021.

［6］黄勇亮.游艇操作技术.大连:大连海事大学出版社,2012.

［7］朱珉虎.游艇概论.上海:上海交通大学出版社,2012.

［8］郑兰.游艇设备与系统.哈尔滨:哈尔滨工程大学出版社,2014.

［9］张骜.船舶动力装置.哈尔滨:哈尔滨工程大学出版社,2013.

［10］徐小国.主推进动力装置(船舶柴油机).江苏:江苏凤凰教育出版社,2017.

［11］陈新亮.美国帆船协会帆船驾驶入门.深圳:海天出版社,2015.

［12］(英)杰里·埃文斯,帕特·曼利,巴里·史密斯.帆船运动百科.张笑,冯聪,张一帆,译.青岛:青岛出版社,2010.

［13］戚发勇,柯金丁,易礼标,等.内河船舶船员基本安全知识与技能.大连:大连海事大学出版社,2020.

［14］广东海事局.广东海事局游艇操作人员实操评估规范,2019.